Günter Brakelmann

Für eine menschlichere Gesellschaft

Band II:
Historische und sozialethische Vorträge

SWI VERLAG

Die Deutsche Bibliothek — CIP-Einheitsaufnahme

Brakelmann, Günter:
Für eine menschlichere Gesellschaft / Günter Brakelmann.
- Bochum : SWI-Verl.
2. Historische und sozialethische Vorträge. - 2001
  ISBN 3-925895-72-8

© 2001 SWI Verlag, Bochum
Selbstverlag des Sozialwissenschaftlichen Instituts
der Evangelischen Kirche in Deutschland
Postfach 25 05 63, 44743 Bochum
Satz, Layout: Angelika Dräger, SWI-Verlag
Titelbild: „Bread" von Janez Bernik
Abdruck mit freundlicher Genehmigung der
Alpine Fine Arts Books LTD, London
Herstellung: Books on Demand GmbH
ISBN 3-925895-72-8

Inhalt

III. Sozialethische Reflexionen

IV. Persönliches

Vorwort

Hier erscheint nach fünf Jahren der 2. Band „Für eine menschlichere Ge-
sellschaft". Auch er enthält wieder öffentliche Reden vor verschiedenem
Publikum über verschiedene Themen aus den Arbeitsbereichen von Zeit-
geschichte und Sozialethik. Sie spiegeln die historischen und politischen
Interessen der letzten Jahre wider. Nur der erste Beitrag ist ein Lexikon-
Artikel. Allerdings beruht er auf etlichen Seminaren und Vorträgen zum
Thema der wirtschaftsethischen Tradition des deutschen Protestantis-
mus.

Angehängt sind ein Gespräch, das ich mit Dr. Joachim von Soosten für
die Zeitschrift für Evangelische Ethik geführt und ein Beitrag, den ich für
einen Sammelband „Biographie und Wissenschaft" geschrieben habe. Es
soll ein persönlicher Rückblick auf Entwicklungen und Stationen der letzten Jahrzehnte sein.

Ich bedanke mich bei Frau Angelika Dräger vom Sozialwissenschaftlichen Institut, die die Texte in Form gebracht hat. Überhaupt ist es mir ein
Bedürfnis, allen ehemaligen und jetzigen Mitarbeiterinnen und Mitarbeitern des SWI in Bochum meinen Dank für lange Jahre der Zusammenarbeit
im Dienst der Evangelischen Kirche in Deutschland zu sagen.

Bochum, im Juli 2001   *Günter Brakelmann*

I. Aus der kirchlichen Zeitgeschichte

Spezieller literarischer Teil

Evangelische wirtschaftsethische Ansätze im Kontext der sozialen Frage des 19. und 20. Jahrhunderts

Sozialstaat als kulturelle und ordnungspolitische Leistung

Für den Alltag von Millionen Menschen, die in abhängiger Arbeit leben mußten, war der kontinuierliche Auf- und Ausbau des preußisch-deutschen Staates zum modernen Sozialstaat von entscheidender Bedeutung. Der Staat, der als Macht-, Rechts- und Kulturstaat schon eine längere Tradition hatte, ergänzte seinen Verantwortungsbereich durch sozialstaatliches Handeln, das heißt er entwickelte eine sozial- und gesellschaftspolitische Praxis, die in die Mechanismen der Marktwirtschaft und in die Sozialstrukturen der Gesellschaft eingriff. Die traditionellen Funktionen des Staates, Recht nach innen und Frieden nach außen für die Bürger zu sichern, wurde ergänzt durch die Aufgabe, ein menschenwürdiges Dasein in der Produktionssphäre und größere Gerechtigkeit in den sozialen Lagen der arbeitenden Klassen zu erreichen. Der Staat mit seiner monopolisierten Gesetzesmacht wurde das Subjekt eines epochalen Reformprozesses, der die Macht- und Kommunikationsstrukturen einer kapitalistisch-bürgerlichen Wirtschaftsgesellschaft entscheidend veränderte, ohne das kapitalistische Wirtschaftsprinzip selbst aufzuheben.

Es sind Männer der Staatsbürokratie gewesen, die den Kanzler Bismarck und Kaiser Wilhelm I auf das wachsende revolutionäre Potential, das sich unter den Bedingungen eines ungehemmten, unregulierten kapitalistischen Marktgeschehens mit seiner einseitigen Akkumulation des Kapitals entwickelte, hingewiesen haben. Die „rote Revolution" war für kritische Beobachter nur eine Frage der Zeit, wenn sich der Staat nicht zur konstruktiven gegenrevolutionären Strategie entscheiden würde. Das aber hieß Reform von oben zugunsten der strukturell Schwächeren im kapitalistischen Wirtschaftssystem, das heißt zugunsten der proletarisierten Industrie- und Landarbeiterschaft. Als Wilhelm I 1881 die Sozialgesetzgebung zum Regierungsprogramm erhob und Bismarck den Auftrag zu ihrer Konkretisierung an seine Experten gab, geriet der Staat fast automatisch in einen politischen und weltanschaulichen Zwei-Fronten-Krieg. Auf der einen Seite standen die politischen Vertreter einer liberalistischen Wirtschaftsdoktrin, die als „Manchestertum" eine radikalisierte und vergröberte Variante der klassischen Ökonomie darstellte. Wirtschaft lief für diese Theoretiker und Praktiker nach ihr immanenten „ehernen Gesetzen" analog den naturwissenschaftlichen Gesetzmäßigkeiten ab. Jeder Eingriff in die Marktgesetze verhindere einen offenen Prozeß, der durch sich selbst auf das Wohl und Glück der Bürger, der Nationen und der internationalen Weltgemeinschaft hinauslaufe. Jede sozialpolitische Reglementierung dieser ökonomischen Prozesse, jeder gesellschaftspolitische Interventionismus in die freie selbsttätige Bildung der bürgerlichen Wirtschaftsgesellschaft waren für die Vertreter des naturalistischen Ökonomieverständnisses ökonomisch, politisch und kulturell contraproduktiv im Blick auf eine sich in historischen Prozessen durchsetzende freie Gesellschaft und freie Welt.

Auf der anderen Seite standen sozialistische Theorien, die in der gleichzeitigen Zerschlagung sowohl des politisch-gesellschaftlichen wie des ökonomischen Systems die Voraussetzung für eine neue Gesellschaft nach den Normen und Konstruktionsprinzipien von „Freiheit, Gleichheit und Brüderlichkeit" gesehen haben.

Im „Kampf der Geister", der sowohl in der Vorphase wie im laufenden Prozeß der staatlichen Sozialreform äußerst heftig geführt wurde, nahm der Staat eine Position der Mitte ein. Er mußte sowohl den ideologischen wie praktischen Rigorismus der „Manchesterschule" wie den ideologischen Utopismus und den praktischen Radikalismus des Sozialismus abwehren. Beiden gegenüber entwickelte Bismarck die besondere Form des deutschen „Staatssozialismus", der zwei Elemente zu kombinieren versuchte: die Effektivität einer liberalen Marktwirtschaft und die sozialstaatliche Flankierung zugunsten der am Markt strukturell Schwächeren. Letzteren gegenüber hatte der Staat eine besondere Verantwortung im Sinne gemeinwohlorientierter sozialer Gerechtigkeit als Voraussetzung einer Akzeptanz des gesamten Systems durch die Masse der Lohnarbeiter. Von Anfang an hatte der Staat nicht das Ziel, die Wirtschaft selbst in die Hand zu nehmen und staatsomnipotent durch eine Staatsbürokratie zu regulieren, sondern für die Wirtschaft eine alle verpflichtende Rahmenordnung zu setzen, innerhalb derer sich produktives Wirtschaften zum Wohl aller entfalten konnte. Bismarcks Staatssozialismus war keine Systemalternative zum kapitalistischen Wirtschaftsstil, sondern eine Begrenzung seiner potentiellen Ungehemmtheit mit der Tendenz zur schrankenlosen Ausbeutung und Entrechtung arbeitender Menschen. Er war ein Gegengewicht, das die tendenzielle Anarchie des Marktes zugunsten von Spielregeln, an die sich alle wirtschaftenden Einzelsubjekte und Einzelunternehmen zu halten hatten, beschränken sollte. Keineswegs sollte sozialstaatliche Praxis die Produktivität der Wirtschaftseinheiten und die Effektivität der gesamten Volkswirtschaft reduzieren, sondern beides auf dem Fundament größerer humaner und sozialer Sicherheit stimulieren und erhöhen. Die Verfügungsrechte des Eigentümers an Produktionsmitteln und am Produktivkapital wurden nicht aufgehoben, sondern durch Rechte aus Arbeit komplementär ergänzt. Die Voraussetzung permanenten sozialstaatlichen Handelns blieb ökonomischer Fortschritt. Reformtätigkeit des Staates basierte auf dem kontinuierlichen Wachstum des volkswirtschaftlichen Reichtums. Verbesserung der sozialen Lage der Arbeiterschaft blieb angebunden an steigende ökonomische Leistungsfähigkeit des Marktes, angetrieben durch naturwissenschaftlich-technischen Fortschritt. Der Staat hatte zwei Dinge zu leisten: eine Wirtschaftspolitik, die den Markt stimulierte und stabilisierte, und eine Sozialpolitik, die mehr soziale Stabilität in das Schicksal der Lohnarbeiterschaft brachte und deren Leistungsbereitschaft durch steigende Löhne und humanere Arbeitsbedingungen und durch Sicherheit im Alter erhöhte.

Protestanten als Sozialreformer

Die geistige und politische Wende zum Sozialstaat, die in den siebziger und achtziger Jahren des 19. Jahrhunderts geschah, war vorbereitet und begleitet von einer breiten öffentlichen Diskussion, an der sich alle politisch und gesellschaftlich relevanten Gruppen beteiligt haben. Männer aus Praxis und Wissenschaft versuchten Einfluß auf Reichstag und Reichsregierung zu nehmen. Allen Diskutanten und politisch Agierenden war klar, daß eine epochale Grundentscheidung zur Debatte stand. In diese Grundsatzdebatte schaltete sich die evangelische Kirche nicht unmittelbar ein. Sie hatte keine repräsentativen Organe auf Reichsebene. Sie bestand aus einzelnen Landeskirchen, die als oberste Rechtsorgane die jeweiligen Fürsten als summi episcopi hatten. Die größte evangelische Landeskirche war die preußische, zu der rund 2/3 aller evangelischen Bürger Deutschlands gehörten. Die Oberste Behörde – unmittelbar dem summus episcopus unterstellt – war seit 1849 der Evangelische Oberkirchenrat (EOK) in Berlin. Er hat sich im Laufe der zweiten Hälfte des Jahrhunderts häufiger zu sozialen Fragen geäußert, ist aber als königlich-preußische Staats- und Kirchenbehörde nicht repräsentativ für den gesamten deutschen Protestantismus. Bedeutsamer für die Entwicklung des deutschen Sozialstaates in Theorie und Praxis sind die freien Initiativen von Protestanten, die sich selbst als Kirchenmitglieder in der Tradition eines reformatorischen Christentums verstanden und als Christen in eigener weltlicher Verantwortung gemäß ihres Verständnisses des christlichen Glaubens und einer christlichen Ethik zu Problemen der Ökonomie und Politik Stellung bezogen haben. „Kirche und soziale Frage" ist das eine, aber historisch wichtiger und wirksamer ist das andere Thema „Protestantismus und soziale Frage". Die Folge dieses Tatbestandes ist, daß sich der Prozeß der konstruktiv-kritischen Begleitung der Entwicklung einer Wirtschaftsethik aus protestantischem Geist unter den Bedingungen des deutschen Sozialstaates nachzeichnen läßt, aber eine kirchliche Sozialethik oder Soziallehre nur schwer zu rekonstruieren ist. Einzelne Protestanten und einzelne Gruppen und Verbände von Protestanten sind es gewesen, die durch ihre konzeptionelle Arbeit und durch ihr praktisches sozialpolitisches Engagement einen unverwechselbaren Beitrag zu wirtschaftsethischen Fragen und zu sozialstaatlicher Konturierung geleistet haben.

Die Kooperation von Nationalökonomen und Theologen

Das erste protestantische Forum, das im Kontext der sozialen Frage wirtschaftsethische Grundfragen kontinuierlich verhandelt hat, ist der von Rudolf Todt, Rudolf Meyer, Adolf Wagner und Adolf Stoecker 1877 gegründete „Zentralverein für Sozialreform", der bis 1881 als publizistisches Organ den „Staatssozialisten" herausgegeben hat. Dieser ist stark durchsetzt und beeinflußt von Männern, die 1872 den Verein für Sozialpolitik gegründet hatten. Im ganzen ist der Zentralverein das stärker kirchliche Kreise, besonders die Pfarrerschaft, ansprechende Pendant zum weithin „kathedersozialistisch" geprägten Verein für Sozialpolitik. Ordnungspolitisch und wirtschaftsethisch steht die Auseinandersetzung mit dem zeitgenössischen Manchesterkapitalismus im Zentrum des Interesses. Man richtet sich gegen das ihm zugrunde liegende überspitzte Individualprinzip, das die Gesellschaft moralisch auflöse und atomistisch zerfallen lasse. Ein reines Individualprinzip, orientiert an dem Eigeninteresse, kann keine funktionierende arbeitsteilige Gesellschaft und Wirtschaft konstituieren. Der Mensch ist beides: eigenständige Person mit Selbstverantwortung für sich selbst und eingebunden in einen sozialen, solidarischen Gesamtzusammenhang, der ihn zur zwischenmenschlichen Mitverantwortung verpflichtet. Das liberalistische Individualprinzip muß durch das solidarische Sozialprinzip zur Ganzheit menschlicher Existenz als geschichtlicher Existenz ergänzt werden. Beide – Personalität und Sozialität – müssen unterschieden werden, können aber nicht getrennt werden. Auch Wirtschaft ist nicht die Summe der individuell wahrgenommenen Einzelinteressen, sondern ist eine von geschichtlicher Tradition und Kultur geprägter Prozeß, in den auch und gerade religiöse Werte eingegangen sind.

Schon gar nicht kann die Wirtschaft, die als Ziel die Befriedigung der menschlichen Bedürfnisse, der materiellen wie der immateriellen, hat, isoliert werden von den anderen Äußerungsformen und Institutionen in Staat und Gesellschaft. Sie hat keinen Anspruch auf Eigenbedeutung und auf Eigenleben. Sie dient auf ihre Weise mit ihren Mitteln einer gesamtkulturellen Aufgabe, nämlich die ökonomischen Voraussetzungen für außerhalb ihrer selbst liegende Zwecke zu erfüllen, nämlich gestaltete Humanität und kulturellen Fortschritt zu ermöglichen. Sie ist Instrument für die Verwirklichung humaner und sozialer Ziele, die sich der politisch-moralische Wille setzt. Deshalb kann sie nie ein ethikfreier Raum sein, so sehr sie rationaler Methoden zur sachgemäßen Realisierung ihrer Aufgaben bedarf.

Weil die Wirtschaft in ihrer geschichtlichen Entwicklung nie frei war von spezifischen kulturellen Bedingungen und auch theoretische Ethik und vor allem aber praktisches Ethos immer eine den wirtschaftlichen Prozeß fundierende und begleitende Bedeutung gehabt haben, verfehlt ein naturalistisches Ökonomieverständnis schon im Ansatz die Wirklichkeit. Wirtschaft als Äußerungsform menschlicher Aktivität unterliegt deshalb genauso normativen Prinzipien wie andere Bereiche. Sie unterliegt genauso der Gestaltungsaufgabe des moralisch-politischen Willens wie Staat und Politik. Die Praxis kann nicht sein, die Verantwortlichkeit des Menschen durch den Hinweis auf angebliche Naturgesetze in der Ökonomie zu liquidieren, sondern unter Beachtung ökonomischer Regelmäßigkeiten und auch Gesetzmäßigkeiten verantwortbare Lösungen im Konfliktfeld von Ökonomie und Moral, von Wirtschaft und Kultur zu finden, die den beiden Kriterien Effektivität und Humanität gerecht werden können.

Die Rückgewinnung der Ökonomie für den ethisch-moralischen Willen der verantwortlich Handelnden ist gegen die manchesterliche Doktrin in den siebziger Jahren in der Theorie und dann in der Praxis vollzogen worden. Die sogenannte historische Schule der Nationalökonomie, zu denen die meisten Kathedersozialisten gehört haben, hat hier eine wissenschaftliche Leistung vollbracht, die als geistige Voraussetzung für den Aufbau des modernen Sozialstaates zu betrachten ist. Geht man die Jahrgänge des „Staatssozialisten" durch, so wird der Befund eindeutig: Rudolf Todt und andere Theologen, Adolf Wagner und andere Nationalökonomen haben durch die Entwicklung einer christlichen Sozialethik auf dem Fundament einer christlichen Anthropologie entscheidend mitgeholfen, Staat und Gesellschaft zu überzeugen, daß der liberalindividualistische Weg sowohl konzeptionell wie politisch ein Irrweg ist, der nur ins revolutionäre oder anarchische Chaos führen kann. Seit den Zeiten des Zentralvereins ist es Tradition im deutschen Protestantismus geworden, daß die Wirtschaftsordnungsfrage als zentrale wirtschaftsethische Frage unter wechselnden Bedingungen in der Folgezeit immer wieder neu diskutiert worden ist. Die Fragen, ob liberaler oder sozialer Kapitalismus, ob Sozialstaat oder Sozialismus, ob christlicher oder marxistischer Sozialismus, ziehen sich durch das Schrifttum der folgenden Jahrzehnte hindurch. Von wenigen Ausnahmen abgesehen ist die mehrheitliche Option im deutschen Protestantismus klar: weder Kapitalismus noch Sozialismus/Kommunismus, sondern permanente soziale Reformen durch den obrigkeitlichen Sozialstaat ermöglichen ökonomischen und sozialen Fortschritt. Diese Option aber wird in der Regel argumentativ erarbeitet, in dem man sich intensiv mit dem liberalen und sozialistischen Schrifttum auseinandersetzt und dadurch einen Dauerdialog inszeniert. Rudolf Todt hatte 1877 mit seinem Buch „Der radikale deutsche Sozialismus und die christliche Gesellschaft" damit begonnen, und in Friedrich Naumann erreichte die Dialogbereitschaft und Dialogfähigkeit ihren Höhepunkt. Alle sogenannten Christlich-Sozialen oder Evangelisch-Sozialen haben ihre wirtschaftsethischen und ordnungspolitischen Positionen im Prozeß der Auseinandersetzung mit führenden Ideologien ihrer Zeit gewonnen. Sie haben zeitgenössische real existierende Wirtschaftstheorien und Wirtschaftspraktiken kritisch befragt, ob und wieweit in ihnen christlich verantwortbare Elemente und ob und wieweit unvermittelbare Gegensätze vorhanden sind. Die Methode, zu differenzierten, im konstruktiv-kritischen Dialog gewonnenen eigenen Beurteilungen zu kommen, hatte Todt vorgegeben, wenn er sagte:

„Wer die soziale Frage verstehen und zu ihrer Lösung beitragen will, muß in der Rechten die Nationalökonomie, in der Linken die wissenschaftliche Literatur der Sozialisten und vor sich aufgeschlagen das Neue Testament haben. Fehlt einer dieser drei Faktoren, so fällt die Lösung schief aus. Die drei gehören eng zusammen."[1] Todt war es, der als erster die Errichtung von Lehrstühlen für Christliche Sozialwissenschaften vorgeschlagen hat, um das Gespräch von Theologie und Sozialwissenschaften auf Dauer zu stellen. In einer kleinen Programmschrift mit dem Titel „Der innere Zusammenhang und die notwendige Verbindung zwischen dem Studium der Theologie und der Sozialwissenschaften" hat er ein wissenschaftliches Dialog- und Begegnungsprogramm entwickelt.

Sozialpolitik von Christen in Freien Verbänden

Dieser Ansatz in der Arbeitsweise hat dazu geführt, daß es eine literarisch kaum zu bewältigende Menge an wirtschaftsethischen Aussagen protestantischer Autoren in der Folgezeit gibt, aber keine Äußerung, die ähnlich verbindlichen Charakter wie die späteren päpstlichen Sozialenzykliken haben sollten. Auch das auf hohem wissenschaftlichen Niveau stehende Forum des sozialen Protestantismus „Der Evangelisch-Soziale Kongreß" (ESK) hat ab 1890 Jahr für Jahr zu prinzipiellen und aktuellen Fragen der Ökonomie und der Sozialpolitik Stellung bezogen und viele Impulse in die staatliche Sozial- und Gesellschaftspolitik gegeben, aber ein „kirchliches Wort" im Sinne von Gewissensbindung und Handlungsverpflichtung für die Kirchenmitglieder hat es nicht gegeben, umso mehr aber hat sich die Mitverantwortung der Laien in weltlicher Verantwortung formuliert. Man kann sagen, daß auf den Jahrestagungen des ESK alle zeitgenössischen Fragen einer konkreten Wirtschaftsethik und praktischer Sozialpolitik verhandelt worden sind. Es sind Beiträge zum Verstehen der Probleme. Es sind begleitende Reflexionen, die dem Verantwortlichen helfen können, in Wertekonflikten sich für das Richtigere zu entscheiden. Es sind notwendige Vorüberlegungen, die die Richtung einer möglichen Parteinahme signalisieren. Sie treten nie auf mit ideologischer Sicherheit, sondern nur mit dem Anspruch wissenschaftlicher Redlichkeit und moralischer Betroffenheit. Sie verstehen sich als Dienst an jenen, die die politische Letztverantwortung haben.

Über dieses Modell offener dialogischer Auseinandersetzung, verbunden mit der Angabe von Zielen und mit der Entwicklung von Perspektiven, ist die Generation der Adolf von Harnack, Friedrich Naumann, Max Weber, Ernst Troeltsch und Otto Baumgarten nicht hinausgegangen. Ihre Reflexionen, Impulse und Intentionen lassen sich nicht zu einer „Soziallehre" systematisieren, haben aber gerade in ihrer offenen Argumentationsstruktur Eingang in die praktische Reformpolitik finden können. Jedenfalls gilt: ohne die theoretische Grundsatzarbeit und ohne die fachliche Könnerschaft dieser sozial engagierten bürgerlichen Protestanten wäre es weder zum Aufbau noch zum permanenten Ausbau des modernen Sozialstaates gekommen. Ohne die Arbeiten des Vereins für Sozialpolitik (1872), des Zentralvereins für Sozialreform (1877), des ESK (1890) und der Gesellschaft für soziale Reform (1901) wäre es nicht oder bedeutend schwerer zur sozialstaatlichen Praxis des Deutschen Reiches gekommen.

Eine weitere Voraussetzung zu seiner Entwicklung war die Überwindung der liberalen Polemik gegen die Erweiterung der Staatsaufgaben. Gustav Schmoller hat in seiner Eröffnungsrede des Vereins für Sozialpolitik in Eisenach 1872 die Richtung angegeben. Er sagt: „Sie (die Versammelten) kommen überein in einer Auffassung des Staates, die gleichweit von der naturrechtlichen Verherrlichung des Individuums und seiner Willkür, wie von der absolutistischen Theorie einer alles verschlingenden Staatsgewalt ist. Indem sie den Staat in den Fluß des historischen Werdens stellen, geben sie zu, daß seine Aufgaben je nach den Kulturverhältnissen bald engere, bald weitere sind; niemals aber betrachten sie ihn, wie das Naturrecht und die Manchesterschule, als ein notwendiges, möglichst zu beschränkendes Übel: immer ist ihnen der Staat das großartigste sittliche Institut zur Erziehung des Menschengeschlechts. Aufrichtig dem konstitutionellen System ergeben, wollen sie doch nicht eine wechselnde Klassenherrschaft der verschiedenen einander bekämpfenden wirtschaftlichen Klassen; sie wollen eine starke Staatsgewalt, welche, über den egoistischen Klasseninteressen stehend, die Gesetze gebe, mit gerechter Hand die Verwaltung leite, die Schwachen schütze, die unteren Klassen hebe: sie sehen in dem zweihundertjährigen Kampfe, den das preußische Beamtentum und das preußische Königtum für Rechtsgleichheit, für Beseitigung aller Privilegien und Vorrechte der höheren Klassen, für Emanzipation und Hebung der unteren Klassen siegreich gekämpft, das beste Erbteil unseres deutschen Staatswesens, dem wir niemals untreu werden dürfen."[2]

Auch hier ist die Position der Mitte wieder entscheidend: weder Staatsomnipotenz noch Staatsverneinung, aber das Plädoyer für einen starken Staat, der in der Lage ist, das Allgemeinwohl gegen politische Teilinteressen durchzusetzen. Als Sozialstaat gleichzeitig Kulturstaat, das heißt für die Erziehung und Bildung aller Bürger zuständig zu sein, liegt in der Linie dieses Staatsverständnisses, das altlutherische Tradition für die Moderne fruchtbar machen will. Daß der Staat mit seinen Organen in allen Wirklichkeitsbereichen die nicht ersetzbare und nicht delegierbare letzte Verantwortung hat, ist dieser Generation volle Überzeugung. Entsprechend hat der Staat die Sozialgesetzgebung und die Arbeiterschutzgesetzgebung in seine Hand zu nehmen. Schmoller und vor allem sein Berliner Kollege Adolf Wagner haben an vielen Punkten die Notwendigkeit aufgewiesen, daß die sozialstaatlichen Tätigkeiten angesichts der Probleme, die eine wachsende kapitalistische Wirtschaftspraxis mit sich bringen, immer mehr zunehmen werden.

Auf diesem Hintergrund ist es zu verstehen, daß die Forderungen zur Sozialreform in erster Linie Forderungen an die „Staatshilfe" sind. Man fordert die Weiterführung der Bismarckschen Sozialgesetzgebung von 1881 und 1883 im Blick auf die Sozialversicherungssysteme, ergänzt durch den Ausbau der Arbeiterschutzgesetzgebung. Zum letzteren gehören: Verbot von Kinder- und Frauenarbeit in den Fabriken, Verbot der Sonntagsarbeit, Einführung von Normalarbeitszeiten in den einzelnen Branchen, Schutz gegen gesundheitswidrige Zustände in den Arbeitsstätten, Einschränkung der Nachtarbeit und viele andere Maßnahmen zur Verbesserung der Lage der arbeitenden Menschen. Zu jedem Einzelthema liegt eine Fülle von Aufsätzen, Broschüren und Büchern vor. Die evangelisch-sozialen Zeitschriften lassen ohne große Mühe den jeweiligen Stand der sozialpolitischen Diskussionen und Aktionen rekonstruieren.

Wichtige ordnungspolitische Forderungen sind: Einführung von Arbeitervertretungen in den einzelnen Fabriken und Bergwerken. Bildung freier Gewerkschaften als Tarifpartei gegenüber den Arbeitgebern. Der letzte Punkt ist von besonderer Wichtigkeit. Schon Viktor Aimé Huber (1800-1869) forderte ein gesetzlich anerkanntes Koalitionsrecht für Arbeiter, verbunden mit dem Streikrecht. Bei ihm finden wir ein ausgebautes Modell der Tarifparteienschaft. Er verbindet diese Gedanken einer institutionalisierten Kooperation der Faktoren Kapital und Arbeit mit dem Gedanken der „Beteiligung der Arbeit am Gewinn". Auch die innerbetriebliche Mitbestimmung ist für ihn eine Grundforderung. Bei Huber finden wir über die sozialcaritative Tätigkeit von Wichern und der Inneren Mission hinaus die Umrisse eines modernen Betriebs- und Unternehmensverfassungsrechtes wie die Entscheidung für Sozialpartnerschaft von Arbeitnehmern und Arbeitgebern. Für die Frühphase der Christlich-Sozialen ist er der Modernste.

Auch Adolf Stoecker plädiert für obligatorische Fachgenossenschaften, die mit Arbeitgeberverbänden Lohnvereinbarungen abschließen. Auch die sozialkonservativen Arbeitervereine fordern volles Koalitionsrecht und Arbeiterausschüsse.

Um die Jahrhundertwende und am Ende der Kaiserzeit ist Friedrich Naumann (1860-1919) der kreativste Sozialpolitiker im deutschen Protestantismus. Er entwirft über einzelne praktische Forderungen hinaus das Modell einer liberalen wie sozialen „Industrieverfassung". Er stellt zu Beginn seines Buches „Neue deutsche Wirtschaftspolitik" die Frage: „Wie werden Industrieuntertanen zu Industriebürgern?"

Sein großes Fernziel: die „Demokratisierung der Betriebe", der „Fabrikparlamentarismus". Er fordert Betriebsausschüsse für Beamte und Arbeiter. Starke Gewerkschaften und ein starker Fabrikparlamentarismus sind für ihn die beiden Säulen, die kooperativ zusammenspielen. Er plädiert für die Humanisierung der Arbeitsbedingungen und für Verkürzung der Arbeitszeiten.

Sein Fazit: „Man hat bis jetzt die soziale Frage viel zu einseitig als bloße Frage materieller Versorgung angesehen. Sie ist im Großbetrieb einfach die Frage des Menschenrechtes. Nicht die Wohlfahrtseinrichtungen an sich sind verwerflich. Im Gegenteil! Die Häuser, Pensionskassen und ähnliches sind oft recht gut, aber die juristischen Bedingungen, unter denen diese Vorteile dargeboten werden, sind würdelos. Und nun sehen wir eine Zukunft mit immer größeren Riesenbetrieben heranrücken. Wird diese Zukunft eine neue Sklaverei sein, ein Ende aller liberalen Träume, eine Hörigkeit der Masse? Oder gibt es eine Form der Mitwirkung der Beamten und Arbeiter an der Leitung, die derartige moderne Versklavung unmöglich macht? Behalten wir Menschenrechte im Industrialismus? Das ist das tiefste Problem der Industrieverfassung."[3]

Naumann hat die großen Zukunftsthemen für eine Um- und Neugestaltung der Industriegesellschaft formuliert: Mitwirkung – Mitbestimmung – Demokratisierung – Humanisierung – Betriebsdemokratie. Für ihn waren es Ziele, die nur auf dem Fundament der Koalitionsfreiheit mit starken Gewerkschaften und handlungswilligen Unternehmerverbänden zu verwirklichen waren.

Naumanns Freund Gottfried Traub (1869-1956) entwickelt als Dortmunder Pfarrer ähnliche Gedanken, die weit über das traditionelle evangelisch-soziale Programm hinausgehen. Er schreibt 1904 das Buch „Ethik und Kapitalismus" und 1905 die programmatische Berufsethik „Der Pfarrer und die soziale Frage". Als liberaler Theologe bejahte er zunächst den technischen und ökonomischen Fortschritt der privatkapitalistischen Ära. Sie hat aber nach ihm ihre historische Schuldigkeit getan. Auf dem Fundament einer ausreichenden Güterproduktion kann nun allen Menschen die Gelegenheit gegeben werden, in persönlicher Freiheit und bei sozialer Gerechtigkeit die Wirtschaftsformen und die Produktionspraxis mitzugestalten und mitzuverantworten. Traub entwickelt das Konzept der Transformation des „absolutistisch-patriarchalischen Kapitalismus" über konstitutionelle Formen der Partizipation der Arbeitnehmer hin zu einer modernen Form von „Wirtschaftsdemokratie". Er verlangt Mitbestimmung am Arbeitsplatz und im Betrieb. Er fordert die Verkürzung der Arbeitszeit. Er argumentiert: „Grundsätzlich hat man hier für Verkürzung einzutreten. Sie bedeutet Kulturfortschritt. Sie zwingt die Technik zur Vervollkommnung, sie macht den Menschen freier. Jede vernünftige Volkswirtschaft wird mit dem Material am sorgsamsten umgehen, das am wertvollsten ist, nämlich dem Menschen."[4]

Ferner verlangt er Lohnerhöhungen, die bei größerer Produktivität durch technischen Fortschritt und durch Humanisierung der Produktionsstrukturen möglich seien. Das Streikrecht ist für ihn selbstverständlich und zum Recht auf Arbeit formuliert er: „Jeder Mensch in der Gesellschaft hat ein Recht darauf, durch Arbeit sein Brot zu verdienen. Das Recht auf Arbeit bleibt eine der Grundforderungen für jede Kulturgesellschaft." Deshalb gilt: „Der Kampf gegen die Arbeitslosigkeit ist die ernsteste Angelegenheit aller sozialethisch Interessierten."[5]

In seinem Vortrag auf dem ESK 1904 „Die Organisation der Arbeit in ihrer Wirkung auf die Persönlichkeit" formuliert er: „Der Arbeiterstand muß Gelegenheit haben, an der Industrie selbst persönlich verantwortlich mitzuarbeiten. Das Befriedigende der geistigen Arbeit liegt darin, daß sie nicht Erwerbsarbeit allein, auch nicht Erwerbsarbeit in erster Linie, sondern Betätigung persönlicher Kraft ist. Jede Persönlichkeit verlangt, daß sie nicht in der Erwerbsarbeit untergeht. Es ist aber nicht genug, nur zu verlangen, daß der Arbeiter seine Erwerbstätigkeit möglichst abkürzen könne, um desto mehr freie Zeit zu geistiger Arbeit und sittlicher Förderung zu bekommen. Die Erwerbsarbeit selbst muß in Beziehung zu der sittlichen Erziehungsarbeit treten können. Man muß von der Arbeit und in der Arbeit leben können."[6]

Traub argumentiert weiter: „Verantwortliche Persönlichkeiten wachsen nur dort, wo es etwas zu verantworten gibt." Deshalb fordert er „die grundsätzliche Ersetzung der monarchischen Form des modernen Fabrikstaates" durch die „konstitutionelle" und die Einführung von Arbeiterausschüssen als „Mitregierung". Sein Ziel ist die „industrielle Selbstverwaltung".[7]

Bei Traub finden wir bis in Einzelheiten hinein die Umrisse einer modernen Betriebs- und Unternehmensverfassung und einer modernen Unternehmensethik.

Der moderne Sozialstaat als Ergebnis
christlich-sozialer Programmatik und Praxis

Es gehört zu den Klischeeurteilen, daß der Protestantismus gegenüber der sozialen Frage und vor allem gegenüber der Wirtschaftsordnungsfrage versagt habe. Angesichts der Quellenlage und angesichts der Bedeutsamkeit des Protestantismus für gestaltete Modernität ist dieses Urteil zu differenzieren. Entscheidende wissenschaftliche und politische Impulse sind von einzelnen Protestanten und einzelnen von protestantischem Geist bestimmten Verbänden und Aktionsgruppen ausgegangen, um auf die Herausforderung durch die soziale Frage strukturell und gesetzgeberisch zu antworten. Diesen Versuchen integriert war immer die Frage nach einer sachgerechten Wirtschaftsordnung, getragen von einem wirtschaftsethischen Kanon für Würde des Menschen und soziale Gerechtigkeit. Die Männer der historischen Schule, des Katheder- und Staatssozialismus haben aus ihren persönlichen religiösen und konfessionellen Bindungen heraus sozialethische Kriterien und Normen aus christlicher Tradition in ihre fachwissenschaftlichen Analysen und Positionen einzuspielen versucht. Sie dachten als Nachfahren der klassischen Ökonomie bewußt aus dem Erbe des Christentums und des europäischen Humanismus, ergänzt durch geschichtliches Wissen und realistische Beobachtung ihrer Gegenwart.

Die Schüler und Kollegen dieser Universitätslehrer saßen in Parlamenten und vor allem in preußisch-deutschen Ministerien. Theodor Lohmann, Hans von Berlepsch, Arthur Graf von Posadowsky als herausragende Politiker haben ihre Tätigkeit im Staatsdienst als praktisches Christentum, das mit den Mitteln permanenter Gesetzgebung zugunsten der Schutzbedürftigen und Schwächeren arbeitet, verstanden. Auch wenn sie stärker als andere evangelische Sozialpolitiker den politischen Zwängen unterworfen waren, so gehören sie mit ihren gesellschafts- und sozialpolitischen Konzepten in die Traditionslinie des sozialen Protestantismus. Für sie war der ideologische Zwei-Fronten-Krieg tägliche Praxis: gegen liberalistische Wirtschaftsordnung und Wirtschaftsgesinnung und gegen sozialistische Staats- und Planwirtschaft. Die Staatsmacht als Ausgleich zwischen mächtigen Teilinteressen zu begreifen, war ein Erbteil ihres protestantischen Obrigkeitsverständnisses, das die Letztverantwortung des

Staates für Recht und Frieden beinhaltete. Ihre weltanschauliche Gegnerschaft gegen freidenkerischen Liberalismus und atheistischen Materialismus kam hinzu, um sie in das Umfeld christlicher Reformbewegungen zu bringen. Daß sie voll im Geflecht der preußisch-deutschen Obrigkeitsgesellschaft integriert waren, hat ihr Engagement häufig erschwert, sie aber nicht daran gehindert, konsequente Reformen im System voranzutreiben.

Die kirchenamtlichen Organe des Protestantismus (vor allem der EOK) haben sich seit der ersten „Denkschrift über die Sonntagsfrage" von 1877 öfter zu sozialen Fragen und zur Frage des politischen Engagements von Pfarrern geäußert, sind aber in die Diskussion um Probleme einer gerechteren Wirtschaftsordnung oder um Fragen einer Wirtschaftsethik kaum eingestiegen. Im ganzen sind ihre Äußerungen theologische und sozialethische Begleitmusik der jeweiligen staatlichen Arbeiter- und Sozialpolitik. Ein eigenständiger Rang kann ihnen nur schwer zugesprochen werden. Vor allem haben sich die kirchenamtlichen Worte später in das sprunghafte Auf und Ab Wilhelminischer Politik einspannen lassen.

Davon abzuheben sind die Praxis sowohl des ESK wie der 1897 gegründeten Freien Kirchlich-Sozialen Konferenz, die zum Sammelbecken der Frauen und Männer um Adolf Stoecker, Ludwig Weber und Reinhold Mumm wurden. Beide freien protestantischen Verbände haben gegen die königliche und kaiserliche Sozialpolitik in der sogenannten Ära Stumm (1896-1901) protestiert und haben ihre sozialreformerische Arbeit unbeirrt fortgesetzt. Die „Ehe von Thron und Altar" hat im Blick auf den Sozialprotestantismus nicht gegriffen. Jahr für Jahr haben diese beiden Kongresse getagt und Fragen der theoretischen und praktischen Sozialpolitik und Grundsatzfragen zur Wirtschaftsordnung behandelt. Geht man die Protokolle dieses Verbandsprotestantismus bis 1933 durch, so wird vollends deutlich, daß die sozialpolitische und wirtschaftsethische Arbeit der hier versammelten Männer und Frauen auf zeitgenössisch hohem Niveau gestanden hat, und es kaum eine Parallele in der übrigen deutschen Öffentlichkeit gibt. Bei vielen Verschiedenheiten im einzelnen schält sich aber eine gemeinsame Denk- und Mentalitätsstruktur heraus: man steht gegen jeden Extremismus und Radikalismus in Theorie und Praxis, man sucht nach der gangbaren Mitte, die den erreichten Fortschritt ererbt und die notwendigen Zukunftsreformen mit Augenmaß angeht. Man lehnt ein kapitalistisches System ebenso wie ein sozialistisch-kollektivistisches System ab. Man setzt auf ein marktwirtschaftliches System, das von staatlicher Rahmengesetzgebung eingegrenzt wird und die abhängig Arbeitenden mit sozialen Rechten vor den großen Arbeits- und Lebensrisiken absichert. Alle sind für gesetzlich verbriefte Tarifparteienschaft von Arbeitgeberverbänden und Gewerkschaften, aber der Staat als Sozialstaat hat die Letztverantwortung für ein gemeinwohlförderndes Wirtschafts- und Sozialsystem im Dienste der nationalen Wohlfahrt.

Kontinuität und Neuansätze in der Weimarer Republik

Trotz der Erschütterung, in die gerade der deutsche Protestantismus durch die Niederlage im Krieg und durch die Revolution 1918 geriet, kann man nur bedingt von einer Neuorientierung sprechen. Vieles bleibt in Kontinuität. Die Freie Kirchlich-soziale Konferenz, jetzt Kirchlich-sozialer Bund, setzt unter der geistig-politischen Führerschaft von Reinhold Seeberg und Reinhard Mumm ihre Arbeit fort. Die alten Christlich-Sozialen engagieren sich als Arbeitnehmerflügel in der monarchistischen und antidemokratischen DNVP. Gewerkschaftspolitisch haben sie weiterhin ihre Heimat in den Christlichen Gewerkschaften. Zusammen mit dem Verband evangelischer Arbeitervereine rechnen sie sich zur christlich-nationalen Arbeiterbewegung. Der Kampf gegen Demokratie und Sozialismus wird auch in der Republikzeit weitergeführt. Aber in Kontinuität steht auch das Engagement für eine zeitgerechte Weiterentwicklung des Sozialstaates. Geistes Zentrum für alle evangelischen Gruppen einer christlich-nationalen Reformbewegung ist die Spandauer Sozialschule, die ab 1924 von Friedrich Brunstäd (1883-1944) geleitet wurde. Aus diesem Spandauer Umfeld stammen einige wirtschaftsethische und wirtschaftsordnungspolitische Entwürfe. Brunstäd selbst schreibt 1925 sein „Deutschland und der Sozialismus", eine Auseinandersetzung aus nationalkonservativer, christlich-idealistischer Sicht mit dem materialistisch-atheistischen Sozialismus als Weltanschauung und politischer Praxis. Und sein Vortrag „Eigengesetzlichkeit des Wirtschaftslebens", gehalten auf dem kirchlich-sozialen Kongreß 1925, wird ein vielgelesener und vieldiskutierter Beitrag. Er fragt nach der Rolle der Wirtschaft und des Staates. Er formuliert normativ-programmatisch:

„Wir haben vom Christentum und von christlicher Kulturkritik und Kulturschöpfung aus der Verabsolutierung der Wirtschaft mit allen ihren Folgen entgegenzuwirken, die Vergötzung dieses Dienstwertes, den Mammonismus, den aufklärerischen Kulturstand, aus dem er hervorgeht, und innerhalb dessen er allein möglich ist, zu überwinden. Mit der Überwindung dieses Kulturzustandes im ganzen sind auch die inneren Voraussetzungen des Mammonismus beseitigt. Die Wirtschaft gilt nicht absolut, sie ist als Reich der Mittel ein eingeordnetes Glied im kulturellen Wertganzen nach seinem religiösen Ursprunge und seinem religiösen Ziele, und zwar muß sie gerade aus ihren eigenen Bedingungen heraus, nach ihrer Sonderfunktion und Eigengestaltigkeit eingegliedert werden, wobei wieder an das Gleichnis vom Magen zu denken ist. Das geschieht durch innere Formung des Verbrauches, durch wirkliche Kultur des Bedarfs und dadurch, daß alle künstlichen mammonistischen Hemmungen der Herrschaft eines so bestimmten Verbrauches über die Wirtschaft beseitigt werden.

Solche Eingliederung wird bewerkstelligt in der Rechtsgestaltung, in der staatlichen Rechtsordnung, in der staatlichen Wirtschafts- und Sozialpolitik. Der Staat ist der Hüter und Ordner des kulturellen nationalen Wertganzen, er ist ein sittlich-kulturelles Gebilde, die Zusammenfassung ringenden Wertwillens in einem Volke."[8]

Als christlich-sozialer und als christlicher Gewerkschafter gibt der 2. Vorsitzende der Christlichen Gewerkschaften Friedrich Baltrusch (1876-1949) 1924 eine Broschüre „Gewerkschaftsbewegung und Wirtschaftsgestaltung" heraus. Er formuliert dieses Kapitel:

„Unsere christliche Überzeugung, die dem Wirtschaftlichen innerhalb des Menschenlebens nicht den höchsten Wert zuerkennt, gibt uns von vornherein einen festen Halt gegenüber den immer wieder in der Geschichte auftauchenden wirtschaftlichen Heilslehren. Wir wissen, daß das menschliche Glück nicht in der Wirtschaft, das heißt in der reichsten Bedürfnisbefriedigung besteht und auch niemals bestehen wird. Deshalb sind uns alle Propheten von vornherein verdächtig, die durch wirtschaftliche Maßnahmen den Menschen den Himmel auf Erden versprechen. Die Geschichte hat uns längst Recht gegeben. Wirtschaftliche Utopien, unter denen die letzte von großem Format die des Marxismus ist, erwecken wohl vorübergehende Begeisterung, aber ihre praktische Undurchführbarkeit stellt sich eines Tages heraus und der Glaube an große Programme und Glückslehren verschwinden wieder für ein Zeitalter. Aber selbst wenn es gelänge, etwa den sozialistischen Zukunftsstaat zu verwirklichen, so bleibt unsere Überzeugung zu Recht bestehen, daß damit die Frage, ob die Menschen glücklicher oder unglücklicher, besser oder schlechter wären, noch gar nicht entschieden ist. Diese von vornherein vorsichtige Stellung gegenüber allen Theorien und Programmen führt uns dazu, in der Wirtschaftspolitik nicht an starre Methoden zu glauben, sondern nach Zweckmäßigkeitserwägungen uns für das Mögliche einzusetzen, wobei wir sowohl die Zweckmäßigkeit wie auch das erstrebte Ziel stets an unseren letzten Grundsätzen messen, infolgedessen davon bewahrt bleiben, eine Zeitlang uns einem phantastischen Rausch hinzugeben, um dann wieder in schwärzeste Enttäuschung herabzusinken. Wir wissen, daß der menschlichen Kraft bei der Reform Grenzen gesetzt sind; bejammern aber auch nicht über diese Grenzen, weil uns Wirtschaftsreformen doch nicht das letzte Heil bringen kann; innerhalb der Grenzen jedoch werden wir stets mit Festigkeit für das Mögliche eintreten."[9]

Das größte wissenschaftliche Buchereignis zur Wirtschaftsethik wird die „Evangelische Wirtschaftsethik" 1927 von Georg Wünsch (1887-1964). Er gehört zur religiös-sozialistischen Bewegung, die innerhalb des Protestantismus zwar eine Minderheit war, aber bedeutsame Wissenschaftler in ihren Reihen gehabt hat. Theologische und kulturphilosophische Grundsatzarbeit haben Paul Tillich (1886-1965), Carl Mennicke (1887-1959) und Eduard Heimann (1889-1967) geleistet.

Georg Wünsch hat sein umfangreiches Werk in eine Kurzfassung in dem Artikel „Wirtschaftsethik" im Lexikon „Die Religion in Geschichte und Gegenwart" gebracht. Zentral dürfte diese Argumentation sein: „Der allgemeine Sinn der Wirtschaft beruht darauf, daß der Mensch als Kreatur Gottes nur existieren kann, wenn seine stofflich-materiellen Bedürfnisse befriedigt werden, also unter gewissen stofflich-materiellen Bedingungen. Die Wirtschaft, welche diese Bedingungen durch ihre Funktion erfüllt, hat damit ihren Sinn in bezug auf die Existenz des Menschen und drückt die Beziehungen aus, in denen die Menschen als Kreaturen notwendig zueinander stehen. Damit wird die Wirtschaft zu einem im Wesen des Menschen als Kreatur, damit letztlich in Gott gegründeten Wert. Das Wesen der Wirtschaft wird also ausgedrückt durch einen eigentümlichen Wertinhalt, der dadurch Wert wird, daß das durch ihn qualifizierte Gut Befriedigung für den Menschen notwendiger stofflich-materieller Bedürfnisse dient. Diese Bedürfnisse sind zweifacher Natur: a) Die elementaren Bedürfnisse, die unter allen Umständen befriedigt werden müssen, wenn der Mensch leben will. Je nachdem, ob die materielle Daseinsgrundlage gesichert ist oder ob täglich darum gekämpft werden muß, ändert sich auch die Grundauffassung vom Sinn des Lebens und damit die individuelle und gesellschaftliche Charakterform des Menschen. b) Die kulturellen Bedürfnisse, die sich regen und zur Geltung bringen über der Befriedigung der elementaren Bedürfnisse. Auch sie sind notwendig zum Ausdruck des Wesens des Menschen. Die Grenze zwischen „elementar" und „kulturell" ist fließend, insbesondere abhängig von der zivilisatorischen Entwicklungsstufe eines Volkes. Als wirtschaftsethische Konsequenz ergibt sich aus dem Verhältnis der elementaren zu den kulturellen Bedürfnissen, daß zuerst die elementaren Bedürfnisse für alle Angehörigen der Gesellschaft befriedigt werden müssen, dann erst werden Mittel für die Befriedigung kultureller Bedürfnisse verwendet werden. Daraus entsteht die Aufgabe, die wirtschaftliche Gesamtbasis für die Befriedigung elementarer Bedürfnisse so zu sichern, daß diese als Not und Last nicht mehr gefühlt werden und die Gesellschaft in ihrer Ganzheit, nicht nur einzelne Klassen, sich in kulturellen Formen darzustellen die Freiheit hat. Die Lage der ärmsten Klasse ist daher richtunggebend für die Verteilung der Wirtschaftsgüter auf elementare oder kulturelle Bedürfnisse."[10]

Paul Tillich formuliert in seiner „Sozialistischen Entscheidung" 1933 diesen Passus: „...das Ziel sozialistischer Wirtschaftsordnung ist die Einheit des weltwirtschaftlichen Raumes und eine rationale Ausnutzung der fast unbegrenzten irdischen Produktionsmöglichkeiten im Dienst der Menschheit und aller ihrer Gruppen.

Es ist nun zu fragen: welche Möglichkeiten für eine solche Gestaltung bieten die ökonomischen Gesetze? Die Antwort gibt die sozialistische Ökonomik; sie hat sie in Einheit mit den realen Entwicklungstendenzen der Gegenwart schon gegeben. In die Hand der Gesellschaft – und das heißt der tragenden Gruppen des Gesellschaftsaufbaus – sind zu legen die ökonomischen Machtpositionen des heutigen privaten Großeigentums: Großgrundbesitz, Schwerindustrie, Großbetrieb in der Verarbeitung, Bankwesen, Außenhandel. Von ihnen aus läßt sich der Gesamtprozeß der Produktion im Sinne des sozialistischen Prinzips leiten. Von ihnen aus läßt sich das Problem der ökonomischen Rationalisierung so lösen, daß die zerstörenden Wirkungen der technischen Rationalisierung aufgehoben und ins Gegenteil gewandelt werden. Dabei ist es grundsätzlich möglich, den freien Markt zu erhalten, auf dem die Bedürfnisse angemeldet werden und von dessen Forderungen aus über Produktionsrichtung und Preisbildung entschieden wird – allerdings in den Grenzen der zentralen Planung. Das bedeutet weiter, daß in denjenigen Produktionsformen, die keine Herrschaftspositionen in der Gesellschaft begründen, die freie Wirtschaft aufrecht erhalten werden und eine Bürokratisierung der Gesamtwirtschaft vermieden werden kann. Wo Bürokratisierung unvermeidlich ist, hat sie sich durch die spätkapitalistische Entwicklung längst selbst eingestellt. – Auch in der Frage der sozialistischen Wirtschaftsidee erweist sich also die grundlegende Bedeutung des sozialistischen Prinzips, die Brechung des bürgerlichen Harmonieglaubens und die Vereinigung von Natur und Planung im Wirtschaftsaufbau."[11]

Der bedeutendste Nationalökonom der Religiösen Sozialisten ist neben Adolf Loewe Eduard Heimann. Er hat 1929 eine bis heute bedeutende „Soziale Theorie des Kapitalismus" geschrieben. Er fragt unter anderem nach dem „Wesen und Weg der Sozialpolitik" und bestimmt das Verhältnis von Kapitalismus und Sozialpolitik. Es heißt bei ihm:

„Die soziale Idee entspringt aus dem wirtschaftlich-sozialen Boden des Kapitalismus. Sie nimmt in der sozialen Bewegung Gestalt an und setzt sich mit wirtschaftlich-sozialen Mitteln im Kapitalismus und gegen den Kapitalismus durch. Weil sie auf dem Boden des Kapitalismus entspringt und wächst, weil sie also durch ihre bloße Existenz im Kapitalismus steht, darum kann sie ihre wachsenden Forderungen in wachsendem Maße durchsetzen. Denn soziale Idee und soziale Bewegung, das sind doch diejenigen Menschen, deren Mitwirkung im kapitalistischen System für den Bestand des Systems erforderlich ist, die auf ihren Schultern mit ihrer Arbeit das System tragen. So bricht die neue Idee in die alte ein. So wächst aus der alten Sozialgestalt die neue hervor. Man braucht die von der sozialen Idee Ergriffenen für den Bestand des Kapitalismus, und man muß darum der sozialen Idee nachgeben – der Revolution Platz einräumen –, um den Kapitalismus zu erhalten, also der konservativen Idee halber. Was man auf diese Weise bewahrt, das ist nicht der Kapitalismus; es ist fortschreitend weniger Kapitalismus, je öfter der Vorgang sich wiederholt. Denn aus dem willkürlichen Herrschaftsbereich des freien Kapitals – und das ist doch der Kapitalismus – holt die Sozialpolitik die Menschen heraus und setzt sie in ihren eigenen Freiheits- und Machtbereich ein; da das aber nicht außerhalb der bisher vom Kapitalismus geordneten Wirtschafts- und Sozialwelt geschieht, so bestätigt sich die Sozialpolitik als Einbruch in den Kapitalismus. Was man durch die Sozialpolitik bewahrt, das ist, wenn eben nicht Kapitalismus, so einfach das Leben und seine wirtschaftlich-soziale Grundlage, und jede verantwortliche Politik geht immer früher oder später diesen Weg, das Leben um den Preis des Formwandels zu bewahren, wenn außer diesem Wege nur der andere des Beharrens und Unterganges zur Wahl steht. Da der ganze Vorgang aber in der wirtschaftlich-sozialen Lebenssphäre verläuft, so kann die Angewiesenheit des Kapitalismus auf die Träger der sozialen Idee als eine produktionspolitische bezeichnet werden; dadurch wird sie innerhalb des kapitalistischen Systems und mit den ihm gemäßen Kategorien ausgedrückt. Sozialpolitik sichert die kapitalistische Produktionsgrundlage vor den von der sozialen Bewegung drohenden Gefahren, indem sie der sozialen Forderung nachgibt; sie baut den Kapitalismus stückweise ab und rettet dadurch seinen jeweils verbleibenden Rest; sie erreicht immer dann und nur dann einen Erfolg, wenn die Erfüllung einer sozialen Teilforderung zur produktionspolitischen Notwendigkeit wird. Dies ist ihr konservativ-revolutionäres Doppelwesen.“[12]

Es kann nach diesen und anderen Befunden keinen Zweifel geben: evangelische Christen haben die wirtschaftsethischen Grundsatzfragen und mögliche sozialpolitische Folgerungen permanent intensiv diskutiert, sowohl auf der akademischen Ebene wie in parteipolitischen Zusammenhängen. Von einer ordnungspolitischen Abstinenz kann keine Rede sein. Das zeigt auch die nicht krisenfreie Arbeit des ESK, der unter seinem Präsidenten Walter Simons (1861-1937) seine Gesamtarbeit fortsetzt. Es gibt kein zeitgenössisches prinzipielles und aktuelles Thema aus Wirtschafts- und Sozialpolitik, das nicht verhandelt worden wäre. Dabei fällt auf, daß die Referenten ein breites Meinungsspektrum darstellen. Der Dialog mit Positionen aus anderen weltanschaulichen und politischen Lagern wird immer selbstverständlicher. Der ESK wird mehr ein Forum für den demokratischen Pluralismus in der Weimarer Republik. Der Ehrenpräsident des ESK, der alte Otto Baumgarten, hält seine letzte Rede 1932 auf seinem Kongreß. Er schließt mit den Worten: „Angesichts der Weltkrise des Kapitalismus, deren Ausgang wir nicht zu prophezeien wagen, appellieren wir an den aus der evangelischen Kultur- und Staatsfreudigkeit erwachsenen Trieb sozialer und wirtschaftlicher Gerechtigkeit. Es mögen unter uns weitgehende Unterschiede bestehen in der Beurteilung der den Hochkapitalismus ablösenden Plan- und Gemeinwirtschaft; doch wollen wir einig sein in dem Mut der Offenheit für die sich ankündigenden tiefgreifenden Umstellungen der Weltwirtschaft. Möchten Sie eine evangelische Kirche finden, die die Freiheit der Persönlichkeit nicht unvereinbar achtet mit dem Sozialismus der Dienstbarkeit gegen die Gesamtnation, die alle Proletarier in Stadt und Land zur äußeren und inneren Freiheit vereint! Und so erbitten wir uns von Gott einen neuen, gewissen, mutigen und einmütigen Pfingstgeist zur Mitarbeit an der Lösung der unentrinnbaren Probleme, die uns Gott in dieser Weltkrise vor die Türe und auf die Seele gelegt hat."[43]

Soziale Verantwortung der Kirchen

Auch die verfaßten Kirchentümer definieren nach 1918 in ihren neuen Kirchenordnungen die soziale Verantwortung als kirchliche Aufgabe. Es werden auf allen synodalen Ebenen Sozialausschüsse eingerichtet. In einer bisher historisch nicht gekannten Breite werden alle wirtschaftlichen und sozialen Konfliktfelder in der Weimarer Zeit diskutiert. Auf der Ebene des Evangelischen Kirchenbundes gibt es eine Konferenz der hauptamtlichen Sozialpfarrer. Aus ihrer Arbeit entstehen 1925 die sogenannten Eisenacher Richtlinien, die sich der Deutsche Evangelische Kirchenausschuß zu eigen macht. In Punkt 5 heißt es:

„Die Verkündigung des Wortes vom Gesichtspunkte der sozialen Aufgabe aus fordert tiefgreifende und klare Erkenntnis der sozialen Tatbestände und ihrer Zusammenhänge. Darum ist wissenschaftliche Arbeit an den hier erwachsenden Fragen zur Herausstellung einer evangelischen Soziallehre, also sozialwissenschaftliche und theologische Arbeit – Arbeit auf lange Sicht –, zentrales Erfordernis. Sie braucht nicht unbedingt von einem Pfarrer geleistet zu werden."[14]

Vorausgegangen war 1924 der Betheler Kirchentag des Deutschen Evangelischen Kirchenbundes, der eine „Soziale Botschaft" an Kirche und Öffentlichkeit formuliert hat. Dieses kirchenöffentliche Synodalwort befaßt sich zum ersten Mal in der Geschichte des Protestantismus ausführlich mit sozialen und ökonomischen Fragen. Es weist besonders auf die „Verschärfung der sozialen Gegensätze" hin, um dann fortzufahren: „Gewiß folgen die wirtschaftlichen Ordnungen auch eigenen Gesetzen, und den Kämpfen um ihre Ausgestaltung und Fortentwicklung kann und soll die Berechtigung nicht versagt werden. Aber es kommt auf den Geist an, in dem diese Kämpfe geführt werden. Gerade die Erfahrungen der letzten Jahre zeigen, daß alle Versuche, das wirtschaftliche Leben allein auf äußeren sozialen Forderungen und Maßnahmen aufzubauen, scheitern und nicht zum Frieden führen. Der Grund liegt zutage. Wahrhaft soziale Gesinnung stammt aus dem christlichen Glauben, mit dem die Überzeugung von dem unvergleichlichen Wert der Menschenseele, die Pflicht zur Brüderlichkeit und zum opferwilligen Dienen, das Bewußtsein der Verantwortung vor Gott und als oberstes Ziel das Reich Gottes gegeben ist. Nur auf christlichem Boden sind die sozialen Forderungen vernünftig und ist ihre Verwirklichung möglich. Gewiß setzt die Verwirklichung eine feste wirtschaftliche Ordnung voraus, aber diese Ordnung kann nur dann soziale Gerechtigkeit bringen, wenn sie beachtet, daß der Mensch unendlich wichtiger ist als alle Sachwerte...

Zwischen Arbeitgebern und Arbeitnehmern sehen wir mit ernster Sorge wieder Kämpfe entbrennen derart, daß sie die Volksgemeinschaft, die gegenwärtig doppelt nottut, zu zerreißen und Deutschlands Gesundung und Aufstieg zu vereiteln drohen. Die zu gemeinsamer Arbeit Berufenen und aufeinander Angewiesenen stehen sich vielfach fremd oder gar feindlich gegenüber: Überhebung und Machtbewußtsein, Neid und Mißgunst, hüben und drüben Verständnislosigkeit und Bitterkeit. Die letzte Quelle dieses Unheils ist auch hier der materialistische Geist, der das Leben nach Geldverdienen und Genuß einschätzt, die Einzel- und Klassenselbstsucht unheimlich groß werden läßt und nicht selten sogar das Gewissen des einzelnen unter den Willen der Masse oder einer Vereinigung knechtet.

Solange dieser Geist herrscht, kann nicht Friede werden. Friede kommt nur aus der christlichen Einschätzung des Lebens und wirklicher Brüderlichkeit."[15]

Die Betheler Botschaft bündelt mit ihren Aussagen den bisherigen geschichtlichen Ertrag einer evangelischen Sozial- und Wirtschaftsethik. Ihren Schwerpunkt hat sie in empirisch-kritischer Analyse der Gegenwart und in personalethischer und berufsethischer Argumentation. Von einem veränderten moralischen Bewußtsein einzelner Menschen als Christen erwartet sie die entscheidenden Impulse für die Veränderung und Verbesserung der sozialen Lage der Schwächeren und eine verbesserte Kommunikationsstruktur der Verantwortlichen. Das Wirtschaftsordnungsproblem wird nicht zentral problematisiert und diskutiert. Es dominiert die klassische berufsethische Argumentation, die nicht durch strukturethische Reflexionen ergänzt wird. Die liberal-sozialen und die religiös-sozialistischen Impulse des „freien Protestantismus" werden von diesem Kirchenparlament kaum rezipiert. Die offizielle Kirche bleibt trotz ihrer inhaltlich bedeutsamen Botschaft von Bethel hinter dem damals schon erreichten sozialethischen Diskussionsstand zurück. Bis 1933 hat der Deutsche Evangelische Kirchenausschuß noch zu einzelnen sozialen Problemen (u.a. zur Arbeitslosigkeit) Stellung bezogen, hat aber zur sozialethischen Ordnungsfrage von Wirtschaft nichts Anderes und Neues mehr gesagt.

Überblickt man zusammenfassend den Weg des wirtschaftsethisch und sozialpolitisch engagierten Protestantismus von 1872 bis 1932, so ergibt sich der Befund, daß im deutschen Protestantismus immer Personen und Gruppen existiert haben, die von ihrem reformatorisch geprägten Menschen-, Welt- und Sittlichkeitsverständnis her die Frage einer verantwortlichen Wirtschaftsordnungsgestaltung gestellt haben. Sie haben diese Fragen nie isoliert von den Fragen einer ebenso verantwortlichen Sozialordnung gestellt. Die sach- und menschengerechte Verschränkung von Wirtschafts- und Sozialordnung, von Wirtschafts- und Sozialpolitik ist der cantus firmus der prinzipiellen und konkreten Arbeit gewesen. Konsens über alle Richtungskämpfe hinweg war die Einsicht, daß es angesichts eines offenen Geschichtsverständnisses kein Ende in der ordnungspolitischen Diskussion geben kann. Die Dynamik der wissenschaftlich-technischen Entwicklung erfordere eine geistig-moralische Wachheit, unter sich verändernden Rahmenbedingungen andere und neue Antworten zu finden, ohne historisch Bewährtes aufzugeben. Dieses geschichtlich-dynamische Denken, gepaart mit anthropologischem Wissen, hat eine relative Freiheit von ideologisch-dogmatischen Positionen ermöglicht. Weder vorwärts- und rückwärtsgewandte Utopien haben eine große Chance in diesem protestantisch geprägten Denk- und Mentalitätsmilieu gehabt.

Ordnungspolitische Neuorientierung im Widerstand

Der zeitgeschichtliche Höhepunkt der Entwicklung einer wirtschaftsethischen Position auf dem Fundament eines reformatorischen Glaubens-, Mensch-, Welt- und Wirtschaftsverständnisses bildet sich in der NS-Zeit heraus. Es sind Christen katholischer und evangelischer Herkunft, die im Widerstand Ordnungsmodelle für die Zeit nach dem Nationalsozialismus entwickeln. In allen Widerstandskreisen spielt die Frage der wirtschaftlichen Nachkriegsordnung eine wichtige Rolle. Der für die Zukunft bedeutsamste Entwurf dürfte mit der sogenannten Freiburger Denkschrift aus dem Januar 1943 vorliegen. Sie hat den Titel: „Politische Gemeinschaftsordnung. Ein Versuch zur Selbstbesinnung des christlichen Gewissens in den politischen Nöten unserer Zeit". Es sind die Professoren Franz Böhm (1895-1977), Konstantin von Dietze (1891-1973), Walter Eucken (1891-1950) und Adolf Lampe (1897-1948) gewesen, ergänzt durch den Politiker Karl Gördeler (1884-1945) und den Unternehmer Walter Bauer (1901-1968), den Historiker Gerhard Ritter (1888-1967), den Juristen Erik Wolf (1902-1977), theologisch und sozialethisch beraten durch die beiden Theologen Helmut Thielicke (1908-1986) und Otto Dibelius (1880-1967), die das Konzept der Sozialen Marktwirtschaft programmatisch und interdisziplinär formuliert haben. Sie alle verstanden sich als Christen, die ihre Mitverantwortung für einen Rechts- und Sozialstaat der Zukunft formulierten. Und sie alle waren Gegner des Nationalsozialismus geworden und gehörten zum sogenannten bürgerlich-christlichen Widerstand. Und die meisten von ihnen sind verhaftet und verhört worden, haben vor NS-Gerichten gestanden und sind in Gefängnissen gewesen. Diese Christen, die zur Bekennenden Kirche gehörten, haben das Grundkonzept einer freiheitlichen und sozialen Wirtschafts- und Sozialordnung vor und während des Zweiten

Weltkrieges entworfen. Man muß diesen „Sitz im Leben" sehen, wenn man die innere geistige Textur dessen verstehen will, was dann wenig später der Freiburger Schüler und Kollege Alfred Müller-Armack (Nationalökonom und Religionssoziologe) Soziale Marktwirtschaft genannt und der Freiburger Schüler Ludwig Erhard in politische Praxis umgesetzt haben.

Diese Männer haben zum einen das Ungenügen des alten individualistisch-strukturierten Wirtschaftsliberalismus des 19. Jahrhunderts, dann die ordnungspolitische Konzeptionslosigkeit und politische Handlungsschwäche des Weimarer Staates gekannt, die zu einem ungeordneten Interventionismus des Staates von Fall zu Fall und schließlich zur Dominanz großindustrieller und großagrarischer Interessen geführt hatten. Weder das kaiserliche noch das republikanische Deutschland hatten ein in sich stimmiges und integrativ wirkendes politisch-ökonomisches Ordnungskonzept gekannt. Und seit dem Jahre 1917 hatte diese Generation von wachen Zeit- und Fachgenossen den Weg der östlichen bolschewistischen Alternative zum Industriekapitalismus des Westens beobachten können. Die Theorie und die Praxis der kommunistischen Zentralverwaltungswirtschaft waren ihnen geläufig. Und vor allem hatten sie selbst die Lenkungs-, Kommando- und Maßnahmewirtschaft des Nationalsozialismus erlebt. Also: ein gerüttelt Maß an historischer Erfahrung und an konkretem historischen Leid für die roten und braunen Untertanen wie das eigene Erleben der systematischen Aufhebung freiheitlicher und rechtsstaatlicher Grundsätze in einem totalen Weltanschauungs- und Führerstaat bildet den Hintergrund des noch im Zweiten Weltkrieg konzipierten Versuches eines Gegenmodells aus anderem Geist mit anderer Praxis. Erlebt hatte man das lückenlos organisierte Ende des personalen Zeitalters, die Instrumentalisierung des Menschen für ideologisch-politische Zwekke, seine Funktionalisierung für kollektive Ziele. Die Abwesenheit konkreter Alltagshumanität, die Erklärung des Einzelnen zur Verfügungsmasse in den Händen unkontrollierter Partei- und Staatsfunktionäre – diese ideologisch bewußt gewollte Vermassung und Opferung des Einzelnen läßt diese und andere Frauen und Männer nach einer Ordnungsalternative fragen, die ihrem christlichen Menschenbild, den christlichen Grundsätzen von Ethik und Moral und den Prinzipien ihrer europäisch-humanistischen Bildung entspricht. Es ist der Aufstand gegen verletzte Menschenwürde angesichts brutaler Herrschaftsausübung, der in den Texten des Widerstandes zur Sprache gebracht wird. Im nationalsozialistischen System hatte die antiaufklärerische, die antiliberale Entwicklung ihren Höhepunkt erreicht. Die Person des Einzelnen wurde in ihrem Wert bemessen nach der Nützlichkeit, die sie im Dienste außerhalb ihrer selbst liegenden Zwecke und Ziele hatte. Die völkisch-nationale Instrumentalisierung bestimmte die Alltagspraxis. Die politisch-moralische Haupterrungenschaft der Moderne, die voraussetzungslose Geltung und Anerkennung der Grund- und Menschenrechte, wurde zugunsten einer Helden- und Opferethik für Führer, Volk und Vaterland aufgehoben.

Die Zuordnung der einzelnen Menschen in diesem System geschah nach dem Strukturprinzip von Befehl und Gehorsam. Menschen und Dinge wurden in streng hierarchischer Form einander zugeordnet. Die Befehls- und Gehorsamspyramide wurde das durchgängige Ordnungsprinzip. Die Sprache – die kostbarste Form zwischenmenschlicher Kommunikation – degenerierte zur Befehlssprache, zur An- und Einweisung.

Es ist diese realgeschichtliche Erfahrung, die in der tiefsten Verirrung deutscher Geschichte Frauen und Männer nach der genauso realen Alternative für eine andere, neue Rechts- und Wirtschaftsordnung fragen ließ. Wenn die sogenannten Theoretiker der Sozialen Marktwirtschaft ein neues Ordnungsmodell entwickelt haben, so ging es nicht um abstrakte akademische Richtigkeit, sondern um einen gangbaren Weg in eine neue humane Ordnung von Wirtschaft, Gesellschaft und Staat.

Es ist nun wichtig zu sehen, daß es nach den Zeiten ideologischer Verramschung des Menschen um die Wiedereinsetzung der Person in allen Bereichen der Wirklichkeit ging, das heißt im politischen wie im wirtschaftlichen Bereich. Neben der Wiederherstellung eines handlungsfähigen Rechtsstaates geht es den Freiburgern um eine Neubestimmung der Person in der Ökonomie und komplementär um die Rolle von Wirtschafts- und Sozialpolitik des Staates. Und hier kommt es zu einer Grundaussage, die alles weitere ordnungspolitische Denken im einzelnen strukturiert: Wir „sind bestrebt, eben sowohl das Extrem des wirtschaftlichen Kollektivs mit seinen seelisch verwüstenden Wirkungen zu vermeiden wie die Wirtschaftsanarchie eines einseitig und falsch verstandenen Wirtschaftsliberalismus, der dem privaten Egoismus schlechthin alles überläßt und auf eine prästabilisierte Harmonie aller Wirtschaftsegoismen vertraut; sie wollen die selbständige Initiative und Freiheit der Wirtschaftenden anregen, aber zuchtvoll gebändigt und eingefügt in den Rahmen einer festen und streng überwachten Gesamtordnung. Sie entsprechen also dem Grundgedanken unserer gesamten Ausarbeitung, die den Personcharakter des Menschen nur im Rahmen einer wahren Gemeinschaftsordnung gesichert sieht."[16]

Fast alle wichtigen Komplexe, die mit Wirtschaftsordnungsfragen zusammenhängen, werden in der Denkschrift angesprochen. Und immer wieder versucht man in variierenden Formulierungen die beiden großen Ziele, die es zu verwirklichen gilt, aufeinander zu beziehen: Freiheit der Person und Gerechtigkeit in der Gesellschaft. Es trifft die Intention der Denkschrift, wenn der Eucken-Schüler Müller-Armack wenig später formuliert: „Was wir verlangen, ist eine neu zu gestaltende Wirtschaftsordnung. Eine solche kann nie aus dem Zweckdenken und überalterten politischen Ideen allein vorgehen, sondern bedarf der tieferen Begründung durch sittliche Ideale, welche erst die innere Berechtigung verleihen. Zwei großen sittlichen Zielen fühlen wir uns verpflichtet, der Freiheit und der sozialen Gerechtigkeit.... So muß die soziale Gerechtigkeit mit und neben der Freiheit zum integrierenden Bestandteil unserer künftigen Wirtschaftsordnung erhoben werden."[17]

Konturen und Strukturen der Sozialen Marktwirtschaft

Ludwig Erhard formulierte 1948 dieses: „Mit der wirtschaftspolitischen Wendung von der Zwangswirtschaft hin zur Marktwirtschaft haben wir mehr getan, als nur eine engere wirtschaftliche Maßnahme in die Wege geleitet; wir haben damit unser gesellschaftswirtschaftliches und soziales Leben auf eine neue Grundlage und vor einen neuen Anfang gestellt. Wir mußten abschwören der Intoleranz, die über die geistige Unfreiheit zur Tyrannei und zum Totalitarismus führt. Wir mußten hin zu einer Ordnung, die durch freiwillige Einordnung, durch Verantwortungsbewußtsein in einer sinnvoll organischen Weise zum Ganzen strebt. Anstelle eines seelenlosen Kollektivismus, der unser Volk in die Not und in das Elend der Vermassung brachte, mußten wir hin zu einem organisch verantwortungsbewußten Staatsdenken.

Diese Freiheit bedeutet nicht Freibeutertum, und sie bedeutet nicht Verantwortungslosigkeit, sondern sie bedeutet immer verpflichtende Hingabe an das Ganze. Nicht der sinn- und seelenlose Termitenstaat mit seiner Entpersönlichung des Menschen, sondern der organische Staat, gegründet auf die Freiheit des Individuums, zusammenstrebend zu einem höheren Ganzen, das ist die geistige Grundlage, auf der wir eine neue Wirtschaft, eine neue gesellschaftliche Ordnung aufbauen wollen.."[18]

Es ergibt sich bei den Vätern der Sozialen Marktwirtschaft eindeutig und klar, daß die Idee der Sozialen Marktwirtschaft nicht nur als Alternative zur bolschewistischen Zentralplanwirtschaft gedacht war oder als Alternative zur nationalsozialistischen Kommandowirtschaft, sondern ebenso zu jeder Form des Laissez-faire-Kapitalismus.

Da nun ein freiheitliches Marktsystem und ein gerechteres Sozialsystem sich nicht von selbst ergeben – der Markt produziert von sich her keine soziale Gerechtigkeit – hat der Staat, der für die politische Gesamtordnung des Gemeinwesens die letzte Zuständigkeit hat, eine entsprechende ordnungspolitische Aufgabe, das heißt er muß die Marktwirtschaft unter Rahmenbedingungen stellen, die ungerechtfertigte Machteinflüsse auf dem Markt verhindern. Oder anders: er muß eine Wettbewerbsordnung schaffen, die die Dynamik des Marktes fördert, aber gleichzeitig einen anarchischen Wettbewerb verhindert. Diese sogenannte Ordo-Funktion hat der Staat.

Bei den Vätern der Sozialen Marktwirtschaft war dieses unbestritten: der politische Ordnungswille des Staates hat die Priorität auch und gerade gegenüber der Wirtschaft. Die Sache des Staates ist Wirtschaftspolitik im Sinne der Gestaltung von Ordnungsformen der Wirtschaft, aber nicht im Sinne der Lenkung des Wirtschaftsprozesses selbst. Staatliche Ordnungstätigkeit hebt also den Markt nicht auf, sondern wacht über seine Funktionsfähigkeit für das Allgemeinwohl.

Und der Staat hat die Aufgabe der Korrektur der Marktergebnisse. Er hat distributiv tätig zu sein. Die Kriterien, die er hier anwendet, sind nicht dem Markt und seinen Gesetzen entlehnt, sondern sind genommen aus der christlich-humanistischen Sozialethik. Gerechtigkeit und Solidarität bestimmen den Umverteilungsprozeß der marktwirtschaftlich erleisteten Ergebnisse. Der soziale Ausgleich für die Ungleichheit der Ergebnisse der Marktprozesse muß permanent geschehen. Aber die staatliche Ordnungstätigkeit darf den Markt nicht aufheben, sondern wacht nur über seine Funktionsfähigkeit. Die Eingriffe von seiten des Staates müssen entsprechend tendenziell marktkonform sein. Richtet er Konfusion auf dem Markte an, ist sein Handeln nicht sachgerecht gewesen.

Diese Rolle des Staates, die nichts mit „Lenkungswirtschaft" zu tun hat, ist nicht nur von der altliberalen Defunktionalisierug des Staates zu unterscheiden, sondern auch von einem Staatsinterventionismus, der je und dann in die Wirtschaftsmechanismen eingreift, wenn starke Interessengruppen es verlangen. Man sieht im Interventionismus die Gefahr, daß starke Interessengruppen Druck auf den Staat ausüben, um ihn zu einem bestimmten punktuellen Handeln zu zwingen. Aber der Staat darf in seinem Handeln nicht durch das Nachgeben vor partiellen Interessen gesellschaftlicher Verbände korrumpiert werden. Eine Wirtschaftsordnung nach dem Grundbild der sozialen Marktwirtschaft setzt einen starken, das heißt handlungsfähigen und handlungswilligen Staat voraus. Wer denn sonst sollte Sachwalter des wie auch immer im einzelnen bestimmten Allgemeinwohls sein?

Dem Marktwirtschaftsprinzip hat also die Realität eines Sozialstaates zu entsprechen. Wirtschafts- und Sozialpolitik sind zwar zu unterscheiden, aber sie sind aufeinander zu beziehen. Was sich sehr schnell zeigt, wenn man die Ursprungstexte liest: Soziale Marktwirtschaft ist kein System, das sich dogmatisieren läßt, sondern eine ordnungspolitische Idee oder noch besser ein ordnungspolitisches Konzept, ein ordnungspolitisches Instrument mit der Aufgabe, die zwei Zielbereiche, die ewig in einer gewissen Spannung zueinander stehen dürften, zu korrelieren, nämlich: Freiheit und Gerechtigkeit. Müller-Armack formuliert:

„Ein wirtschaftspolitisches Programm wie das der Sozialen Marktwirtschaft kann sich nicht mit dem Erreichten erschöpfen. Es bedarf einer gewissenhaften Beobachtung des noch nicht Realisierten, es verlangt darüber hinaus in der heutigen Situation fast noch mehr nach Klärung der künftigen Probleme, wenn man die Aufgabe ernst nimmt, die Soziale Marktwirtschaft als zukunftsfähiges Leitbild, als Antwort auf die Fragen, die uns in der heutigen und der kommenden Zeit gestellt sind, aufzufassen."[19]

Es wird deutlich: hier wird radikal ernst gemacht mit der Geschichtlichkeit und damit der Offenheit und Unabgeschlossenheit aller Ordnungen.

Man setzt Instrumente ein, um mit Problemen umgehen und zu zwischenzeitlichen Lösungen kommen zu können. Nicht errichtet man ein System, das die ewige Lösung bedeuten soll. Dieses offene und variierbare Konzept arbeitet auf der Handlungsebene mit den Mitteln von Reformen. Ein permanenter Reformismus, der nie an ein geschichtliches Ende kommt, wird die Weise, politische Verantwortung gegenüber dem Ökonomischen zu bewähren. Und in der Tat: eine Kette von Reformen verändert die Welt zuverlässiger als Revolutionen. Man erhebt nicht den Anspruch, die beste aller Welten zu haben und zu wollen, sondern jeweils nur auf dem Wege zur jeweils freieren und gerechteren Lösung zu sein. Dieses Denken im Komparativ ist die Absage an ideologische Superlative.

Man versteht nun vollends, daß das Konzept der Sozialen Marktwirtschaft, geboren im Widerstand gegen den Totalitarismus, die Wirtschaftsordnung einer freiheitlichen Demokratie werden konnte. Bei aller Unterschiedlichkeit ihrer Funktionen besteht ein innerer Zusammenhang von politischer und wirtschaftlicher Ordnung. Einer wirtschaftlichen Kommandowirtschaft kann niemals eine politische Demokratie entsprechen und umgekehrt.

Ökonomie und Anthropologie

Und ein weiteres Element der inneren Textur der Sozialen Marktwirtschaft ist deutlich zu benennen: es ist ein anthropologisches. Es liegt ein bestimmtes Verständnis des Menschen dem Konzept der Sozialen Marktwirtschaft zugrunde. Es ist ein konsequenter Personalismus, der nach den Erfahrungen kollektivistischer Funktionalisierung des Menschen das Denken der frühen Theoretiker der Sozialen Marktwirtschaft durchzieht, natürlich sofort dialektisch ergänzt und verschränkt mit dem Gedanken der Sozialpflichtigkeit des Ökonomischen und der zwischenmenschlichen Solidarität. Nach Zeiten ideologischer Rhetorik und pädagogischer Umerziehungsversuche des Menschen läßt dieses Konzept den Menschen wieder sein, was er in der Regel ist: ein Mensch mit Eigeninteresse und mit Verantwortung für das Gemeinwohl. Das Eigeninteresse wird als ein von der Natur dem Menschen Mitgegebenes verstanden. Der Mensch hat einen Selbsterhaltungstrieb, hat Selbstliebe und damit Selbstverantwortung. Er ist bereit, für sich selbst und die Seinen zu sorgen, und im übrigen weiß er selbst am besten, was für ihn nützlich und was für ihn schädlich ist. Er bedarf eigentlich nicht der Interpretation seiner selbst durch politische oder gesellschaftliche „Eliten".

Wer nun dieses Potential der Eigenverantwortung bewußt und planmäßig unterdrückt, nimmt den Menschen selbst, der Gesellschaft und der Wirtschaft eine entscheidende Triebkraft. Wer aus einer Wirtschaftsordnung das Eigeninteresse und die Selbstverantwortung des Menschen herausorganisiert und an Stelle der Selbstverantwortlichkeit das Prinzip von Zuweisungen von Lebenschancen durch Bürokratien und Funktionäre setzt, nimmt der Wirtschaft das dynamische Element. Nur für ein abstraktes Gemeinwohl arbeiten zu sollen und entsprechend dann vom politischen Gemeinwesen, das heißt vom Staat und seiner elitären Bürokratie einen monetären Beitrag oder Bezugsscheine für Güter zu erhalten, widerspricht – so die Argumentation – fundamental der durchschnittlichen Bereitschaft selbständiger Menschen, für sich und seine unmittelbaren Angehörigen zu sorgen.

Das Konzept der Sozialen Marktwirtschaft zeichnet sich also zunächst durch ein klares Ja zur Triebkraft des Eigeninteresses und der Selbstverantwortlichkeit des Menschen aus.

Alexander Rüstow sagt dazu: „Es ist nun eben sozusagen das Kolumbusei der Marktwirtschaft, daß sie diese als selbstverständlich voraussetzbare Pflicht und Aufgabe jedes einzelnen Menschen, zunächst einmal nach besten Kräften für sich und die Seinigen zu sorgen, als ungebremste Triebkraft benutzt; denn sie kann darauf jederzeit ohne weiteres bei jedem normalen Menschen rechnen. Alle anderen Wirtschaftsformen dagegen müssen predigen; weil hier Eigeninteresse und Gesamtinteresse nicht wie bei der Leistungskonkurrenz der Marktwirtschaft gleichgeschaltet sind, sondern im Widerstreit liegen, müssen sie gegen den Egoismus zu Felde ziehen, unter Hinweis auf das Allgemeinwohl an die Opferbereitschaft des einzelnen appellieren... Aber solche Predigten und Appelle pflegen auf die Dauer und im Durchschnitt wenig Erfolg zu haben. Von der Regierung durch Predigt muß man meist sehr schnell zu der Regierung durch Drohung und schließlich zur Regierung durch Terror übergehen."[20] Dieses Zitat zeigt einige weitere implizite anthropologische Grundentscheidungen im Blick auf die Struktur einer Wirtschaftsordnung nach dem Leitbild der Sozialen Marktwirtschaft:

Dem vorausgesetzten Eigeninteresse und der Selbstverantwortung entspricht als Ordnungsmodell das Ordnungsmodell einer Marktwirtschaft. Über den Markt werden die Einzelinteressen koordiniert. Ein freier Zugang zu diesem Markt ist die Voraussetzung, dieses Eigeninteresse durchzuspielen und einen Effekt zu gewinnen. Der Einzelne ist Teilhaber am Markt, nicht nur Objekt in einem verwalteten Apparat; auf dem Markt konkurrieren die einzelnen Wirtschaftssubjekte miteinander. Die Konkurrenz, der Leistungswettbewerb führt dazu, daß technischer und ökonomischer Fortschritt realisiert werden können. Das Wettbewerbsprinzip, das zur optimalen Ausnutzung von Geld, Zeit und Arbeitsorganisation erzieht, führt zu Wirtschaftswachstum. Dieses Wachstum ist das Fundament, die Menschen immer besser mit Gütern zu versorgen und ihre materiellen und immateriellen Bedürfnisse immer umfassender zu befriedigen; an dieser Stelle fließen Eigeninteresse und Gemeinwohl ineinander. Die mit den Prinzipien des Wettbewerbs gewonnenen materiellen Zuwächse für Einzelne erhöhen gleichzeitig den materiellen Wohlstand aller. Der Eigennutz schafft also gleichzeitig tendenziell den Gemeinnutz.

Zum Grundbild der Sozialen Marktwirtschaft gehört also eine dynamische Marktwirtschaft mit dem Prinzip der freien Leistungskonkurrenz. Die Regelmäßigkeiten und Gesetzmäßigkeiten der Marktwirtschaft werden genutzt, um die Produktivität und damit den Wohlstand aller an der Wirtschaft beteiligten Subjekte und Gruppen zu erhöhen.

Der Wettbewerb stimuliert den technischen und ökonomischen Fortschritt. Er führt zur ständigen Produktionssteigerung. Zur Politik der Sozialen Marktwirtschaft gehört eine Politik des wirtschaftlichen Wachstums.

Dies heißt dann weiter: die auf Wachstum setzende Marktwirtschaft hat schon in sich selbst einen sozialen Effekt. Denn es dürfte sozial genannt werden, wenn der Anteil der Einzelnen an den ökonomischen Fortschritten zunimmt. Marktwirtschaft und sozialer Fortschritt sind also schon im Ansatz keine sich ausschließenden Gegensätze, sondern korrelieren miteinander. Die Effektivität des marktwirtschaftlichen Systems ist die Voraussetzung für die Schaffung eines ausgebauten Sozialsystems.

Man wird sagen dürfen: dieses ganze Denken wird von Klarheit der

Argumentationen und Erfahrungsklugheit durchzogen. Der Mensch wird hier weder zum Übermenschen erhöht noch zum Untermenschen vertiert. So wie er real ist, wie er sich bisher empirisch-geschichtlich gezeigt hat – so darf er sein. Er muß nicht erst umerzogen werden oder sich ein neues Bewußtsein erarbeiten oder durch eine neue intellektuelle und moralische Wende gehen – er kann so ambivalent, so zwiespältig, so spannungsvoll, so dialektisch strukturiert bleiben, wie er ist. Kein weltanschauliches Bekenntnis oder ideologisches Trainingsprogramm ist die Voraussetzung, am Marktgeschehen als Mensch und Mitmensch, als Spieler und Gegenspieler teilzunehmen.

Soziale Marktwirtschaft: säkular und an Werte gebunden

Das Konzept der Sozialen Marktwirtschaft, das keine speziellen weltanschaulichen Bekenntnisse und keine ethischen Hochleistungen voraussetzt oder abverlangt, erweist sich somit unter den Bedingungen einer säkularisierten, pluralistisch verfaßten Gesellschaft als ein taugliches Instrument, Menschen mit ganz verschiedenen weltanschaulichen oder religiösen oder konfessionellen Voraussetzungen am gleichen Markt wirken zu lassen. Es gibt keine konfessorischen Eingangsvoraussetzungen. Leistungen unter Wettbewerbsbedingungen zu erbringen, ist das einzige, was von der Sache her zu verlangen ist.

Das Konzept der Sozialen Marktwirtschaft ist auch deshalb nicht ein christliches Ordnungsmodell, so sehr es die Chance für Christen bietet, ihre sozialethischen Kriterien einzubringen und zur Praxis werden zu lassen. Aber es besteht jederzeit die Möglichkeit pragmatischer Kooperation mit anderen aus anderen Weltanschauungen, Religionen und Kulturen. Da diese geistige Textur das Konzept der Sozialen Marktwirtschaft durchzieht, ist es unangemessen, sich – wie es häufig heißt – zur Sozialen Marktwirtschaft zu bekennen. Jede pseudoreligiöse Sprache hat hier keinen Platz. Alles atmet den Geist pragmatischer Vernünftigkeit, allerdings im Dienst der geschichtlich gebotenen und möglichen Verwirklichung der Grundwerte Freiheit und Gerechtigkeit. Um letzteres allerdings zu erreichen, muß ein politisch-moralischer Wille bei den Teilnehmern am Marktgeschehen vorhanden sein. Das Konzept der Sozialen Marktwirtschaft schafft seinerseits nicht persönliche und gemeinsame Moral, aber sie setzt deren Dasein und Lebendigkeit voraus. Zuständig sind dafür andere Institutionen: Elternhaus, Schule, Kirche. Man muß zwei Dinge von Jugend an lernen und einüben: sachliches und mitmenschliches Denken und Handeln. Sach- und menschengerecht zugleich zu denken und zu handeln, erfordert einen längeren Einübungsprozeß. Das Modell der Sozialen Marktwirtschaft wird nur dann seine Ziele erreichen, wenn bei den Akteuren ein sittliches Fundament existiert, wenn man in Konfliktfällen zu unterscheiden weiß, was man verantworten kann und was man zu lassen hat. Neben dem notwendigen Sachwissen ist ein ausgebildetes, sensibles Gewissen die Voraussetzung, damit das Ordnungsinstrument Soziale Marktwirtschaft funktioniert. Wenn die Prinzipien und Realitäten von Selbstverantwortung und Leistungsbereitschaft, wenn das freiheitliche Bewußtsein und das Empfinden für soziale Gerechtigkeit sich verflüchtigen, wenn nur noch das eigene Ich im Mittelpunkt steht, wenn solidarische Zuwendungen nicht mehr üblich sind, wenn das Denken und Fühlen in sozialdarwinistischen Kategorien überhand nimmt, wenn der Sinn des Lebens nur noch in der Akkumulation von materiellen Werten liegt, wenn der Geist aus Menschen und Institutionen auswandert, dann hat auch das Konzept der Sozialen Marktwirtschaft keine reale historische Chance mehr. Wenn Freiheits- und Gerechtigkeitsbewußtsein, wenn der notwendige Zusammenhang von personaler und sozialer Verantwortung verlorengeht, dann fehlt die moralische Unterfütterung der Veranstaltung, die wir Soziale Marktwirtschaft genannt haben. Und wenn sich die Bürgertugenden der Arbeitsfreude, der Sauberkeit und Redlichkeit, des Pflichtbewußtseins und der Unbestechlichkeit dramatisch reduzieren sollten, so würde das Modell der Sozialen Marktwirtschaft seinen inneren, geistig-moralischen Tod erleiden.

Indem wir die Ursprünge und die geistige Textur der Sozialen Marktwirtschaft zur Sprache gebracht haben, haben wir gleichzeitig die Ziele auch für heute mitformuliert. Es ging und geht auch unter wechselnden historischen Bedingungen um die Erhaltung und die sach- und menschengerechte Weiterentwicklung dessen, was uns bei möglichen Konflikten und Kontroversen im einzelnen, aber im ganzen alle verbinden sollte: die Verantwortung für einen demokratischen Rechts- und Sozialstaat, der sich mit seinem Instrument der Sozialen Marktwirtschaft eine in der Vergangenheit bewährte und deshalb für die Zukunft zu bewahrende wirtschaftliche Grundordnung geschaffen hat.

Die Denkschrift der EKD „Gemeinwohl und Eigennutz. Wirtschaftliches Handeln in Verantwortung für die Zukunft" (1991) hat in systematischer Form sowohl die wirtschaftsethische Tradition des deutschen Protestantismus aufgenommen wie zur Zukunft hin geöffnet und weiterentwickelt. Sie nimmt eine „Ortsbestimmung aus evangelischer Sicht" vor und will die „Zukunftsfähigkeit der Sozialen Marktwirtschaft" weiterentwickeln. Diese Denkschrift, die hier nicht zur Darstellung ansteht, zeigt, daß Traditionsverbundenheit und Reformbereitschaft nicht gegeneinander stehen, sondern aufeinander bezogen sind. Und sie zeigt, daß der Protestantismus bis heute einen unverwechselbaren Beitrag zur Wirtschaftsordnung und zur Wirtschaftsethik leisten kann.

Anmerkungen

1. Siehe Todt: Der radikale deutsche Sozialismus..., S. 1
2. In: Boese, F.: Geschichte des Vereins für Sozialpolitik..., S. 6-11
3. Siehe Naumann, F. Werke, Band 3, S. 428
4. Siehe Traub, G.: Der Pfarrer und die soziale Frage, S. 42f.
5. Ebd., S. 38
6. Siehe Verhandlungen des ESK 1904, S. 69
7. Ebd., S. 69
8. Siehe Brunstäd, F.: Eigengesetzlichkeit des Wirtschaftslebens? In: Gesammelte Aufsätze und kleinere Schriften..., S. 377-394; Text in: Brakelmann/Jähnichen: Die protestantischen Wurzeln..., S. 291f.
9. Siehe Baltrusch, F.: Gewerkschaftsbewegung.... In: Brakelmann/Jähnichen, S. 219f.
10. Aus: Wünsch, G.: Artikel „Wirtschaftsethik" RGG 2. Aufl.
11. Siehe Tillich, P.: Sozialistische Entscheidung.... In: Brakelmann/Jähnichen, S. 255
12. Siehe Heimann, E.: Soziale Theorie.... In: Brakelmann/Jähnichen, S. 264f.
13. Siehe Verhandlungen des ESK 1932. In: Brakelmann/Jähnichen, S. 243
14. In: Brakelmann/Jähnichen, S. 266
15. Ebd., S.271f.
16. Siehe „Politische Gemeinschaftsordnung", S. 91
17. Siehe Müller-Armack, A.: Genealogie der Sozialen Marktwirtschaft, S.90
18. Siehe Stützel u.a.: Grundtexte zur Sozialen Marktwirtschaft, S. 47
19. Ebd., S. 64
20. In: Boarman, P.M.: Der Christ und die Soziale Marktwirtschaft, S. 53-74

I. Zeitschriften

Blätter für den Religiösen Sozialismus. Berlin 1920-1927

Der Staats-Sozialist. Nr. 1 Jg. 1 (1877)

Evangelisch-Sozial. Mitteilungen des Evangelisch-Sozialen Kongresses. Berlin und Leipzig 1904-1941

Hefte der Freien Kirchlich-Sozialen Konferenz. Berlin 1897-1933

Kirchlich-Soziale Blätter. Hrsgeg. von der Freien Kirchlich-Sozialen Konferenz. Berlin 1898-1933

Neue Blätter für den Sozialismus. Zeitschrift für geistige und politische Gestaltung. Potsdam 1930-1933

Soziale Praxis. Zentralblatt für Sozialpolitik. Berlin 1896 ff.

Verhandlungen des Evangelisch-Sozialen Kongresses. Berlin 1890-1896. Göttingen 1897-1933

Zeitschrift für Religion und Sozialismus. Karlsruhe/Mannheim 1929-1933

II. Veröffentlichungen

Auer, Frank von/Segbers, Franz (Hrsg.): Sozialer Protestantismus und Gewerkschaftsbewegung. Köln 1994

Baltrusch, Friedrich: Gewerkschaftsbewegung und Wirtschaftsgestaltung. Berlin-Wilmersdorf 1924

Berlepsch, Hans von: Sozialpolitische Erfahrungen und Erinnerungen. München-Gladbach 1925

Berlepsch, Hans-Jörg von: „Neuer Kurs" im Kaiserreich! Die Arbeiterpolitik des Freiherrn von Berlepsch 1890-1896. Bonn 1987

Boarman, P.M. (Hrsg.): Der Christ und die soziale Marktwirtschaft. Stuttgart 1955

Boese, F.: Geschichte des Vereins für Sozialpolitik 1872-1932. Berlin 1939

Böhm, Franz: Die Ordnung der Wirtschaft als geschichtliche Aufgabe und rechtschöpferische Leistung. Stuttgart und Berlin 1937

Ders.: Wirtschaftsordnung und Staatsverfassung. Tübingen 1950

Borchardt, H.H.: 50 Jahre preußisches Ministerium für Handel und Gewerbe, 1879-1929. Berlin 1929

Brakelmann, Günter: Kirche und Sozialismus im 19. Jahrhundert. Die Analyse des Sozialismus und Kommunismus bei J.H. Wichern und R. Todt. Witten 1966

Ders.: Kirche, soziale Frage und Sozialismus, Bd. I: Kirchenleitungen und Synoden über soziale Fragen und Sozialismus 1871-1914. Gütersloh 1977

Ders.: Die soziale Frage des 19. Jahrhunderts. Bielefeld 1981, 7. Aufl.

Ders.: Evangelische Kirche in sozialen Konflikten der Weimarer Zeit. Das Beispiel des Ruhreisenstreits. Bochum 1986

Ders.: Ruhrgebiets-Protestantismus. Bielefeld 1987

Ders.: Karl-Ferdinand Stumm. Christlicher Unternehmer, Sozialpolitiker, Antisozialist. Bochum 1993

Ders.: Zwischen Widerstand und Mitverantwortung. Vier Studien zum Protestantismus in sozialen Konflikten. Bochum 1994

Ders.: Adolf Harnack als Sozialpolitiker. In: Was ist Christentum? Eine Ringvorlesung. Waltrop 1997

Brakelmann, G./Greschat, M./Jochmann, W.: Protestantismus und Politik. Werk und Wirkung Adolf Stoeckers. Hamburg 1982

Ders./Jähnichen, Traugott: Die protestantischen Wurzeln der Sozialen Marktwirtschaft. Gütersloh 1994

Bruch, Rüdiger vom (Hrsg.): „Weder Kommunismus noch Kapitalismus". Bürgerliche Sozialreform in Deutschland vom Vormärz bis zur Ära Adenauer. München 1985

Brunstäd, Friedrich: Deutschland und der Sozialismus, 2. Aufl. 1927

Ders.: Eigengesetzlichkeit des Wirtschaftslebens. In: Ders., Gesammelte Aufsätze und kleinere Schriften, hrsgeg. von E. Gerstenmeier und C.G. Schweitzer. Berlin 1957, S. 377-394

Ders.: Adolf Stoecker. Wille und Schicksal. Berlin 1935

Ders.: Die Weltanschauung der deutschnationalen Volkspartei. In: Der nationale Wille. Werden und Wirken der deutschnationalen Volkspartei 1918-1928. Berlin 1928, S. 54-82

Denkschrift der Evangelischen Kirche in Deutschland: Gemeinwohl und Eigennutz. Wirtschaftliches Handeln in Verantwortung für die Zukunft. Gütersloh 1991

Dibelius, Otto: Volk, Staat und Wirtschaft aus christlichem Verantwortungsbewußtsein. Ein Wort der Kirche. Berlin 1947

Die Religion in Geschichte und Gegenwart. Handwörterbuch für Theologie und Religionswissenschaft, 2. Aufl. Tübingen 1927-1932

Dietze, C. v.: Volkswirtschaftspolitik. Mannheim/Berlin/Leipzig 1936

Ders.: Nationalökonomie und Theologie. Tübingen/Stuttgart 1947

Ders.: Wirtschaftsmacht und Wirtschaftsordnung. Tübingen 1947

Erhard, Ludwig, Müller-Armack, Alfred: Soziale Marktwirtschaft – Ordnung der Zukunft. Manifest 72. Frankfurt/M./Berlin 1972

Eucken, Walter: Grundsätze der Wirtschaftspolitik. Hamburg 1959

Ders.: Nationalökonomie wozu? Düsseldorf/München 4. Aufl. 1961

Ders.: Das ordnungspolitische Problem. In: Ordo-Jahrbuch für die Ordnung von Wirtschaft und Gesellschaft. 1. Bd. 1948

Ders.: Die Wettbewerbsordnung und ihre Verwirklichung. In: Ordo 2. Bd. 1949

Frerich, Johannes/Frey, Martin: Handbuch der Geschichte der Sozialpolitik in Deutschland. Bd. 1: Von der vorindustriellen Zeit bis zum Ende des 3. Reiches. München/Wien 1993

Freyer, Hans: Die Bewertung der Wirtschaft im philosophischen Denken des 19. Jahrhunderts. Leipzig 1921

Gablentz, O.H. v.d. (Hrsg.): Texte zur Gesellschaftsreform. Zeugnisse aus zwei Jahrhunderten 1750-1950. Frankfurt/Berlin/Wien 1972

Gemper, Bodo B. (Hrsg.): Marktwirtschaft und soziale Verantwortung. Köln 1973

Göhre, Paul: Die evangelisch-soziale Bewegung. Ihre Geschichte, ihre Ziele. Leipzig 1896

Grebing, Helga (Hrsg.): Geschichte der sozialen Ideen in Deutschland. München/Wien 1969

Greschat, Martin: Das Zeitalter der industriellen Revolution. Das Christentum vor der Moderne. Stuttgart/Berlin/Köln/Mainz 1980

Gründer, H. Walter Simons: Die Ökumene und der Evangelisch-Soziale Kongreß. Ein Beitrag zur Geschichte des politischen Protestantismus im 20. Jahrhundert. Soest 1974

Grundtexte zur Sozialen Marktwirtschaft. Zeugnisse aus zweihundert Jahren ordnungspolitischer Diskussion. Hrsgeg. von W. Stützel, Ch. Weitrin, H. Willgerodt, K. Hohmann. Stuttgart-New York 1981

Heimann, Eduard: Kapitalismus und Sozialismus. Reden und Aufsätze zur Wirtschafts- und Geisteslage. Potsdam 1931

Ders.: Soziale Theorie des Kapitalismus. Theorie der Sozialpolitik. Frankfurt 1980 (Neuauflage von 1929)

Ders.: Sozialistische Wirtschafts- und Arbeitsordnung. Potsdam 1932

Hennig, Martin: Quellenbuch zur Geschichte der Inneren Mission. Hamburg 1912

Herz, Johannes (Hrsg.): Evangelisches Ringen um soziale Gemeinschaft. 50 Jahre Evangelisch-Sozialer Kongreß 1890-1940. Leipzig 1940

Heuss, Theodor: Friedrich Naumann. Der Mann, das Werk, die Zeit. Stuttgart 1968. 3. Aufl.

Heyde, Ludwig: Abriß der Sozialpolitik. Leipzig 1920

Holl, Karl (Hrsg.): Sozialer Liberalismus. Göttingen 1986

Huber, Viktor Aimé: Ausgewählte Schriften über Sozialreform und Genossenschaftswesen. Hrsgeg. von K. Mundig. Berlin 1894

In der Stunde Null. Die Denkschrift des Freiburger „Bonhoeffer-Kreises", eingeleitet von H. Thielicke, mit einem Nachwort von Ph. von Bismarck. Tübingen 1979

Jähnichen, Traugott: Vom Industrieuntertan zum Industriebürger. Der soziale Protestantismus und die Entwicklung der Mitbestimmung (1848-1955). Bochum 1993

Kandel, Johannes: Protestantischer Sozialkonservatismus am Ende des 19. Jahrhundert. Pfarrer Rudolf Todts Auseinandersetzung mit dem Sozialismus im Widerstreit der kirchlichen und politischen Lage. Bonn 1993

Karrenberg, Friedrich: Christentum, Kapitalismus und Sozialismus. Berlin 1932

Knebel, O.: Erläuterungen zum sozialen Programm der Evangelischen Arbeitervereine Deutschlands. Hattingen o.J.

Kouri, E.J.: Der deutsche Protestantismus und die soziale Frage 1870-1919. Berlin/New York 1984

Krüger, Dieter: Nationalökonomen im Wilhelminischen Deutschland. Göttingen 1983

Lohmann, Theodor: Die Aufgabe der Kirche und ihrer Inneren Mission gegenüber den wirtschaftlichen und gesellschaftlichen Kämpfen der Gegenwart. Eine Denkschrift des Zentral-Ausschusses für die Innere Mission der Deutschen Evangelischen Kirche. Berlin 1884

Müller-Armack, Alfred: Wirtschaftsordnung und Wirtschaftspolitik. Studien und Konzepte zur Sozialen Marktwirtschaft und zur Europäischen Integration. Freiburg 1966

Ders.: Genealogie der Sozialen Marktwirtschaft. Bern/Stuttgart 1981. 2. Aufl.

Mumm, Reinhard: Der christlich-soziale Gedanke. Bericht über eine Lebensarbeit in schwerer Zeit. Berlin 1932

Naumann, Friedrich: Werke, Bd. 1-5. Köln/Opladen 1964 ff.

Oertzen, Dietrich von: Von Wichern bis Posadowsky. Zur Geschichte der Sozialreform und der christlichen Arbeiterbewegung. Hamburg 1908

Plessen, Marielouise: Die Wirksamkeit des Vereins für Sozialpolitik von 1872 bis 1890 – Studien zum Katheder- und Staatssozialismus. Berlin/München 1975

„Politische Gemeinschaftsordnung. Ein Versuch zur Selbstbesinnung des christlichen Gewissens in den politischen Nöten unserer Zeit", eingeleitet von Helmut Thielicke, mit einem Nachwort von Philipp von Bismarck. Tübingen 1979 (hrsgeg. als: In der Stunde Null. Die Denkschrift des Freiburger „Bonhoeffer-Kreises")

Pollmann, K.E.: Landesherrliches Kirchenregiment und soziale Frage. Berlin/New York 1973

Roon, Ger van: Neuordnung im Widerstand. Der Kreisauer Kreis innerhalb der deutschen Widerstandsbewegung. München 1967

Rüstow, Alexander: Zwischen Kapitalismus und Kommunismus. In: ORDO, Bd. 2. Godesberg 1949

Ders.: Das Versagen des Wirtschaftsliberalismus. Düsseldorf/München 1950

Ders.: Wirtschaftsethische Probleme der Sozialen Marktwirtschaft. In: Boarman, P.M.: Der Christ und die soziale Marktwirtschaft. Stuttgart 1955, S. 53-74

Schick, Manfred: Kulturprotestantismus und soziale Frage. Tübingen 1970

Schmoller, Gustav: Zur Sozial- und Gewerbepolitik der Gegenwart. Reden und Aufsätze. Leipzig 1890

Ders.: Über einige Grundfragen des Rechts und der Volkswirtschaft. Jena 1895

Ders.: Über einige Grundfragen der Sozialpolitik und der Volkswirtschaftslehre. Leipzig 1898

Schneider, Michael: Die christlichen Gewerkschaften 1894-1933. Bonn 1982

Seeberg, Reinhold: Kirche und soziale Frage. Leipzig 1897

Soziale Botschaft des Deutschen Evangelischen Kirchentages vom Juli 1924 in Bethel. Sonderdruck Bethel 1924

Stoecker, Adolf: Christlich-sozial. Berlin 1890

Stützel W. u.a.: Grundtexte zur sozialen Marktwirtschaft. Stuttgart 1981

Tillich, Paul: Artikel „Sozialismus II. Religiöser Sozialismus". In: RGG 2. Aufl. Bd. 5, Sp. 637-648

Ders.: Die sozialistische Entscheidung. Potsdam 1933

Ders.: Christentum und soziale Gestaltung. Frühe Schriften zum Religiösen Sozialismus. In: Gesamtwerke II. Stuttgart 1962

Todt, Rudolf: Der radikale deutsche Sozialismus und die christliche Gesellschaft. Wittenberg 1878

Ders.: Der innere Zusammenhang und die notwendige Verbindung zwischen dem Studium der Theologie und der Sozialwissenschaften. Eberswalde 1878

Traub, Gottfried: Ethik und Kapitalismus. Grundzüge einer Sozialethik. Heilbronn 1907

Ders.: Der Pfarrer und die soziale Frage. Göttingen 1905

Ders.: Die Organisation der Arbeit in ihrer Wirkung auf die Persönlichkeit. In: Verhandlungen des ESK. Berlin 1905

Troeltsch, Ernst: Die Soziallehren der christlichen Kirchen und Gruppen. Ahlen 1961 (Neudruck der Ausgabe Tübingen 1922)

Wagner, Adolf: Volkswirtschaftslehre. Grundlegung Bd. 1. Leipzig/Heidelberg 1879

Ders.: – Briefe, Dokumente, Augenzeugen – Augenzeugenberichte (1851-1917). Ausgewählt und hrsgeg. von Heinrich Rubner. Berlin 1978

Ders.: Rede über die soziale Frage. Separatdruck. Berlin 1872

Wenk, Martin: Die Geschichte und Ziele der deutschen Sozialpolitik. Leipzig 1908

Wünsch, Georg: Evangelische Wirtschaftsethik. Tübingen 1925

Ders.: Artikel „Wirtschaftsethik". In: RGG 2, Bd. 6, Sp. 1964-1971. Tübingen 1932

Adolf von Harnack als Sozialpolitiker

Wir konzentrieren uns im Folgenden auf Adolf Harnack als Sozialpolitiker im Rahmen des Evangelisch-Sozialen Kongresses in der Zeit von 1890-1912.

Im Dreikaiserjahr 1888 wird nach turbulenten Auseinandersetzungen zwischen der Berliner Theologischen Fakultät und dem Preußischen Kultusministerium auf der einen und dem EOK und den publizistischen Organen der orthodox-konservativen Kirchenszene auf der anderen Seite der 37-jährige Adolf Harnack (ab 1914 erst von Harnack) als Kirchenhistoriker berufen.

Die preußische und deutsche Hauptstadt Berlin, Zentrum preußischer und reichsdeutscher Behörden, Zentrum von Bildung, Wissenschaft und Kultur, aber auch Zentrum der deutschen Industrie und ihrer Verbände wie Zentrum der deutschen Arbeiterbewegung wurde für Jahrzehnte die Heimat des aus dem Baltikum stammenden jungen Gelehrten. Harnack hat die Entwicklung dieser Stadt zum Ballungszentrum moderner Urbanität als wacher Zeitgenosse miterlebt. Die moderne industrielle Massengesellschaft, das ökonomische und soziale Schicksal ihrer Schichten und Klassen, hat er bis zu seinem Tode 1930 beobachtet und sein Wissen durch das Lesen von nationalökonomischer und sozialwissenschaftlicher Lektüre vertieft.

In Berlin beginnt nun eine jahrzehntelange Freundschaft und Nachbarschaft mit seinem Schwager Hans Delbrück, Historiker an der Berliner Universität und Herausgeber der Preußischen Jahrbücher. Durch Delbrück insbesondere wird der Neu-Berliner Harnack in die politischen und sozialpolitischen Grundfragen der Zeit vertieft eingeführt. Durch Jahrzehnte hindurch treffen sie sich jeden Samstag zum Dialog über die anliegenden innen- und außenpolitischen, die wirtschafts- und sozialpolitischen Fragen. Anhand der Rubrik „Politische Korrespondenz" in den Preußischen Jahrbüchern kann man die Schwerpunkte dieses permanenten Austausches dieser beiden gelehrten Politiker oder politischen Gelehrten nachkonstruieren.

Vor allem eine Frage sollte sie bis zum Kriegsausbruch 1914 durchgehend beschäftigen: die soziale Frage.

Nach dem Bergarbeiterstreik von 1889 hatte sich der junge König und Kaiser Wilhelm II entschlossen, neue Initiativen in der staatlichen Sozialgesetzgebung zu entwickeln. 1890 kommt es zu den sogenannten Februar-Erlassen. Sie kündigen den „Ausbau der Arbeiter-Versicherungsgesetzgebung", eine Novellierung der Gewerbeordnung und die Einrichtung von Arbeiterausschüssen an. Hans Freiherr von Berlepsch wird Preußischer Handelsminister, zuständig für die Entwicklung der Sozialgesetzgebung, Theodor Lohmann sein Spitzenbeamter. Der EOK, die Kirchenbehörde des Königs, schwenkt ohne Zögern auf den sogenannten „Neuen Kurs" ein. In einem Aufruf von 1890 an die Geistlichen werden diese aufgefordert, sich in Theorie und Praxis an der Lösung der sozialen Frage intensiv zu beteiligen.

1890 sieht es nach Jahren der Stagnation nach einem sozialpolitischen Frühling in Deutschland aus. Vor allem Adolf Stoecker ist an einer Revitalisierung der christlich-sozialen Bewegung als Bollwerk gegen die sozialdemokratische Arbeiterbewegung interessiert. Er schlägt die Gründung eines Evangelisch-Sozialen Kongresses als Sammlungsbewegung des sozialengagierten Protestantismus vor. Er nimmt Kontakt auf auch zu Harnack, um ihn als Repräsentanten des liberaltheologischen Lagers für die gemeinsame Sache zu gewinnen. Harnack formuliert in den Preußischen Jahrbüchern die Bedingungen seiner Teilnahme. Mit diesem Aufsatz beginnt seine publizistische Tätigkeit für den ESK. Der junge Gelehrte, der später als eine der Spitzen deutscher Gelehrsamkeit und deutscher Wissenschaftsorganisation gefeiert werden sollte, begibt sich bewußt und in öffentlicher Rechenschaft in die politische Mitverantwortung im Rahmen einer freien Organisation des Protestantismus.

Seine Überlegungen lassen sich wie folgt zusammenfassen:

Der Kongreß ist eine Zusammenführung verschiedener kirchlicher und theologischer Richtungen, die sich zu gemeinsamer Arbeit an der Lösung der sozialen Frage zusammenschließen.

Den „Leiden und Fragen", die im Stichwort „Soziale Frage" signalisiert werden, kann sich niemand entziehen:

„Den Christen aber sind die Notleidenden, Schwachen und Verirrten auf die Seele gebunden durch die bestimmtesten und eindrucksvollsten Anweisungen Christi, durch sein Beispiel und durch die Stiftung der Kirche, die als ein Bruderband gedacht ist und aufhört, sie selbst zu sein, wenn sie dieses Ideal preisgibt." Um wirksam arbeiten zu können, muß man die „Zustände und die Mittel" kennen. Deshalb ist „Information von sachkundiger Seite" nötig. – Später heißt es in der Satzung des ESK:

„Der ESK hat es sich zur Aufgabe gestellt, die sozialen Zustände unseres Volkes vorurteilslos zu untersuchen, sie an dem Maßstabe der sittlichen und religiösen Forderungen des Evangeliums zu messen und diese selbst für das heutige Wirtschaftsleben fruchtbarer und wirksamer zu machen als bisher."

Der ESK soll sich in klarer Solidarität mit dem Staat, der die politische Letztverantwortung hat, fragen, wie er die prinzipielle Frage nach der Mitwirkung der Kirche bei der Lösung der sozialen Frage beantworten will. Er kann weder die altlutherische Distanz noch die parteipolitische Vereinnahmung des Christentums für politisch-soziale Zwecke und Ziele akzeptieren. Grundsätzlich gilt: die Kirche als „die Hüterin des Evangeliums" muß die „im Evangelium liegenden, durch die Reformation uns erschlossenen sittlichen Kräfte wirksam machen."

Darüber hinaus aber muß die Kirche selbst als „organisiertes Institut" „im Dienste der Liebe zu den Brüdern" ausgestaltet werden. Sie muß „als ein Bund von Brüdern und Schwestern den Armen und Notleidenden entgegentreten, sie muß den Menschen im Menschen aufsuchen und es ihm wieder zu fühlen geben, daß er geliebt und geachtet ist..." Die soziale Frage ist eben nicht nur eine „Magenfrage, sondern auch eine Gemüts- und Herzensfrage..." Der ESK soll nicht „Beschlüsse fassen über Fragen, in denen nur Sachverständige und Beteiligte ihr Urteil abzugeben haben." Er hat die jeweiligen sittlichen Probleme der Sachfragen zu thematisieren. Der ESK versteht sich nicht als grundsätzlicher Kritiker des Staates, sondern unterstützt ihn in seiner kontinuierlichen Entwicklung zum modernen Sozialstaat. Kirchliche Fragen im engeren Sinn sollen ihn nicht beschäftigen. Er hat zur Sprache zu bringen, was „im Evangelium wurzelt und zugleich mit allen Erkenntnissen und Kräften der Gegenwart im Bunde steht."

Und schließlich für Harnack ganz wichtig: „Endlich gilt es, noch einen Punkt ins Auge zu fassen und vor der Beschäftigung mit ihm zu warnen: das ist die Judenfrage. Es mag eine Judenfrage im nationalen und wirtschaftlichen Sinn geben – ich weiß das nicht und bin darüber nicht kompetent –, das aber weiß ich, daß den Antisemitismus auf die Fahnen des evangelischen Christentums zu schreiben, ein trauriger Skandal ist. Die, welche das getan haben, haben freilich immer das nationale und wirtschaftliche Interesse mithinein gezogen, weil sie als Christen hätten schamrot werden müssen, wenn sie einfach im Namen des Christentums die Parole des Antisemitismus ausgegeben und das Evangelium in einen neuen Islam verwandelt hätten. Aber wer kann leugnen, daß auch das geschehen ist? Das heißt aber, die Macht, welche dazu in der Welt ist, die Gegensätze der Rassen und Nationen zu mildern und Menschenliebe selbst dem Feinde gegenüber zu erwecken, in entgegengesetzter Richtung mißbrauchen. Wir dürfen voraussetzen, daß auf dem Kongreß, der der Verbrüderung dienen soll und nicht der Vergiftung, kein Versuch gemacht werden wird, die ‚Judenfrage' hineinzuziehen."

Wir können nun nicht die Geschichte dieses Kongresses, der jedes Jahr mit einigen hundert Teilnehmern über die Pfingsttage getagt hat, im einzelnen verfolgen. Wir konzentrieren uns auf die Mitarbeit von Harnack bis 1912.

1894 hält er den Vortrag „Die evangelisch-soziale Aufgabe im Lichte der Geschichte der Kirche". Dieser ist typisch für seine Methode, mit geschichtlichen Erkenntnissen eine Position für die Gegenwart zu erarbeiten. Er ist nicht der Historiker, der Daten und Fakten aneinanderreiht und Geschichtsschreibung zur Museumskunst gerinnen läßt, sondern aus der Vergegenwärtigung von Tradition heraus nach der möglichen Gegenwartsbedeutung von Tradition und Erbe fragt. Das Vergangene in seiner Relevanz für das Gegenwärtige und Zukünftige herauszuschälen, ist das Geschäft des Historikers. Damit hat dieser von seinem Fach her eine geistige und politische Mitverantwortung für Gegenwart und Zukunft. Für Harnack ist es klar, „daß die heutige soziale Aufgabe der Kirche nur mit Hilfe der Geschichte bestimmt werden kann." Die Ursprungsgeschichte und die Wirkungsgeschichte des Christentums müssen zur Sprache gebracht werden, wenn man in bewußter Kontinuität den Ort und die Aufgabe des zeitgenössischen Christentums bestimmen will.

Bevor er in seinem Vortrag diesen Gang durch die Geschichte antritt, stellt er die „prinzipiell-geschichtliche Frage", „wie sich das Evangelium zu sozialen Ordnungen überhaupt verhält."

Sein Ausgangssatz: „Das Evangelium ist die Botschaft von unvergänglichen Gütern. Es bringt die Kräfte des ewigen Lebens; von Buße und von Glauben, von Wiedergeburt und Erneuerung handelt es; es will nicht ‚verbessern‘, sondern erlösen.“ Es ist zunächst allem Irdischen gegenüber „indifferent“. Entscheidend ist das Vertrauen des einzelnen zu Gott als dem Vater. Aber es tritt ein weiteres Element hinzu: „Liebe deinen Nächsten als dich selbst“. Demgemäß war die ursprüngliche Gestalt der Christenheit die eines freien Bruderbundes... denn die Liebe zu den Brüdern ist neben dem Vertrauen auf Gott die Religion selbst... wo nur immer der ‚Nächste‘ in Sicht kommt, da weiß das Evangelium nichts von jener Indifferenz, sondern predigt nur Liebe und Barmherzigkeit. Auch bindet und flicht es die irdische und die Seelennot des nächsten untrennbar zusammen. Es macht hier keine sublimen Unterschiede zwischen Seele und Leib, nein, Krankheit ist Krankheit und Elend Elend.“ Deshalb ist den „Bedürftigen und Elenden“ zu helfen.

Noch einmal: vom Evangelium her gibt es „eine neue Aufgabe: irdische Not und Elend ebenso wie irdisches Glück für etwas Geringes zu achten und doch jeglicher Not zu steuern, das Haupt im Glauben mutig zum Himmel zu erheben und doch mit Herz, Mund und Hand auf dieser Erde für die Brüder zu arbeiten.“

Die immer wieder gestellte Frage: enthält das Evangelium aber nicht „ein bestimmtes sozial-wirtschaftliches Programm?“ beantwortet Harnack so:

„Allerdings eine bestimmte Lehre vom irdischen Gut enthält das Evangelium, aber keine, die sich national-ökonomisch in Gesetze fassen ließe und darum auch kein wirtschaftliches Programm... zu entwickeln vermag.“

Aber die andere Seite wieder ist:

„...daraus, daß das Evangelium keine bestimmten wirtschaftlichen Anordnungen enthält, folgt ganz und gar nicht, daß dieses Gebiet für den Christen indifferent ist. Vielmehr wo er klar erkennt, daß ein wirtschaftlicher Zustand zur Notlage für den Nächsten geworden ist, da soll er nach Abhilfe suchen; denn er ist ein Jünger dessen, der ein Heiland war... die Liebe weiß, daß sie überall so helfen soll, daß es wirklich hilft.“

Wir haben hier einen ersten Einblick genommen in die Grundstruktur der Theologie und der Frömmigkeit Harnacks: das Evangelium hat es mit der Seele und dem Leib des Individuums zu tun, das sich im Vertrauen zu Gott als Person gewinnt, unabhängig von jeder politischen und sozialen Lage. Dieses personale Vertrauen zu Gott gibt dem Glaubenden eine letzte Unabhängigkeit als Freiheit. Aber eben in dieser personalen Freiheit geht der Glaubende die Selbstbindung an den Nächsten ein. Er bindet sich an die seelische und leibliche Not seines Nächsten.

Der Lutherkenner Harnack kennt den Freiheitstraktat des Reformators mit seinen unüberbietbaren Spitzensätzen: Der Christenmensch ist ein freier Herr über alle Dinge und niemand untertan. Und: ein Christenmensch ist ein dienstbarer Knecht aller Dinge und jedermann untertan.

Und auch die andere Erkenntnis – exegetisch wie geschichtlich gewonnen –, daß sich aus dem Evangelium nicht unmittelbar ein gesellschaftspolitisches Programm ableiten läßt, wird für Harnacks Position grundlegend. Es lassen sich aber aus dem Evangelium Kriterien, Maßstäbe, Perspektiven und Horizonte für ökonomisches und soziales Handeln gewinnen, die für die vorfindliche Situation relevant sind und ein geistig-sittliches Veränderungspotential enthalten. Die Liebe, verstanden als Verantwortung für andere, erkennt die Not und sucht Mittel und Wege, sie zu lindern oder zu überwinden.

Die Aufgabe der Kirche bestimmt Harnack in dreifacher Weise:

„Erstlich die Schärfung der Gewissen der Einzelnen, die Erweckung wiedergeborener, kräftiger und aufopferungsvoller Persönlichkeiten. Das ist das Entscheidende." Zunächst wirkt die Liebe von Person zu Person. „Das Reich Gottes wird nicht aus Institutionen gebaut, sondern aus einzelnen gottinnigen Menschen, die mit Freude für andere leben."

Für Harnack ist Religion also personale wie soziale Entscheidung und personales wie soziales Geschehen. Sie ist als personale Glaubens- und Gewissensentscheidung zugleich sozialethische Handlungsentscheidung. Als personale Entscheidung für die Religion Jesu ist sie gleichzeitig konkret-soziale Entscheidung für den Dienst an anderen und für andere. Das „Reich Gottes" ereignet sich für ihn dort, wo zum Glauben Gekommene für andere leben und arbeiten. Durch Verkündigung, Seelsorge und Unterweisung hat die Kirche die Aufgabe, Menschen zu helfen und einzuüben, daß sie auf dem Fundament ihrer personalen Religiosität dem Wohl dieser Welt mit Freuden dienen.

Der Ort, in dem diese praxis pietatis, diese Einübung in konkrete Geschwisterlichkeit geschehen kann, ist für Harnack die Gemeinde. Hier kann sich ereignen, was Vorbild für den Umgangsstil in der Gesamtgesellschaft sein kann. Hier können auch die „großen wirtschaftlichen Veränderungen und Umwälzungen" und die „neuen sittlichen Aufgaben" thematisiert werden. Und von der Gemeinde her treten Christen in die weltliche Verantwortung. Sie bringen in ihre Gestaltung und Umgestaltung der Welt ein, was sie zuvor „im Bruderbund" der Gemeinde erlebt und erfahren haben. Die geschwisterliche Sozialgestalt der Gemeinde, wie sie sich unter der permanenten Verkündigung des Evangeliums Jesu und des Evangeliums von Jesus Christus her ereignet, bleibt für Harnack das Zentrum von Kirche in dieser Welt und ihrer Geschichte. Seine Leidenschaft als Historiker und als Christ war immer die Frage nach dem Kirchesein der Kirche im Prozeß der geschichtlich sich ändernden Rahmenbedingungen.

Dabei hat er die Gefahren für die Kirche in Vergangenheit und Gegenwart immer scharf gesehen. Er hat ihren Quietismus im Blick auf ihre Weltverantwortung wie ihren Radikalismus in Theorie und Praxis immer wieder thematisiert, um einen eigenen Weg unter den Bedingungen der modernen Bildungs- und Arbeitsgesellschaft bestimmen zu können.

In dem eingangs erwähnten Vortrag hat er aus genauester Quellenkenntnis heraus den Weg der Kirche im Blick auf die wechselnden kulturellen und sozialen Lagen beschrieben. Das Gelungene wie das schuldhafte Versagen werden benannt. Auch die Ambivalenz der Reformation mit ihrem religiös-theologischen Freiheitspathos auf der einen und ihrer Anpassung an fürstliche Obrigkeiten auf der anderen Seite wird nicht verschwiegen. So kann er zum Beispiel konstatieren: „Eines ist gewiß – der deutsche Staat, die deutsche evangelische Kirche haben vom Bauernkrieg her noch eine Schuld einzulösen und eine Verpflichtung zu erfüllen." Daß das evangelische Kirchentum „gewöhnlich auf der falschen Seite" gestanden hat, daß es kein konstruktiv-kritisches Verhältnis zur Aufklärung und zu den modernen Emanzipationsbewegungen gehabt hat – dieses und vieles andere kann man beim Protestantismus-Kritiker Harnack nachlesen. Auch die Mitschuld des Kirchentums für das Aufkommen des Sozialismus und der Sozialdemokratie ist für ihn eindeutig gegeben. Harnack ist kein Hofsänger des historischen Protestantismus, aber dennoch sieht er in ihm, allerdings befreit von überflüssigen Schlacken, von dogmatischem Klerikalismus und konservativ-reaktionärer Ideologie, die Gestalt von Religion, die trotz aller fragwürdigen Beimischungen die Voraussetzungen bei sich hat, moderne Religiosität grundzulegen und als Kulturkraft zu entwickeln.

Im Blick nun auf die zeitgenössischen Probleme der sozialen Lage des Proletariats im Umgriff einer kapitalistischen Wirtschaftsgesellschaft gehen seine Überlegungen in folgende Richtungen:

Die Kirche steht mit der modernen sozialen Frage vor einer neuen Situation. Sie muß sich fragen, welchen Anteil sie leisten will, den Fortschritt, der mit der modernen Bildungs- und Sozialpolitik des Staates begonnen hat, zum Ausbau zu bringen. Alte Formen „patriarchalischer Fürsorge" reichen für ihn nicht mehr aus. Die „Gleichheit der politischen Rechte und die Verbreitung der Bildung" lassen die überkommene Klassenspaltung nicht mehr zu. „Um so einschneidender trennt die Verschiedenheit des Vermögens (Kapitalbesitzer und Arbeiter, die sich gleichsam unpersönlich gegenüberstehen), und um so unerträglicher wird der Zustand, daß ganze Klassen der Bevölkerung, die eine gute Schulbildung genossen und durch sie eine lebendige Empfindung für die Segnungen der Kultur empfangen haben, wirtschaftlich so beengt sind, daß sie von jenen Segnungen nur weniges für sich zu gewinnen vermögen und außerdem die kleinste Störung imstande ist, sie zu ruinieren."

Zu beachten ist dieses: das große Problem ist für Harnack das Verhältnis von Kapital und Arbeit. Aber hier argumentiert er nicht mit Anleihen aus anderen theoretischen oder empirischen Wissenschaften, sondern als Bildungs- und Kulturpolitiker. Seine Kernthese: schon die fortschreitende Bildung für alle läßt eine ökonomisch-soziale und eine soziokulturelle Unterprivilegierung der arbeitenden Klassen nicht mehr zu. Die Überwindung der feudal-bürgerlichen Klassengesellschaft wird für Harnack das umfassende Ziel aller Einzelreformen.

„Die Wohlfahrt aller Glieder der Gesellschaft" ist ihm von den realen Entwicklungen und ihren Möglichkeiten her ein allgemeines Gebot: „Dazu kommt, daß wir Armut und Elend in einem anderen Sinne wie früher für eine schwere sittliche Gefahr zu halten gelernt, zugleich aber erkannt haben, daß ohne vorbeugende Maßregeln nichts durchgreifend gebessert werden kann."

Hier wird bei ihm der Gedanke der präventiven Sozialpolitik als Strukturpolitik gefaßt. Ihre Notwendigkeit wird auch im Blick auf die „große Macht der Weltwirtschaft", die die „wirtschaftliche Existenz ganzer Berufsklassen mit Unsicherheit" bedroht, erwiesen. Die moderne Mobilität macht es schwer, „höhere Sittlichkeit und Religion aufrecht zu erhalten." Eine Stelle wie diese macht wieder deutlich, daß Harnack die ökonomisch-sozialen Wandlungsprozesse immer mit der Sittlichkeits- und Religionsfrage zusammengebracht hat.

Eine besondere Herausforderung ist für Harnack der „theoretische und praktische Materialismus" als eine Macht im öffentlichen Leben. Dabei ist ihm die spezielle sozialistische Weltanschauung nur der Sonderfall eines allgemeinen Zeitgeistes der „absoluten Indifferenz" oder des „berechnenden Egoismus".

Und wieder die Frage bei ihm: was soll die Kirche in dieser Situation einer vielfach gespaltenen Gesellschaft tun? Über welche Mittel verfügt sie, auf die Dauer schwer erträgliche Situationen zu überwinden? Harnack: „Allem zuvor ist darauf hinzuweisen, daß die oberste Aufgabe der Kirche die Predigt des Evangeliums, das heißt die Botschaft von der Erlösung und vom ewigen Leben bleibt. Es wäre um das Christentum als Religion geschehen, wenn dies verdunkelt würde und man etwa im Interesse der Popularität oder im Übereifer des Reformers das Evangelium in ein soziales Manifest umwandelte... die Botschaft von Jesus Christus dem Erlöser ist der Kern des Evangeliums, und aus ihm entwickelt sich die Weltanschauung, das heißt die Beurteilung von Leib und Seele, Leben und Tod, Glück und Unglück, Reichtum und Armut, welche die Wahrheit ist und deshalb befreit."

Hier ist Harnack wieder ganz der Theologe einer zentralen Evangeliumsverkündigung. Die Kirche nutzt der Welt am besten, wenn sie bei ihrer Sache bleibt. Auch der moderne Mensch – so seine Überzeugung – sucht nach einer „Lebensüberzeugung", sucht nach Sinn für seine personale und soziale Existenz. „Hier liegt die Aufgabe der Kirche, die alte und die neue. Sie soll dem heutigen Geschlecht den lebendigen Gott und das ewige Leben verkündigen. Sie soll von dem Herrn und Erlöser zeugen, dessen Bild auch dem Entfremdeten noch immer Ehrfurcht und Liebe abgewinnt. Sie soll mit allem Ernst predigen, daß die Sünde der Leute Verderben und die stärkste Wurzel alles Elends ist, und sie soll das tun in rechter Freiheit, in verständlicher Form und mit verständlichen Ausdrucksmitteln. Tut sie das, so hat sie schon den Hauptteil ihrer ‚sozialen Aufgabe' erfüllt". Aber dies ist wieder nur die eine Seite: „Der Nachdruck liegt hier auf dem ‚für sich'. Für andere ist es anders... Jesus Christus selbst hat das Evangelium gepredigt, indem er half. Ist die Sünde die starke Wurzel des Elends, so erzeugen Elend und Irrtum wieder Sünde und Schande. Darum gilt es, einen Kampf wider das Elend zu führen. Soll dieser Kampf aber recht geführt werden, so ist ein Doppeltes nötig: erstlich die Wirksamkeit von Person zu Person, und zweitens eine wirkliche Gemeindebildung.... Nicht über den Nächsten, dem man helfen will, soll man sich aber dabei stellen, auch nicht unter ihn, sondern neben ihn. Brüder sollen wir sein, nicht Patrone."

Und wieder weist Harnack auf die Notwendigkeit hin, neue Gemeindeformen zu bilden, die „ihrer Grundform nach Genossenschaften" sein sollten. Als gottesdienstliche Gemeinden und als Zentrum christlicher Liebestätigkeit vor Ort haben sie da zu sein.

Und die verfaßten Kirchentümer? Sie können von der Regierung erwarten, daß sie sich „mit den christlich-sittlichen Gesinnungen" in Einklang befindet. „Allein das schließt nicht aus, daß auch die Kirche gegenüber sittlich-sozialen Notständen ihre Stimme erhebt und auf die öffentliche Meinung und die Leitung des Staatslebens einwirkt. Ja, es wird das ihre Pflicht, wenn jene lässig oder stumpf sind. Unsere Kirchen sind jetzt mündiger, als sie es noch vor dreißig Jahren waren. Wozu haben sie ihren Mund, ihre Gemeindevertretungen, ihre Kreis-, Provinzial- und Generalsynoden und wiederum ihren Oberkirchenrat und Konsistorien, als um in sittlich-sozialen Fragen auch öffentlich zu bezeugen, in der Gemeinde, in der Stadt, in der Provinz, im ganzen Lande: das soll sein und das soll nicht sein? Sollen sie nur über Kirchensteuern, Kirchenreformen und Quisquilien verhandeln? Eine Zeit lang erträgt man das, aber auf die Dauer ist es unerträglich und würde bald Mitleid und Schlimmeres wider die ganze kirchliche Organisation erregen; denn dieser ungeheure Apparat hat nur ein Existenzrecht, wenn er dem ganzen wirklich etwas leistet – nicht durch Deklamationen, sondern durch evangelisch-soziales Wirken, eine jede Ordnung auf ihrer Stufe."

Das bedeutet nach Harnack natürlich nicht ein grenzenloses Reden der Kirche. Es gilt: „Wirtschaftliche Fragen gehören nicht in diesen Kreis. Mit all den sozial-wirtschaftlichen Bestrebungen wie Verstaatlichungen, Bodenbesitzreform, Arbeitstag, Preisregulierungen, Steuer- und Versicherungswesen und dergleichen hat sie gar nichts zu tun; denn die Entscheidung in diesen Fragen fordert eine Sachkenntnis, die außerhalb ihrer Grenzen liegt, und sie würde dazu in die schlimmste Verweltlichung geraten, wenn sie auf diese Fragen eingine. Aber wo sie in den öffentlichen Zuständen schwere sittliche Schäden als geduldete bemerkt, da soll sie eintreten."

Harnack schränkt mit diesen und ähnlichen Sätzen die Kompetenzen der verfaßten Kirche eindeutig ein. Die Kirche ist nicht die große Überpartei, die zu allen möglichen politischen, ökonomischen und sozialen Einzelfragen Stellung zu nehmen hat, schon gar nicht im Stil klerikaler Bevormundung derer, die ihre unverwechselbare Verantwortung haben. Ihre Kompetenz liegt in der Erörterung und Behandlung der ethischen und sozialethischen Dimensionen einer Sachproblematik. Die Kirche kann sich nicht fremdes Amt anmaßen.

Aber Harnack wäre nicht Harnack, wenn das wieder alles wäre, was zu sagen ist. Er spricht hier von der offiziellen Kirche und ihren Organen. Ganz anders sieht es aus, wenn er den für ihn entscheidenden Christen als Laien in weltlicher Verantwortung anspricht. Dieser wird sich mit „Opferfreudigkeit für gesunde soziale Fortschritte" einsetzen. Und er muß sich mit wirtschaftlichen und sozialen Fragen beschäftigen, wenn er denn sachlich richtig helfen will.

Bei allem Verständnis für die „staatssozialistische Richtung" seiner Zeit beschließt der engagierte Theologe und Sozialpolitiker seinen Vortrag mit dem auch später immer wieder vorgebrachten Hinweis, „auf Mittel und Wege zu sinnen, um die Bedingungen für die Erziehung freier selbständiger Persönlichkeiten aufrecht zu erhalten.... Drei große Aufgaben sind uns anvertraut für uns selbst und für die kommenden Geschlechter: den evangelischen Glauben zu bewahren, der Not unserer Mitbrüder nach Kräften zu steuern und unsere Bildung und Kultur zu beschützen."

Diese große Rede des Adolf Harnack aus der Frühzeit des ESK enthält fast alle Elemente seiner Theologie und Politik, die er in den folgenden Jahren innerhalb und außerhalb des Kongresses weiter ausgeführt hat. Sein sozialreformerisches Engagement blieb immer angebunden an sein

Verständnis von Theologie und Kirche, von Bildung und Kultur. Seine politische und pädagogische Leidenschaft: Christen als freie und selbständige Menschen für die als notwendig erkannten Reformen in Staat, Gesellschaft und Wirtschaft zu befähigen, die vorfindliche Klassengesellschaft durch einen sittlichen und politischen Leistungsprozeß in eine Gesellschaft von freien und gleichen Bürgern zu verwandeln.

Der nachschreitende Gang durch einige Konferenzen des ESK vermag diese Intention noch genauer zu illustrieren.

1895 auf dem Kongreß in Erfurt hält der Regierungsrat von Massow einen Vortrag über „die sozialen Aufgaben des Staates als Arbeitgeber". Nach der Diskussion, an der sich auch Harnack beteiligte, heißt es in der Resolution des Kongresses:

Er „erachtet es für die unabweisliche Pflicht eines geordneten Staatswesens, dem schweren sozialen Übelstande schuldloser Arbeitslosigkeit nach Möglichkeit entgegenzutreten."

Harnack seinerseits konstatiert: „Ein uneingeschränktes Recht auf Arbeit kann nicht anerkannt werden", stimmt aber dem „Recht auf Arbeit" als einem moralischen Recht und der Pflicht des Staates zum Kampf gegen die Arbeitslosigkeit voll zu.

Schon 1896 wird das Arbeitslosigkeitsthema wieder verhandelt. Hans Delbrück referiert über „Arbeitslosigkeit und das Recht auf Arbeit". Max Weber, Friedrich Naumann und Adolf Wagner diskutieren die Grundprobleme intensiv durch. Die verabschiedete Resolution zeigt deutlich die Denkstruktur dieses sozialliberalen Flügels des damaligen Protestantismus, wenn es heißt: „Der ESK sieht in der Arbeitslosigkeit einen der schwersten, auch das religiöse Volksleben aufs tiefste berührenden Schaden unseres wirtschaftlichen Lebens und hält es für eine unerläßliche Aufgabe korporativer Vereine und Verbände, kommunaler und staatlicher Organe wie der Gesetzgebung, an einer Einschränkung der Ursache wie der daraus entspringenden sittlichen und sozialen Schäden mitzuwirken, ohne den Sporn der eigenen Fürsorge für die Existenz der Person und der Familie aufzuheben. Zugleich hält der Kongreß eine energische Erörterung und Durchdringung des Problems für eine Hauptaufgabe der volkswirtschaftlichen Wissenschaft." Ein Markenzeichen des Kongresses wird hier und anders deutlich: Nationalökonomen und Theologen diskutieren jeweils von ihren Wissenschaften und Zuständigkeiten her ein gesellschafts- und sozialpolitisches Problem. Sachverstand und sozialethische Intention suchen eine Verbindung und Verschränkung miteinander, um gemeinsam ein öffentliches Wort zu formulieren.

Harnack hat von Anfang an in diesem interdisziplinären Dialog ein Proprium dieses Kongresses gesehen. Eine nur innertheologische oder innerkirchliche Diskussion wäre ihm eine unsachgemäße Verkürzung der Gesamtverantwortung von Wissenschaft unter den Bedingungen ihrer Zeit gewesen. Er selbst stand mit seinen beiden Berliner nationalökonomischen Kollegen Gustav Schmoller und Adolf Wagner in ständigem Arbeits- und Reflexionskontakt. Den Sachverstand der anderen Wissenschaften hat Harnack nicht nur hoch geschätzt, sondern immer konstitutiv in die eigenen Überlegungen einbezogen. Sie waren ihm keine Hilfswissenschaften für das eigene Fach, sondern Partner im gemeinsamen Reflexionsprozeß und in der Formulierung von Handlungszielen. Der Dilettantismus vieler Theologen, sich unmittelbar und dialoglos zu wirtschaftlichen und sozialen Fragen zu äußern, war ihm zeitlebens ein Greuel. Stark waren seine Vorbehalte gegenüber politisierenden und sozialemphatischen Theologen, die sich nicht in die Disziplin eines pluralen wissenschaftlichen Diskurses einbinden ließen.

Die erwähnte Resolution zeigt deutlich den Zusammenhang von Arbeitslosigkeit und sittlich-religiösen Schäden für den einzelnen Betroffenen und die Familien auf. Die sozialpsychologischen Folgen von Arbeitslosigkeit waren dem Kongreß so präsent wie die Notwendigkeit der Zusammenarbeit von Verbänden, Kommunen und staatlichen Organen bei der Bekämpfung von Arbeitslosigkeit. Das Konzept eines „Bündnisses für Arbeit" als Ausdruck gesamtgesellschaftlicher Verantwortung ist schon hier formuliert. Aber auch das Ungenügen nationalökonomischer Ursachenforschung für Arbeitslosigkeit wird thematisiert.

1897 beteiligt sich Harnack an der Diskussion über Vorträge von Dr. Oldenberg über „Deutschland als Industriestaat" und von Gustav Schmoller über den sogenannten Mittelstand und seine Zukunft. Harnack lobt die Fähigkeit dieser Nationalökonomen, ein „lebendiges Bild von konkreten Formen und Zuständen" jenseits abstrakter begrifflicher Konstruktion zu geben. Er selbst sieht sich bestätigt, auf dem Boden des Erreichten die

Kräfte anzuspannen, um mit „Einsicht" die Verhältnisse umzuformen. Dabei gilt für ihn:... „wir werden es nicht nötig haben, die Grundlagen der bürgerlichen Gesellschaft zu ändern, um den anderen zu helfen; denn diese bürgerliche Gesellschaft ist nicht im Absterben, sondern nur in einer Umformung begriffen." Deshalb gilt es, das Gegebene und Erreichte „fleißig und gewissenhaft" auszubauen.

Harnack hat sich immer als ein Erbe des bürgerlichen Fortschritts verstanden. Gleichzeitig hat er die Gebrechen und Gefahren seiner Epoche gesehen. Unter der „Reformunwilligkeit" des „leidigen Aristokratismus" und des besitzbürgerlichen Egoismus mit seinem Klasseninteresse und Standesdünkel hat er immer gelitten. Aber er hat dennoch die Zuversicht, daß die bürgerliche Gesellschaft im ganzen die sittlichen Motive und die politischen Mittel entwickelt, um die volle Integration der handarbeitenden Bevölkerung in das Gemeinwesen zu erreichen, Zug um Zug, Reform um Reform. Harnack spricht in seinem Diskussionsbeitrag einen für ihn wichtigen Geschichtszusammenhang an, den von Protestantismus und Bürgertum seit den Zeiten der Reformation. Im Blick auf die zeitgenössische Situation sieht er den Protestantismus von einem „starken Aristokratismus – einem klerikalen und politischen" bestimmt. Das Ergebnis: eine „traurige Entfremdung der bürgerlichen Gesellschaft von der Kirche". Das Bürgertum ist gegenüber der „konservativen Staatskirche" mißtrauisch geblieben.

Was zu sehen ist: für Harnack war die preußische Kirche eben keine bürgerliche, sondern überfremdet von Formen politischen und kirchlichen Aristokratismus. Gerade jetzt aber wäre es nach ihm die Aufgabe der Kirche, „den Geist der Einheit, Brüderlichkeit und Freiheit unter uns neu zu erwecken und zu erhalten." Nur dann gehöre die Kirche zur modernen bürgerlichen Gesellschaft.

Harnack hat das preußische Staatskirchentum immer für eine Fehlentwicklung gehalten, das durch gegenläufige freiheitliche Kräfte aufzubrechen sei. Eine Kirche, regiert vom orthodoxen Dogmatismus und von politischer Reaktion, war ihm eine Kirchenform, die nicht in einer genuinen Tradition des Christentums stand. Seine Hoffnung: die Selbstbefreiung mündiger Gemeinden und Christen zum „Bruderbund".

Harnack, immer mehr beschäftigt durch Aufgaben innerhalb und außerhalb der Universität, hat dennoch selten auf den Pfingstkongressen gefehlt. So diskutiert er 1898 über einen Vortrag über Luthers Stellung zu den sozialen Fragen seiner Zeit. Er kritisiert scharf Luthers „Gleichgültigkeit gegen eine Reihe von hohen Idealen", wie sie andere schon zu seiner Zeit vertreten haben. Auch hier geht es dem Protestanten Harnack wieder um ein differenziertes Urteil über Luther und die Folgen für die deutsche Geschichte.

Der Höhepunkt dieses Kongresses ist der Vortrag von Martin Rade über die „sittlich-religiöse Gedankenwelt unserer Industriearbeiter". Rade ist alter Schüler, Freund und Kollege von Harnack. Letzterer antwortet mit einer längeren Debattenrede über sein Verständnis von Religion in der Gemengenlage zeitgenössischer Positionen. Wie Rade setzt auch er auf eine vertiefte Diskussion mit der Arbeiterschaft und der Sozialdemokratie über das Christentum. Die Fäden eines Dialoges dürfen auf keinen Fall zerschnitten werden. Ein weiteres Proprium dieses protestantischen Gesprächsforums zeigt sich: man sucht den Dialog mit der materialistisch-atheistischen Weltanschauung. Man hat keine Berührungsängste. Man zelebriert nicht den üblichen Verdammungsstil gegen alles, was irgendwie sozialdemokratisch ist.

Die Selbstverständigung des Kongresses geht 1899 weiter. Der Freund und Kollege Julius Kaftan spricht über das Verhältnis der lutherischen Kirche zur sozialen Frage. Harnack antwortet wieder als erster. Nachdem er auf einige Geschichtsdetails eingegangen ist, kommt er auf die Frage, ob die Kirchenleitungen kräftiger zur sozialen Frage sprechen sollten. Seine Antwort: „Um Gottes willen, ja nicht." Er erwartet „von der offiziellen Repräsentanz der Kirche nichts; denn sie ist überhaupt nicht das Organ für soziale Fragen." Berufen, etwas zu sagen, sind evangelische Laienchristen, wenn sie als Christen in weltlicher Verantwortung von ihrem Glauben und Gewissen her etwas zu Sachfragen sagen können. Oder freiwillig zusammengetretene Körperschaften (wie der ESK) sollten etwas sagen, wenn sie etwas zu sagen haben.

Harnack bezieht hier eine eindeutige Position, die auf dem Hintergrund der wechselnden Worte des EOK in den neunziger Jahren zu sehen ist. Die oberste Kirchenleitung hatte jeweils das verlauten lassen, was der König von Preußen von seiner Behörde erwartete. Dieses Verhalten hat damals nicht nur Harnack und seine Freunde angewidert. Für Harnack gilt deshalb: „Wir Protestanten haben kein organon publicum, um eingreifen zu können. Unsere Organe sind die vom Christentum, vom Evangelium erzogenen Bürger in ihren verschiedenen Berufsständen."

1902 wird Harnack Präsident des ESK. Er bleibt es bis 1912. Sein Nachfolger wird Otto Baumgarten. 1902 hält Harnack selbst ein Hauptreferat über „Die sittliche und soziale Bedeutung des modernen Bildungsstrebens". Für unseren Zusammenhang wichtig ist sein gesellschaftspolitisches Eintreten für die Frauenbildung. Von sich selbst sagt er: „Ich glaube, daß ich auch sonst nicht nervös bin, daß ich mich zu den nicht nervösen Freunden der Frauenbewegung rechnen darf." Er tritt dann zum Beispiel ein für die Immatrikulation von Frauen an den Universitäten. Ohne Gleichmacherei billigen zu können, will er sich „unter den gegebenen Verhältnissen den zur Universität strebenden Frauen keine Schwierigkeiten machen, vielmehr auf die Seite des Fortschritts treten." Harnack bleibt auch hier seiner Linie treu, den Fortschritt in Etappen zu wollen.

Seit 1903 präsidiert Harnack im Kongreß. Er entwickelt die Praxis von längeren Eröffnungsreden, die uns weitere Einblicke in die Struktur und Inhalte seines Denkens als Theologe und Politiker geben können.

Schon 1895 war es zu einem unüblichen Ereignis auf dem ESK gekommen: zum ersten Mal hielt eine Frau einen Hauptvortrag. Elisabeth Gnauck sprach über die soziale Lage der Frau. Der Vortrag wurde kontrovers diskutiert. Harnack jedoch formuliert:

„Der heutige Tag ist nicht nur ein Freudentag für unseren Kongreß, sondern er wird auch ein Gedenktag werden in der Geschichte unserer evangelischen Kirche; denn was sich heute hier zum ersten Mal abgespielt hat, hat sich so noch nicht unter uns ereignet, solange es eine evangelische Kirche gibt. Was Frauen in der kirchlichen Diakonie geleistet haben, wollen wir nicht vergessen – aber nun sollen sie in den Fragen, die sie selbst angehen, innerhalb des evangelischen Gemeinwesens auch selbständig werden."

Harnack unterstützt in konstruktiv-kritischer Weise die Anliegen und Ziele der bürgerlichen Frauenbewegung. Mit vielen ihrer Repräsentantinnen hat er im Gedanken- und Meinungsaustausch gestanden. Besonders die Probleme einer geordneten Frauenbildung und Frauenberufsausbildung hat er mit Rat und Tat begleitet. 1905 hat Gertrud Bäumer über die sozialen Forderungen der Frauenbewegung und 1907 hat Marianne Weber über Sexualität gesprochen. 1908 wird über die Mädchenschulreform verhandelt, 1911 über die Berufsaltersgrenze für Frauen und über den Wöchnerinnenschutz debattiert.

Man wird sagen können, daß die Frauenfrage auf den Kongressen immer präsent gewesen ist. Und Harnack ist es gewesen, der für die volle Gleichberechtigung der Mädchen und Frauen in allen Bildungs- und Ausbildungsgängen eingetreten ist. Harnack, für den Fachbildung und Gewissensbildung, Erziehung zur Sachlichkeit und Erziehung zum freien, verantwortlichen Charakter zusammengehörten, tritt immer für ein ganzheitliches Konzept in Schul- und Bildungsfragen ein. Der Fachmann mit Charakter, der Experte mit human-sozialer Kompetenz war sein „Realideal". Das galt gleichermaßen für Mädchen und Jungen, für Frauen und Männer unter Beachtung der nicht aufhebbaren Unterschiede der Geschlechter.

Wie konkret der Mann der universitären Wissenschaft, der Mann, der zusammen mit seinem Kollegen und Freund Theodor Mommsen zur Spitze der deutschen Gelehrtenwelt des Kaiserreichs gehört hat, in die konkreten Alltagsprobleme anderer Schichten eingedrungen ist, zeigt sein Abschlußvotum nach einer Diskussion über den „Maximalarbeitstag" 1906. Im Sinne des Kongresses plädiert er für eine generelle Verkürzung der Arbeitszeit. Im einzelnen differenziert er nach den verschiedenen Verhältnissen. Und er postuliert Teilzeitarbeit für verheiratete Arbeiterinnen.

Überhaupt zeichnet es diesen Mann aus, der in seiner eigenen Wissenschaft und in der Organisation der Wissenschaft zum Großbetrieb (ab 1910 ist er der erste Präsident der Kaiser-Wilhelm-Gesellschaft zur Förderung der Wissenschaft) einen hervorragenden Platz einnehmen dürfte, daß er sich trotz seiner gesellschaftlichen Spitzenstellung einen Blick für die soziale Alltagslage von Arbeitern und Handwerkern erhalten und die Ergebnisse und Diskussionen der empirischen Sozialwissenschaften wie der betriebs- und volkswirtschaftlichen Lehrmeinungen und Ergebnisse permanent rezipiert hat. Von der Lebensfremdheit und bildungsbürgerlichen Isolierung vieler Professoren ist bei ihm nichts zu finden. Seine Kontakte zu den Spitzen der Regierung, des Unternehmertums und anderer gesellschaftlicher Führungsgruppen nutzte er, um sein Wissen über die Mechanismen moderner komplexer Organisationsformen zu vertiefen. Einen Einblick in die industrielle Arbeitswelt verschaffte er sich durch Betriebsbesuche und durch Gespräche mit Arbeitern und Angestellten. Fast jeder Jahreskongreß war mit der Möglichkeit eines Betriebsbesuches verbunden. Selbstverständlich war für ihn auch die Lektüre der gewerkschaftlichen und sozialdemokratischen Literatur.

Geht man die Protokolle der jährlichen Konferenzen durch, so kommt man zu dem Ergebnis, daß er fast alle sozialpolitisch relevanten Themen seiner Zeit behandelt und diskutiert hat. Evangelische Sozialethik und Sozialpolitik aus christlicher Verantwortung waren eine enge Verschränkung eingegangen. Es hat kein vergleichbares protestantisches Forum gegeben, das ähnlich intensiv und kontinuierlich die Entwicklung auf unseren modernen Sozialstaat hin konstruktiv-kritisch begleitet und konzeptionell befruchtet hat. Führende deutsche Wirtschafts- und Sozialwissenschaftler wie Adolf Wagner, Gustav Schmoller, Heinrich Herkner, Gerhard Schulze-Gävernitz, Max Weber und führende Theologen wie Wilhelm Herrmann, Ernst Troeltsch, Arthur Titius, Otto Baumgarten, Julius Kaftan, Martin Rade und führende Historiker und Politiker wie Hans Delbrück, Friedrich Naumann und viele andere haben den interdisziplinären Dialog geführt, um ihre zeitgenössische Mitverantwortung für mehr politischen und sozialen Fortschritt einzulösen. Und die Führungspersönlichkeit dieses sozialliberalen Protestantismus war Harnack. Er war zusammen mit seinem Generalsekretär Wilhelm Schneemelcher sein Organisator und Inspirator zugleich. Zudem hatte er die Fähigkeit, mit Toleranz und Humor die sachlichen und menschlichen Verschiedenheiten und Unterschiede seines evangelisch-sozialen Freundeskreises für die gemeinsame Aufgabe fruchtbar zu machen. Er hatte Talent zur Kollegialität und zu Freundschaften.

Für unser Wissen über und das Verständnis von Harnack als evangelisch-sozialer Kultur- und Sozialpolitiker sind – wie schon erwähnt – seine Begrüßungsreden wichtig. Vieles von dem, was wir schon gehört haben, wird hier erweitert, vertieft, aber auch differenziert.

1903 bestimmt er als epochale Aufgabe des deutschen Volkes, den sozialen Gedanken in soziale Gesetzgebung zu gießen. Er sieht „drei große Faktoren, um die es geht: Besitz, Bildung und Gesinnung." Bei Besitz und Bildung geht es nicht um „Nivellierung", sondern um „Beseitigung der Zerklüftungen, Verbesserung der Mißstände und Beseitigung der Gefahren."

Harnack war immer kritisch – aus geschichtlichen und anthropologischen Gründen – gegenüber dem Postulat der Gleichheit in Bildung und Besitz, aber um so eindeutiger für den konkreten Ausgleich innerhalb dieser selbst. Was für ihn einheitlich sein mußte, war die „Anerkennung derselben geistigen und sittlichen Grundlagen" eines kulturellen und politischen Gemeinwesens. Eine gemeinsame Gesinnung war ihm Voraussetzung für eine freiheitliche und soziale Gesellschaft. Deshalb war für ihn die soziale Frage in ihrer Tiefe eine „Gewissensfrage", eine „Frage innerer, sozialethischer Stellung und Erziehung". Für ihn ist das Vorhandensein von Menschlichkeit, von Mitmenschlichkeit, von Solidarität, von brüderlicher Liebe, von Pflichtbewußtsein und Leistungsbereitschaft nicht beliebiges Ornament, sondern Fundament für ein entwicklungsfähiges Gemeinwesen. Und hier hat das Evangelium seine zentrale Rolle, Gesinnung und Gewissen zu bilden. Das Wort allein kann überzeugend und haltbar auf die „Gemüter" wirken. Natürlich weiß auch er: „… so einfach die Prinzipien sind, so schwierig ist die Anwendung auf das wirtschaftliche Leben. Da bedarf es der Erwägungen, der Prüfungen und der fachmännischen Beratung…"

Die Grundposition von Harnack läßt sich nun systematisierend so bestimmen:

von dem Wort des Evangeliums mit der ihm implizierten Ethik der Nächstenliebe her hin zum persönlichen Ethos des Glaubenden; diese Ethik und dieses Ethos in Korrelation mit den Sachfragen gebracht, führen zu einer praktischen sozialethischen Entscheidung nach bestem Wissen und Gewissen. Diese sozialethische Urteils- und Entscheidungsbildung ist ein dialogischer, ein immer offener Prozeß, der sich permanent seines Ursprungs im evangelischen Glauben vergewissert und seiner Zielbestimmung verpflichtet bleibt, diese Welt in Akten sachgerechter Entscheidungen humaner, freiheitlicher und gerechter zu machen. Die Mittel und Wege dazu, diese Welt menschenwürdiger zu gestalten, liefert die praktische Vernunft, die aber fundiert und bestimmt ist von der Liebe, von der Verantwortung zum konkreten Nächsten. Der ESK war der Ort, an dem dieses Beieinander von Gesinnungs- und Verantwortungsethik am Material zeitgenössischen Konfliktstoffes eingeübt werden sollte.

Harnack hat in immer neuen Variationen dieses sein Modell sozialethischer Urteilsbildung mit praktischer politischer Absicht entwickelt.

Wir greifen noch exemplarisch die Breslauer Sitzung 1904 heraus. Für mich ist dieser Kongreß ein Höhepunkt in der Geschichte des neuzeitlichen Protestantismus. Es referieren Ernst Troeltsch über „Die christliche Ethik und die heutige Gesellschaft", Gottfried Traub über „Die Organisation der Arbeit in ihrer Wirkung auf die Persönlichkeit", Dr. Bernhard über „Das moderne Lohnsystem und die Sozialreform", Heinrich Freese über „Die Gewinnbeteiligung der Arbeiter" und Gertrud Dyhrenfurth über „Die weibliche Heimarbeit". Schon diese Themenpalette zeigt, daß Grundsatzarbeit mit aktuellen Fragen der Sozialgestaltung verbunden wird.

Harnack ist es, der in seiner Begrüßungsrede die Gesamtrichtung angibt, wenn er sagt:

„Wir sind ein sozialer Kongreß. Damit ist erstens gesagt, daß wir überall auf der Seite derer stehen, die im Gegensatz zu den Klasseninteressen Sinn und Sorge dem sozialen Ganzen zuwenden und seine Förderung für die wichtigste Aufgabe halten. Damit ist zweitens gesagt, daß unsere Sorge vornehmlich den sozial Schwachen und Benachteiligten gilt und deshalb der Erkenntnisse der Mißstände und Lasten, die sie bedrücken. Endlich erklärt ein sozialer Kongreß durch eben diesen Namen, daß er die Gesamtheit zu Verbesserungen und Reformen aufruft, daß er also die soziale Reform für eine gemeinschaftliche und nationale Aufgabe hält, die der Natur der menschlichen Verhältnisse gemäß nie aufhören kann und nie ruhen darf.

Wir sind aber auch ein evangelisch-sozialer Kongreß. Das heißt nicht, daß wir im Evangelium oder im Christentum ein Universal-Heilmittel gegen soziale Mißstände zu besitzen wähnen. Von diesem Glauben sind wir weit entfernt. Wir gehen vielmehr mit allen den Volksfreunden eine große Strekke Wegs zusammen, die wirtschaftliche Fragen lediglich auf dem wirtschaftlichen Boden erfaßt und behandelt wissen wollen. Aber wir sind nicht der Meinung, daß diese Fragen unauflöslich an ein ehernes Gesetz, an ein angebliches Naturgesetz, gekettet sind, das den Gang ihrer Entwicklung unentrinnbar bestimmt. Wir meinen vielmehr, daß der Freiheit hier noch ein weiter Spielraum gelassen ist, ferner, daß soziale „Gesetze" sich hier kreuzen, daß ihre Schnittpunkte teils unberechenbar sind, teils durch neue Faktoren unerwartet immer wieder verschoben werden. Dies Gefüge wollen wir studieren. Denn wir sind ein Kongreß freien, hingebenden Studiums, und wir wollen lernen, wo und wie wir in die Speichen des Rades eingreifen können, wenn es, ungeleitet, abwärts zu rollen droht."

Also: ohne bestreiten zu wollen, daß es wirtschaftliche Regelmäßigkeiten und Gesetzmäßigkeiten gibt, haben sie nach Harnack aber nicht den Charakter von Naturgesetzen, die eigengesetzlich abrollen. Die sittliche Freiheit des Menschen, seine Verantwortlichkeit hat einen weiten Spielraum, lenkend und gestaltend in die Abläufe und Entwicklungen einzugreifen. Die kathedersozialistische Position, die die Theorie und die ihr folgende Praxis des Manchesterliberalismus ablehnt, scheint hier durch. Nach Harnack ist eben jede soziale Frage nicht nur ein sachlich-ökonomisches, sondern zugleich ein sittlich-praktisches Problem. Drei Kriterien gibt es für ihn, die in jede Problemlösung einzuspielen sind: die Anerkennung der Menschenwürde, die Brüderlichkeit und der Schutz der Persönlichkeit. Der christliche Glaube, dem die brüderliche Gesinnung impliziert ist, ist in den „sozialen Fragen und Kämpfen" zur Geltung zu bringen. „Denn wie er den unendlichen Wert der einzelnen Menschenseele zur Anerkennung gebracht hat, so hat er auch die Brüderlichkeit und Liebe in den Mittelpunkt gerückt. Das Evangelium ist im Tiefsten individualistisch, im Tiefsten sozial zugleich."

In immer neuen Anläufen hat Harnack diesen Zusammenhang formuliert: so sehr der christliche Glaube eine personale Gewissensentscheidung ist, so sehr ist er zugleich und gleichzeitig eine soziale Gesinnungsentscheidung. Diese Dimensionen sind zu unterscheiden, aber nicht zu scheiden. Evangelisch-sozial heißt, die personhaft angeeignete Bewußtseinsveränderung umzusetzen in Strategien ökonomischer und sozialer Reformprozesse. Heißt: für alle Menschen Verhältnisse zu schaffen, in denen die Menschenwürde und die „sittlich-soziale Gleichberechtigung" gesichert sind. Die Sehnsucht nach Menschenwürde und Gleichberechtigung, nach Freiheit und Gerechtigkeit ist für Harnack die eigentliche Tiefendimension der sozialen Frage. Auch hinter Lohnkämpfen steht für ihn der Anspruch auf Gleichberechtigung. Deshalb ist für ihn und den Kongreß die Koalitionsfreiheit der Arbeiter, also die rechtlich-gesetzliche Anerkennung freier Gewerkschaften eine zentrale Reformforderung. Sie ist eine der Grundbedingungen für eine gesellschaftliche Integration der Arbeiter in ein modernes Gemeinwesen. Die „Klassen- und Kastenordnung" muß mit Hilfe strukturverändernder Reformen in eine Gesellschaft von Freien und Gleichen verändert werden. Dabei ist die kontinuierliche Verbesserung der wirtschaftlichen Lage, der sozialen Verhältnisse und der Arbeiterschutz innerhalb und außerhalb der Arbeitswelt eine Daueraufgabe. Der Geschichtlichkeit jeder Gesellschaft entspringt die Notwendigkeit ihrer permanenten Reform. Besonders ist der „Schutz und die Befestigung der Schwächeren" und die „Herstellung des Existenzminimums" geboten, „das notwendig ist, um überhaupt ein menschenwürdiges Dasein führen und ein sittlicher Mensch sein zu können."

Harnack hält nun diese sozial- und gesellschaftspolitische Tätigkeit nicht nur für notwendig, um aktuelle Notlagen zu beheben, sondern hält den kontinuierlichen Aufbau eines Sozialstaates auch für geboten, um „im großen Wettkampf der Arbeit", sprich: um in der internationalen Konkurrenz als Nation bestehen zu können.

Harnack hat gewußt, daß ein freiheitlicher Sozialstaat die Bedingung für Wohlfahrt nach innen und für Konkurrenzfähigkeit nach außen ist. Er hat und hätte nie den Rat geben können, um des letzteren, der Konkurrenzfähigkeit willen, den ersteren, den Sozialstaat abzubauen.

Harnack wäre aber nun nicht Harnack, wenn er nicht immer wieder an Gesinnung und Verantwortung appellierte. Er hält jede Form materialistischer Argumentation für eine Verfehlung des menschlichen Geistes. Er argumentiert:

„Bestärkt man die Menschen in dem gleißenden Vorurteil, daß sie nur Produkte der Zustände sind und sich gar nicht anders benehmen können als sie tun, nimmt man ihnen den Glauben an ihren Wert und an ihre Freiheit, an Gott und an ihre ewige Bestimmung, schlägt man das Gewissen nieder und verwischt man den Gegensatz von Gut und Böse, so zwingt man die Menschen in den Staub zurück und läßt sie Staub fressen."

Das sind Sätze von elementarer Wucht. Sie sind gesprochen von einem Mann, der den Fortschritt seiner Epoche zu würdigen wußte, aber gleichzeitig ihre Gefährdungen und „Nachtseiten" identifiziert hat. Als kritischer Realist sieht er die Notwendigkeit von sittlich-religiösen Gegenkräften, die das christlich-humanistische Erbe wachhalten und zur gestaltenden Kraft der Zukunft machen. Unter den Bedingungen der Moderne die Menschenwürde und die Freiheit, gepaart mit zwischenmenschlicher Solidarität und sozialer Gerechtigkeit, immer wieder unter wechselnden Rahmenbedingungen neu zu gewinnen – das ist Harnacks Leidenschaft gewesen, in gelehrter Forschung und in politischer Parteinahme. Das macht die Einheit seiner Person als Wissenschaftler und Politiker aus.

Und auch dieses sei noch berichtet, um den Mann, der auf Arbeit und Leistung in Wissenschaft und Praxis setzte, auch mit seiner anderen Seite zu illustrieren. So sehr er dem Postulat der Humanisierung der Arbeit und der Selbstentfaltung des Arbeiters in seiner Arbeitswelt zustimmte, so meinte er doch mahnen zu müssen:

„Wohl ist Arbeit etwas Herrliches, und wir leben im eigentlichen und im höheren Sinn von unserer Arbeit; aber wir leben nicht ausschließlich von ihr, und wir arbeiten auch deshalb, um nicht arbeiten zu brauchen. Wir arbeiten Stunden hindurch intensiv, nicht nur um dann feiern, sondern auch um dann erst wirklich leben zu können. Die Arbeit ist ja nicht das Leben selbst: Leben im eigentlichen Sinn ist Freiheit der Selbstentfaltung und Austausch von Sinn zu Sinn und von Gemüt zu Gemüt, Geben und Nehmen in Kraft und Liebe.“

So spricht ein Mann, der vom protestantischen Arbeitsethos geprägt war. Aber gerade deshalb warnt er vor einer anthropologischen Überschätzung der Arbeit. Der Mensch ist für ihn nicht ausschließlich „verlebendigte Arbeitsleistung". Seine Argumentation ist: je produktiver mit Hilfe der modernen Technik und verbesserter Arbeitsorganisation und je menschengerechter die Arbeitsbedingungen gestaltet werden, desto geringer kann die sogenannte Arbeitszeit werden. Die Arbeitszeitverkürzung – technisch und ökonomisch möglich – gibt den Weg frei in eine andere Form der Selbstentfaltung, in die kulturell-kommunikative. Hier liegt der tiefere Grund, daß Harnack und der Kongreß für die Arbeitszeitverkürzung als Voraussetzung für mehr Humanität im ganzen eingetreten sind. Mehr Humanitätsgewinn *in* der Arbeit und mehr Humanitätsgewinn außerhalb ihrer war ihr ganzheitliches „Kulturideal".

Geht man die Konferenzbände und das übrige Schrifttum des ESK durch, so ist dieses klar: die Konferenz hat unter der Präsidentschaft von Harnack die Entwicklung der deutschen Sozial- und Gesellschaftspolitik kontinuierlich begleitet. Dieser sozialliberale Protestantismus ist als ein Teil der bürgerlichen Sozialreformbewegung eine Reflexions- und Aktionsgruppe

bei dem Versuch einer sozialstaatlichen Modernisierung der Wilhelminischen Gesellschaft gewesen.

Überraschender Weise ist dieses Forum kaum oder nur am Rande im
durchschnittlichen kirchlichen und außerkirchlichen Geschichtsbewußtsein präsent. Das hat unter anderem damit zu tun, daß seit den zwanziger
Jahren das Bemühen dieser Frauen und Männer als „Kulturprotestantismus" diffamiert worden ist. Ohne Zweifel hat dieser Versuch eines konstruktiv-kritischen Sicheinlassens auf die „Moderne" seine Probleme und
Grenzen gehabt. Aber auf der anderen Seite ist gerade dieser Versuch,
konkrete sozial- und gesellschaftspolitische Mitverantwortung für die eigene Epoche zu übernehmen, faszinierend zu nennen. Thematisiert worden sind die Probleme der personalen Freiheit und Menschenwürde im
politischen Gemeinwesen und in der Arbeitswelt, der Humanisierung und
Mitbestimmung, der gewerkschaftlichen Organisation, der Frauenemanzi-
pation, des Zueinanders von Arbeitszeit und Freizeit und vieles mehr.
Alles Probleme, die uns heute geblieben sind und bleiben werden.

Zusammenfassend kann über Harnack und den ESK gesagt werden: das
kirchliche Interesse konzentrierte sich auf die Bildung von lebendigen
Gemeinden als Orte geschwisterlicher Kommunikation. Das protestantische Interesse konzentrierte sich auf die Laien in weltlicher Verantwortung, die in ihrer Berufsaufgabe das Sachgemäße und das Menschengerechte zu verbinden, die Gesinnungs- und Verantwortungsethik angesichts
realer Konfliktsituationen zu Kompromissen zu bringen versuchten. Und
das alles im Hören auf das Evangelium, das nach seiner ethischen Seite hin
gewissensbildend und gewissensschärfend wirkt.

Wir mögen von heute her kritische Anfragen an dieses theologische
Theorie- und Praxiskonzept richten. Wir sollten aber bedenken, daß Frau-
en und Männer aus dem Umfeld dieses sogenannten Kulturprotestantismus sowohl zu den Mitgestaltern unseres Sozialstaates gehört und in der
Konsequenz ihrer Ethik des Politischen später zu den Christen gehört
haben, die die Weimarer Republik nicht wie die Mehrheit des kirchlichen
Protestantismus bekämpft, sondern sich als sogenannter Vernunftrepubli-
kaner für die Republik engagiert haben.

Es dürfte deshalb Gründe geben, sich in Respekt und Dankbarkeit dieser
Gruppe unter der langjährigen Führerschaft des Adolf Harnack zu erinnern.

Das Lutherjahr 1917

Das Jahr 1917 ist für Deutschland, Europa und die Welt ein Epochenjahr. Für Deutschland bricht endgültig der sogenannte Burgfrieden, das heißt die politische und mentale Einheit des kämpfenden Volkes zusammen. Es bilden sich immer mehr zwei große innen- und außenpolitische Lager heraus, die sich nicht mehr durch die Politik der Mitte des Reichskanzlers Bethmann-Hollweg integrieren lassen. Die traditionellen Gegensätze der Vorkriegszeit vertiefen sich zu einem kaum vermittelbaren Antagonismus. Politische und weltanschauliche Gegensätze verschränken sich mit ökonomisch-sozialen Interessen zu einem dialoglosen Blockdenken.

Die sogenannte Osterbotschaft des Kaisers vom 7. April 1917 kündigt innenpolitische, wirtschaftliche und soziale Reformen an. Eine Modernisierung der Monarchie wird in Aussicht gestellt. Und am 11. Juli 1917 erscheint ein Erlaß, der die Aufhebung des preußischen Dreiklassenwahlrechtes ankündigt. Eine neue Runde der Diskussionen um Parlamentarisierung und Demokratisierung wird dadurch eröffnet.

Außenpolitisch steht die Diskussion um die Kriegsziele im Mittelpunkt. Die sogenannte Friedensresolution des Reichstages vom 19. Juli, getragen vom Zentrum, der Sozialdemokratie und der Fortschrittspartei spaltet die Nation in Anhänger eines Verständigungsfriedens ohne Annexion und Kontributionen und eines Siegfriedens mit West- und Ost-Annexionen wie Kontributionen.

Der konfessionelle Frieden kann auch nur mit Mühe bewahrt werden. Die Friedensbemühungen des Papstes erregen den Ärger vieler Protestanten. Und die Berufung des Grafen Hertling zum Reichskanzler am 1. November, ausgerechnet an Luthers Geburtstag, schmerzte einen großen Teil des protestantischen Bürgertums genauso wie die Wiederzulassung des Jesuitenordens. Der politische Katholizismus schien die traditionelle Dominanz des preußisch-deutschen Protestantismus zu brechen.

Und noch eine andere alte Gefahr nahm schärfere Konturen an: die sozialistische. Viele fürchteten einen Einfluß der russischen Februarrevolution, die die Abdankung des Zaren gebracht hatte, auf eine politische Radikalisierung der deutschen Arbeiterschaft. Vollends die bolschewistische Oktoberrevolution verstärkte die Angst vor der „roten Revolution" auch in Deutschland. Der Eintritt der USA in den Krieg am 6. April 1917, der den Krieg der Europäer überhaupt erst zum Weltkrieg machte, wurde sehr verschieden in den politischen Lagern kommentiert. Die Konservativen und Deutschnationalen setzten auf den unbeschränkten U-Boot-Krieg, der ein militärisches Eingreifen der USA in Europa verhindern sollte. Emphatisch begrüßte der nationalkonservative Block den Wandel des Krieges zum totalen Krieg als Voraussetzung des totalen Sieges. Den Beginn der Friedensverhandlungen mit dem bolschewistischen Rußland in Brest-Litowsk interpretierte man als Beginn des deutschen Endsieges.

Diese Ereignisse – nur kurz signalisiert – bilden den politischen Aktionsrahmen des deutschen Protestantismus im sogenannten Lutherjahr 1917.[1]

Da das Lutherverständnis dieses Jahres nicht vom politischen Selbstverständnis derer zu isolieren ist, die über Luther reden, schreiben, malen und dichten, ist es geboten, die Hauptlinien der politischen, theologischen und ethischen Positionen der Interpreten zu skizzieren. Im Großen lassen sich 1917 zwei Lager innerhalb des Protestantismus identifizieren, die in entscheidenden Punkten gegeneinander stehen. Das ist einmal die nationalkonservative Gruppe um Reinhold Seeberg, zu der die Mehrheit des kirchlichen Protestantismus gehört haben dürfte. Ihr gegenüber steht die nationalliberale Gruppe um Adolf von Harnack, die aber nur eine qualifizierte Minderheit des bürgerlichen Protestantismus repräsentieren dürfte. Eine Führungszeitschrift der ersten Gruppe war „Die Reformation", herausgegeben von Wilhelm Philipps (Berlin). Ihr gegenüber standen die „Christliche Welt" unter Martin Rade und die „Evangelische Freiheit" unter Otto Baumgarten.[2]

Fragen wir nun, wie diese Zeitschriften die politischen Hauptereignisse 1917 kommentiert haben. Baumgarten begrüßt als Vorsitzender des Evangelisch-Sozialen Kongresses (ESK) die Osterbotschaft des Kaisers als Anbruch der neuen Zeit eines „sozialdeutschen Königtums". Philipps und Seeberg wenden sich gegen jede Reformpolitik während des Krieges. Sie wollen erst den militärischen Endsieg, dann die notwendigen Reformen. Ihnen gegenüber formulieren Männer wie Hans Delbrück, Adolf von Harnack, Friedrich Meinecke, Ernst Troeltsch und andere: „es ist notwendig, ohne Verzug die Hand ans Werk zu legen."

Also: die Liberalen plädieren für Reformen, für Demokratisierung und Parlamentarisierung, die Konservativen halten die vorgesehenen Reformen für eine Erschütterung des festen und bewährten Gefüges Preußens. Sie sehen in ihnen eine Entchristlichung von Staat und Gesellschaft, ja: den Sieg des „Antichristentums".

Also: über die innenpolitische Entwicklung Deutschlands besteht keine Übereinstimmung im zeitgenössischen Protestantismus. Die einen streiten für die Erhaltung einer starken Monarchie und einer nach Ständen und Klassen gegliederten Gesellschaft, die anderen denken in Richtung einer konstitutionellen Monarchie mit parlamentarischer Ministerverantwortung und demokratischer Verantwortlichkeit und demokratischer Mitverantwortung der gesellschaftsrelevanten Gruppen. Die ordnungspolitischen Optionen sind soweit auseinander, daß auch Kompromisse kaum möglich sind.

Zwischen Seeberg und Harnack, zwischen Seeberg und Baumgarten gibt es keine Möglichkeiten eines politischen und gesellschaftspolitischen Konsenses.[3] Das Denken und Argumentieren in den Kategorien des Entweder-Oder ist auch im Binnenraum des Protestantismus Realität geworden. Eine offene Diskussion hat nicht mehr stattgefunden, übrigens so wenig wie zwischen Sozialdemokraten und sich langsam bildenden Kommunisten. Wie es zwischen Friedrich Ebert und Karl Liebknecht keinen wirklichen Diskurs gegeben hat, so auch nicht zwischen konservativen und liberalen Protestanten. 1917 ist ein Jahr ideologischer Verhärtung. Eine demokratische Streitkultur hat es noch nicht gegeben.

Die Friedens- und Annexionsfrage hat den Dissens auf den Höhepunkt gebracht. Dazu einige Beispiele:

Nach einem Vortrag von Seeberg faßt eine Versammlung in Dresden folgende Entschließung: „Mehrere tausend deutscher Männer und Frauen Dresdens, in öffentlicher Versammlung vereinigt, erheben schärfsten Einspruch gegen die Forderung eines Friedens ohne Landerwerb und ohne Kriegsentschädigung, eines Friedens, der den Untergang Deutschlands als Weltmacht mit sich bringen würde.... Die unvergleichlichen Leistungen unserer Helden zu Lande, in der Luft und zur See unter ihren zielbewußten genialen Führern, die alle Erwartungen übertreffenden, von Monat zu Monat steigenden Erfolge unseres Unterseebootkrieges und die Gewißheit, daß es für diese unsere schärfste Waffe kein Zurück und keinerlei Einschränkung vor Niederringung Englands gibt, verbürgen uns den Sieg, der den starken deutschen Frieden erzwingen wird."[4]

Und ein anderer nationalkonservativer Meinungsführer, Reinhard Mumm, beschließt mit seiner Christlich-sozialen Partei Folgendes:

„1. Daß es kein Belgien mehr gibt, ..., sondern ein germanisches Königreich Flandern entsteht...

4. Daß ausgiebiges Siedlungsland, auch für Rückwanderer, für Rückgewinnung der deutschen Ostseeprovinzen gewonnen wird;

7. Daß wir Mittelafrika als einheitliches Schutzgebiet gewinnen.

8. Daß eine Kriegsentschädigung uns ermöglicht, das deutsche Wirtschaftsleben neu aufzubauen, auch in erforderlichem Maße, zum Beispiel im neuzugewinnenden lothringischen Erzgebiet öffentliche Betriebe einzurichten...

Wir brauchen eine Sicherung unserer Zukunft nach zwei Richtungen: wir brauchen, sollen wir ein wachsendes Volk bleiben, Land zu großzügiger Kolonisation und wir brauchen Rohstoffe für Industrie und Landwirtschaft."[5]

Und in der Zeitschrift „Positive Union" ist die theologische Begründung zu finden, daß Gott für Annexionen und Entschädigungen ist:

„Zuvor steht dieses fest. Gott ist es, der, wie in den Tiefen des Werdens, so in dem blutigen Ringen der Schlachten wirkt. Wie er die Dinge gestaltet hat, wenn das Kriegsende da ist, darauf kommt es an. Es wird bei all diesen Verhandlungen der Fall gesetzt, daß Gott der Herr das unendlich große, schwere Ringen, die Blutsaat ohnegleichen dahin geraten läßt, das wir den Feind übermögen. Und in dieser Voraussetzung, zu der Gott sein Ja geben wolle, sagen wir zu der Scheidemann-Parole ‚ohne Annexion und Kriegsentschädigung':

1. Gott will, das Verbrecher gezüchtigt werden. Die Bibel sagt uns, daß die Obrigkeit das Schwert nicht umsonst trägt. Ein Gericht, das einen Einbrecher und Räuber, der mit Dolch, Pistole und Schlagring bewaffnet war und von ihnen Gebrauch gemacht hat, nicht ernstlich strafte, sondern sagte: die Großmut des Gerichts wird ihn so zerknicken, daß er hinfürder ein vollkommener Biedermann wird, würde weder bürgerlich noch christlich das Richtige tun.

Wenn es also am Ende des Krieges so steht, daß wir die Oberhand haben, so haben wir damit auch die Strafpflicht von Gott in die Hand bekommen. Schon von diesem Gesichtspunkt aus bedarf es der Annexion und Entschädigung, damit die Feinde spüren: man begeht nicht ungestraft so himmelschreiendes Unrecht, das Ströme von Blut und Tränen über die Menschheit gebracht hat."

Und zum Schluß des Artikels heißt es abermals: „Nein, gibt Gott weiter Sieg und Endsieg, so werden wir Annexionen und Entschädigungen fordern."[6]

Die protestantische Rechte argumentiert in voller Identität zum Alldeutschen Verband. Es ist der liberale Theologe und Politiker Otto Baumgarten, der die Gegenposition vertritt. Er hält einen ungehemmten Imperialismus und entsprechend eine Gewalt- und Eroberungspolitik für eine Verfehlung nationalstaatlicher Interessenpolitik. Den theologisch aufgeschwängerten Argumenten der Nationalkonservativen stellt er eine politisch-analytische Positionsbestimmung entgegen. Mit Kriterien einer politologischen Situationsanalyse versucht Baumgarten, die problematischen Vertheologisierungen politischer Tatbestände zu verhindern. Er denkt in den Kategorien politischer Aufklärung, nicht im Sinne eines frommen Voluntarismus, der Gott immer das tun läßt, was der eigene politische Wille schon immer gewollt hat.[7]

Ähnlich wie Baumgarten argumentieren Martin Rade, Adolf von Harnack, Ernst Troeltsch und Friedrich Naumann. Überhaupt sind es die sogenannten liberalen Theologen oder Kulturprotestanten, die mit zunehmender Kriegsdauer realistische Analytiker werden und die Elemente einer sogenannten „Kriegstheologie" aus ihrem eigenen Mentalitäts- und Denkhaushalt ausscheiden.

Wie die durchschnittliche „Kriegstheologie" auch noch im Jahre 1917 argumentiert, sei an einigen Wochenschauen von Wilhelm Philipps in der „Reformation" aufgezeigt.

Am 11. Februar heißt es: „Endlich hat Deutschland die Hände frei zum Gebrauch aller seiner Waffen in der Weise, wie es ihm gut scheint. Der rücksichtslose Unterseebootkrieg hat am 1. Februar begonnen... Das stolze Albion wird zerbrechen, und seine Herrlichkeit wird in Trümmer sinken. An Deutschland aber ist wahr geworden, was am 1. Februar eine Zeitung schrieb: ‚Die Stimmung vom 4. August 1914 ist neu geboren.' Ganz Deutschland ist einig... ‚Durch Sieg zum Frieden', das bleibe unsere Losung bis an das Ende unseres Krieges!"[8]

Und in fast jeder folgenden Wochenschau berichtet er über die Tonnenzahl der versenkten Schiffe. Und immer wieder der Wunsch: „Gott gebe, daß das so weiter geht bis zum letzten guten Ende des ganzen Krieges."

Philipps setzt auf die Luftschiffe, Flugzeuge und Unterseeboote. In diesen Waffensystemen sieht er die Instrumente Gottes, seinen Weltwillen, die Vernichtung Englands und den Endsieg Deutschlands zu bewirken.

Der Rücktritt von Bethmann-Hollweg am 14. Juli 1917 wird von der protestantischen Rechten emphatisch begrüßt und sein Nachfolger Michaelis als frommer Mann gefeiert. Philipps und alle nationalkonservativen Männer und Blätter stellen sich politisch auf die Seite der am 2. September 1917 gegründeten deutschen Vaterlandspartei, die innenpolitische Reformen ablehnt, den Sieg-Frieden proklamiert und die Hegemonie Deutschlands in Europa und in der Welt will. Alle Andersdenkenden werden als „Flaumacher" und unzuverlässig diffamiert. Die Vaterlandspartei wird die Sammlungsbewegung des protestantischen Nationalkonservatismus. In ihr sammelt sich schon 1917 alles, was nach 1918 die Demokratie der Weimarer Republik bekämpft und später die „nationale Revolution" von 1933 begrüßt. Die kirchliche Publizistik steht mehrheitlich auf dem Boden dieser Vaterlandspartei.

Gegen sie bildet sich der „Volksbund für Freiheit und Vaterland". Er tritt ein für ein „starkes und freies Reich", aber für eine sofortige politische Neuordnung, für Parlamentarisierung und Demokratisierung. Rade, Baumgarten, Harnack, Troeltsch und andere Liberale arbeiten in dieser demokratischen Sammlungsbewegung, zu der die Gewerkschaften und die Sozialdemokratie gehört, mit und plädieren in ihren publizistischen Organen für diese Friedens- und Reformbewegung.

Es ergibt sich also für den deutschen Protestantismus 1917 ein Bild totaler Zerrissenheit. Dies bleibt bis zum Ende des Krieges und setzt sich bis 1933 fort.

Noch Ende 1917 konstatiert Philipps: „Hindenburg erklärte jüngst: ‚Es steht alles gut', und Ludendorff fügte hinzu: ‚Der Krieg wird nicht als Remis-Partie abgebrochen.' Das deutsche Volk wird siegen, wenn es siegen will. Gott, der Herr, wehre denen, die nicht siegen wollen!"[9]

Wer unter den Theologen siegen will, hilft auf seine Weise und mit seinen Mitteln mit. Der Typ der Durchhaltepredigten entsteht. Man stellt sich nach entsprechenden Erlassen der Kirchenregierungen für die Verbreitung der offiziellen Kriegspropaganda zur Verfügung. Man engagiert sich bei der religiös-patriotischen Erziehung der Jugend, man betätigt sich als Propagandist für die 6. und 7. Kriegsanleihe. Aus Berlin berichtet zum Beispiel der „Reichsbote":

„Pfarrer Max Braun sprach über: ‚Hindenburg und der deutsche Glaube'. Mit praktischem Kanzelhumor erinnerte er die Gemeinde dabei aber auch an das Geburtstagsgeschenk, das sich Hindenburg selber erbeten hat: Kriegsanleihe! Und er regte an, doch gleich nach dem Gottesdienst zur Tat zu schreiten. Nachdem Pfarrer Rodatz vom Altar aus den erhebenden Gottesdienst geschlossen hatte, begaben sich Lic. Dibelius und Pfarrer Braun je in eine Vorhalle der Kirche und eröffneten sofort Zeichnungsstellen für die Kriegsanleihe. Der Erfolg war überaus erfreulich. In Summen von zehn bis zehntausend Mark wurden zusammen dreißigtausend Mark gezeichnet."[10]

Man feiert wie gewöhnlich Kaisers Geburtstag am 27. Januar, man feiert am 18. April das fünfhundertjährige Jubiläum der Hohenzollern und vor allem am 2. November den 70. Geburtstag des populärsten Protestanten. Hindenburg tritt als Symbolfigur neben den Kaiser. Und zwischendurch immer wieder kirchliche Bismarck-Feiern.

Man wird sagen dürfen, daß die Kirche im Weltkrieg sich voll in die Kombattantenschaft mit dem Staat und vor allem mit den Wünschen der militärischen Führung begeben hat. Einzelne Gegenbeispiele heben das Gesamtbild einer Kirche, die „Kriegstheologie" betreibt, nicht auf. Als letztes Beispiel sei zitiert aus einem Artikel von Philipps „Gottes Wille im Weltkrieg":

„Was will Gott? Das ist die entscheidende Frage, von der heute alles abhängt. Alle Völker, die im Weltkriege stehen, auch alle neutralen, kurz alle Völker in allen fünf Erdteilen sehnen sich nach dem Frieden, aber der Weg zum Frieden wird, scheint's, noch nicht gefunden. Die Zentralmächte haben ihren Gegnern wieder und immer wieder bis zum Überdruß die Hand des Friedens geboten, ja sie sind, so kann man sagen, fast bittend und lockend, mahnend und warnend mit ihren Friedensangeboten hinter ihnen hergelaufen, aber alles umsonst. Sie haben von ihren Gegnern nur Haß, Hohn und Spott dafür geerntet. Doch auch eben diese Gegner sehnen sich ebenso sehr nach Frieden, ja schmachten danach und fürchten, wenn er noch lange ausbleibt, ihren völligen Untergang. Trotzdem aber stellen sie Friedensbedingungen auf, von denen sie ganz genau wissen, daß wir sie nicht annehmen können, wenn wir uns nicht selbst jeder Zukunftsmöglichkeit berauben wollen.

Wie ist aus diesem Wirrwarr herauszukommen? Einst hat Luther vom Teufel gesungen: ‚Groß Macht und viel List sein grausam Rüstung ist.‘ Wahrlich, das erfahren wir heute. Er ist der ‚Fürst dieser Welt‘, er, der ‚Lügner und Mörder von Anfang‘. Er hat das Garn so verwirrt, daß es scheint, als könne es niemand wieder entwirren. Aber steht Gott, der Herr, denn tatenlos und willenlos, scheinbar mit verschränkten Armen, daneben? Hat er dem Satan das Feld geräumt, um ihn machen zu lassen, wie er will? Oder hat Gott auch noch etwas mit der Welt vor? Ist er noch Wille, und hat er noch Willen, sich durchzusetzen im Weltkrieg? Wie kann er doch nur das furchtbare Bluten und Sterben und Opfern solange mit ansehen, wo es ihm doch ein Leichtes wäre, es zu beenden? Oder wie kann er es geschehen lassen, daß der Teufel immer wieder die Wege zum Frieden verlegt?

Wer Glauben hat, der kann nicht zweifeln, daß Gott Großes vor hat, ganz gewaltig Großes. Er will ‚ein Neues pflügen‘, ein neues Zeitalter heraufführen. Größeres als in Jahrhunderten und Jahrtausenden soll jetzt geschehen. Die ganze Welt in allen fünf Erdteilen liegt in Geburtswehen. Was wird werden? Dürfen wir so fragen? Dürfen wir es wagen, uns eine Meinung von dem Willen Gottes zu bilden? Und dürfen wir solche Meinung aussprechen?

Matth. 16, 1-4 tadelt der Heiland die Juden schwer, daß sie die Zeichen der Zeit nicht beurteilen können. Es ist also seine Meinung, daß Gott uns wohl dazu befähigen kann. Und er will demnach auch, daß wir es wagen sollen, die Zeichen der Zeit zu prüfen und zu beurteilen, und dann natürlich auch, was sich uns ergibt, öffentlich auszusprechen. So wollen auch wir es denn versuchen, ohne alle Selbstvermessenheit und ohne den Anspruch auf Unfehlbarkeit. Mögen andere dann auch ihre im Glauben begründete Überzeugung kundgeben! Vielleicht dient‘s zu größerer Klärung der so überaus schwierigen Lage und gibt's unseren Gebeten und unserer Arbeit einen neuen Inhalt. Denn als Gläubige können wir ja doch auch im Blick auf den Ausgang des Weltkrieges schließlich nichts anderes wünschen, als daß der ‚gute und gnädige Wille' Gottes an uns und allen anderen Völkern auf Erden geschehe wie im Himmel.

Doch nicht alle Fragen, die sich hier aufdrängen, wollen wir in diesem Zusammenhang zu beantworten suchen. Wir wollen uns für diesmal beschränken auf die Fragen der äußeren Politik und das große äußere Weltgeschehen, die Fragen der inneren Politik und anderer innerer Angelegenheiten dagegen nur so weit mit heranziehen, als es sein muß, um die ersteren Fragen ins rechte Licht rücken zu können. Dabei wollen wir versuchen, alles so schlicht und einfach, ohne viel Beweismaterial, darzustellen, als es uns nur irgend möglich ist. Es kommt uns eben nur darauf an, gläubige, betende Christen anzuregen, über die Lösung des so überaus schwierigen Problems, wie der Weg zum Frieden gefunden werden könne, nachzudenken, damit das Volk Gottes auf Erden seine Aufgabe erkenne und erfülle.

Was will Gott im Weltkriege? Gleich beim Ausbruch desselben hat der Schreiber dieser Zeilen es gewagt, diese Frage aufzuwerfen und zu beantworten in einer Predigt, die seinerzeit auf vielfachen Wunsch gedruckt und in zehntausend Exemplaren verbreitet ist; sie trug die Aufschrift: ‚Deutschland der Vollstrecker des göttlichen Willens'. Schon in dieser Predigt ist der Überzeugung Ausdruck gegeben, daß Deutschland berufen sei, das Strafgericht Gottes an den Völkern zu vollziehen, die uns in diesen Krieg verwickelt haben, daß der Krieg zugleich aber auch ein Gericht über unser Volk sei, jedoch ein Gnadengericht.

Diese Glaubensüberzeugung gründete sich darauf, daß jene Völker reif seien für ein Strafgericht: Belgien – um nur einiges anzudeuten – wegen seiner sprichwörtlichen Liederlichkeit (Brüssel die erste Bordelstadt der Welt) und seiner Kongogreuel; Frankreich wegen seiner Gottlosigkeit und Sittenlosigkeit; Serbien als Räuber- und Banditenstaat; Rußland wegen seiner Korruption ohnegleichen; England, weil es unter dem heuchlerischen Deckmantel des Christentums Weltpolitik getrieben hat im Dienste des Mammons und seine Welt- und Seeherrschaft zur Knechtung und Ausbeutung aller Völker der Erde mißbraucht (Opiumkrieg in China, Burenkrieg wegen der Gold- und Diamantenfelder Südafrikas, Indien wegen seiner nationalen Reichtümer an Reis, Tee und dgl). Von Italien, Rumänien, den Vereinigten Staaten und so weiter konnte damals noch nicht öffentlich geredet werden. An einen ernsthaften Krieg Japans gegen uns hat Schreiber dieser Zeilen nie geglaubt. Der Strafvollzug an Italien und Rumänien aber ist ihm nach dem Treubruch beider auch Glaubensüberzeugung gewesen, die im Blick auf alle feindlichen Nationen auch noch durch die innere Gewißheit gestärkt worden ist, daß Deutschland einen Krieg der Notwehr, einen heiligen Krieg zu führen hat und eine gerechte Sache vertritt.

Gott wollte also, daß wir die genannten Völker strafen sollten, das ist unser politisches Glaubensbekenntnis, das sich auf unsere religiöse Glaubensüberzeugung stützt. Und Gott will das auch heute noch. Darum dauert der Krieg so lange. Gott will seinen Willen auf Erden aber, solange die Weltgeschichte dauert, nicht mit überweltlichen Gewalten sondern mit weltlichen Gewalten, Menschen und Völkern durchsetzen. Darum gehört Zeit dazu. Erst die Offensive durch Belgien und Frankreich hinein, dann Rußland, dann nach dem Balkan, dann nach Rumänien, dann nach Italien und nun – in Frankreich gegen England. Wunderbar hat Gott uns zu dem Zweck bewahrt und uns Waffen gegen unsere Feinde gegeben. Was uns fehlte an Rohstoffen und Lebensmitteln, wurde auf wunderbare Weise durch neue Erfindungen und Entdeckungen ausgeglichen oder in Feindesland erobert. So erhielt uns Gott bis zur Stunde, damit wir Vollstrecker seines Willens würden.

Aber war das deutsche Volk auch bereit, Gottes Willen zu erkennen und zu tun? Keineswegs. Gott selbst hat es erst dazu erziehen müssen und muß es noch weiter dazu erziehen. Wohl gegen Osten; da war man sich lange Zeit einig (nun aber nach dem Sturz der Zarenherrschaft droht auch hier angesichts des Friedens mit Rußland Uneinigkeit in Deutschland über die Ziele im Osten auszubrechen), nicht in der Erkenntnis des göttlichen Willens und in der Bereitwilligkeit, ihn zu tun, sondern aus rein äußeren, politischen Gründen. Gegen Westen aber, besonders gegen England, wollten weite Kreise, die oben und unten bei uns maßgebend sind, die Waffen nicht uneingeschränkt zur Anwendung bringen (Zeppeline, U-Boote, giftige Gase usw. wurden auch im deutschen Volke in seinem Existenzkampf so lange als unerlaubte Kriegsmittel gebrandmarkt, bis unsere Gegner mehr oder weniger wirksame Gegenmittel dagegen aufgebracht hatten). Sentimentalität, Kulturseligkeit, krankhaft-nervöse Sucht, möglichst bald mit den Westmächten die Beziehungen wieder aufnehmen zu können, demokratische, internationale Neigungen und Bestrebungen aller Art machten sich geltend in Regierungs- und Volkskreisen. Die seinerzeit schon bei Beginn des Weltkrieges wußten, was Krieg ist und was Gott will, wenn er den Krieg zuläßt, und die deshalb die uneingeschränkte Anwendung aller unserer Waffen forderten, wurden als unchristliche Kriegshetzer hingestellt. Der maßgebende Teil des deutschen Volkes wollte den Strafwillen Gottes gegen die Westmächte, sonderlich England, nicht erkennen und ausführen, obwohl doch jedermann wußte, daß England mehr als irgendeine andere Nation am Weltkriege Schuld ist und keine einen so starken Vernichtungswillen gegen uns hegt, als gerade England. Trotz alledem wollte Deutschland seine gottgewollte Aufgabe gegen England nicht erkennen sondern es um jeden Preis schonen. Das hat uns viele Gelegenheiten, gerade diesen Feind empfindlich zu treffen, verpassen lassen und dadurch viele, viele Opfer gekostet.

Gott mußte uns erst ziehen für seinen Willen, und er tut es. ‚Was er sich vorgenommen, und was er haben will, das muß doch endlich kommen zu seinem Zweck und Ziel.‘ Deutschland will den Willen Gottes an England nicht vollstrecken; es muß, Gott setzt seinen Willen durch. Der Krieg muß so lange dauern, bis Englands Welt- und Seemachtstellung gebrochen und das deutsche Volk willens ist, dies Strafgericht an England zu vollziehen. Dazu blendet und verstockt Gott, der Herr, England und seine Verbündeten solange durch immer neue Siegeshoffnungen; sie sollen die ausgestreckte Friedenshand noch nicht ergreifen. Wie glänzend hätten die Friedensverhandlungen für die Ententemächte ausgehen können, wenn sie sich am 12. Dezember 1916 zu Friedensverhandlungen bereit erklärt hätten! Und wie glänzend wäre jetzt ihre, zumal Englands Lage gewesen, wenn sie sich am 4. Januar 1918 mit an den Friedensverhandlungstisch gesetzt hätten! Wie viele Faustpfänder hat England zurzeit in der Hand, die es hätte in die Waagschale werfen können bei einem Frieden ‚ohne Annexionen und Kriegsentschädigung‘! England hat unsere Kolonien besetzt, Ägypten annektiert, auf Arabien die Hand gelegt, Jerusalem und Bagdad erobert; seine Träume hinsichtlich der Weltherrschaft scheinen wahr zu werden. Und doch zittert es. Die Fundamente wanken, die den stolzen Bau tragen sollen. Die Engländer wissen es: wenn der Krieg noch eine Weile dauert, dann muß das europäische England unter den Folgen des U-Boot-Krieges zusammenbrechen, und dann wird auch der ganze große Weltbau nachstürzen.

Trotzdem wollen aber gerade die Engländer noch keinen Frieden schließen. Sie sollen noch nicht. Gott will es nicht. Der Strafvollzug ist noch nicht beendet. Käme morgen der Friede, dann wäre Englands Macht noch nicht hinreichend gebrochen. England soll nicht mehr das führende Volk der Erde bleiben. Darum muß Deutschland kämpfen; es wird gezwungen, gerade durch die Haltung Englands, gegen das es nicht kämpfen will. Gottes Wille!

Aber warum will denn England noch keinen Frieden schließen? Hat es noch Siegeshoffnung? Ganz gewiß, wenn auch nur noch eine sehr schwache. Aber worauf gründet es sie? Anfangs auf seine Seemacht; diese Hoffnung ist längst dahin. Dann auf die Aushungerung Deutschlands; auch diese Hoffnung ist zu Grabe getragen. Endlich auf die Übermacht zu Lande mit amerikanischer Hilfe; auch diese Hoffnung ist im Schwinden. Und trotzdem und alledem: England sieht seinen Vorteil bei sofortiger Friedensbereitschaft nicht. Lloyd George gleicht dem Pharao: ‚Er verstockte sich, darum verstockte ihn der Herr auch.‘ Wen Gott verderben will, den blendet er zuvor. Das ist das Gericht, das sich jetzt an England vollzieht und damit zugleich auch an allen seinen Bundesgenossen, wie wir es schon an Rußland schauen. Durch die kriegshetzerischen Reden der Lloyd George, Clemenceau, Wilson und wie sie alle heißen, läßt Gott, der Herr, dem deutschen Volke seinen Willen kundtun, daß es kämpfen soll bis zur Vernichtung Englands, und je entschlossener es sich dieser Aufgabe unterziehen wird, um so eher wird der Friede kommen.

Aber wie ist‘s nur möglich, daß sich so kluge Leute wie die führenden Persönlichkeiten der feindlichen Nationen also täuschen können? ‚Gott macht die Klugen in ihrer Weisheit zu Narren.‘ Sie haben einen feinen, klugen Plan ersonnen. Zur See, durch Hunger, zu Lande ist der Sieg nicht zu erringen. Nun soll‘s geschehen durch die Revolutionierung Deutschlands, die durch die Demokratisierung herbeigeführt werden soll. Sirenengesänge werden angestimmt, und die internationalen Kreise Deutschlands saugen die süßen Klänge gierig ein, und dann singen sie selbst mit und treiben Flaumacherei und suchen das deutsche Volk zu entmutigen. Das mußte so kommen, weil Deutschland nicht wollte, wie Gott will. Welch' eine Ironie der Geschichte oder des Schicksals! – so sagt die Welt. – Wir sagen: Ironie Gottes! (Ps. 2: ‚Der im Himmel wohnet, lachet ihrer.') Englands List wird Englands Verderben. Sein Glaube an den Erfolg der Revolutionierung Deutschlands muß es so lange in seinem Kriegswillen bestärken, bis die U-Boote seine Macht untergraben haben und Deutschland auch zu Lande willens ist, den entscheidenden Schlag gegen die Westmächte zu führen. Und abermal: Welch' eine Ironie Gottes! Eben diejenigen, die den Krieg gegen England nicht wollen, sondern fast um jeden Preis Frieden mit England schließen möchten, müssen durch ihre demokratischen Neigungen den Krieg so lange hinziehen, bis Deutschland bereit und imstande ist, den vernichtenden Schlag gegen England zu führen.

Das sind Gottes Wege im Weltkrieg. So führt er seine Sache. So gebraucht er die Völker, ob mit, ob gegen ihren Willen, wie er will. Aber je mehr sie widerstreben, um so mehr Opfer kostet es, und um so länger dauert es. Das ist unsere Schuld, daß wir uns haben verführen lassen von französischem und englischem Wesen, und sind uns selbst untreu geworden und haben verlassen die gute deutsche Art: fromm und treu. Französische Unsittlichkeit und englischer Luxus, beides miteinander, wie es der Mammon ermöglicht, das war es, was uns betörte. Nun aber heißt's: ‚Was du ererbt von deinen Vätern hast, erwirb es, um es zu besitzen': ‚Deutsche Freiheit, deutscher Gott, deutscher Glaube ohne Spott, deutsches Herz und deutscher Stahl sind vier Helden allzumal. Diese steh'n wie Felsenburg, diese fechten alles durch, diese halten wacker aus in Gefahr und Todesgraus. Drum, o Herz, verzage nicht; tu, was dein Gewissen spricht, – dieser Strahl des Himmelslichts –: Tue recht und fürchte nichts!' (E.M. Arndt)

Dann wird Gott, der Herr, unser deutsches Volk nicht nur dazu gebrauchen, seinen Gerichtswillen an anderen Völkern der Erde zu vollstrecken, sondern auch seinen Gnadenwillen ihnen kundzutun. Denn in allen Stücken: Zuletzt triumphiert doch sein hoher Rat, der in Christo Jesu offenbar geworden ist. Seine Gnade ist größer als unsere Sünde. Die Barmherzigkeit rühmt sich wider das Gericht.

Will aber unser Volk hernach nicht eingehen auf Gottes Gnadenwillen, dann soll es nicht wähnen, daß das schon ein Beweis des Wohlgefallens

Gottes an ihm sei, daß er es als Vollzieher seines Gerichtswillens gebraucht habe. ‚Sei nicht stolz, sondern fürchte dich!' Auch Assur und Babylon, auch ein Napoleon waren einst Vollstrecker des göttlichen Strafwillens an Israel und unserem deutschen Volke. Als der Herr aber seine Werkzeuge gebraucht hatte, da zerbrach er sie und warf sie weg.

Daß unsere Feinde niedergebrochen werden sollen, ergibt sich für uns aus den Zeichen der Zeit, wie wir glauben, sie deuten zu müssen. Es ist der Wille Gottes. Und Deutschland soll ihn vollstrecken. Aber angesichts des inneren Widerstrebens unseres Volkes und der Neigung vieler, den Sirenenklängen der verführerischen Weltmächte trotz ihrer Todfeindschaft zu lauschen und die beschrittene Bahn der Demokratisierung, die nur im Antichristentum enden kann, weiter zu verfolgen, erfüllt uns mit banger Sorge, nicht um den Sieg, sondern um den Frieden: und was dann folgt. Darum rufen wir unserem Volke zu: ‚Halte, was du hast, daß niemand deine Krone nehme!'"[11]

Solche und ähnliche Reflexionen über den Welt- und Geschichtswillen Gottes im Krieg sind im kirchlichen Schrifttum Dutzendware.

In dieses turbulente Jahr 1917 und in einen völlig politisch und theologisch zerrissenen Protestantismus fallen nun die Lutherfeiern. Eine literarische Materialschlacht, wie sie es vorher und hinterher nie mehr gegeben hat, setzt ein. Luther wird „der Mann des Jahres". Die Zahl der Aufsätze, der Broschüren und Bücher über Luther schlägt alle Druckrekorde. Die volkstümliche Literatur über Luther, die vor allem Lehrer, Pfarrer, Superintendenten und Kirchenräte als Autoren hat, ist bisher weder erforscht noch systematisch interpretiert worden. Sie aber dürfte Spiegelbild des durchschnittlichen Lutherbildes und Lutherverständnisses gewesen sein. Die akademisch-theologische, die historisch-kritisch arbeitende Lutherforschung blieb Sache der Fachleute. Sie bestimmten kaum das öffentliche und veröffentlichte Lutherbild der Zeitgenossen, die einen „Luther zum anfassen", einen Luther für ihre aktuellen Bedürfnisse haben wollten.

Neben der Fülle literarischer Produkte gab es außerliterarische Luthererinnerungen wie: Luthermünzen, Luthermedaillen, Lutherbroschen, Lutherbilder, Bilder mit Szenen aus Luthers Leben, Luther-Kunstblätter, Luther-Postkarten, Luther-Abreißkalender.

Es wurden Luther-Eichen und Luther-Linden gepflanzt. Und es gab Luther-Ausstellungen und die zentrale Eröffnung des Luther-Museums in Eisleben.

Zahlreich sind die Handreichungen für die Ausgestaltung von Lutherfeiern in Kirchen, Gemeinde- und Rathäusern. Entwürfe für Vorträge in Gemeinden und in evangelischen Vereinen wurden geliefert ebenso wie Bilderreihen für Lichtbildervorträge. Auch konnte man für Altar und Kanzel Luther-Paramente erwerben.

Die triviale Gedächtnisliteratur bot an: Luther-Gedichte, Luther-Dramen, Luther-Romane, Luther-Geschichten, Luther-Anekdoten, Luther-Festspiele und so weiter.

Unter allen Fragestellungen und für alle relevanten Gruppen wurde Luther präsentiert, wie: Luther und das Geld, Luther und die Bodenreform, Luther in der Heilkunde, Luther und der Trunk und viele andere. Die gruppenbezogenen Titel hießen unter anderem: Luther für das Heer und die Flotte, für Volk und Heer, für das deutsche Haus, für die deutsche Jugend, für die deutsche Familie, für die deutsche Frau, für die deutsche Schuljugend, für die Lehrer in der Schule und so weiter.

Vor allem der Evangelische Bund, der schon seit 1914 „Volksschriften zum großen Krieg" herausgegeben hatte (bis Ende des Krieges brachte er es auf 147 Nummern mit einer Auflage von über 2 1/2 Millionen Exemplaren), verteilte zum 31. Oktober 1917 500.000 Flugblätter und Faltblätter mit Lutherthemen und Luthertexten unter das Volk. Und tonnenweise wurden Luther-Worte und Luther-Darstellungen im Heer verteilt.

Einzelne größere Lutherdarstellungen erreichten hohe Auflagen, wie etwa das Buch von Georg Buchwald „Martin Luther – eine Erzählung" oder die zahlreichen populär geschriebenen Lutherbücher des Erlanger Kirchenhistorikers Hans Preuß. Für den Pfarrer vor Ort wurden Predigtbände herausgebracht. Ein bekannter Band hieß „Luthergeist im Weltkrieg". Neben den Kirchenzeitungen und theologischen Zeitschriften brachten auch andere Zeitschriften Sondernummern über Luther und die Reformation heraus, wie Die Tat, die Süddeutschen Monatshefte, Der Kunstwart und andere.

Überhaupt beteiligten sich nicht nur Theologen an der Produktion der Luther-Literatur, sondern auch renommierte Profanhistoriker wie Erich Marcks mit seinem „Luther und Deutschland" und Max Lenz mit seinem „Luther und der deutsche Geist".

Auch einzelne Städte gaben Festschriften heraus wie Berlin, Erfurt und Dresden. Zwei Themen dominierten in diesem Schrifttum: Luther, Der Mensch und Luther, Der Deutsche.

Eine Aufzählung von Titeln kann die Richtung der Deutung Luthers anzeigen: Luther und die deutsche Seele; Luther, der deutsche Führer; Luther, der Schöpfer Neudeutschlands; Luther, der deutsche Familienvater; Luther, der Volkspädagoge; Der Luther geht durchs deutsche Land; Held Luther; Luther und die deutsche Nation; Luther im deutschen Geistesleben; Luther, der Volkserzieher; Luthers Geist deutscher Geist; Luther, ein echter deutscher Mann; Freiheit, Glauben und Deutschtum; Unser Luther; Luther der Deutsche; Der größte deutsche Mann; Der deutscheste der Deutschen; Luther und der Krieg; Lutherworte an das deutsche Volk im Weltkrieg; Luther der Prophet der Deutschen; Luther der Knecht Jesu und Prophet der Deutschen; Der Prophet des deutschen Hauses vor dem Tribunal des Krieges; Bruder Martin, ein Buch vom deutschen Gewissen; Deutsche Religion und deutsches Christentum; und so weiter.

Zwei Abhandlungen seien näher vorgestellt, die für eine bestimmte Sicht Luthers repräsentativ sein dürften: das Buch des Rostocker Wilhelm Walther und die Broschüre des damaligen Militärpfarrers Paul Althaus.

Walther schreibt eine Charakterologie des Reformators. Sein Buch wird ein Steinbruch für andere Autoren. Seine Stichworte für Luthers Charakter: Offenheit, Wahrhaftigkeit, Selbstlosigkeit, Demut, Selbstbewußtsein, Mut, Selbständigkeit, Optimismus, Leidenschaftlichkeit, Gemüt.

Das Fazit: Luther ist der Inbegriff des Deutschen. Er „stellt die reinste und schärfste Ausprägung des durch ihn wiederentdeckten echten Christentums" dar.[12]

Die Abhandlung von Althaus hat den Titel: „Luther und das Deutschtum". Es ist der Versuch, Luther den Theologen und Luther den Deutschen zusammenzubringen. Ein hochinteressantes zeitgenössisches Dokument.[13]

Für Althaus ist die „Luthergestalt ein herrliches Gottesgeschenk an unser ganzes Volk. Luther bedeutet gegenwärtige Kraft."[14] Und Althaus fragt: „Worin zeigt sich denn die Geistesverwandtschaft von Deutschtum und Luthertum? Das lutherische Christentum ist zunächst die Verkörperung deutscher Innerlichkeit und Geistigkeit."

Aber: „deutsch ist nicht bloß der Idealismus, den nur die Seele und was in ihr sich vollzieht als letzte Wirklichkeit gelten läßt und gegen Erscheinung und Formen gleichgültig ist. Zu deutscher Art gehört, als Gegenpol der Geistigkeit, jene Sinnigkeit, die das Heilige auch im sinnlichen verkörpert sehen möchte..."[15]

Beides ist für ihn „im deutschen Volksgemüte" gegeben. Deshalb sagt er: „Der Tiefgang deutschen Seelenlebens dringt überall von der Form zum Wesen, vom Ungeistigen zum Geistigen, von der Institution zum lebendigen Willen." Und: vor allem drängt es „vom Sachlichen zum Persönlichen. Das Christentum Luthers stellt die vollkommenste Verpersönlichung der Religion dar und insofern die deutsche Gestalt der Religion."[16]

Durch Luther ist „die Religion... ein persönliches Verhältnis von Willen zu Willen geworden."

Darin sieht Althaus bei Luther die Rückkehr zum Neuen Testament, zu Jesus und zu Paulus. „Gleichzeitig aber entsprach es tiefster deutscher Eigenart. Man denke nur daran, was im deutschen Lehenswesen und im deutschen Rechte die persönlichen Beziehungen der Treue, des Vertrauens und Gehorsams eine wichtige Rolle spielen. Man vergegenwärtige sich die monarchische Grundstimmung der Deutschen, die wahrhaftig nichts mit politischer Unreife, wohl aber mit dem stolzen Bedürfnis nach persönlichen Vertrauens- und Treuebeziehungen zu tun hat. Deutsche haben alle Zeit ihren Herrn, den Mann ihres Gehorsams und Vertrauens gesucht!"[17]

Und zur deutschen Frömmigkeit sagt Althaus: Sie kommt „erst dort zu sich selbst, wo Schuld, Huld, Gnade als persönliche Willensbeziehungen zwischen Gott dem Herrn und dem Menschen erlebt werden, wo das Vertrauen der Grundbegriff der Religion wird. Die Frage: ‚Wie kriege ich einen gnädigen Gott?' ist in dieser persönlichen Zuspitzung deutsch."[18] Und weiter: „Persönlich" ist deutsche Frömmigkeit auch noch in anderen Beziehungen. Bezeichnend für sie sind der Individualismus, das Interesse an der Gewißheitsfrage und der Gewissenscharakter. „So entspricht die lutherische Befreiung und Berufung des einzelnen zur völligen religiösen Verantwortung, zum eigenen Priestertum deutschem Wesen."[19]

Daher gilt: „Gewissensernst ist unseres Volkes bestes Erbteil. Ja noch mehr: deutscher Art entspricht es, als das Wesentlichste in der Welt die Dinge des Gewissens zu empfinden."[20]

Deutsch ist nach Althaus Luthers Christentum auch durch den „adeligen Zug seiner Lebensgesinnung". „In solchem evangelischen Adel der freien Hingabe an das Gute findet die deutsche Seele sich selbst. Es war eine Offenbarung deutschen Geistes, wenn Richard Wagner sagte: „Deutschsein heißt, eine Sache um ihrer selbst willen tun."[21]

Und über die Stellung zur Welt heißt es bei Althaus: „Dem deutschen Sinne liegen die Extreme fern. Deutsch ist die offene herzliche Freude an Gottes Welt, das männliche Wohlgefallen an den Ordnungen von Gemeinde und Volk, der männliche Wille, die Welt zu gestalten; deutsch ist aber auch das Ungenügen an der sichtbaren Welt der Natur und des geschichtlichen Lebens, die klare Einsicht in die Unzulänglichkeit des Diesseits und die Sehnsucht nach einer ewigen Welt des Unsichtbaren. ‚Wir sind die Sehnsucht.' In der Tiefe des deutschen Gemütes wohnt eine Heimwehstimmung. Deutsche können niemals so im Diesseits und im Augenblick aufgehen wie der Romane; sie waren allezeit das Volk des „Hungers". Deutsche können aber auch niemals so aus der Welt fliehen wie die Südländer; sie waren allezeit das Volk der Arbeit. In alledem stellt sich Luthers Christentum als die Vollendung deutscher Art dar. Die ganze Welt ist Gottes Welt, jeder Beruf, jedes Werk kann als Gottesdienst geschehen... Die natürliche Freude am Weltlichen, an Volk und Staat, völkischer Stolz und völkisches Verantwortungsbewußtsein hat Er in ihr gutes Recht eingesetzt..."[22]

Das Fazit: Die Intentionen der deutschen Frömmigkeit sind im Luthertum erfüllt. Der lutherische Protestantismus ist unter allen Konfessionen die höchste und tiefste Ausformung des Christentums. „Luthers Christentum – die ‚deutsche Frömmigkeit'." Soweit Althaus.

Luther – Der Deutsche. In unzähligen Variationen wird er als Speerspitze gegen den angelsächsischen Calvinismus, gegen den Ultramontanismus, gegen die rote Internationale, gegen das nationale und internationale Judentum benutzt. Luther mußte für und gegen alles herhalten, was das zeitgenössische milieuprotestantische Bewußtsein umtrieb. Luther war der Kritiker des Welschentums, des Papsttums, der Demokratie, der Emanzipation. In ihn ließen sich alle zeitgenössischen Ängste und Gegnerschaften eintragen. Er konnte deshalb zum religiösen und politischen Führer in den Wirren des Weltkrieges stilisiert werden. Dem „Gott mit uns" korrespondierte der „Luther mit uns, dem „Gott für uns", der „Luther für uns".

Seine instrumentale Vergegenwärtigung durch den Nationalprotestantismus geschah nicht mit den Mitteln geschichtswissenschaftlicher Methodik, sondern im unmittelbaren Zugriff in charismatischer Aneignung. Bei näherem Zusehen ereignet sich aber dieses: die radikale Konzentration auf einen Luther, wie man ihn unter den Bedingungen eines total geführten Krieges gebrauchen konnte, hat entscheidend dazu beigetragen, die geistig-religiöse und weltanschaulich-politische Zerrissenheit Deutschlands noch zu vertiefen. Der „deutsche Kriegsluther" (Grisar) hat nicht integrierend gewirkt, sondern für lange Jahrzehnte die politisch-weltanschaulichen Großgruppen in Deutschland dialoglos gemacht. Die Identifizierung von Christentum und Protestantismus, von Deutschtum und Luthertum hat den Weg in eine moderne pluralistische Kultur auf dem Fundament von Gewissensfreiheit und Toleranz gehemmt.

1917 hat der Milieu- und Kirchenprotestantismus zum letzten Mal in diesem Jahrhundert versucht, seine abnehmende öffentliche Bedeutung durch eine enorme propagandistische Hochleistung aufzuhalten und in eine Renaissance des Protestantismus umzuleiten. In Sonderheit waren es drei Bedrohungen, mit denen er sich auseinandersetzen mußte:
– der allgemeine Säkularismus in Politik und Kultur,
– der politische Katholizismus,
– der deutsche Sozialismus.

Allen drei Herausforderungen setzte der Nationalprotestantismus sein deutsch interpretiertes Luthertum entgegen. Aber es zeigte sich sehr bald: das Abrufen von Vergangenheit, die Heldenbeschwörung von Luther über Bismarck zu Hindenburg ergab noch keine Zukunft. Die mehrheitliche Verweigerung des deutschen Protestantismus, sich auf notwendige politische, gesellschaftliche und kulturelle Umwandlungsprozesse konstruktiv-kritisch einzulassen, hat ihn an den Rand des Geschehens gedrückt. Das festliche Lutherjahr bringt den konservativen Nationalprotestantismus in seine stärkste Krise. Er verweigert sich mit dem Rückgriff auf eine als glanzvoll interpretierte Tradition den Gestaltungsaufgaben der Zukunft: aus einem monarchischen Militärstaat einen deutschen Volksstaat zu entwickeln, die national-imperiale Politik in Formen europäischer und internationaler Friedenspolitik zu verwandeln, den Klassenstaat zu einem demokratischen Sozialstaat auszubauen und so weiter. Das nationalkonservati-

ve Luthertum hat endgültig 1917 seine politische und kulturelle Führungsrolle in Deutschland verloren. Insofern ist das Lutherjahr 1917 ein Tief-
punkt für den deutschen Protestantismus geworden.

Nun gehört es zu den Beobachtungen in der Geschichte, daß gerade in
Zeiten von Tiefpunkten und Krisen andere Tendenzen sich regen, die Saat
auf andere, auf bessere Zukunft sind. So ist es auch im Jahre 1917.

In diesem Jahr des ‚Luthertaumels‘ (Grisar) meldet sich leise, aber bald
unüberhörbar ein Paradigmenwechsel an. Es hatte sich in den Jahrzehnten
zuvor eine akademische Lutherforschung entwickelt, die zu differenzieren-
den Analysen der Person und der theologischen Entwicklung Luthers
gekommen war. Walter Köhler, damals Zürich, hat in der Zeitschrift für
Kirchengeschichte 1917 einen längeren Überblicksartikel über den „gegenwärtigen Stand der Lutherforschung" geschrieben.[23] Natürlich gab es
ein starkes Interesse an der Persönlichkeit Luthers, aber Luther als Theologe, seine Entwicklung zum Reformator und seine Entwicklung als Reformator rückt immer mehr in das Zentrum des Forschungsinteresses. Daß
„Luther Der Deutsche" nach 1883 nun 1914 und den Folgejahren eine Hoch-
blüte erlebte, ist aus der Kriegssituation mit seiner anfänglichen Kriegsbe-
geisterung heraus erklärlich. Aber mit zunehmender Kriegserfahrung und
Ernüchterung fragte man immer mehr nach dem religiösen, nach dem theologischen Luther, fragte man nach Luther dem Prediger und Seelsorger.
Und man fragte nach dem Zentrum seiner Lehre. Man war bereit, in seine
theologische Schule zu gehen, von ihm für sich selbst zu lernen. Nicht der
programmatische Umgang mit Luther, sondern Begegnung mit Luther als
ein existentiell-sensibler Umgang mit Luthertexten war angesagt. Erich Stange zum Beispiel hat auf einer Kriegstagung der DCSV ein solches Beispiel
mit seinem Eisenacher Vortrag „Luthers Weg zur Würde des Menschen"
gegeben. Hier ist nicht mehr die Spur einer nationalprotestantischen Interpretation Luthers zu finden. Nachdenklich beschließt er seinen Vortrag:

„Wir gehen, wenn nicht alles trügt, einer Zeit entgegen, in der über
Deutschland der Druck und die Enge der Jahre in und nach dem Dreißig-
jährigen Kriege wiederkehren. Was damals die deutsche Kultur vor dem
Letzten bewahrt hat, das sind – heute wissen wir es – vor allem eine An-
zahl schlichter, zum Teil sehr im Verborgenen wirkender Männer gewesen,
in deren Seele noch etwas von dem Selbstbewußtsein des reformatori-

schen Erlebens glühte, eine Handvoll Menschen von solcher innerer Würde, das ist es deshalb auch, was wir heute brauchen für Staat, Kirche und Gesellschaft, bitter not. Davon zu reden war deshalb einzige Aufgabe dieser Stunde.“[24]

Der öffentlich wirksame Gegenruf gegen den „deutschen Luther“, gegen den deutschen Charakterhelden, kam nun nicht von den bekannten Konfessionslutheranern wie Hans Preuß, Wilhelm Walther, Reinhold Seeberg und anderen. Sie blieben die Herolde einer personalen Verehrung Luthers und seiner nationalistischen Interpretation für tagesaktuelle politische Zwecke. Das Erstaunliche ist, daß es liberale Theologen gewesen sind, die die sogenannte Lutherrenaissance eingeleitet haben. Exemplarisch und vorrangig sei auf Martin Rade hingewiesen.[25] Er hat zwei Vorträge 1917 zum Druck gebracht: Luthers Rechtfertigungsglaube und Luther und die communio sanctorum. Am wichtigsten aber war sein Buch „Luther in seinen Worten aus seinen Werken“. Rade hatte schon 1883 ein dreibändiges Werk über Luther herausgebracht. Er verstand sich selbst als neuzeitlicher Theologe in der Nachfolge Luthers. Im Jahrgang 1917 seiner „Christlichen Welt“ finden sich zahlreiche Literaturbesprechungen zu Luther-Veröffentlichungen. Als Schriftleiter der wichtigsten kulturprotestantischen Zeitschrift hatte er die Verengung und Verzerrung des Lutherbildes genau beobachtet. Ohne die Werke anderer Kollegen zu mißachten, schreibt er in einer dreißigseitigen Einleitung über Luther als „den Theologen des Glaubens“. Daraus einige Spitzensätze:

„Man muß nur eben Luther nehmen als das, was er sein sollte und wollte. Nicht als Anfänger und Vollender einer neuen Kultur, mag er für Bildung, Literatur, Kunst, Wissenschaft, Moral, Politik noch so viel bedeuten. Luther war Prediger des Worts, war Professor der Gottesgelehrtheit, war Theologe. Weiter nichts. Aber dieses ganz und vollkommen. Seine Einseitigkeit und Begrenztheit ist mit Händen zu greifen. Aber er hatte ein Zentrum. Das besaß er ganz. Das umfaßte er immer neu und gewann daraus die Kraft, inmitten einer gärenden und tobenden Welt zu stehen ‚als ein Fels‘. Dieses Zentrum aber lag genau da, wo das Zentrum der Religion liegt, und wo das Zentrum des Menschen überhaupt liegen soll.“

Luther war Professor und Prediger „und darum war er Theologe – der Theologe des Glaubens.“ Deshalb galt für ihn: „Die Eine große Tatsache

Jesus Christus muß erfaßt werden, im Glauben. Denn in ihr allein hat man Gott, wie er ist. In ihr darum leben wir und haben volles genüge. In ihr ist man hienieden schon selig. Und gewinnt daraus die Kraft zu einem Christenleben, das fleißig ist zu guten Werken, reich für sich und den Nächsten."

Unter den für eine größere Öffentlichkeit geschriebenen Lutherbücher ist dies eine singuläre Stimme. Ähnliche Aussagen lassen sich bei Ernst Troeltsch, Otto Baumgarten und Karl Holl finden. Und auch Otto Scheel schreibt in seinem großen Werk „Martin Luther. Vom Katholizismus zur Reformation" (Ende 1917):

„Daß wir im enger gewordenen Kreis der weltgeschichtlichen Tat Martin Luthers und der Reformation gedenken müssen, brauchen wir nicht als inneren Verlust zu beklagen. Die Würde des Heiligen ist unabhängig von der Massigkeit des Aufgebotes und dem Gepränge des Tages. Auch im stilleren und engeren Kreis können wir uns auf die geistlichen Güter der Reformation besinnen, die keine nationalen Schranken kennt und das Evangelium des Apostels der Heiden allen Völkern erkämpft hat!"[26]

Völlig losgelöst von den Zeitereignissen, ganz der theologischen Interpretation der Theologie Luthers verpflichtet ist die Studie von Friedrich Loofs „Der articulus stantis et cadentis ecclesiae", die gleichzeitig das „Programm der theologischen Fakultät Halle-Wittenberg zum 31. Oktober 1917" gewesen ist. Das ist solide Lutherforschung jenseits des nationalen Lutherkultes.[27]

Eine Zwischenstellung zwischen Lutherforschung und Lutherkult dürfte Wilhelm Lütgert mit seinem Reformationsvortrag „Die deutsche Reformation und Deutschlands Gegenwart" einnehmen.[28] Für ihn trägt Luther „von allen großen Männern unseres Volkes die eigentümlichen Züge des deutschen Wesens am reinsten an sich", aber auch dies gilt: Luther hielt sich „an die Offenbarung Gottes in seinem Worte und in seinem Sohne; und er hat dadurch der protestantischen Theologie die Richtung von der Spekulation, der Vernunft, der Natur und der Mystik fort zur positiven geschichtlichen Offenbarung und zur Bibel gegeben."[29]

Auch für ihn hat die Rechtfertigungslehre die zentrale Bedeutung. Und er ist der Überzeugung, daß „die Quelle, aus der der Strom der Reformation entsprungen ist, mit der Reformation noch nicht versiegt und das Evangelium Christi auch mit Luther noch nicht ausgeschöpft" ist. Deshalb schließt er seinen Hallenser Vortrag mit den Sätzen:

„Der Rückblick allein in eine Vergangenheit, möchte sie auch noch so groß sein, gibt noch kein Recht zur Feier. Feiern kann man nur im Ausblick auf eine Zukunft, die aus dieser großen Vergangenheit erwächst. Da die Kraft, der wir die Reformation verdanken, sich noch nicht erschöpft hat, da die Wurzel, aus der sie entsprungen ist, weitertreibt, so ist uns die ernste Frage beantwortet, ob unserem Volke noch eine Zukunft beschieden ist. Wir wissen es; und das gibt uns die Freudigkeit, in der Not der Gegenwart und in der Sorge um die Zukunft unseres Volkes festzustehen mit dem Bekenntnis des Liedes: ‚Ein feste Burg ist unser Gott‘.“[30]

Und schließlich sei um der Vollständigkeit willen auf die Predigt des Hallenser praktischen Theologen Karl Eger über „Luthers Frömmigkeit“ hingewiesen. Sie liegt ganz im Fahrwasser durchschnittlicher Lutherpredigten.[31]

Auch Karl Holl steht 1917 noch in der liberalen Front gegen die nationalistische Verzeichnung Luthers und der Reformation. Erinnert sei nur an den letzten Satz seines Berliner Reformationsvortrages „Was verstand Luther unter Religion?“: „Luther gehört nicht nur uns, er gehört der Menschheit an. Und darum sind wir der getrosten Zuversicht, daß sein Werk der Menschheit bleiben wird.“ Und in einer Rezension des „Luther-Breviers“ von Emanuel Hirsch schreibt Holl:

„... es wäre ein Jammer, es wäre ein unwiederbringlicher Schaden, wenn das Gedächtnisjahr der Reformation uns nicht mehr eintrüge als eine laute, rasch sich wieder verfliegende Begeisterung für Luther als den Freiheitskämpfer oder als den echt deutschen Mann. Das Ziel, das wir erreichen sollten, ist wirklich das von dem Verfasser ins Auge gefaßte, daß Luthers Frömmigkeit bei uns wieder aufersteht. Denn sie bleibt das Tiefste, was seit Paulus auf dem Boden des Christentums hervorgebracht worden ist. Und man möchte hoffen, daß der Weltkrieg gerade für die Seiten von Luthers Glauben ein neues Verständnis eröffnet hätte, die der Mensch des zwanzigsten Jahrhunderts unter der Nachwirkung der Aufklärung meinte ablehnen zu müssen, für seine Auffassung von Sünde, Buße und Gnade.“[32]

Daß Holl und Hirsch dann später diese Linie wieder verlassen haben und ihre Lutherinterpretationen in den Sog des „völkischen Aufbruchs“ gerieten und sie zu den entschiedensten Gegnern der Demokratie und der Weimarer Republik wurden und die Holl-Schüler mehrheitlich ins DC-Lager abwanderten, sei nur erwähnt, kann aber nicht mehr behandelt werden.

1917 jedenfalls sind es in erster Linie liberale Theologen, die den nationalkonservativen Lutherkult aufbrechen und eine Rückbesinnung auf die
Theologie des Reformators einleiten.

Die verschiedenen Lutherbilder implizieren – und das ist nun entscheidend – auch verschiedene politische Optionen. Und umgekehrt: die
verschiedenen zeitgenössischen politischen Parteinahmen bestimmen das
Lutherverständnis. Diese Prozesse laufen in dialektischer Verschränkung
ab. Im Klartext: die nationalprotestantische politische Rechte (Seeberg,
Philipps u.a.) hat ein machtpolitisches Interesse daran, Luther und die
Reformation so zu interpretieren, daß die Grundstrukturen des preußisch-
deutschen Obrigkeitsstaates erhalten bleiben. Luther wird ihr Kombattant
gegen neuzeitlichen Säkularismus, gegen Demokratie und Sozialismus,
gegen Pazifismus und Völkerrecht. Das mehr liberale Lager (Troeltsch,
Rade, Baumgarten, Naumann), das für Systemreformen offen ist, tendiert
auf ein Lutherverständnis, das zwischen dem Zentral-Religiösen und den
zeitgenössischen Optionen Luthers zu unterscheiden weiß, das Luther
nicht als Argument gegen Modernisierung benutzt, sondern von einer
Begegnung mit Luther her eigenverantwortete politische Optionen ein-
geht. Luther wird hier nicht ordnungspolitisch dogmatisiert, sondern als
theologische Hilfe für eigene Gegenwartsentscheidungen verstanden. Die
Liberalen um die „Christliche Welt" und die „Evangelische Freiheit" konnten deshalb als offene Lutheraner ein konstruktiv-kritisches Verhältnis zur
Demokratie und Republik entwickeln, während die Männer um den „Deutschen Luther" ihre Todfeinde werden sollten. Insofern kann man sagen,
daß das Jahr 1917 als Lutherjahr das Jahr der Auflösung eines gemeinpro-
testantischen Bewußtseins geworden ist, daß die theologische *und* politische Spaltung des Protestantismus ihren Höhepunkt erreicht hat. Eine
Tatsache, die noch lange das Erscheinungsbild des zeitgenössischen Protestantismus bestimmen sollte.

Anmerkungen

1. Zum Ersten Weltkrieg vgl. Wolfgang Michalka (Hrsg.): Der Erste Weltkrieg. Wirkung, Wahrnehmung, Analyse. München/Zürich 1994; zum Thema vgl. die vorzügliche Studie von Gottfried Maron: „Luther 1917. Beobachtungen zur Literatur des 400. Reformationsjubiläums". In: ZKG 93. 1982, S. 177-221

2. Vgl. zum ganzen Günter Brakelmann: Der deutsche Protestantismus im Epochenjahr 1917. Witten 1974

3. Zu Seeberg vgl. Günter Brakelmann: Protestantische Kriegstheologie im 1. Weltkrieg. Reinhold Seeberg als Theologe des deutschen Imperialismus. Bielefeld 1974; zu Baumgarten: Ders.: Krieg und Gewissen. Otto Baumgarten als Politiker und Theologe im Ersten Weltkrieg. Göttingen 1991

4. Siehe Brakelmann 1917, S. 104

5. Ebd., S. 119

6. Ebd., S. 121

7. Zu Baumgarten vgl.: Meine Lebensgeschichte. Tübingen 1929; Hasko von Bassi, Otto Baumgarten: Ein ‚moderner Theologe' im Kaiserreich und in der Weimarer Republik. Frankfurt u.a. 1988

8. Siehe „Reformation" vom 11. Februar 1917, S. 65

9. Ebd. vom 16. Dezember 1917, S. 509

10. Siehe Brakelmann 1917, S. 267

11. Ebd., S. 317ff.

12. Vgl. Wilhelm Walter: Luthers Charakter. Leipzig 1917

13. Vgl. Paul Althaus: Luther und das Deutschtum. Leipzig 1917

14. Ebd., S. 4

15. Ebd., S. 5

16. Ebd., S. 6f.

17. Ebd., S. 8

18. Ebd., S. 8f.

19. Ebd., S. 10

20. Ebd., S. 12

21. Ebd., S. 14f.

22. Ebd., S. 16f.

23. Vgl. ZKG 37. 1917, S. 1-60

24. Vgl. Erich Stange: Luthers Weg zur Würde des Menschen. 1917

25. Zu Rade vgl. Johannes Rathje: Die Welt des Freien Protestantismus. Stuttgart 1952; Anne Christine Nage, Martin Rade: Theologie und Politiker des Sozialen Liberalismus. Gütersloh 1996

26. Siehe Otto Scheel, Martin Luther: Vom Katholizismus zur Reformation. 2. Bd. Tübingen 1917, Vf.

27. Vgl. Friedrich Loofs: Der articulus stantis et cadentis ecclesiae. In: Studien und Kritiken 90. 1917, S. 223-420

28. Siehe in: Wilhelm Lütgert: Reich Gottes und Weltgeschichte. Vorträge. Gütersloh 1928, S. 194-214

29. Ebd., S. 197 und 203

30. Ebd., S. 214

31. Vgl. Karl Eger: Luthers Frömmigkeit. Halle/S. 1917

32. In: Deutsch-Evangelisch. Hrsgeg. von Martin Schian. 8. 1917, S. 224

Konfessionelles Bewußtsein im werdenden Ruhrgebiet 1870 bis 1918

Eine These am Anfang:

Ohne die historische Rolle der beiden großen Konfessionen des Katholizismus und des Protestantismus, aber auch der kleineren religiösen Gemeinschaften, läßt sich eine Alltagsgeschichte großer Bevölkerungsteile des industriellen Ballungsraumes des Ruhrgebiets, seine Ideen- und Mentalitätsgeschichte wie seine Wirtschafts- und Sozialgeschichte schlechterdings nicht schreiben. Wenn das richtig ist, steht eine historisch-kritische Gesamtdarstellung des Ruhrgebiets noch aus. Sowohl Kirchengeschichte wie Religionsgeschichte unter den neuzeitlichen Bedingungen von Industrialisierung und Urbanisierung wie von kapitalistischen Produktionsformen wie auch unter den Bedingungen von Nationalismus und Imperialismus gehören konstitutiv zum komplizierten und differenzierten Geflecht einer Geschichtsschreibung, die sich nicht einseitigen ideologischen Prämissen wie politischen parteilichen Intentionen verpflichtet weiß. Eine die verschiedenen und unterschiedlichen Dimensionen von historischer Wirklichkeit dialektisch verschränkende Ruhrgebietsforschung dürfte noch in ihren Anfängen stehen. Heute soll es um Einblicke in Zusammenhänge gehen, die mit der konstruktiven wie mit der problematischen Rolle von Religion, von Kirchen und Konfessionalismus im Prozeß der Gestaltwerdung und des Gestaltwandels dieser Industrieregion zu tun haben.

Das Hauptinteresse gilt den Kirchen vor Ort, den einzelnen Kirchengemeinden, den Parochien. Die meisten Menschen begegneten der Kirche als Ortsgemeinde. Päpste, Bischöfe und Kirchenleitungen waren weit weg. Ganz nah von den ersten Kinderjahren an bis zum Ende des Lebens waren die Ortskirchen, das Gemeinde- und Vereinshaus, der kirchliche Kindergarten, die Gemeindestation, die Volksschule, das Krankenhaus und der Friedhof. Sie alle waren überwiegend in konfessioneller Hand. Der Pfarrer mit dem Pfarrhaus, die Gemeindeschwester, die Kindergartenschwester, der Küster und der Friedhofsgärtner waren Personen, die alle kannten und mit denen alle irgendwann etwas zu tun hatten. Kirche war identifizierbar in ihren Repräsentanten und Handlungsträgern vor Ort. Man erlebte sie, die Kirche, als eine für das eigene Leben und für das seiner Familie relevante Größe, die anlaufbar und ansprechbar war in den Kontinuitäten wie in den Wechselfällen des Lebens. Neben den Personen, die im Kirchendienst standen, waren es für alle Ortsbewohner bestimmte Gebäude und Einrichtungen, die dem Ortsteil architektonisch ein unverwechselbares Gesicht gaben. Die im Industriezeitalter gebauten, häufig neoromanisch oder neogotisch nachempfundenen Kirchen waren mächtige Bauten mit hohen Kirchtürmen. Sie dokumentierten in Stein den Anspruch der Kirche auf die Mitte im Leben des Ortsteils. Und in der Tat: nach der kirchlichen Flaute in der ersten Hälfte des 19. Jahrhunderts erleben die beiden Kirchen in der ersten Phase der Industrialisierung eine Zunahme ihrer öffentlichen Bedeutsamkeit. Es entsteht kaum ein neuer Ortsteil ohne eine kirchliche Infrastruktur. Ein dichtes Netz von Kirchen, von Gemeinde- und Vereinshäusern entsteht. Die Kirchengemeinden werden Land- und Immobilienbesitzer. Kirchlich gebundene Vereine und Verbände, die örtlich, regional und überparochial arbeiten, nutzen neben diversen Gemeindekreisen die neuen Zentren volkskirchlicher Strukturen. Für jedermann zugänglich sind die konfessionellen Krankenhäuser, die es fast in jeder Kommune gibt. Kurzum: es gibt eine Ubiquität, eine Allsichtbarkeit und Allgegenwärtigkeit des Konfessionellen.

Was nun auffällt, ist dieses: in den bald überwiegend gemischtkonfessionellen Ortsteilen gibt es bei beiden Kirchengemeinden eine ähnliche Infrastruktur. Es gibt alles in doppelter Ausführung: Schule, Kindergarten, Gemeindehaus, Krankenhaus und Friedhof. Im täglichen Sehen und Erleben dieser Doppel- und Parallelstrukturen wächst jedermann im Orte auf. Die allen geläufigste Dualität im Leben ist die von evangelisch und katholisch. Jeder Ort hat sozusagen zwei konfessionelle „Lager", die fast automatisch eine Exklusivität gegeneinander entwickeln. Formen eines bewußten Kennenlernens des Anderen und Formen der dialogischen Begegnung gibt es kaum. Es dominiert eindeutig das Vorurteil übereinander, das im eigenen Raum tradiert und gepflegt wird. Das oder der Andere oder die Andere werden jeweils zum religiös und menschlich Verkehrten stilisiert, zum Inbegriff des Irrtums schlechthin. Die Alltagssprache, aber auch die konfessionelle Pressesprache lassen in der Regel Verstehen und Toleranz vermissen. Der Befund ist, abgesehen von den immer existierenden Ausnahmen, ziemlich eindeutig: ein harter alltäglicher Antagonismus zwischen Katholiken und Protestanten durchzieht und strukturiert das Klima im Ort und in den Familien. Es gibt jenen militanten Konfessionalismus, der zur lebenspraktischen und geistig-moralischen Spaltung der sonst gemeinsamen Lebenswelten führt.

Zur Illustration: die Arbeiter leben unter den Rahmenbedingungen eines preußisch-deutschen Obrigkeitsstaates, eines industriekapitalistischen Systems und einer Betriebs- und Unternehmensverfassung, die kaum Möglichkeiten der Mitverantwortung bieten. Sie leben alle dieselbe proletarische Existenz. Alle wissen, was politische Ungleichheit, Ausbeutung und Unfreiheit im Alltagsleben bedeuten. Aber diese gemeinsame ökonomisch-soziale Lage und die politisch-gesellschaftliche Ungleichheit entbinden in der ersten Phase des Industriezeitalters noch nicht die geistige Kraft, die ererbte und eingeübte Konfessionalität zu relativieren. Natürlich arbeiten Katholiken und Protestanten in den gleichen Fabriken und Bergwerken formell zusammen, aber man redet über die arbeitstechnischen Notwendigkeiten hinaus kaum über prinzipielle Fragen des Arbeitslebens. Zu dieser Zeit war Konfessionalismus keine Einladung zum Gespräch, sondern die konsequente Verweigerung eines offenen Dialoges. Der Andere war nicht Partner, sondern Gegner mit Tendenzen zum Feind.

Im Ort selbst wußte jeder, welche Familie katholisch oder evangelisch war. In der Regel verkehrte man nicht unter konfessionsverschiedenen Familien. Familiendramen konnten sich ereignen, wenn Triebe und Liebe sich auf einen Andersgläubigen richteten und eine Heirat beabsichtigt war. „Ein katholisches Mädchen heiratet keinen Evangelischen" und „Ein evangelischer Junge heiratet keine Katholische" – so und ähnlich knapp hießen die Grundregeln, die man nur zum Preis des familiären Zerwürfnisses durchbrechen konnte. Die „Mischehenfrage" wurde das brisanteste Problem zwischen den Konfessionen. War es schon von den Gefühlen kirchlich gebundener Familien her schwierig, sich Glück und Segen außerhalb des eigenen Zaunes vorzustellen, so spielte hier das damalige katholische Eherecht eine besondere Rolle. Dies besagte kurz und bündig: eine Mischehe ist möglich, wenn der nichtkatholische Teil mit einer katholischen Trauung und mit einer katholischen Kindererziehung einverstanden ist. Wer als Katholischer evangelisch heiratet und die Kinder evangelisch erziehen läßt, schließt sich selbst aus der katholischen Kirche aus. Wer sich je mit den Folgen dieser kanonischen Ehegesetzgebung in der Praxis von Familien beschäftigt hat, wird erkennen, daß an diesem Punkt ein rigider Konfessionalismus Härte und Zwietracht in Familien gebracht hat.

Ob nun katholisch oder evangelisch: die Zentralfigur in den Gemeinden ist der Pfarrer. Als Amtsperson hat er in der Regel Autorität und Respekt. Er ist Prediger, Lehrer, Seelsorger und organisatorischer Gemeindeleiter. Pfarrer und Priester stehen an Altären und auf Kanzeln, an Taufbecken und Särgen. Sie sind eng mit dem Leben vieler Familien und Menschen verbunden. Was sie predigen, lehren und raten hat für viele lebenspraktische Relevanz.

In jeder Gemeinde gibt es nun Gruppen und Kreise, die bestimmte Aktivitäten entfalten und auf Dauer abgestellt sind. Es gibt gemischte Kirchenchöre, getrennte Frauen- und Männerchöre, Posaunengruppen, Theatergruppen, Frauen- und Jungfrauenvereine, Jünglings- und Männervereine und andere. Hinzu kommen Gruppen, die überparochiale Anbindungen haben: Arbeitervereine, Handwerkervereine, Beamtenvereine, Knappenvereine, Elternvereine, Vereine für innere und äußere Mission und andere. Wie die Geschichte vieler Einzelgemeinden zeigt, ist es ein vielgestaltiges Netzwerk, das die Ortsteile überzieht. Jedes Gemeindeglied hat die Möglichkeit, seinem natürlichen oder beruflichen Stand entsprechend oder entsprechend einem anderen Interesse sich irgendwo anzusiedeln. Die Kirchengemeinde ist das große Kommunikationsfeld außerhalb der formellen Arbeitswelten. Die Jubiläumsfeiern der Vereine zeigen, wie eng und wie lange man einem Verein seiner Wahl die Treue hält. Und zum Verein gehört die Fahne, die in sorgfältiger Stickereiarbeit die Vereinsarbeit öffentlich bei Umzügen durch den Ort symbolisiert. Das jährliche Stiftungsfest bildet den festlichen Höhepunkt des Jahres. Gedichte und Gesang, musikalische Darbietungen und Theaterstücke rahmen die Festreden ein.

Die Ruhrgebietsgemeinden sind seit der ersten Industrialisierungsphase nie nur Kultgemeinden gewesen, sondern zugleich soziale Kommunikations- und Integrationszentren für Menschen verschiedener Herkünfte. Kirchengemeinden sind es gewesen, in denen man nach einem Umzug oder nach einer Zuwanderung soziale und emotionale Wurzeln schlagen konnte. Konfessionell bestimmte Vergesellungs-und Aktionsformen haben ein notwendiges Zusammengehörigkeitsgefühl für Menschen geschaffen, die in die Prozesse des Übergangs von einer Agrar- in die Industriegesellschaft geworfen wurden. Kirche und Religion haben geholfen, nicht absoluter Traditionslosigkeit ausgeliefert zu werden. Die Kirchengemeinde vor Ort gab die Chance, die überkommene und eingeübte Religiosität und Frömmigkeit zu erhalten und situationsgebunden weiterzuentwickeln. Das Kirchenjahr bestimmte den Jahresrhythmus. Namenstage waren wichtiger als profane Erinnerungstage. Die Gemeinde vermittelte kirchlich-religiöse Einübung und formte religiös-praktische Charaktere. Sie vermittelte einen Grundbestand kirchlicher Lehre, vor allem aber die unbedingte Geltung der zehn Gebote. Religion stiftete personalen Sinn und schaffte die Voraussetzung für öffentliche Ordnung.

Das Kriterium für die Zugehörigkeit zur sichtbaren Gemeinde ist nicht so sehr die Dogmatik – von ihr werden der durchschnittliche Volksschüler und der arbeitende erwachsene Mann und die Frau als Arbeiterin, Ehefrau und Mutter kaum tangiert –, sondern entscheidend ist die praktische Sittlichkeit als Ausbildung und Anwendung von Tugenden und Einstellungen, die das tägliche Leben als gottwohlgefällig begreifen lassen. Frömmigkeit ist eine eminent praktische Sache. Richtiges und Gutes zu tun, interessiert im Alltagsleben mehr als komplizierte kirchlich-theologische Lehre. Die Frömmigkeit von Unterschichten, die im Ruhrgebiet die Mehrheit der Gemeinden bildeten, entwickelt sich im Durchleben und im Durchleiden des praktischen Lebens mit seinen Problemen, Konflikten und schicksalshaften Brüchen. „Hilft mir Gott, mit meinem Leben fertigzuwerden?" ist die elementare Frage dessen, der keine Gründe hat, sich auf andere Institutionen und Instanzen zu verlassen. Der Proletarier glaubt anders als der Besitz- und Bildungsbürger. Der glaubende Proletarier hat existentielle und soziale Grunderfahrungen gemacht, die sein religiöses Selbstbewußtsein entscheidend mitbestimmen: die Erfahrung von Arbeitsleid, von Armut, von Unsicherheit des Arbeitsplatzes, von Ungerechtigkeit, von Ungleichheit, von Untertanenschaft und vieles mehr. Die Gebete und Stoßseufzer eines Mannes, der bis zur physischen Erschöpfung malocht und dennoch Lohnkürzungen oder Arbeitslosigkeit hinnehmen muß, sind anderen Inhalts und anderer Sprache als die des Wohlsituierten und beruflich und sozial Abgesicherten. Und die Gebete einer Mutter, die den ganzen Tag schurbelt, um die Familie auf engstem Raum und mit knappem Geld über Wasser halten muß, haben andere Inhalte als die der Damen der feineren Gesellschaft.

Von ihren Ortspfarrern nun können die Arbeiter und deren Familienmitglieder über die Bewältigung ihrer personalen und sozialen Situationen sehr Verschiedenes hören. Untersucht man Predigten von Pfarrern aus Industriegemeinden des Ruhrgebiets, so lassen sich verschiedene Typen nachweisen: Bei vielen dominiert die Grundtendenz, das gegebene Schicksal innerlich als Wille Gottes anzunehmen. Sich dagegen aufzulehnen, wird als Ungehorsam gegenüber dem Herrn der Welt und der Geschichte, der persönlichen wie der nationalen, interpretiert. Man sagt: es gibt ein göttliches Grundschema, das der Natur und der Geschichte eingekerbt und deshalb nur zum Preis des Irrtums aufhebbar ist: Gott hat Herrschaft und Untertanenschaft geschaffen: Eltern und Kinder, Lehrer und Schüler, Lehrherren und Lehrlinge, Besitzende und Abhängige, Obrigkeiten und Untertanen, Betriebshierarchien und Belegschaften, Offiziere und Mannschaften, Kirchenhierarchien und Kirchenvolk. Überall gibt es ein klares Oben und Unten. Diese Grundstruktur aufheben zu wollen, wäre Aufruhr gegen göttlichen Ordnungswillen. (Ein Beispiel: die Westfälische Provinzialsynode 1890 schreibt in einer Ansprache an die Gemeinden: „Es ist Gottes Wille, daß Arme und Reiche, Vornehme und Geringe untereinander sein sollen und das wird keine Macht auf Erden ändern, so wenig wie der Lauf der Sonne am Himmel geändert und der Tod auf Erden abgeschafft werden kann."

Es hat Pfarrer, Lehrer und Eltern in beiden Konfessionen gegeben, die in Verkündigung, Lehre und Erziehung die Unaufhebbarkeit einer herrschaftlich strukturierten Sozialwelt mit ihren politischen und gesellschaftlichen Ungleichheiten proklamiert und auch selbst exerziert haben. Sie haben ein geistiges und lebenspraktisches Milieu mitgeschaffen, das sich bewußt als Bollwerk gegen modernere Impulse religiöser, geistiger und politischer Emanzipation verstanden hat und aus Überzeugung heraus einen kirchlich-konfessionellen Kreuzzug gegen den Geist der Moderne geführt hat. Dieses antimodernistische Religionsverständnis, das eine hierarchisch-autoritäre Ordnungslehre implizierte, hat in vielen Gemeinden, die von Landwirtschaft, Handwerk und Industrie bestimmt wurden, ein konfessionelles Milieu entstehen lassen, das sich den neuzeitlichen Herausforderungen verschloß. Eine Reihe von vorindustriellen Lebens-, Gefühls- und Denkmustern hat in vielen evangelischen und katholischen Gemeinden ein langes, zähes Leben gehabt.

Bedeutsam wurde diese religiös legitimierte und vermittelte Grundeinstellung in der politischen Option für ein obrigkeitlich-monarchisches Ordnungssystem, für ein ständisches Ungleichheitssystem und für ein Autoritätsprinzip in Kultur, Erziehung und Bildung.

Allerdings darf nicht verschwiegen werden, daß sich innerhalb dieser Optionen aus religiöser Überzeugung eine spezifische Personal- und Sozialethik entwickelt hat, die für die Qualität des gesamten Lebenssystems bedeutsam gewesen ist:

– die Erziehung und Einübung in ein klares Arbeits- und Berufsethos
– die Einübung in einen verantwortlichen Patriarchalismus im Sinne einer konkreten Verantwortung für Untergebene und Schwächere
– die Anleitung zur Charakterfestigkeit in Fragen der persönlichen Moral
– die Entwicklung einer Pflichtenethik gegenüber den öffentlichen Institutionen und Aufgaben
– die Hochschätzung der Familie und der Mitverantwortung für die unmittelbar Nächsten
– die Bereitschaft zu diakonischer Arbeit
– die Einübung der Bereitschaft, harte Arbeit, Arbeitsleid und Lebensleid klaglos hinzunehmen.

Diese und andere ähnliche Lebenshaltungen mit einem bestimmten Tugendkatalog haben weite Teile der Ruhrgebietsmenschen geprägt. Dieses Ethos war auch dann noch existent, wenn sich die religiöse Grundlage verflüchtigte. Dieser Gemeinde- und Frömmigkeitstyp hat eine geistig-moralische Mentalität entwickelt, in der sich politisch-weltanschauliche Widerstandskräfte gegen moderne Alternativen in Kultur und Politik gebildet haben: gegen philosophische Aufklärung, gegen Liberalismus, Demokratie und Sozialismus. Diese geistigen und politischen neuzeitlichen Bewegungen hatten in diesem konfessionellen Milieu ihre stärksten Widersacher. Ohne Unterschiede im einzelnen bestreiten zu können: im Ganzen war dieser Predigt- und Gemeindetyp, der diese Mentalitäten entwikkelt und geprägt hat, in beiden Konfessionen zu Hause. Beide wollten eine „Rechristianisierung" des Volkes. Beide wollten den bürgerlichen Liberalismus und den proletarischen Sozialismus zugunsten einer wieder christlich fundierten und strukturierten Staats- und Gesellschaftsordnung überwinden. An dieser Stelle gab es zwischen den Konfessionalismen bei aller unterschiedlichen Dogmatik ein gerüttelt Maß der Übereinstimmung in ordnungspolitischer Pragmatik. Jedenfalls sind viele Ruhrgebietsgemeinden antiliberale, antidemokratische und antisozialistische Bollwerke gewesen.

Aber entscheidend anders ist ein zweiter Gemeindetyp, der sich in ähnlicher Weise wieder bei beiden Konfessionen aufweisen läßt.

Auch hier wird traditionelle Frömmigkeit als religiöse Tugendlehre vermittelt, aber gleichzeitig öffnet man sich den sozial- und gesellschaftspolitischen Problemen seiner Zeit. Die Betroffenen selbst artikulieren ihre existentiellen, ökonomischen und sozialen Probleme. Sie holen die Konflikte ihres Alltags in die kirchlichen Räume. Ein Themenwechsel kündigt sich an: der Frage, wie man ein guter Kirchenchrist sein kann, wird die Frage hinzugetan, wie man als Christ seine Mitverantwortung in der Welt des Politischen und Sozialen wahrnehmen kann. Die weltliche Verantwortung von Christen in säkularen Berufen der Produktion, der Forschung und Verwaltung wird das große Thema. Und nicht nur die Frage nach christlicher Gesinnung von einzelnen steht zur Debatte, sondern unter der normativen Leitidee der Gerechtigkeit die Veränderung von Zuständen, von Institutionen und Organisationen, kommt auf die theoretische wie praktisch-politische Tagesordnung. Mit innerer Folgerichtigkeit bildeten sich durch diese Impulse von unten die Anfänge dessen, was man später Sozialkatholizismus und Sozialprotestantismus nennt. Beide beginnen nicht als Teildisziplinen der akademischen Theologie, sondern haben ihren „Sitz im Leben" im Überschreiten der engeren Kirchlichkeit in Richtung auf eine spezifische Mitverantwortung von Christen für das zeitliche Wohl der Menschen. Diese Dimension eröffnet zu haben, ist für mich in erster Linie das kirchen- und theologiegeschichtliche Verdienst der konfessionellen Arbeitervereine. Zeitlich und sachlich haben hier die katholischen Arbeitervereine, die nicht nur eine bewegte Organisationsgeschichte haben, sondern in ihren einzelnen Phasen und in ihren Hauptakteuren (Klerikalen wie Laien) die Probleme widerspiegeln, wie schwer und konfliktreich es gewesen ist, daß und wie aus einer „Weltkirche" eine „Kirche für die Welt" wird.

Nur dieses sei an dieser Stelle gesagt: die katholische Arbeitervereinsbewegung ist ein Beispiel für die Möglichkeit, daß auch ein konfessioneller Verband Sachwalter allgemeiner profaner Interessen einer nationalen Lohnarbeiterschaft werden kann. Natürlich hat es im eigenen großen Haus der Kirche immer Kräfte gegeben, die die Kirche und ihr Verbandswesen auf ihre religiös-seelsorgerlichen Funktionen reduzieren wollten. Im Protestantismus war es genauso. Aber es ist die christlich-soziale Bewegung, die ihre Schwerpunkte in den neuen Industrieregionen gehabt hat, gewesen, die den Hang beider Kirchen zur klerikalen Bevormundung ihrer Laien entscheidend aufgebrochen und den Typ der „christlichen Arbeiterführer" und des „christlichen Gewerkschafters" geschaffen hat, die beide für die Weiterentwicklung des deutschen Sozialstaates von größter Bedeutung gewesen sein dürften. Was in unserem Zusammenhang zu sagen ist, ist dieses: konfessionelle Verbände können säkulare Bedeutsamkeit gewinnen, wenn ihre Mitglieder sich als Christen in eigener Verantwortung und eigener Kompetenz auf vernünftige und humane Profanität gestaltend einlassen.

Ähnliches ist bei dem kleineren Bruder, der evangelischen Arbeitervereinsbewegung zu konstatieren. Sie begann als bewußt antikatholische Gründung 1882 in Gelsenkirchen in Abgrenzung und Gegensatz zu den Essener Christlich-Sozialen. Man verstand sich selbst als religiös-patriotischer Bildungsverein. Im Gegensatz zu den „Schwarzen" und den „Roten", also zu den Bewegungen des religiösen „Irrglaubens" der römischen Papstkirche und des „Unglaubens" des materialistisch-atheistischen Sozialismus der sozialdemokratischen Revolutionspartei will man die soziale Frage in erster Linie durch das protestantische Königs- und Kaiserhaus der Hohenzollern durch permanente Reformarbeit des Staates obrigkeitlich lösen lassen. Doch die Erfahrungen vor allem bei dem Ruhrbergarbeiterstreik 1889 zeigen, daß dieser Ansatz angesichts der realen Probleme vor allem im Bergbau nicht durchzuhalten ist. Man steigt 1893 programmatisch in die Sozial- und Gesellschaftspolitik ein und fordert unter anderem: Ausdehnung der staatlichen Arbeiterversicherung, Maximalarbeitstag, gesetzlich anerkannte Gewerkschaften, volles Koalitionsrecht für Arbeiter, Arbeitervertretungen in den einzelnen Fabriken und anderes mehr. Friedrich Naumann formuliert: „Wir bearbeiten die soziale Frage vom Standpunkt der Bedrängten, für die Bedrängten und mit den Bedrängten. Nur so sind wir ehrlich ‚Christlich-sozial‘." Liest man die Jahrgänge des „Evangelischen Arbeiterboten" und der „Hilfe", dem sozialkonservativen und dem sozialliberalen Blatt, durch, so wird deutlich: die sozialpolitischen Positionen und Intentionen überlagern immer mehr die konfessionellen, ohne sie zu verdrängen. Inhaltlich besteht ein großer Konsens zum Schrifttum der katholischen Sozialbewegung. Diese durchläuft in den neunziger Jahren einige Veränderungsprozesse. Man entwickelt sich zu einem christlich-nationalen Block der deutschen Arbeiterbewegung. An der Gründung (1894) und Entwicklung des „Gewerkvereins christlicher Bergarbeiter" könnte man veranschaulichen, wie das Spannungsfeld zwischen den konfessionellen und politischen Interessen aussieht, welche Konflikte existieren, aber auch welche Annäherungen und Kooperationen möglich sind.

Ähnlich konfliktbeladen, aber auch impulsreich sind die Bildung und der Ausbau der Christlichen Gewerkschaften. Im ganzen läßt sich dieses sagen: die kirchlich-konfessionellen Bindungen der evangelischen und katholischen Arbeiter und ihrer angestammten Verbände bleiben existent, aber sie lassen immer mehr Möglichkeiten zu, sich gegeneinander zu öffnen und punktuell wie prinzipiell miteinander zu arbeiten. Exemplarisch zeigt sich das in der gemeinsamen Haltung im Ruhrbergarbeiterstreik von 1905. Sie solidarisieren sich mit dem „14-Punkte-Programm" des „Siebener Ausschusses", in dem zum ersten Mal die freien, die christlichen und die polnischen Arbeiterverbände zusammen gegen die Politik des Bergbaulichen Vereins standen. Die konfessionellen, die weltanschaulichen und ethnischen Unterschiede verhinderten nicht mehr eine gemeinsame Arbeiterpolitik. Aber der Weg zur Einheitsgewerkschaft war noch lang.

Für die konfessionellen Verbände läßt sich dieses festhalten: in den programmatischen Erklärungen zur Sozial- und Gesellschaftspolitik wird die Übereinstimmung immer größer. Die gemeinsamen Interessenlagen unter den Bedingungen der Dominanz von Unternehmerverbänden, die das Koalitionsrecht für Arbeiter, Gewerkschaften als Tarifpartei, die Einrichtung von Betriebsräten, Formen der Mitwirkung und Mitbestimmung, das

Streikrecht und vieles andere mehr, was auf der Tagesordnung stand, militant verweigerten und ihren „Herrn im Hause Standpunkt" immer wieder demonstrierten, – diese ökonomisch-soziale und arbeitsrechtliche Gesamtlage ließ die Freude am konfessionellen Streit zurücktreten, aber nie ganz verschwinden. Letzte konfessionelle Vorbehalte gegeneinander hat es immer gegeben. Aber es sind katholische und evangelische Arbeiter und Repräsentanten ihrer Verbände gewesen, die eher Gesprächs- und Arbeitskontakte gehabt haben als die kirchlichen Hierarchien, die überwiegend in konfessioneller Abgeschlossenheit ihre Rolle als durchaus wohlwollende Vormünder der Laien gesichert sahen. Eine Mehrheit der Pfarrer und Priester hat wenig Sinn für eine „praktische Ökumene" der Arbeiterschaft gehabt. Das schließt nicht aus, daß man einzelne Amtsträger identifizieren kann, die ebenfalls ihren angestammten exclusiven Konfessionalismus aufgebrochen haben. Aber der historisch relevante Aufbruch und später Durchbruch kam „von unten". Eine Emanzipation der in weltlicher Mitverantwortung stehenden christlichen Laien aus klerikaler und pastoraler Vormundschaft – was in keiner Weise identisch ist mit einer Lockerung oder Aufgabe kirchlicher Grundbindungen – war für viele Arbeiter ein notwendiger Schritt, um sich politisch in eigener Verantwortung und mit eigener Programmatik eine selbständige Position in der sozialen Reformbewegung in Konkurrenz und Gegnerschaft zum sozialdemokratischen Lager zu erarbeiten.

Auch parteipolitisch mußten unsere konfessionellen Arbeiterverbände ihren Standort als Vertreter von Arbeiterinteressen finden. Die Rolle der Mitglieder der katholischen Arbeiterbewegung im Zentrum wie die der Evangelisch-Sozialen in der konservativen Partei (später in der DNVP) zeigt, daß die Wahrnahme von Arbeiterinteressen in großen Parteien Probleme und Unruhe in sie bringt. Die Geschichte der konfessionell geprägten Arbeiterflügel in großen bürgerlichen Parteien zeigt zudem überdeutlich, daß gemeinsame konfessionelle Herkunft keine Garantie für gemeinsame Sozialpolitik ist. (Illustration: der katholische Großgrundbesitzer hat nun mal andere Interessen als der katholische Bergarbeiter. Der protestantische Bankdirektor hat nur eine geringe Nähe zur Lebenswelt des evangelischen Fabrikarbeiters.) Bedenkt man, daß auch die Lebenswelten der Geburts- und Geldaristokratie mit den proletarischen Lebenswelten kaum etwas zu tun haben, so dürfte einsichtig sein, daß konfessionelle Gemeinsamkeiten kein tragendes Fundament für Sozialpolitik sind, wenn die sozioökonomischen und kulturellen Lebenswelten antagonistische Interessen aus sich heraus entwickeln.

Ich sehe bislang keine Beispiele für schichten- oder klassenübergreifende Reformpolitik aus gemeinsamer konfessioneller Verantwortung heraus. Das Evangelisch-Sein der Krupps und das Katholisch-Sein der Thyssens hat für die Auseinandersetzung zwischen den Faktoren Kapital und Arbeit kaum eine Bedeutung gehabt im Sinne der Ziele der Arbeitervereine und der Christlichen Gewerkschaften, die Betriebsverfassungsgesetze, kollektive Arbeitsverträge durch anerkannte Gewerkschaften und Miteigentum wollten. Es scheint in der Regel so zu sein, daß ökonomische Interessen und gesellschaftliche Machtinteressen sich durch christlich-soziale Intentionen aus konfessioneller Herkunft kaum beeindrucken lassen.

Auch die christliche Arbeiterschaft mußte im Ruhrgebiet den Lernprozeß mitdurchmachen, daß gegen die Übermacht eines liberal-kapitalistischen Wirtschaftssystems und eines feudal-aristokratischen Gesellschaftssystems nur die Bildung von Gegenmacht hilft, der es um die reale Durchsetzung einer politischen und sozialen Emanzipation geht. In diesem Kampf, den sie nicht alleine führen konnten, gaben sie ihre christlichen Impulse nicht auf, aber verbanden sie mit säkularen Zielen, die den eigenen angestammten Konfessionalismus überschritten in Richtung auf eine humane Gesellschaft für alle.

An dieser Stelle nun entfalten der Sozialkatholizismus und Sozialprotestantismus ihre historisch größte Bedeutsamkeit: die Mitwirkung am permanenten Ausbau des deutschen Sozialstaates. Geht man die einschlägige Zeitungs- und Broschürenliteratur der Jahre vor und nach dem ersten Weltkrieg durch, so zeigt sich, daß alle sozialen Probleme und alle sozialpolitischen Initiativen in ihnen dokumentiert und diskutiert werden und daß man die eigene Parteinahme profiliert. Es gibt nichts Wirklichkeitsrelevantes, was nicht thematisiert würde. Das christlich-soziale Schrifttum beiderlei Gestalt übernimmt in der Regel die Analyse der sozialen Wirklichkeit, wie sie in den Werken der bürgerlichen Nationalökonomie und der Sozialwissenschaften vorgelegt wird. Man hat Kontakte zum Verein für Sozialpolitik oder zur Gesellschaft für soziale Reform. In der eigenen Programmatik bleibt man in der Ziellinie der sich entwickelnden katholischen oder evangelischen Sozialethik. Die soziale Bildungsarbeit des Katholischen Volksvereins oder die Ergebnisse der evangelisch-sozialen Kongresse und Konferenzen werden in der Arbeiterbildung rezipiert und für die eigene Positionsbildung benutzt. Natürlich gibt es Konflikte, die zu Flügelbildungen führen. Gemeinsam aber bleibt der soziale Reformwille innerhalb des Rahmens der Monarchie. Der von Kaiser Wilhelm I proklamierten Linie weiß man sich verpflichtet. In einer Liaison von Selbsthilfe und Staatshilfe sieht man die Möglichkeit, die bürgerlich-kapitalistische Gesellschaft in einen Volksstaat gleichberechtigter Bürger zu transformieren.

Der ordnungspolitische Gegensatz zur Sozialdemokratie bleibt vorläufig unüberbrückbar, was aber die Nähe und gelegentliche Zusammenarbeit mit revisionistisch orientierten Sozialdemokraten und Gewerkschaftern nicht ausschließt. Der Hauptgegensatz zum sozialdemokratischen Großlager war ein weltanschaulicher. Die Konfessionellen polemisierten gegen den Materialismus und Atheismus, gegen die Kirchenfeindschaft und gegen eine Ethik ohne Gott. Vergleicht man hingegen die sozialpolitische Programmatik, so findet man kaum antagonistische Positionen. Hier ist der inhaltlich mögliche Konsens größer, als der Weltanschauungskampf gegeneinander, der in schriller Sprache geführt wird, vermuten läßt (die spätere Koalition von Zentrum und Sozialdemokratie illustriert diesen Tatbestand). Die größte Nähe in der Vorkriegszeit hatten katholische und evangelische Sozialpolitiker in den sechs Jahren der „Ära Stumm" (1896-1901), in der die sozialreformerischen Impulse fast aufgegeben wurden, als Wilhelm II unter den Einfluß des Freiherrn von Stumm, des saarländischen Großindustriellen, geriet. Der gemeinsame Gegner stimulierte eine gemeinsame christlich-soziale Abwehr.

Die protestantische Position der Vorkriegs- und Kriegsjahre hat eine Dimension gehabt, die einen gemeinsamen reformerischen Pragmatismus immer wieder erschwert hat: seine mehrheitlich religiös-patriotische Überzeugung, daß die Hohenzollern und das deutsche Kaiserreich von 1871 bleibender Geschichtswille Gottes für Deutschland sind. Man lese, was dazu die evangelischen Pfarrer im Ruhrgebiet gepredigt haben: am 18. Januar, am 2. September oder an Geburtstagen der Kaiser und bei nationalen Jubiläen, von den Kriegspredigten ganz zu schweigen. Der Befund: wer gegen das protestantische Kaisertum ist, steht gegen den Ordnungs- und Geschichtswillen Gottes. Liberalismus und Sozialismus, Demokratie und Republik sind Versuchungen des westlichen Geistes, dem der Christ um der Wahrheit willen widerstehen muß.

Viele Pfarrer haben in Verantwortung vor Schrift und Bekenntnis ihr kirchliches Amt sach- und menschengerecht wahrgenommen. Problematisch allerdings wurde es, wenn sie gleichzeitig auch Hofprediger vor Ort wurden und politische Optionen als religiöse Wahrheiten proklamierten. Ihre politischen Predigten und Gebete haben dann langsam, aber sicher die Kirchen leerer gemacht. Die Verschränkung und Verquickung von Evangelium und vorgegebener Ordnung, von „Thron und Altar", haben den schlimmsten Schaden für eine freie Entwicklung des Protestantismus bewirkt. Dadurch begab er sich in die Gefangenschaft eines immer nur interimistischen Ordnungssystems. An dieser Stelle konnte der Katholizismus mit bedeutend weniger Irrtümern und Belastungen in die Republik gehen.

Der Protestantismus war auch im Ruhrgebiet mehrheitlich monarchistisch und deutsch-national. Sozialpolitisch war er sozialkonservativ. Entsprechend hat er politisch stabilisierend-integrativ gewirkt, aber auch reformerische Impulse freigesetzt. Er hat Intoleranz gegen Andersgläubige und Ungläubige gezeigt, aber auch solidarisches Verhalten gefördert, hat Anpassung an bestehende Verhältnisse zur religiös-moralischen Tugend gemacht, aber auch emanzipative Ansätze entwickelt. Kurzum: historisch hat er diese Ambivalenz gehabt. Er entspricht damit der Wirkungsweise von Religion überhaupt. Ein genialer junger Mann (Karl Marx) hat das in der Mitte des 19. Jahrhunderts auf die Formel gebracht: Religion ist „in einem der Ausdruck des wirklichen Elends und in einem die Protestation gegen das wirkliche Elend." Das heißt: Religion, konfessionell geprägte Religion kann die Veranstaltung sein, das reale soziale Elend der Menschen zu verschleiern und sogar mit religiösen Versatzstücken zu legitimieren – diese Funktion von Religion mit dem dazu gehörigen Religionsbetrieb hat es in unserer Region in vielfältiger Weise gegeben. Aber das andere ist genauso Wirklichkeit gewesen: sie hat Menschen motiviert und aktiviert, politische und gesellschaftliche Verhältnisse zu schaffen, die menschenwürdiger und sozialgerechter sind. Dann interpretiert Religion nicht mehr nur die Welt, sondern verändert sie. Dieser ihrer doppelten Möglichkeit und Wirksamkeit wird Religion nie entweichen können. Für uns aber heute eröffnet dieser Zusammenhang die Freiheit der Entscheidung, wie wir es mit ihr halten wollen.

Ein Anhang:

Aus Freude am halbwegs Gelungenen – das dürfte die Normalausfertigung des Gelungenen sein – will ich Ihnen ein Beispiel vorführen, wie man als ein Mann der Kirche seine Religiosität und Konfessionalität im Dienst an einer humaneren Gesellschaft für alle in einer auch für alle verständlichen Sprache ausagieren kann. In Dortmund gab es den Gemeindepfarrer Gottfried Traub. Kurz vor dem Streik von 1905 schreibt er sein Buch „Ethik und Kapitalismus", nach dem Streik die berufsethische Programmschrift „Der Pfarrer und die soziale Frage". Dazwischen hält er auf dem „Evangelisch-Sozialen Kongreß" den Vortrag „Organisation der Arbeit in ihrer Wirkung auf die Persönlichkeit".

In diesen Texten erreicht christlich-soziale Argumentation einen inhaltlichen sozial- und gesellschaftspolitischen Höhepunkt. Nur bei aller möglichen Freude heute, daß es dieses progressive Denken bei Kirchenleuten auch gegeben hat: diese Stimme gehört zur Minderheit. Aber wir sollten auch sie vergegenwärtigen, um uns vor vorschnellen Klischees über die Rolle der Konfessionen in unserem Ruhrgebiet zu hüten.

Wie läßt sich die Grundposition dieses Gottfried Traub beschreiben? Als Liberaler begrüßt er zunächst den Wandel der deutschen Gesellschaft zur bürgerlich kapitalistischen Industriegesellschaft. Er sagt: „Der Kapitalismus bedeutet auf dem Weg volkswirtschaftlicher Entwicklung eine Station gewaltigen Fortschritts. Er hat trotz vieler, starker Mängel das wirtschaftliche Leben der Völker, ihr materielles und geistiges Wohlsein gehoben." Wie sein Freund und Geistesgenosse Friedrich Naumann kann er den technischen und ökonomischen Fortschritt der kapitalistischen Produktions- und Wirtschaftsweise besingen, um dann im nächsten Moment zu formulieren: „... die Produktionsherrschaft im Interesse des Privateigentums gerät in gefährliche Spannung mit der Produktionssteigerung im Interesse der Volkswirtschaft." Das bedeutet für ihn, daß die privat-kapitalistische Ära, die ihre historische Schuldigkeit getan hat, zu Ende geht. An ihre Stelle hat mit den Mitteln einer bewußten, zielgerichteten Veränderung eine Wirtschaftsordnung zu treten, die auf dem Fundament einer ausreichenden Güterproduktion allen Menschen die Möglichkeit gibt, sie in persönlicher Freiheit und bei sozialer Gerechtigkeit mitzugestalten und mitzuverantworten. Der absolutistisch-patriarchalische Kapitalismus ist über konstitutionelle Formen der Teilhabe in die Form einer „Wirtschaftsdemokratie" (Begriff stammt von Friedrich Naumann) zu überführen. Diese politisch-sittliche Transformation ist nach Traub langfristig zu leisten.

Auf dem Hintergrund dieses Zielbildes einer anderen Wirtschaftsordnung formuliert Traub schon im Übergangsstadium zu vollziehende Parteinahmen von Christen und Theologen.

Sie seien kurz wiedergegeben:

1. „Jeder Mensch in der Gesellschaft hat ein Recht darauf, durch Arbeit sein Brot zu verdienen ... Das Recht auf Arbeit bleibt eine der Grundforderungen für jede Kulturgesellschaft."

Und weiter:

„Der Kampf gegen die Arbeitslosigkeit ist die ernsteste Angelegenheit aller sozialethisch Interessierten."

2. *Zum Problem der Arbeitszeit:*

„Grundsätzlich hat man hier für Verkürzung einzutreten. Sie bedeutet Kulturfortschritt. Sie zwingt die Technik zu Vervollkommnung, sie macht den Menschen freier ... eine Verkürzung der Arbeitszeit in ständigem Maß ... eine Unterbindung der Arbeit durch Ferien, eine kürzere Bemessung der Schichten, das liegt alles in derselben Linie. Jede vernünftige Volkswirtschaft wird mit dem Material am sorgsamsten umgehen, das am wertvollsten ist, nämlich – dem Menschen ... die kürzeste Arbeitszeit kann von der mit großem Kapital arbeitenden Großindustrie gewährleistet werden ..."

3. *Zur Lohnfrage:*

„Es soll gekämpft werden um den Lohn; er soll nicht einfach als Gabe in den Schoß fallen. Aber daß die Lohnerhöhung als solche im volkswirtschaftlichen Interesse liegt, muß stets im Auge behalten werden. Je ärmer ein Volk in seinen breiten Schichten ist, desto unsittlicher arbeitet seine Volkswirtschaft ..."

Und: „Lohnerhöhung ist deshalb von sittlichen Gesichtspunkten aus zu erstreben, ihre Forderungen zu unterstützen. Not lehrt beten, heißt es, aber dauernde, unabsehbare Not heißt verrohen. Geld macht nicht glücklich, aber Elend und Armut ebenso wenig; darum gilt es gesund zu urteilen. Der Pfarrer darf Lohnerhöhungen gegenüber nie in den Ton der pharisäischen Zurechtweisung verfallen. Wohl aber eins: zur rechten Verwertung des Lohns zu helfen, das ist seine Aufgabe. Man hat gegen die Verkürzung der Arbeitszeit vorgebracht, daß dann die Leute nur noch länger im Wirtshaus sitzen. Einige ja; die Massen nie. Wer die längsten Arbeitszeiten hat, verfällt am frühesten dem Wirtshaus. Was soll er mit dem bißchen Tag noch anfangen. Das Hirn ist stumpf, die Arbeitskraft ausgegeben; bleibt die Betäubung. Ähnlich bei den Beweisen gegen die Lohnerhöhung. „Noch mehr Geld zum Vertrinken?" Gewiß, einzelne werden das tun. Besonders die Frage der jugendlichen Löhnung ist eine sehr schwerwiegende. Aber woher kommen denn die großen Einlagen der Sparkassen oder die großen Vermögen der Arbeiterorganisationen, die sich wiederum in ihrer Art dem Bankkapital zur Verfügung stellen? Doch nicht aus dem Wirtshaus. Für viele oder die meisten sind derlei Reden nur Vorwand, nichts vom eigenen Profit abgeben zu müssen. Der besser bezahlte Arbeiter hält auf sich. Jedes Standesbewußtsein erfordert eine gewisse materielle Grundlage. Von solchen großen Gesichtspunkten aus muß man sich nicht durch einzelne Mißklänge, Schädigungen, Laster, die tatsächlich vorkommen, verärgern lassen. Das ist die beste Volkswirtschaft, die aus hunderttausend Kanälen gespeist wird; wo nur wenige große Flüsse strömen, ohne daß sie sich auf Wiese und Weide verzweigen, da ist ihr Segen gering."

4. Zur Organisationsfrage (das heißt: Gewerkschaftsfrage):
„Das gesamte Urteil wird auch da immer lauten müssen: der Weg zur sittlichen Hebung des Einzelnen und der geistige Aufstieg der Massen geht stets durch die Organisation. Sie ist Schule und Erziehung. Mögen ihr noch so viel Mängel anhaften, mag man mit ihrem Endziel gar nicht einverstanden sein, – die Zukunft wird auch der deutschen Arbeiterbewegung danken, daß sie durch ihre Organisationen das Arbeitermaterial gehoben hat. Nicht Sozialisten dieser oder jener Färbung, nicht bloß Arbeitgeber vom Schlag eines Abbé, sondern weithin in unserer wirtschaftenden und politischen Welt ist nachgerade die Anschauung befestigt, daß der

nichtorganisierte Arbeiter für die Dauer eine größere Gefahr bedeutet, als der organisierte."

5. Zur Streikfrage:

„Der Pfarrer in Industriegemeinden muß heutzutage besonders in Streikzeiten auf dem Posten stehen ... Die grundsätzliche sittliche Stellung ist verhältnismäßig einfach. Der Streik ist das letzte und äußerste Mittel im Kampf um die Existenzbedingungen, welches die Arbeiterorganisationen haben. Eine Arbeitervereinigung für recht und gut halten, ihr aber nicht zugleich das Recht der Arbeitseinstellungen und der Verabredung zur Arbeitseinstellung gewähren, ist ein Messer ohne Griff. Die selbstverständliche Folge des freien Arbeitsvertrages ist auch die Kündigung dieses Vertrags. Darüber sollte man gar keine weiteren Worte verlieren müssen. Freilich steckt den Pfarrern die alte patriarchalische Auffassung vom Herrn und Knecht nach der Haustafel und dem lutherischen Gedankengang so sehr im Blut, daß es einer wirklich neuen Grundlegung der sittlichen Begriffe bedarf, um hier klar zu sehen."

Und weiter heißt es: „Kann das Recht zum Streik aus sittlichen Gründen nicht angefochten werden ... die große moderne Tarifbewegung muß gerade von den Pfarrern unterstützt und gefördert werden ..."

6. Zum Problem „Der Pfarrer und das Kapital":

„Wir Pfarrer müssen uns bewußt in das kapitalistische Zeitalter hineinstellen. Gewiß halten wir es nicht für das beste. Wir entdecken tiefe Schatten. Wir sehen in ihm nicht das letzte, sondern wir treten für seine Überwindung und Höherhebung ein. Aber es hat sich immer gerächt, wenn jemand den zweiten Schritt vor dem ersten tat. Viele meinen, sie müßten gleich in dem Zeitalter stehen, das nach dem kapitalistischen kommt oder kommen soll, ehe sie nur einmal bewußt im kapitalistischen festgestanden und sich darin umgeschaut haben. Darin erblicke ich einen Fehler vieler sozial gesinnter Pfarrer. Man arbeitet für die Zukunft nur, wenn man die Gegenwart genau kennt. Dann kann man die gesunden Kräfte stärken, die bereits da sind. Aber keine Welt baut sich aus nichts."

7. Zum Problem des Staates:

Ähnlich wie den Sozialkonservativen ist dem sozialliberalen Traub der nationale Staat der „Pflichtenkreis, in dem wir uns erproben sollen ... Die Staatsmacht muß nicht als brutale Gewalt, aber als unerschütterlicher Fels der Gerechtigkeit empfunden werden. Der Staatsgedanke muß über allen Privatinteressen stehen. Alle Wirksamkeit soll nach ihrem Ertrag für das staatliche Gedeihen und Wachsen des Volkes geschätzt werden. Es gibt keine Sittlichkeit außerhalb der staatlichen Gemeinschaft. Speziell wer soziale Reformgedanken treiben und durchsetzen will, muß die sittliche Würde des Staates über alles stellen. Nur von hier aus bleibt er gesund in seinen Forderungen, gerecht in seinen Anklagen, wahr in seinem Handeln. Daß wir dabei nicht vom Staat reden, wie er *ist,* sondern wie er werden soll, ist klar; aber wir betrachten uns selbst doch auch nicht nach dem, was wir sind, sondern nach dem, was wir werden wollen und zu werden vermögen. In diesem Sinn kenne ich gerade aus sozialem Interesse keine wichtigere Idee als die Staatsidee."

Wir haben leider nicht die Zeit, diese Gedanken im einzelnen zu analysieren und auf unsere späteren geschichtlichen Erfahrungen hin zu werten.

Soviel sei aber bei aller historisch-kritischen Vorsicht gesagt: hier schlägt uns ein ganz anderes Denkklima entgegen. Das Ja zur modernen bürgerlich-kapitalistischen Industriegesellschaft als einer historisch notwendigen Zwischenphase wird verschränkt mit der Aufgabe der an der Freiheit der Persönlichkeitsbildung der arbeitenden Menschen orientierten Überwindung derselben.

Den entscheidenden Ansatzpunkt für diese längerfristig angelegte Strategie der Überwindung des privatkapitalistischen Systems hat Traub in seinem Vortrag vor dem Evangelisch-Sozialen Kongreß, dieser einmaligen Arbeitsgemeinschaft des sozial engagierten Protestantismus, folgendermaßen bestimmt:

„Der Arbeiterstand muß Gelegenheit haben, an der Industrie selbst persönlich verantwortlich mitzuarbeiten. Das befriedigende der geistigen Arbeit liegt darin, daß sie nicht Erwerbsarbeit allein, auch nicht Erwerbsarbeit in erster Linie, sondern Betätigung persönlicher Kraft ist. Jede Persönlichkeit verlangt, daß sie nicht in der Erwerbsarbeit untergeht. Es ist aber nicht genug, nur zu verlangen, daß der Arbeiter seine Erwerbsarbeit möglichst abkürzen könne, um desto mehr freie Zeit zu geistiger Arbeit und sittlicher Förderung zu bekommen. Die Erwerbsarbeit selbst muß in Beziehung zu der sittlichen Erziehungsarbeit treten können. Man muß *von der Arbeit* und *in der Arbeit* leben können." Er argumentiert weiter:

„Verantwortliche Persönlichkeiten wachsen nur dort, wo es etwas zu verantworten gibt." Deshalb fordert er „die grundsätzliche Ersetzung der monarchischen Form des modernen Fabrikstaats durch die konstitutionelle ..." und die Einführung von Arbeiterausschüssen als „Mitregierung".

Dieser Gedanke der Mitbestimmung am Arbeitsplatz und im Betrieb ist also ein sozialprotestantischer Grundgedanke. Traubs Freund Friedrich Naumann spricht etwa zur gleichen Zeit in seinem Buch „Neudeutsche Wirtschaftspolitik" von der Demokratisierung der Verfassung der Betriebe und von dem langfristigen Ziel der vollen Demokratisierung der Betriebe durch „Übergang des Besitzes in die Hand der organisierten Arbeitsgemeinschaft." Er spricht vom Fabrikparlamentarismus und von der „industriellen Selbstverwaltung". Er konstatiert und fragt kritisch:

„Man hat bis jetzt die soziale Frage viel zu einseitig als bloße Frage materieller Versorgung angesehen, sie ist im Großbetrieb einfach die Frage des Menschenrechtes ... Und nun sehen wir eine Zukunft mit immer größeren Riesenbetrieben heranrücken. Wird diese Zukunft eine neue Sklaverei sein, ein Ende aller liberalen Träume, eine Hörigkeit der Masse? Oder gibt es eine Form der Mitwirkung der Beamten und Arbeiter an der Leitung, die derartige moderne Versklavung unmöglich macht? Behalten wir Menschenrechte im Industrialismus? Das ist das tiefste Problem der Industrieverfassung."

(Der Anhang ist entnommen aus: Günter Brakelmann: Der Ruhrgebiets-Protestantismus. Bielefeld 1987, S. 96-100)

Die Anfänge der kirchlichen Industrie- und Sozialarbeit in Westfalen

Vorbemerkung:

Was erwartet Sie? Nicht eine Gesamtgeschichte des Sozialamtes. Viele von Ihnen kennen die Entwicklungen der letzten Jahrzehnte aus eigenem Mittun und aus engagierter Beobachtung. Vor zehn Jahren, 1989, haben Eduard Wörmann und Mitarbeiter des Amtes eine Broschüre „Perspektive Gerechtigkeit, Konzepte – Erfahrungen – Initiativen" herausgegeben. Hier wird ein hervorragender systematischer Überblick über die Arbeit des Sozialamtes gegeben. Ich kann nur empfehlen, das in Ruhe auf sich wirken zu lassen. Aus dem gleichen Jahr, 1989, stammt die Schrift über die „Gemeinsame Sozialarbeit der Konfessionen im Bergbau" (1949-1989).

Verabredungsgemäß soll heute der Schwerpunkt des Interesses bei der Vorgeschichte des Sozialamtes in der Weimarer Zeit und bei der Frühgeschichte des Amtes in der Nachkriegszeit liegen. Aus der Erfahrung weiß ich, daß dieser Teil der unbekanntere Teil ist. Deshalb sei er ausgewählt.

„Kirche – soziale Fragen", „Kirche – Sozialismus", „Kirche – Kapitalismus", „Kirche – Gewerkschaften", „Kirche – Arbeitswelt", diese und andere Fragenkomplexe sind nicht erst nach 1945 diskutiert worden, sondern begleiten die Geschichte des neuzeitlichen Protestantismus von den Anfängen der Industrialisierung und Urbanisierung an. Es gibt innerhalb der Kirchen- und Protestantismusgeschichte die Geschichte eines sozialen Protestantismus. Auch die westfälische Kirchengeschichte in den Zeiten des Industrialismus, des Kapitalismus und der politischen Emanzipationsbewegungen hat vielfältige Bemühungen gekannt, sich vom Boden eines reflektierten Protestantismus her mit den ökonomischen, technologischen und sozialen Wandlungsprozessen zu befassen und auf sie mitgestaltend zu reagieren. Die Neugründung des Sozialamtes nach dem Kriege steht ihrerseits in einer längeren Tradition christlich-sozialer Reflexions- und Aktionsarbeit. Das Villigst der Nachkriegszeit hat eine interessante Vorgeschichte. Sie dürfte im kirchlichen Geschichtsbewußtsein, das meistens sehr selektiv ist, wenig präsent sein.

In einer Arbeitsgruppe von neun Autoren haben wir versucht, uns unserer westfälischen Herkunftsgeschichte zu vergewissern. Das Ergebnis ist der Band: Aufbruch in soziale Verantwortung.

Der soziale Protestantismus war immer geprägt durch zwei große Lager: dem mehr sozialkonservativen und dem mehr sozial-liberalen Zweig. Für die westfälische Entwicklung dominant war die sozial-konservative Linie. Sie wurde repräsentiert durch die christlich-soziale Arbeit, die ihr Zentrum in Bethel gehabt hat. Beide Bodelschwingh's waren nicht nur diakonische Praktiker, sondern auch politische Köpfe, die die Bedeutsamkeit der sozialen Frage als Arbeiterfrage voll erkannt haben. Hinzu kam, daß der Leiter der 1905 gegründeten theologischen Schule, Samuel Jäger, ein versierter politischer und sozialpolitischer Publizist gewesen ist. Es entwickelte sich in Etappen eine immer enger werdende Kooperation der Betheler mit den Repräsentanten der sogenannten nationalen Arbeiterbewegung, die sich als Gegensatz zur sozialistischen Arbeiterbewegung verstand. Männer wie Reinhard Mumm, Franz Behrend und Emil Hartwig (alle Mitglieder der christlichen Gewerkschaften und der christlich-sozialen Partei Stöcker's) bauten Bethel durch jährliche Kurse für evangelische Arbeiter- und Sozialsekretäre, die bei den christlichen Gewerkschaften, bei evangelischen Arbeitervereinen oder bei anderen Organisationen als Berufsarbeiter tätig waren, zu einem sozialpolitischen Zentrum des zeitgenössischen Protestantismus aus. Das wichtigste Ergebnis war 1912 die Gründung der Evangelisch-Sozialen Schule in Bethel. Etwa 180 Sekretäre gehörten der Sekretärsvereinigung an, die als Organ den „Guten Kameraden" herausgab. Jährlich fanden Bibel- und Sozialkurse statt. Alle damals relevanten sozialpolitischen und weltanschaulichen Fragen wurden dargestellt und durchdiskutiert. Alles, was auf der evangelischen Seite Rang und Namen hatte, kam nach Bethel.

Zwei weitere Arbeitsformen wurden entwickelt: Einmal „Soziale Studentenkurse" mit den Schwerpunkten „Das Reich Gottes und die sozialen Fragen" (Jäger), die „Geschichte der Sozialpolitik" und „Arbeiterpsychologie". Vorgestellt wurde den Studenten auch die Arbeit der einzelnen Branchengewerkschaften. Betriebsbesichtigungen bei Dr. Oetker und der Automobilfabrik Dürkopp gehörten zum Programm, wie auch Praktika in den Semesterferien bei christlich-sozialen Organisationen für Studenten vermittelt wurden.

Zum andern wurden von Bethel aus entwickelt und in verschiedenen Orten durchgeführt sogenannte „Sozialseminare". Die Themen dieser Seminare:

1. Entwicklung der Volkswirtschaft
2. Preußische und deutsche Verfassung
3. Zölle und Freihandel
4. Geschichte der deutschen Sozialdemokratie
5. Das Koalitionsrecht
6. Christliche und materialistische Weltanschauung
7. Die Grundsätze der Arbeiterorganisation
8. Die konfessionellen Vereine

Ein Weiteres ist ganz wichtig:

Frauen waren von Anfang an in dieser Gesamtarbeit integriert. Der Nestor der kirchlichen Sozialarbeit, Lic. Ludwig Weber, hatte 1907 ein „Handbuch für evangelische Arbeiterinnen" herausgegeben und 1908 den Verband evangelischer Arbeiterinnen gegründet. Ab 1913 wurden in der Evangelisch-Sozialen Schule Frauenfragen verhandelt. Es ist Maria Schirmer, die von 1913 bis 1922 dieser Arbeit das Profil gegeben hat. Sie hat auch die erste evangelisch-soziale Frauenzeitschrift „Die Arbeiterin" herausgegeben. Kurzum, die erste systematische soziale Bildungsarbeit geht für Westfalen von Bethel aus.

Die Frauen und Männer, die dieses kirchliche und politische Bildungswerk getragen haben, „verstanden sich selbst theologisch als kirchlich-orthodox bis kirchlich-pietistisch und politisch als rechts stehend. In der Tat waren sie ordnungspolitisch antidemokratisch, antiliberal und antisozialistisch, aber sie waren Mitkämpfer für einen modernen Rechts- und Sozialstaat. Als Reformkonservative sind sie nicht mit Reaktionären zu verwechseln. Es ging ihnen nicht nur um Barmherzigkeit für die Abhängigen und Ärmeren, sondern um Recht und Gerechtigkeit für sie. Jede Bevormundungspolitik gegenüber den handarbeitenden Klassen lehnten sie ab und unterstützten Selbsthilfeorganisationen der Arbeitnehmer. Ihr Ziel war es, aus Proletariern, die Objekte in der Hand von Stärkeren waren, selbstbewußte und gleichberechtigte Standesgenossen zu machen. Und dies mit den Mitteln permanenter und organischer Reformarbeit. Daß diese Position eine konkrete Gegenposition gegen den revolutionären Radikalismus der sozialdemokratischen Programmatik war, dürfte deutlich sein. Aber das bedeutet nicht eine kritiklose Anlehnung an die Mentalitäten und Interessen des Bürgertums. Letzteres hatte sich mehrheitlich längst von den Traditionen des Christentums emanzipiert und verbreitete eine säkularistische und liberalistische Denk- und Lebenspraxis. In Bildung und Kultur favorisierte dieses Bürgertum die Prinzipien der Aufklärung, des Atheismus und Materialismus. Es wirkte ähnlich zerstörerisch auf den Glauben und die Sitte des Volkes wie sein proletarisch-sozialistisches Erbe, die Sozialdemokratie.

Die Betheler waren antisozialistisch und antiliberal zugleich. Der Kult des bürgerlichen Individualismus, der sich in verschiedenen Weltanschauungskleidern äußern konnte, war ihnen ähnlich fremd wie der proletarische Klassenkollektivismus. Der bürgerlich-emanzipierte Mensch war ihnen genau so verloren wie der proletarisch-emanzipierte. Der reformfeindliche Kapitalist war ihnen genau so fremd wie der revolutionäre Proletarier. Man entwickelte in Bethel durchaus eine eigenständige Position zwischen denen, die nur Klasseninteressen, Klassenkämpfe und Klassensiege kannten. Die meisten uns bekannten Repräsentanten kamen biographisch aus kleinen Verhältnissen. Sie waren groß geworden in kleinbürgerlichen Familien, waren selbst Handwerker oder Facharbeiter, kleine Angestellte oder Verbandsbeamte. Alle mußten hart arbeiten, um sich aus ihrem angestammten Milieu wissens- und berufsmäßig herauszuarbeiten. Die freie Verbandsarbeit war für sie der Weg, versierte und reflektierte „Arbeiterführer" zu werden." (Brakelmann, Aufbruch in soziale Verantwortung, S. 35f.)

Diese Arbeit wird durch den Weltkrieg nicht nur unterbrochen, sondern stark verändert. Die Schule selbst wird 1921 nach Spandau ins Johannisstift verlegt. Spandau wird nun das Zentrum der christlich-sozialen Arbeit des national-konservativen Protestantismus in der Weimarer Zeit. Aber Bethel bleibt durch seine Jahreskurse für die Berufsarbeiter weiterhin ein Zentrum. Sogenannte Führertagungen werden bis zum Ende der Republik durchgeführt. Und es ist kein Zufall, daß der 1. Deutsche Evangelische Kirchentag 1924 in Bethel stattgefunden hat.

„Es ist der erste Kirchentag, der sich zentral mit sozialen, sozial- und gesellschaftspolitischen Fragen befaßt hat. Er thematisierte, was der soziale Protestantismus jahrzehntelang vorher permanent verhandelt hatte.

Daß Bethel als Veranstaltungsort gewählt wurde, hat neben seiner Bedeutung für die karitative Diakonie auch mit seiner Rolle in der Entwicklung einer evangelischen Mitverantwortung für Gesellschaft und Wirtschaft zu tun. Die ‚soziale Botschaft der evangelischen Kirche' entspricht weithin in ihren Hauptaussagen über Ehe und Familie, über die Wohnungsnot, über die christliche Erziehung, über das Ethos im öffentlichen Leben, über das Wirtschaftsleben, über Arbeit, Beruf und Eigentum, über das Verhältnis von Arbeitgebern und Arbeitnehmern, über die Arbeitslosigkeit, über die soziale Gleichberechtigung der Arbeiter und über die Freiheit zu gewerkschaftlichem Zusammenschluß den ordnungspolitischen und sozialethischen Positionen, die in der Traditionslinie des sozialkonservativen Protestantismus Betheler Prägung zu Hause gewesen sind. Jedenfalls hat die sozialliberale Linie des Protestantismus keinen entscheidenden Einfluß auf die Kundgebung von Bethel gehabt. Die Betheler und Spandauer Linie hatte in den verfaßten Kirchentümern eine stärkere Verankerung und eine größere Sympathie." (Brakelmann ebd., Seite 45)

In diese Zeit fällt auch die Entwicklung von Sozialpfarrerstellen im evangelischen Kirchenbund. Auch die westfälische Provinzialkirche beruft am 4. Januar 1923 – also vor 76 Jahren – den Reichstagsabgeordneten der DNVP, den Geschäftsführer des Kirchlich-sozialen Bundes, den Leiter der Geschäftsstelle des Evangelischen Deutschlands, kurzum: den Multifunktionär Reinhard Mumm, in die kleine Pfarrstelle Syburg zwecks Wahrnahme des Provinzialpfarramtes. (Über Reinhard Mumm liegt eine neuere Arbeit von Norbert Friedrich vor.)

Mumm gibt in den folgenden Jahren auf den Tagungen der Westfälischen Provinzialsynode seine Berichte ab. (Abgedruckt in dem erwähnten Band.) Sie zeigen einen versierten nationalkonservativen Politiker und Kirchenmann, der bis 1928 prominentes Mitglied der DNVP gewesen ist, dann aber in den christlich-sozialen Volksdienst übergeht.

Der Einsatz von Mumm in Westfalen hatte Grenzen. Die Synode Hagen beantragte deshalb seinen Rücktritt. Aber auch er selbst bittet um seine Entpflichtung.

Wichtiger und öffentlichkeitswirksamer als die Arbeit von Mumm waren die Aktivitäten anderer Organisationen und Personen in Westfalen.

1925 wurde der alte kaiserliche Berufsoffizier und Spätberufene Martin

Niemöller Geschäftsführer der Inneren Mission in Münster. Er hat eine umfangreiche Arbeit auf sozialpolitischem Sektor in Westfalen betrieben, bevor er Anfang der dreißiger Jahre nach Berlin-Dahlem ging und ab 1933 ein wichtiger Mann im Kirchenkampf wurde.

Für die praktische Arbeit wie für Grundsatzprobleme wichtig wurde ein Mann, der für die westfälische Kirche in dieser Zeit ganz bedeutsam gewesen ist: Johannes Hymmen, Pfarrer in Blankenstein und dann Konsistorialrat und Oberkonsistorialrat in Münster und Berlin. (Seine Bedeutung für die kirchliche Sozialarbeit in Theorie und Praxis hat Reinhard von Spankeren erstmalig in dem erwähnten Band dargestellt.)

In Münster saßen auch noch zwei weitere Ämter mit entsprechenden Führungspersonen, die zur Vorgeschichte des späteren Sozialamtes gehören: Der Pfarrer für apologetische Arbeit, Johannes Müller-Schwefe und der Männerpfarrer Horst Schirmacher. Beide waren in und außerhalb Westfalens bekannte Öffentlichkeitspfarrer.

Müller-Schwefe baute ab 1923 den sogenannten Christlichen Kampfbund auf. Es existiert eine neunseitige „Denkschrift für die Gewinnung der Arbeiter für die Kirche". Der Grundgedanke war, nicht missionierend unter den organisierten Genossen und Gewerkschaftern tätig zu werden, sondern eine bewußt christliche Kampfschar aus Laien aufzubauen, die als geschulte Männer den Kampf und den Dialog mit Andersdenkenden aufnehmen und den christlichen Glauben und die christliche Ethik öffentlich vertreten konnten. Der Kampfbund verstand sich als „Bruderschaft", die fast ordensmäßig organisiert war. Bei der Aufnahme in diese Arbeiter-Bruderschaft mußte der Bruder folgendes Gelübde ablegen

„1. Gelobst Du dem gekreuzigten und auferstandenden Gottes- und Menschensohn als Deinen Meister, Herrn und König Treue in Werk und Wandel? So antworte: ,Ja, ich gelobe es mit Gottes Hilfe.'

2. Versprichst Du dafür zu beten und zu kämpfen, darüber zu sinnen und zu forschen, daß auch andere hinfinden möchten zur Gnade Gottes in dem Gekreuzigten? So antworte: ,Ja, ich verspreche es mit meinen schwachen Kräften.'

3. Versprichst Du, damit Du dazu immer von Neuem gerüstet wirst, soviel an Dir liegt, regelmäßig an den wissenschaftlichen Übungen und an der brüderlichen Gemeinschaft teilzunehmen sowie persönlich Andacht und Gebet zu pflegen? So antworte: ,Ja, ich verspreche es.'"

Mehrere sogenannte Kampfbundschriften sind im Bertelsmann Verlag Gütersloh erschienen. Der theologische Kopf dieser kirchengeschichtlich einmaligen Gruppe war der Bochumer Pfarrer Professor Dr. Hans Ehrenberg. Dieser war der herausragende Sozialethiker der westfälischen Provinzialkirche. Drei Veröffentlichungen liegen von ihm vor: Kirche und Sozialdemokratie, Heil und Unheil im öffentlichen Leben und Der Mann ohne Arbeit. Und noch 1932 erscheint die Schrift „Deutschland im Schmelzofen". Ehrenberg, promovierter Volkswirtschaftler, ist ohne Zweifel die stärkste intellektuelle und sozialethische Potenz in unserer Region gewesen. Er besaß die reflektierteste kirchliche Theologie und gleichzeitig eine handlungsorientierte Ethik des Politischen und Sozialen.

Ehrenberg stand in engster Kooperation mit Müller-Schwefe und mit Horst Schirmacher. Und ein weiterer gehörte zu dieser kirchlich-sozialen Aktionsgruppe, die auf gutem wissenschaftlichen und pädagogischen Niveau „Kirche in den Kämpfen ihrer Zeit" repräsentierte: Eben der schon erwähnte Geschäftsführer der Inneren Mission in Münster, Martin Niemöller. Zu Ihnen gesellte sich der schon ebenfalls erwähnte Johannes Hymmen. Geht man die Publikationen dieser Männer durch, so wird klar, daß sie als kirchliche Träger der evangelischen Sozialarbeit in der Weimarer Zeit die Voraussetzungen für die Gründung und Profilierung eines eigenständigen Sozialamtes gelegt haben. Reinhard Mumm kommt hinzu. Aber letzterer hat sich gleichzeitig immer als Repräsentant des Verbandsprotestantismus verstanden und fast eifersüchtig darüber gewacht, daß sein kirchlich-sozialer Bund und seine evangelischen Arbeitervereine – in Westfalen durch den Sekretär Richard Martin aus Witten repräsentiert – ihre Eigenständigkeit neben und gegenüber der Kirche offizielle Säulen der Sozialarbeit blieben.

Spannend wird es, als Reinhard Mumm sein westfälisches Sozialpfarramt verlassen will. Der vom Generalsuperintendent Wilhelm Zöllner einberufene provinziale Sozialausschuß ist an den Diskussionen um eine Neubesetzung beteiligt. Mumm gibt seinen letzten Bericht über seine Tätigkeit am 15. Juli 1931 ab. In diesem Bericht heißt es: „... ist es eine bedeutsame von dem Schreiber dieser Zeilen begrüßte Neuerung, daß Herr Dr. phil. Betcke mit dem 1. April 1931 als sozialer Berufsarbeiter an den Provinzialverband für Innere Mission nach Münster i.W. berufen wurde. Daß der

Schreiber dieser Zeilen nun den bisherigen nahen Mitarbeiter D. Dr. Reinhold Seebergs für die soziale Arbeit einer Provinzialkirche von mehr denn zwei Millionen Seelen zur Seite hat, war eine Notwendigkeit, zudem der Schreiber dieser Zeilen durch andere öffentliche Arbeit und durch Herzkrankheit vielfach gehemmt war. Manche Aussprache, zum Teil in Münster, zum Teil mit Herrn Dr. Betcke in Berlin, gingen der Berufung voraus."

Hier ist nun ein wichtiger Name genannt: Dr. Werner Betcke aus Berlin. Für ihn plädieren Reinhard Mumm, während Niemöller für einen Leiter im Nebenamt gewesen ist. Ehrenberg selbst hat in einer umfangreichen Denkschrift „Zur Frage der Neubesetzung des kirchlichen Sozialamtes in der Kirchenprovinz Westfalen" für einen Theologen als Leiter plädiert.

Das Evangelische Konsistorium entschied schließlich mit einem Bescheid vom 11. Dezember 1931 wie folgt:

„Nachdem Pfarrer D. Mumm in Syburg, MDR, gebeten hat, ihn mit Rücksicht auf seine starke Beanspruchung durch andere Aufgaben von dem Auftrage als Sozialpfarrer der Provinz Westfalen zu entbinden, hat der Provinzialkirchenrat in seiner Sitzung vom 15. und 16. September d.J. beschlossen, vom 1. Oktober d.J. ab bis auf weiteres die Wahrnehmung der Aufgaben des Evangelisch-kirchlichen Sozialamtes der Provinz Westfalen dem Facharbeiter des Provinzialverbandes für Innere Mission Dr. rer.pol. Werner Betcke in Münster, Westfalen, Kirchstraße 56 (Fernsprecher Nr. 40488), zu übertragen.

Im Einvernehmen mit dem Herrn Präses der Provinzialsynode bringen wir diesen Beschluß hierdurch den Gemeinden, Superintendenten und Geistlichen unseres Aufsichtsbezirks zur Kenntnis mit dem Ersuchen, sich der Mitarbeit Dr. Betckes in allen einschlägigen Angelegenheiten zu bedienen. Insbesondere weisen wir darauf hin, daß er außer zur Beratung in praktischen Einzelfragen der sozialen Gesetzgebung und Praxis zu Vorträgen in Pastoralkonferenzen, Gemeindekörperschaften, kirchlichen Vereinen und bei sonstigen Gelegenheiten zur Verfügung steht."

Wolfgang Belitz ist in unserem Band „Aufbruch in soziale Verantwortung" den Spuren dieses Mannes gefolgt. Betcke hat eine immense Arbeitskraft besessen. Er war ein versierter Volkswirt und Sozialpolitiker. Liest man seine Schriften, so wird schon vor der Machtübergabe an Hitler deutlich, daß er überzeugter Nationalsozialist gewesen ist, geistig zu Hause im

Umfeld der sogenannten „konservativen Revolution". Selbstverständlich wird er auch später Deutscher Christ. Zwei Veröffentlichungen seien genannt: Luther's Sozialethik. Ein Beitrag zu Luther's Verhältnis zum Individualismus und Der kleine Katechismus Luthers für den braunen Mann, beide bei Bertelsmann erschienen.

Die hohe Zeit der DC in Westfalen ist schnell vorbei. Für Betcke ist seine Zeit 1935 in Westfalen zu Ende. Er geht wieder zurück nach Berlin.

Entscheidend für unseren bisherigen Streifzug durch die Geschichte dürfte dieses sein: Das westfälische Sozialpfarramt ist 1923 eingerichtet worden, das Sozialamt im Dezember 1931. Wir müssen also die Jubiläen umdatieren: Seit 76 Jahren hat die westfälische Kirche einen Sozialpfarrer und seit 68 Jahren ein Sozialamt.

Unter den Bedingungen eines totalitären Staates konnte es keine selbständige Sozialarbeit der Kirche mehr geben. Die Anfänge der kirchlichen Industrie- und Sozialarbeit wurden zerschlagen.

Die Frage ist nun, was die Evangelische Kirche von Westfalen, die sich als eigenständige Kirche in den Wirren der Nachkriegszeit konstituiert (also den Charakter einer Provinzialkirche der altpreußischen Union verliert), mit ihrem Kind aus der Weimarer Republik macht.

Am 13. und 14. September 1946 tagt die neue Kirchenleitung im Brüderhaus in Nazareth in Bethel. In der Verhandlungsniederschrift heißt es unter Punkt 5:

„Superintendent Lücking macht darauf aufmerksam, daß unter den Ämtern der Evangelischen Kirche von Westfalen noch ein Sozialamt fehle. Die Kirchenleitung stimmt dem zu und beschließt auf Antrag des Superintendenten Lücking, dieses Amt zu errichten und Pfarrer Stratenwerth dafür in Aussicht zu nehmen."

Und in der Tat: Gerhard Stratenwerth (1898 geboren) wurde 1946 mit der Leitung des Sozialamtes betraut. Er hat es bis Mai 1948 (also zwei Jahre) verwaltet. Genau erst ein Jahr später (Mai 1949) wurde sein Nachfolger Klaus von Bismarck berufen (wir feiern also heute den 50. Jahrestag der Berufung des Klaus von Bismarck zum Leiter des Sozialamtes).

Dieser Klaus von Bismarck hat unter dem 18.4.1951 einen ersten Bericht über seine zweijährige Tätigkeit im Sozialamt Villigst gegeben. Über seinen Vorgänger schreibt er:

„Mein Vorgänger hat dieses Amt von 1946 bis 1948 verwaltet und ihm durch seine Person eine deutliche Prägung verliehen. Das Interesse von Herrn Pastor Stratenwerth galt zunächst vordringlich Versicherungsfragen, das heißt den Problemen, die sich aus der gefährlichen allgemeinen Tendenz zum Wohlfahrtsstaat ergaben. Pastor Stratenwerth hat sich weiter in besonderer Weise dem Fragenkomplex des § 218 zugewendet und hier eine konkrete, allgemein beachtete Stellungnahme erarbeitet. Drittens wurde von meinem Vorgänger die sogenannte Kleinsthaus-Aktion betrieben. Der Herrn Pastor Stratenwerth zur Seite stehende Sozialausschuss trug, wie mir berichtet wurde, nicht eigentlich den Charakter einer Arbeitsgemeinschaft, sondern mehr den eines ratgebenden Gremiums, dem Herrn Pastor Stratenwerth von Zeit zu Zeit seine Maßnahmen und Vorhaben vortrug. Nachdem Herr Pastor Stratenwerth ins Außenamt der Evangelischen Kirche übersiedelte, blieb das Sozialamt der Evangelischen Kirche etwa ein Jahr hindurch unbesetzt."

Stratenwerth, der seit 1927 Mitarbeiter von Fritz von Bodelschwingh gewesen war – hier unter anderem zuständig für die Betheler Arbeit im freiwilligen Arbeitsdienst – war ab 1934 Gemeindepfarrer in Dortmund und als Mann der Bekennenden Kirche Karl Lücking gut bekannt, hat diesem reaktivierten Amt kein besonderes Profil geben können. Das hat in der Tat erst von Bismarck geleistet. Für unsere Geschichte wichtig ist noch der Hinweis, daß es von Anfang an und auch ab 1946 einen Sozialausschuss (wie vor 1933) gegeben hat.

Der erwähnte Bericht von von Bismarck umfaßt 36 Schreibmaschinenseiten. Er vermittelt uns wichtige Einblicke in die Nachkriegsarbeit am Beginn der neuen Bundesrepublik.

Das Hauptarbeitsgebiet des neuen Leiters war zunächst der Bergbau. Von Bismarck sagt: „Es liegt nahe, meinen Bericht im einzelnen mit Angaben über meine Tätigkeit und Erfahrungen im Bereich des Bergbaues zu beginnen, da mich der Auftrag der Kirchenleitung im besonderen in diesen Bereich gewiesen hat. Zweijährige Bemühungen im Bereich des Bergbaues haben bestätigt, daß es aus mehreren Gründen nur allzu gerechtfertigt ist, wenn die Kirche gerade dem Bereich der Kohle ihre besondere Aufmerksamkeit zuwendet. Die Kohle ist der wichtigste Grundstoff des Ruhrgebietes, dieses Herzstückes der europäischen Industrie. Das Wohl und Wehe dieses Gebietes wird nicht zuletzt über die innere und äußere Zukunft Europas entscheiden. Die soziale Problematik der industriellen Arbeitswelt hat ihre Wurzeln im Bergbau. Tausende der christlichen Botschaft ebenso entfremdete wie bedürftige Menschen sind im Kohlenbergbau konzentriert."

Zwei Namen werden immer wieder erwähnt: Der Generaldirektor Heinrich Kost und der Bergwerksdirektor Dr. Krüger.

Von Bismarck berichtet über seine Arbeit für die Heime für Bergwerkslehrlinge und Neubergleute. Er führt Kurse für Heimleiter durch, um sie auf ihre pädagogischen und menschlichen Aufgaben vorzubereiten. Für den Bergbau schrieb er einen Erfahrungsbericht über diese Arbeit.

Es heißt bei ihm weiter:

„Als Leiter des Sozialamtes habe ich im übrigen im vergangenen Jahr im Auftrage des Sozialministeriums einen dreimonatigen Heimleiterlehrgang in Haus Villigst geleitet und durchgeführt. Diese Arbeit gab die Möglichkeit, geeignete evangelische Persönlichkeiten für Heimleitungen zu fördern, auszuwählen und Erfahrungen über die zweckmäßigste Ausbildung dieser Heimleiter-Anwärter zu sammeln."

Bismarck ermuntert die Kirchenleitung, die Chancen der Kirche beim Aufbau dieser speziellen Lehrlingsarbeit wahrzunehmen. Immerhin acht Seiten seines Berichtes gehen über diese sozialpädagogische Arbeit.

Es folgt dann der Bericht über „Kurse für Angehörige des Bergbaues" mit dem Thema „Der Mann im Betrieb".

Es heißt unter anderem: „Es wurden bisher neun derartige Lehrgänge durchgeführt und zwar fünf in Villigst. An den Tagungen in Villigst nahmen bisher 123 Persönlichkeiten des Bergbaues teil, und zwar vor allem Vertreter der sogenannten Mittelschicht.... Das Interesse an diesen Tagungen wächst. Als evangelische Referenten aus den Reihen des Bergbaues bewährten sich Herr Bergassessor Premer, Herr Bergwerksdirektor Heidemann, Herr Bergassessor Hartmann. Im übrigen wirkten außer mir Persönlichkeiten wie Professor Kraut, Professor Wendt, Pastor Döring, Pastor Becker und Graf Baudissin mit."

Und der Berichterstatter kündigt an, „daß voraussichtlich Ende April eine erste Tagung in Haus Villigst durchgeführt wird, die schwerpunktartig Vertreter der Gewerkschaft und Arbeiterschaft aus dem Bergbau vereinigt."

Hier spiegelt sich der generalstabsmäßig arbeitende alte Offizier wieder: Zug um Zug erweitert er das Spektrum der im Bergbau arbeitenden Gruppen. Der Bergbau ist ohne seine Gewerkschaft nicht zu denken. Also müssen Leitungspersonen mit Repräsentanten der Bergarbeiter aus betrieblicher und überbetrieblicher Ebene zum Dialog zusammengebracht werden. (Es ist auch 1951 die Zeit, in der das sogenannte Montanmitbestimmungsgesetz und das Betriebsverfassungsgesetz zur Debatte stehen.) Die Kirche schaltet sich durch ihr Sozialamt in diese ordnungspolitische Debatte ein.

In den Bergbautagungen werden auch Ortspfarrer aus dem Ruhrgebiet mit eingebunden. Von Bismarck fragt: „‚Welchen Gewinn und welches Interesse hat nun die Kirche an diesen Tagungen, die vielfach, wie es scheint, Sonderfragen des Bergbaues erörtern?' Diese Fragestellung, die sich in der Tat häufig ergibt, verkennt, wie ich meine, die Tatsache, daß die christliche Aufgabe nicht allein in der Verkündigung besteht, sondern daß es auch darum geht, die in einer bestimmten weltlichen Existenz stehenden Laien darin zu stärken, ihren konkreten Berufsaufgaben aus christlicher Verantwortung gerecht zu werden. Diese Bergbautagungen gewähren darüber hinaus den teilnehmenden Theologen die Chance, unmittelbar in die innerbetrieblichen Realfragen Einblick zu nehmen, die im industriellen Bereich, also für alle dort wirkenden und lebenden Christen, Bedeutung besitzen. Diese Lehrgänge ergeben weiter den Gewinn, daß die offizielle Kirche, also in diesem Falle das Sozialamt, in persönliche Verbindung mit vielen wertvollen Persönlichkeiten des Bergbaues geriet, die bisher nicht persönlich angesprochen wurden, aber durchaus bereit sind, sich tätig als Christen in ihrem Bereich einzusetzen.... Ich erachte abschließend die Fortführung dieser Bergbautagungen als eine wichtige Aufgabe des Sozialamtes."

Und in der Tat: Diese Arbeit wurde nicht nur fortgesetzt, sondern ökumenisch erweitert zur „Gemeinsamen Sozialarbeit der Konfessionen im Bergbau".

Ich möchte fortfahren in der Vorstellung des ersten Arbeitsberichtes des Sozialamtes nach dem Krieg. Von Bismarck berichtet, daß es gelungen sei, den Religionsunterricht an den bergmännischen Berufsschulen fest zu etablieren. Zur Verkündigung im Bergbau sagt er:

„An dieser Stelle bin ich genötigt, mit großem Ernst auf die Tatsache hinzuweisen, daß – wenn man von einigen erfreulichen Ausnahmen absieht – die im wesentlichen dem Kleinbürgertum oder Mittelstand angehörenden Ruhrgebietsgemeinden nur zu einem sehr geringen Prozentsatz wirkliche Bergarbeiter einbeziehen. Lebendige Zellen der Verkündigung im Bereich der eigentlichen Kumpel, im Bereich der Neubergleute und so weiter sind nur dort anzutreffen, wo einzelne, für diese Sonderaufgabe freigestellte und geeignete Persönlichkeiten (Menschenfischer!) unmittelbare Verbindung mit den Kumpeln besitzen, das heißt vereinzelte Pfarrer, einige Volksmissionare und Einzelpersönlichkeiten. Ich kann nicht ernst genug darauf hinweisen, daß es an solchen Frontkämpfern der Evangelisation fehlt."

Es zeigt sich dieses: Für unseren Berichterstatter war der Zusammenhang von gestaltender Sozialarbeit und evangelischer Verkündigung noch ganz klar. Daß eine sozial engagierte Kirche zugleich immer eine missionierende Kirche zu sein hat - diesen Zusammenhang hat er immer wieder betont.

Nur um der Vollständigkeit sei erwähnt, daß der Amtsleiter danach fragt, wie man die einzelnen Werke der Kirche im Bergbau einschalten könnte. Er fragt nach Kooperationsmöglichkeiten mit dem Männerwerk, mit dem CVJM, mit dem Volksmissionarischen Amt und mit der Rheinisch-westfälischen Akademie in Hemer unter Pfarrer Wilhelm Becker.

Der folgende Berichtskomplex heißt: „Gewerkschaft und Unternehmer".

Von Bismarck berichtet, daß der Kontakt zu den Unternehmern vor allem durch die Akademiearbeit in Hermannsburg (später Loccum) und in Bad Boll entwickelt und aufgebaut worden sei. Damit weist er auf einen Tatbestand hin, der bedeutsam gewesen ist. Die Kontaktarbeit mit den rheinisch-westfälischen Unternehmern ist bei uns später entwickelt worden, als anderen Ortes schon feste Kreise durch die Arbeit von Johannes Döring und Eberhard Müller bestanden haben. Von Bismarck will diese Arbeit nicht verdoppeln oder stören. Deshalb kündigt er an, sich besonders um ein gutes Verhältnis zu den Gewerkschaften zu bemühen. Er konstatiert:

„Dies Verhältnis ist zur Zeit beiderseits durch ein weitgehendes Nichtwissen über den anderen Bereich gekennzeichnet, das heißt die offizielle Kirche weiß jedenfalls herzlich wenig über das Wesen der Gewerkschaft und die Gewerkschaft weiß sehr wenig über das Wesen der Kirche. Eine nüchterne Betrachtungsweise muß weiter anerkennen, daß die Kirche vorwiegend konservativ bestimmt ist, während man dies von der Arbeiterschaft nicht sagen kann. Anderseits ist die Gewerkschaft, aus ihrer historischen Entwicklung verständlich, vorwiegend freidenkerisch und vielfach noch marxistisch bestimmt."

Bei der Begegnungsarbeit mit der Gewerkschaft hilft ihm sehr, daß sich die westfälische Landeskirche 1949 zum Prinzip der Einheitsgewerkschaft gegen konfessionell bestimmte Gewerkschaften erklärt hatte. Deshalb konstatiert er:

„Die Auswirkung dieser Erklärung der westfälischen Landeskirche für das Verhältnis Kirche/Gewerkschaft kann kaum überschätzt werden. Diese Erklärung hat vielerorts das Tor für neue sachliche Aussprachen geöffnet und einigen in Jahrzehnten angehäuften Schutt von Misstrauen beseitigt. Über diese Erklärung hinaus hat sich das Sozialamt bemüht, auf vielerlei Weise die Verbindung zu solchen Persönlichkeiten der Gewerkschaft zu stärken, die evangelisch sind oder christlichen Anliegen aufgeschlossen gegenüberstehen."

Von Bismarck berichtet dann, daß im Sozialausschuss nun Vertreter aller Richtungen mitarbeiten, daß Gewerkschafter als Referenten in Villigst auftreten und daß das Sozialamt eine Zusammenstellung zur Frage der Mitbestimmung erstellt habe.

Er berichtet weiter über die Bemühungen, zusammen mit Dr. Karrenberg eine einheitlichere Linie der Kirche gegenüber dem DGB zu entwickeln. Dazu steht man im Gespräch mit Döring, Müller, Zurnieden, Heilfurt und anderen. Deutlich erklärt er auch, die Arbeit der frisch gegründeten Sozialakademie in Friedewald zu unterstützen.

Sein Resümee:

„Für mich besteht kein Zweifel, daß sich das Verhältnis Kirche/Gewerkschaft im westfälischen Raum gebessert hat. Einige erfreuliche Ansätze verdienen weiter verfolgt zu werden.

Nach meiner Auffassung vollzieht sich in der Gegenwart ein Wandel in dem Sinne, daß die Arbeiterschaft in der gesamten Welt dabei ist, mündig zu werden und ihr soziales Schicksal selbst in die Hand zu nehmen. Wenn man diesem zustimmt, so ist Anlaß genug gegeben, den Arbeiterbewegungen der Gegenwart ebenso kritisch wie verantwortlich seitens der Kirche ein wachsendes Interesse entgegenzubringen und zu denjenigen evangelischen Persönlichkeiten zu stehen, die unmittelbar in den aktuellen Auseinandersetzungen beteiligt sind."

Was es damals in Westfalen noch nicht gab, war ein evangelischer Unternehmerkreis. Dazu sagt er:

„Nach meiner Auffassung sollte man gerade in einem Augenblick, wo die Kirche mit Recht danach trachtet, verstärkt Verbindung zur Arbeiterschaft und Gewerkschaft zu finden und zu halten, darauf bedacht sein, nun nicht die Phase „Thron und Altar" durch die Phase „Kirche und Gewerkschaft" zu ersetzen. Die kirchenpolitisch gespannte Situation verleitet offenbar einige theologische Kreise dazu, nun grundsätzlich Unternehmer gleich Reaktionär zu setzen. Dies erscheint mir unwahr und einseitig. Ich bin in den vergangenen zwei Jahren einer ganzen Reihe von beachtenswerten Unternehmerpersönlichkeiten begegnet, an deren klar christlicher Haltung ebenso wenig zu zweifeln ist, wie an ihrer Bereitschaft, zur Lösung der sozialen Fragen wagemutig neue Wege zu gehen. Aus diesem Grunde scheint es mir äußerst wichtig, die Unternehmerschaft nicht oberflächlich verallgemeinernd abzuschreiben, sondern die lebendigen Unternehmerkreise seitens der Kirche zu stärken und sich mit ihnen verbunden zu wissen."

Von Bismarck bedankt sich bei Wilhelm Becker, der in Hemer und Friedewald die ersten Unternehmertagungen durchgeführt hat. Er schlägt vor, daß Becker sich vorrangig um den Bereich Stahl und Eisen kümmert und Villigst beim Schwerpunkt Bergbau bleibt.

Unser Dokument dürfte deutlich zeigen, wie sich das Sozialamt müht, sowohl den Dialog mit Arbeitgebern wie Gewerkschaften gesondert, aber auch gemeinsam miteinander zu führen. Man geht davon aus, daß es bei allen sozialen Parteien Menschen gibt, die bewußt evangelische Christen sein wollen. Christliche Laien in weltlicher Verantwortung sind die Zielgruppe und Partner in Begegnung und Dialog.

Es folgt in unserem Dokument aus der Frühzeit der Bericht über den Sozialausschuss. Ins Leben gerufen war er 1946 durch Pastor Stratenwerth, fungierte aber mehr als Beratungsorgan für den Sozialpfarrer und weniger als selbständige Arbeitsgemeinschaft. Der erste Vorsitzende war Dr. Krüger. Von Bismarck berichtet:

„Unter dem Vorsitz von Herrn Bergwerksdirektor Dr. Krüger hat dann das Wesen dieses Ausschusses sichtbar an Leben gewonnen und sich in Richtung einer Arbeitsgemeinschaft entwickelt. Diese Entwicklung wurde von mir bewußt gepflegt und weiter gefördert. Es schien mir richtig, daß dieser Ausschuß nicht nur ein, bis zu einem gewissen Grade selbständiges und korrigierendes, Organ neben dem Sozialamt blieb, sondern sich selbst nicht so sehr als ein Instrument der Kirchenleitung, sondern als ein bestimmte Sozialfragen bearbeitendes Gremium der Kirche verstand."

Dr. Krüger trat bald zurück. Neuer Vorsitzender des Sozialausschusses wurde von Bismarck selbst, so daß – wie er sagt – „dem Sozialamt von Beginn an eine Art geschäftsführende Funktion im Sozialausschuss zufiel."

Folgende Themen wurden verhandelt:

a) Stellungnahme zur Einheitsgewerkschaft

b) Lage der Hausangestellten

c) Erarbeitungen zu dem Thema „Der isolierte Mensch" im Rahmen der Vorbereitungen für den Essener Kirchentag

Folgende weitere Fragen wurden behandelt, aber nicht zu einem klaren Endergebnis geführt:

a) Bekämpfung von Schmutz und Schund

b) Stellungnahme des Christen zum Krieg und Frieden

c) Fragen der berufslosen Jugend.....

Folgende in Angriff genommenen Aufgaben befinden sich zur Zeit in noch nicht abgeschlossener Bearbeitung:

a) Die Frage der Sonntagsheiligung als eines sozialen Problems

b) Das Problem Männerarbeit und Arbeitervereine

Es erwies sich als zweckmäßig, das Plenum des Sozialausschusses in bestimmte Arbeitskreise aufzuteilen.

Gebildet wurde ein „Arbeitskreis zur Erörterung von sozialethischen Grundsatzfragen." Er hatte folgende Mitglieder: Professor Müller-Armack, Professor Kraut, Professor Hahn, Professor Liermann Keil, Pastor Kulp, Pastor Lic. Thimme, Pastor Wolf, Pastor Dr. Lutz, Dr. Fischer, Dr. Neuloh, Dr. Jantke, Dr. Kramp. Man bildete drei Unterausschüsse: Familie, Beruf und Betrieb, Gemeinde und Gesellschaft. Was zu sehen ist: Villigst hat sich von Anfang an mit theologischen und soziologischen Grundsatzfragen befaßt. Die theoretische Arbeit war immer der Trabant der praktischen Sozialarbeit.

Ich mache einen Einschub. Es existiert ein zwölfseitiges Protokoll über die erste Sitzung des Arbeitskreises „Beruf und Betrieb". Mit Hilfe der Soziologen Dr. Otto Neuloh und Dr. Dietrich von Oppen aus Dortmund wird ein Überblick über das damalige betriebssoziologische Wissen gegeben. Da auch Mitglieder des Arbeitskreises „Verantwortliche Gesellschaft" anwesend sind, ergibt sich ein hochinteressantes Gespräch über Soziologie und Sozialpolitik, über Betrieb und Betriebskonflikte, über Soziologie und Ethik, über Soziologie und Anthropologie. Wissenschaftler und Praktiker des Tages diskutieren auf dem Boden eines evangelischen Grundverständnisses von Mensch und Welt, Fragen und Möglichkeiten verändernden Handelns in der industriellen Arbeitswelt.

Angemerkt sei, daß es auch eine weitere Arbeitsgruppe unter Professor Dr. Ludwig Heyde mit dem Titel „Sinn der Arbeit" gegeben hat. (Ludwig Heyde ist übrigens der Vater des späteren Nachfolgers von Klaus von Bismarck, Peter Heyde)

Zurück zum Bismarckschen Bericht. Er berichtet über seine Mitarbeit beim Essener Kirchentag 1950 und über die Vorbereitung des Berliner Kirchentages 1951. Allerdings bittet von Bismarck die Kirchenleitung darum, ihn von dieser Arbeit zu entbinden. Er sieht seine Hauptaufgaben im engeren Bereich von Westfalen. Ebenso bittet er um Befreiung von seiner Mitarbeit in Espelkamp. Auch sein Engagement in Vortragstätigkeit und die Zusammenarbeit mit der Landjugend will er reduzieren. Man sieht: Die Kirchenleitung hatte ihm aufgebürdet, was irgendwie zum Sozialamt zu passen schien. Auch bittet er um Klärung der Mitverantwortung für das Haus Villigst. Er berichtet über seine Mitarbeit in den Werksemestern und im Lehrlingsheim Villigst und vieles andere mehr. Die wichtigste Bitte steht am Ende:

„Über diese auf Beschränkung abzielenden Anliegen hinaus würde es einer Konzentration und sinnvollen Begrenzung meiner Arbeit dienen, wenn die Kirchenleitung hinsichtlich der Abgrenzung der Aufgaben des Sozialamtes zu denen der Rheinisch-westfälischen Akademie zum Ausdruck bringen würde, daß das Sozialamt zunächst allein koordinierend für den Bereich des Bergbaues und den Bereich der Gewerkschaft verantwortlich bleibt. Es wird vorgeschlagen, die Aktivitäten der Rheinisch-west-fälischen Akademie auf den gesamten Unternehmerbereich, ausschließ-lich des Bergbaues, im besonderen jedoch auf den Bereich von Stahl und Eisen zu lenken."

Für uns dürfte nun noch der Abschnitt „Politik" von besonderem Inter-esse sein. Ich zitiere diesen Abschnitt ganz:

„Wenn der Bereich des Sozialen in der Auslegung des Sozialamtes das menschliche Miteinander der verschiedenen Gruppen in der menschlichen Gesellschaft betrifft, so liegt es auf der Hand, daß der Bereich des Sozialen in dieser Sicht weithin nicht vom Bereich des Politischen zu trennen ist. Wie war die Ausgangslage, der sich das Sozialamt zu stellen hatte? Es kann nicht bezweifelt werden, daß die Kirchen in ihrer heutigen Zusam-mensetzung und Auffassung aus vielen Gründen zu einer einseitigen Bin-dung an die CDU neigt. Es ist andererseits kein Zweifel, daß der überwie-gende Anteil der Arbeiterschaft zur SPD tendiert. Diese Tatsache stellte dem Sozialamt die Aufgabe, dahin zu wirken, daß sich die Kirche von parteipolitischer Einseitigkeit löst, soweit diese hier und da vorliegt. Ob-wohl ich selbst die Entwicklung der SPD in Westdeutschland in vieler Hinsicht mit Sorge beobachte, habe ich es doch für meine Aufgabe im politischen Bereich angesehen, die schüchterne Minderheit bewußt evan-gelischer Persönlichkeiten innerhalb der SPD zu ermutigen und auf ihre Sammlung hinzuwirken. In diesem Zusammenhang habe ich häufig an den Tagungen des sogenannten Mittwoch-Kreises in Düsseldorf teilgenom-men, der von Herrn Ministerialdirektor Koch ins Leben gerufen wurde und geleitet wird. Ich habe weiter die Verbindung mit einigen gleichgesinnten Persönlichkeiten aus Holland, England und Frankreich gepflegt. Im Januar dieses Jahres fand eine wichtige Tagung in Holland statt, die auf ökumeni-scher Basis etwa zwanzig deutsche Persönlichkeiten vereinigte, die etwa als „linke Christen" zu bezeichnen und sowohl auf dem linken Flügel der CDU wie innerhalb der SPD zu finden sind. Die Tagung in Holland hatte für mich unter anderem das wichtige Ergebnis, daß – wie ich meine erfreuli-cherweise – die Zeit der etwas schwärmerischen religiösen Sozialisten nicht nur in Deutschland vorbei zu sein scheint. Auf der anderen Seite wurde auch die Buntheit und Problematik christlicher Auffassung inner-halb der SPD sehr deutlich.... In jedem Fall vollzieht sich ein Wandel innerhalb der SPD im Sinne einer der christlichen Botschaft sehr viel offeneren Haltung. Aber dieser Wandel vollzieht sich nur langsam und es besteht kein Anlaß, auf ruckartigen Wandel zu hoffen.

Aus diesem Grunde habe ich in letzter Zeit bewußt – in einem gewissen Gegensatz zu der einige Zeit vorher von mir vertretenen Haltung – warnend meine Stimme erhoben, wenn bestimmte kirchenpolitische theologische Gruppen die Tendenz zeigten, etwas allzu plötzlich in Richtung SPD einzuschwenken. Verschiedene Erfahrungen ... haben mich darin bestärkt, daß im politischen Bereich eine Gefahr für die Theologie darin besteht, die sich aus kirchenpolitischen Auseinandersetzungen ergebenden Gruppierungen ohne weiteres auf das Politische zu übertragen. Deshalb erscheint die Mitwirkung von Laien, die verschiedenen Parteien angehören, bei der Beratung der Kirchenleitung in politischen Fragen unerläßlich. Im Sozialausschuss der Evangelischen Kirche von Westfalen sind nunmehr mehrere maßgebliche Persönlichkeiten der CDU und SPD vertreten. Es bleibt allein um der Einwirkung der Kirche auf bestimmte sie interessierende Gesetzgebungen wichtig, mit den in Westfalen führenden politischen Persönlichkeiten der wichtigsten Parteien laufend Verbindung zu halten.

Zusammenfassend ist zur Wachsamkeit des Sozialamtes im politischen Bereich zu sagen, daß sie sich von der Aktivität des Sozialamtes in allen übrigen Bereichen (Bergbau, Gewerkschaft, Sozialausschuss, Kirchentag usw.) als natürliches Erfordernis ergibt. Der Sozialausschuss ist aufgrund seiner parteipolitisch gemischten Zusammensetzung geeignet, die Kirchenleitung in eiligen und wichtigen Fragen politisch zu beraten. Die CDU und SPD erscheinen im Sozialausschuss ausreichend vertreten. Es fehlt bisher im Sozialausschuss an einer ausreichenden Vertretung der F.D.P."

Hier sind Probleme signalisiert, mit denen es das Sozialamt in seiner praktischen Tagesarbeit zu tun hatte. Es bewegt sich im Gewirr der parteipolitischen und verbandspolitischen Machtgruppen. Es muß seinen Ort in dem Gegeneinander von ökonomischen Interessen und ordnungspolitischen Intentionen als offenes Forum bestimmen. Es muß aber auch eine eigene, unverwechselbare Position im Sinne einer argumentativen sozialethischen und sozialpolitischen Parteinahme formulieren, um überhaupt ein ernst zu nehmender Mitspieler sein zu können. Es muß sich hüten vor ideologischer Parteilichkeit, aber die argumentative Parteinahme wollen.

Es muß Dialogpartner aller sein, aber gleichzeitig auch Widerpart sein, wenn die Sache es erfordert.

Diese Existenz im Schnittpunkt gesellschaftlicher und politischer Kräfte ist immer von Konflikten begleitet. Allen immer genehm zu sein, ist ausgeschlossen. Den einen war Villigst zu „links", den anderen zu „konservativ", den einen eine Filiale der Gewerkschaften, den anderen ein Trabant der Industrie, den einen eine christdemokratische Truppe, den anderen eine sozialdemokratische Kaderschmiede und so weiter.

Es bedarf noch sorgfältiger historisch-kritischer Forschung, um die Rolle des Sozialamtes in der Frühphase der Bundesrepublik zu verorten. Dieses aber kann man schon jetzt zusammenfassend sagen:

1. Villigst hat entscheidend mitgeholfen, die historisch überkommene Entfremdung von Kirche und industrieller Arbeitswelt abzubauen.

2. Es hat die Begegnung und den Dialog von Kirche und Gewerkschaften als Normalität entwickelt. Die frühe Entscheidung für die Einheitsgewerkschaft hat den Weg eröffnet, sich in eine konstruktiv-kritische Partnerschaft in der gemeinsamen Sorge für den arbeitenden Menschen einzuüben.

3. Es hat mitgeholfen, die traditionellen Feindschaften und Gegnerschaften zwischen Kirche und sozialdemokratischer Arbeiterbewegung und Partei abzubauen.

4. Durch seine ordnungspolitische Entscheidung für eine geordnete Tarifparteienschaft hat es dazu beigetragen, ein rigides Klassenkampfdenken zugunsten einer durch Arbeitsrecht und Arbeitskampfrecht geregelten Kooperation der beiden großen Produktionsfaktoren Kapital und Arbeit zu relativieren.

5. Es ist durch eigene Impulse an zwei fundamentalen Zielen kontinuierlich engagiert gewesen: An Humanisierung und Demokratisierung der Arbeitswelt als der Lebenswelt der in Abhängigkeit arbeitenden Menschen. Beide Zielbereiche sind zu unterschieden, aber nicht zu trennen. Die Formen von Produktion und die Struktur der Beziehungsverhältnisse unterliegen dem Gebot permanenter human-sozialer Verbesserung.

6. Villigst hat von Anfang an eine konstruktiv-kritische Zusammenarbeit mit Unternehmern gesucht. Es hat immer um die Bedeutsamkeit ökonomischer Effizienz gewußt, aber eben auch um sein gleichwertiges Pendant

gestaltete Humanität. Es hat einen Beitrag zur Implementierung des Modells einer sozialen Marktwirtschaft geleistet.

7. Von seinem Ansatz her waren Christen oder Nichtchristen in weltlicher Verantwortung die Besucher der Tagungen und Seminare. Villigst war von Anfang an ein Stück Protestantismus, wenn man darunter die verantwortliche Wahrnahme von „Religion" in säkularer Gestalt versteht. Es war nie nur ein Reflexionsclub mit kulturkritischem Geschwätz, sondern verliebt in Um- und Neugestaltung schlechter, das heißt nicht sach- und menschengerechter Wirklichkeit. Insofern war es ein Stück Reformbewegung der deutschen Nachkriegsgeschichte.

8. Die Gesamtorientierung brachte es mit sich, daß die Betroffenen und Verantwortlichen selbst die Felder und Möglichkeiten ihres verändernden Handelns ausloteten und die notwendigen Strukturveränderungen zu definieren versuchten. Wohlwollender Paternalismus als Barmherzigkeit von oben hatte hier wenig Raum. Die Betreuungsmentalität vieler kirchlicher Aktivitäten wurde verdrängt durch das Prinzip der eigentätigen Selbstverantwortung im Umgriff von Solidarität.

9. Villigst hat sich nie verschlossen vor dem Gespräch mit für seine Arbeit relevanten Wissenschaften und Wissenschaftlern. In der speziellen Sozialethik war es aber nie nur Konsument und Transporteur fremder Ergebnisse, sondern war zugleich Produzent im Prozeß der Entwicklung und Profilierung einer evangelischen Sozialethik. Das dialektische Wechselspiel von Theorie und Praxis wurde von Anfang an angestrebt. Die Anbindung an Alltagswirklichkeit hat immer verhindert, daß man der Erde allzu sehr entfleuchte. Dafür sorgten die Partner aus Wirtschaft und Gesellschaft.

10. Von Anfang an waren Kontakte mit der Ökumene und mit der ökumenischen Sozialethik konstitutiv für das eigene Mittun. So hat die Amsterdamer Konferenz von 1948 ihren nachweisbaren Einfluß mit dem Konzept der „verantwortlichen Gesellschaft" auf die Villigster Arbeit ausgeübt.

Es wäre durchaus reizvoll, durch die nächsten Jahrzehnte der Villigster Geschichte zu führen. Es wäre zu prüfen, wie weit sich Ursprungsimpulse erhalten haben, neue Sichtweisen hinzugekommen sind, neue Arbeitsformen mit anderen Zielgruppen sich entwickelt haben.

Was man schon jetzt mit bestem historisch-kritischem Wissen und Gewissen sagen kann:

Die Arbeit des Sozialamtes ist im Ganzen ein geglücktes Stück westfälischer Kirchengeschichte gewesen. Das Amt hat aus seiner Aufgabenbestimmung heraus ein unverwechselbares Profil entwickelt. Es war Markenzeichen kirchlicher Verantwortung für den arbeitenden Menschen.

Die Hoffnung für die Zukunft kann nur sein, daß es unter veränderten Bedingungen in der Kontinuität seiner Aufgabe bleibt mitzuhelfen, daß sich auf dem Fundament reflektierter evangelischer Sozialethik vernünftige und menschengerechte Säkularität in den Arbeitswelten der Menschen konkret ereignen kann.

II. Aus der Zeit der NS-Diktatur

Der deutsch-russische Nichtangriffspakt vom 23. August 1939 und der Überfall Deutschlands auf Polen am 1. September 1939

Während die politischen und militärischen Verhandlungen im Sommer 1939 zwischen den Westmächten und der Sowjetunion laufen, entwickeln sich zwischen deutschen und sowjetischen Diplomaten neue Kontakte, die bald auch auf die Ebene der Außenminister übergreifen. Wichtig ist ein Sondierungsgespräch, das der Legationsrat Schnurre am 10.August mit dem sowjetischen Geschäftsträger und Leiter der Handelsabteilung Astachow führt (UF XIII, 444ff.). In seinem Bericht heißt es:

„Wenn das Motiv für die von Moskau geführten Verhandlungen mit England das Gefühl der Bedrohung durch Deutschland im Falle eines deutsch-polnischen Konflikts sei, so seien wir unsererseits bereit, der Sowjetunion jede gewünschte Sicherheit zu geben, die sicherlich mehr Bedeutung haben würde als eine Unterstützung durch England, das in Osteuropa doch niemals effektiv werden könnte."

Es ist Außenminister Joachim von Ribbentrop, der die Initiative mit einem Telegramm an den Moskauer Botschafter Graf Friedrich Werner von der Schulenburg ergreift. Er bittet ihn, Außenminister Molotow aufzusuchen und ihm sechs Punkte vorzutragen, die als Grundlage für konkrete zukünftige Abmachungen gelten könnten. Die Punkte 1, 2 und 5 seien zitiert, um die deutsche Argumentationsstruktur zu erkennen:

„1. Der Gegensatz zwischen der nationalen Idee, verkörpert durch das nationalsozialistische Deutschland, und der Idee der Weltrevolution, verkörpert durch die UdSSR, war in den vergangenen Jahren die alleinige Ursache, daß sich Deutschland und Rußland in zwei weltanschaulich getrennten und sich bekämpfenden Lagern gegenüberstanden. Die Entwicklung der neueren Zeit scheint zu zeigen, daß die verschiedenen Weltauffassungen ein vernünftiges Verhältnis zwischen den beiden Staaten und die Wiederherstellung neuer guter Zusammenarbeit nicht ausschließen. Die Periode der außenpolitischen Gegnerschaft könnte damit ein- für allemal abgeschlossen, und der Weg für eine neue Zukunft der beiden Länder frei werden.

2. Reale Interessengegensätze zwischen Deutschland und Rußland bestehen nicht. Deutschlands und Rußlands Lebensräume berühren sich, aber in ihren natürlichen Bedürfnissen überschneiden sie sich nicht. Hiermit fehlt von vornherein jede Ursache einer aggressiven Tendenz eines Landes gegen das andere. Deutschland hat keinerlei aggressive Absichten gegen die UdSSR. Die Reichsregierung ist der Auffassung, daß es zwischen Ostsee und Schwarzem Meer keine Frage gibt, die nicht zur vollen Zufriedenheit beider Länder geregelt werden könnte. Hierzu gehören Fragen wie: Ostsee, Baltikum, Polen, Südost-Fragen und so weiter. Darüber hinaus könnte politische Zusammenarbeit beider Länder nur nützlich sein. Das trifft auch auf die deutsche und russische Wirtschaft zu, die sich nach jeder Richtung ergänzen.

5. Die Reichsregierung und die Sowjetregierung müssen nach allen Erfahrungen damit rechnen, daß die kapitalistischen westlichen Demokratien unversöhnliche Feinde sowohl des nationalsozialistischen Deutschlands wie auch Sowjetrußlands sind. Sie versuchen heute erneut, durch Abschluß eines Militärbündnisses Rußland in den Krieg gegen Deutschland zu hetzen. 1914 ist das russische Regime an dieser Politik zerbrochen. Es ist das zwingende Interesse beider Länder, daß ein Zerfleischen Deutschlands und Rußlands im Interesse der westlichen Demokratien für alle Zukunft vermieden wird." (Ebd. 446f.)

Ribbentrop erklärt sich bereit, nach Moskau zu kommen und Molotow und Stalin die Auffassung des Reichskanzlers vorzulegen und zu interpretieren.

Schon am 18. August telegraphiert von der Schulenburg die Antwort der Sowjetregierung (ebd. 448ff.) In ihr wird zunächst an die antikommunistische Politik des nationalsozialistischen Deutschland erinnert, aber man begrüßt die angekündigte Politik einer „Schwenkung" Man schlägt als ersten Schritt den Abschluß eines Handels- und Kreditabkommens vor, um dann den Abschluß eines Nichtangriffspaktes in Angriff zu nehmen.

Schon einen Tag später wird ein deutsch-sowjetisches Wirtschaftsabkommen in Moskau abgeschlossen.

Am 20. August schickt Hitler ein Telegramm an Stalin (ebd. 451f.) Den am Tage zuvor mitgeteilten Entwurf von Molotow für einen Nichtangriffspakt akzeptiert er als Grundlage für weitere Verhandlungsregelungen, ebenso ist er mit einem Zusatzprotokoll einverstanden, das bestimmte außenpolitische Punkte klären sollte.

In Punkt 5 des Telegramms heißt es:

„Die Spannung zwischen Deutschland und Polen ist unerträglich geworden. Das polnische Verhalten einer Großmacht gegenüber ist so, daß jeden Tag eine Krise ausbrechen kann. Deutschland ist jedenfalls entschlossen, diesen Zumutungen gegenüber von jetzt an die Interessen des Reichs mit allen Mitteln wahrzunehmen."

Stalin telegraphiert am nächsten Tag seine Zustimmung zum Eintreffen von Ribbentrops. (Ebd. 452)

Hitler gibt Ribbentrop eine Generalvollmacht für die Verhandlungen mit der Sowjetregierung und für die Unterschrift für die Vereinbarungen. Am 23. August trifft der deutsche Außenminister in Moskau ein und verhandelt mit Molotow und Stalin. Der Legationsrat Hencke hat über das Gespräch ein Protokoll verfaßt (ebd. 453ff.) Es wurde über alle außenpolitischen Probleme geredet: über Japan und den Antikominternpakt, über die Türkei, England und Frankreich. Im Blick auf Polen sagte Ribbentrop: das deutsche Volk wünsche den Frieden, „..andererseits sei aber die Empörung gegen Polen so groß, daß jeder einzelne zum Kampf bereit sei. Das deutsche Volk würde sich die polnischen Provokationen nicht länger gefallen lassen."

Der Nichtangriffspakt wird noch am 23. August mit den Unterschriften von Ribbentrop und Molotow abgeschlossen. Die Ratifikation erfolgte am 31. August, der Austausch am 24. September in Berlin (Text: ebd. 456f.).

Der Artikel I heißt:

„Die beiden vertragschließenden Parteien verpflichten sich, sich jeden Gewaltakts, jeder aggressiven Handlung und jeden Angriffs gegeneinander, und zwar sowohl einzeln als auch gemeinsam mit anderen Mächten, zu enthalten."

Bei Konfliktfällen mit anderen Staaten verpflichtet man sich zur strikten Neutralität. Streitigkeiten untereinander sollen „auf dem Wege freundschaftlichen Meinungsaustausches" bereinigt werden.

Beide Außenminister unterzeichnen am gleichen Tage noch ein geheimes Zusatzprotokoll, daß „für den Fall einer territorial-politischen Umgestaltung" die Interessenssphären abgrenzt. (Text: ebd. 457f.)

Ribbentrop gibt für die deutsche Presse am 24. August zwei Erklärungen ab. Er bezeichnet den „Nichtangriffs- und Konsultationspakt" als „vielleicht einer der bedeutsamsten Wendepunkte in der Geschichte zweier Völker".

Und im Blick auf die mögliche Überraschung in Deutschland sagt er:

„Aber wir Nationalsozialisten wissen alle: ‚Was der Führer macht, ist richtig', und das hat sich auch diesmal wieder erwiesen. Rußland sollte in die Einkreisungsfront einbezogen werden. Da hat der Führer wieder blitzschnell gehandelt und hat Rußland aus dieser Einkreisungsfront herausgebrochen." (Ebd. 458f.)

Molotow hält am 31. August vor dem Obersten Sowjet eine längere Grundsatzrede über das Zustandekommen des deutsch-sowjetischen Nichtangriffspaktes. (Ebd. 459ff.) Zunächst weist er auf die gescheiterten politischen und militärischen Gespräche mit den Westmächten hin. Hier sei das Prinzip der Gegenseitigkeit und der gleichen Verpflichtungen nicht praktiziert worden. Vor allem habe man sich nicht über das Verhalten der SU im Kriegsfalle gegenüber Polen verständigen können. Vor allem an der Haltung der Polen, die aber nur auf die Winke der Engländer gehört hätten, seien die Verhandlungen gescheitert. Zudem hätten die zweitrangigen Vertreter der Westmächte keine Vollmachten gehabt.

Dann sagt er:

„Der Entschluß, zwischen Sowjetrußland und Deutschland einen Nichtangriffspakt abzuschließen, wurde gefaßt, nachdem die militärischen Verhandlungen mit England und Frankreich infolge der unübersteigbaren Meinungsverschiedenheiten in einen Engpaß gerieten. Unter der Berücksichtigung, daß wir auf den Abschluß eines gegenseitigen Beistandspaktes nicht rechnen konnten, mußten wir uns die Frage nach anderen Möglichkeiten stellen, um den Frieden zu garantieren und die Drohung eines Krieges zwischen Deutschland und Sowjetrußland auszuschalten."

Molotow weist auf die sogenannte „Kastanienrede" Stalins auf dem 18. Parteikongreß vom 10. März 1939 hin, in der die Grundsätze der sowjetrussischen Außenpolitik skizziert worden seien. (Ebd. 38ff.) Stalin habe die Intrigen der Westpolitiker durchschaut, die SU gegen Deutschland in den Krieg zu schicken. Es habe keinen Grund gegeben, auf die Initiative von Deutschland, die Beziehungen auf ein anderes Fundament zu stellen, nicht einzugehen. Begonnen habe man mit einem für die SU sehr günstigen Handels- und Kreditabkommen. Es sei dann der Nichtangriffspakt gefolgt.

Molotow geht auf die kritische Frage ein, warum die SU mit einem faschistischen Staat einen solchen Pakt abschließen könne.

Er stellt fest:

„Man vergißt, daß es sich nicht um unsere Haltung gegenüber dem inneren Regime eines anderen Landes handelt, sondern um die auswärtigen Beziehungen zwischen zwei Staaten."

Im übrigen basiere der Pakt auf dem Neutralitätsvertrag von 1926, der im Mai 1933 verlängert worden sei. Zur Gesamteinschätzung sagt Molotow:

„Unter den gegenwärtigen Umständen ist es schwierig ,die internationale Bedeutung des deutsch-sowjetischen Vertrages zu unterschätzen.... er muß als ein Datum von großer historischer Bedeutung betrachtet werden. Der Nichtangriffspakt zwischen Sowjetrußland und Deutschland bedeutet einen Umschwung in der Geschichte Europas und nicht nur Europas allein."

Aus gestrigen Feinden würden gute Nachbarn. „Und dies liegt im Interesse beider Länder. Der Unterschied, der in ihren Weltanschauungen und politischen Systemen besteht, darf und kann kein Hindernis für die Herstellung guter politischer Beziehungen zwischen den beiden Staaten bilden..."

Auch das deutsche Propaganda-Ministerium mußte aktiv werden, um der Öffentlichkeit die Logik des Paktes zu vermitteln. (Ebd. 474f.)

Auch alte Nationalsozialisten hatten ihre Probleme, nun mit der Sowjetunion, gegen deren Weltanschauung und System man zwanzig Jahre erbittert gekämpft hatte, gemeinsame Sache zu machen. (S. Tagebuch von Alfred Rosenberg, ebd. 476f.)

Vor allem Japan fühlte sich brüskiert. Sowohl Ribbentrop wie von Weizsäcker führten Gespräche mit dem Botschafter Generalmajor Oshima. (Ebd. 484f.)

Von Weizsäcker berichtet über ein Gespräch mit Hitler am 24. August:

„Worauf es ihm jetzt ankam, war der Pakt mit dem geheimen Zusatzprotokoll nebst der daraus abzuleitenden Gewähr, seinen Feldzug gegen Polen eröffnen zu können, ohne daß die Russen dazwischentreten würden." (Ebd. 483f.)

Unter dem 22. August schreibt Chamberlain einen Brief an Hitler. Der zentrale Satz dürfte sein: „Welcher Art auch immer das deutsch-sowjetische Abkommen sein wird, so kann es nicht Großbritanniens Verpflichtung gegen Polen ändern." Er plädiert noch einmal für einen Versuch, durch direkte Verhandlungen zwischen Deutschland und Polen die Konfliktpunkte auf friedlichem Wege zu bereinigen. Er hält dies für den einzigen Weg, die Katastrophe eines Krieges zu verhindern. (Ebd. 486f.)

Botschafter Henderson überbringt diesen Brief persönlich Hitler auf dem Berghof zu Berchtesgaden. (Ebd. 488ff.) Hitler hält die englische Politik, die von Feindschaft gegen Deutschland bestimmt sei, für verantwortlich, daß Polen nicht auf die fairen und vernünftigen Angebote Deutschlands eingegangen sei. Sein Fazit: „Zwischen England und Deutschland gäbe es nur Verständigung oder Krieg."

Der offizielle Antwortbrief Hitlers an Chamberlain datiert vom 23. August. (Ebd. 492ff.) Hitler betont, daß er immer um die Freundschaft Englands geworben habe. Deutschland habe bestimmte Interessen, die durch die Geschichte und durch aktuelle wirtschaftliche Lebensvoraussetzungen gegeben seien. Dazu gehörten die Danzig – und die Korridorfrage. Deutschland habe dazu großzügige Vorschläge gemacht. Aber durch die englischen Garantieerklärungen sei „die Geneigtheit der Polen zu Verhandlungen auf einer solchen auch für Deutschland tragbaren Basis beseitigt" worden. Durch die „Generalzusicherung" der Engländer seien die Polen zu einem furchtbaren Terror gegen die Volksdeutschen ermuntert worden. Deutschland könne diesem Terror nicht tatenlos zusehen, ebenso nicht die polnischen Maßnahmen gegen Danzig dulden. Und dann heißt es:

„Sie teilen mir... mit, daß Sie in jedem solchen Fall des Einschreitens Deutschlands gezwungen sein werden, Polen Beistand zu leisten. Ich nehme diese Ihre Erklärung zur Kenntnis und versichere Ihnen, daß sie keine Änderung in die Entschlossenheit der Reichsregierung bringen kann, die Interessen des Reiches... wahrzunehmen."

Deutschland sei dann zum Krieg bereit und entschlossen. Wenn England und Frankreich ihre Mobilmachung betrieben, könne das nur gegen das Reich gerichtet sein. Gegen diesen „Akt der Bedrohung des Reiches" werde er „die sofortige Mobilmachung der deutschen Wehrmacht" anordnen.

Und zum Schluß des Briefes steht:

„Die Frage der Behandlung der europäischen Probleme im friedlichen Sinn kann nicht von Deutschland entschieden werden, sondern in erster Linie von jenen, die sich seit dem Verbrechen des Versailler Diktates jeder friedlichen Revision beharrlich und konsequent widersetzt haben. Erst nach der Änderung der Gesinnung der dafür verantwortlichen Mächte kann auch eine Änderung des Verhältnisses zwischen England und Deutschland in einem positiven Sinne eintreten."

Mit diesem Brief war klargestellt: die englisch-französische Garantieerklärung für Polen hindert Hitler nicht am Krieg gegen Polen. Er konnte jetzt so reden, weil er ein Eingreifen der SU nicht mehr zu befürchten hatte. Die vierte Teilung Polens war beschlossene Sache. Die Selbständigkeit der baltischen Staaten war faktisch auch aufgehoben. Das Tor nach Mitteleuropa war durch die deutsche Politik für die SU geöffnet worden. Für die westliche Diplomatie ergab sich nun eine völlig neue Situation.

Hitler war es um die Isolierung Polens gegangen, das nun nur noch von den Westmächten unterstützt werden konnte. Angesichts der neuen Lage hoffte Hitler, daß die Westmächte im Ernstfall vor einem Krieg wegen Polen zurückschreckten.

Selbst wenn sie in den Krieg eintreten würden, meinte er, die Folgen einer Seeblockade durch die vereinbarten Rohstofflieferungen aus der SU kompensieren zu können.

Stalins Entscheidung bedeutete die Abkehr von der Politik der kollektiven Sicherheit im Rahmen des Völkerbundes gegenüber dem nationalsozialistischen Deutschland. Er gab der Politik der russischen Staatsräson den Vorrang vor ideologisch ausgerichteter Weltpolitik. Er hoffte auf einen Zermürbungskrieg zwischen Deutschland und den Westmächten, ohne daß die SU betroffen wäre.

Am 24. August hält der britische Außenminister Halifax eine große Rede im Oberhaus. (497ff.) Er resümiert die Vorgänge der letzten Monate, weist darauf hin, daß die Beistandserklärung Englands für Polen nach der Antwort der Polen an Deutschland gegeben worden sei. Daß es während der Militärverhandlungen in Moskau zum Nichtangriffspakt gekommen sei, sei ein Vertrauensbruch. Ohne die Interessen Deutschlands nicht beachten zu wollen, so gelte doch der Grundsatz: „Wir können nicht zugeben, daß nationale Interessen nur durch Blutvergießen oder durch die Zerstörung der Unabhängigkeit anderer Staaten gewahrt werden können."

Der Minister hofft auf Möglichkeiten, die „Katastrophe" zu verhindern, hält aber Maßnahmen für den Ernstfall für notwendig.

Schon am 25. August wird zwischen England und Polen ein gegenseitiges Beistandsabkommen geschlossen. (Ebd. 504f.) Artikel 1 ist entscheidend:

„Sollte die eine der Vertragsparteien mit einer europäischen Macht infolge eines Angriffs derselben in Feindseligkeiten verwickelt werden, so wird die andere Vertragspartei der in Feindseligkeiten verwickelten unverzüglich jede in ihrer Macht liegende Unterstützung und Hilfe gewähren."

In einem zusätzlichen Geheimprotokoll wird festgelegt, daß nur Deutschland als Feind zu betrachten sei.

Einen sehr breiten Raum in der Vorgeschichte des Krieges nimmt der fast tägliche Briefwechsel zwischen Hitler und Mussolini ein. Mussolini und sein Außenminister Ciano sperren sich bei aller Bündnistreue dagegen, automatisch in einen Krieg, den Hitler beginnt, hineingezogen zu werden. Italien hält sich noch nicht für kriegsfähig. Es versucht zu vermitteln. Es hält eine politische Lösung für noch möglich. Immerhin verschiebt Hitler auf Grund der nicht eindeutigen Haltung Italiens den ersten für den 26. August gegebenen Angriffstermin. (Briefwechsel Hitler-Mussolini ebd. 513ff.)

Henderson besucht Hitler noch einmal am 25. August, um ihn zur Kontaktaufnahme mit dem polnischen Außenminister Beck zu bewegen. (Ebd. 532f.) Henderson berichtet, Hitler habe gesagt, „er sei Künstler von Natur und nicht Politiker, und wenn einmal die polnische Frage bereinigt sei, würde er sein Leben als Künstler beschließen und nicht als Kriegsmacher." Henderson hatte den Eindruck, daß Hitler noch einmal einlenken könnte.

Aber nach dem Besuch von Henderson gibt Hitler der Wehrmacht den Befehl zum Angriff auf Polen am nächsten Morgen.

Am gleichen Tage empfängt Hitler auch den französischen Botschafter Robert Coulondre, der über das Gespräch berichtet. (Ebd. 535ff.) Hitler beteuert, daß er keinen Krieg mit Frankreich wolle, aber in der Anbindung an Polen eine gegen die deutschen berechtigten Interessen gerichtete Entscheidung sehen müsse.

Ministerpräsident Daladier antwortet am 26. August auf die ihm durch den Botschafter übermittelte Botschaft Hitlers. (Ebd. 537f.) In fast dramatischen Worten beschwört er Hitler, mit Polen noch einen „freien Ausgleich" zu finden. Daladier hält diesen für möglich, wenn Hitler den Frieden wolle. Im übrigen gedenke Frankreich seine Verpflichtungen anderen Mächten gegenüber treu zu erfüllen. (Die Militärs hatten ihm eine gute Analyse der militärischen Stärke Frankreichs geliefert.) Daladier erinnert an die Schrecken des letzten Krieges, den er wie Hitler als Frontkämpfer erlebt habe. Im Falle eines neuen Krieges würden am Ende „Zerstörung und Barbarei" siegen.

Am 27. August versucht Coulondre Hitler den Brief von Daladier zu interpretieren. Über dieses Gespräch berichtet der Botschafter seinem Außenminister Bonnet (ebd. 539f.) in einem aufregenden Brief. Hitler wäre nicht zu bewegen gewesen, neue Gespräche mit Polen zu führen. Seine Haltung Polen gegenüber sei festliegend.

In dem Antwortbrief an Daladier (ebd. 540f.) wiederholt Hitler seine Position und konstatiert: „Ich sehe keinen Weg, Polen, das sich ja nun im Schutze seiner Garantien unangreifbar fühlt, hier zu einer friedlichen Lösung bewegen zu können."

Und wenn es zum Krieg kommt:

„Ich, Herr Daladier, kämpfe dann mit meinem Volk um die Wiedergutmachung eines Unrechts, und die anderen um die Beibehaltung desselben. Das ist umso tragischer, als viele der bedeutenden Männer auch Ihres eigenen Volkes den Unsinn der damaligen Lösung erkannt haben wie die Unmöglichkeit seiner dauernden Aufrechterhaltung."

Und noch einmal:

„Ich sehe aber, wie schon bemerkt, von uns aus keine Möglichkeit, auf Polen in einem vernünftigen Sinne einwirken zu können zur Korrektur einer Lage, die für das Deutsche Volk und das Deutsche Reich unerträglich ist."

Vom 25. August an wird auf Bitten von Hermann Göring der schwedische Industrielle und Ingenieur Birger Dahlerus als Vermittler zwischen Deutschland und England aktiv. Er fliegt etliche Male zwischen Berlin und

London hin und her. Er übermittelt den Engländern sechs Programmpunkte Hitlers (ebd. 548), die England einen Pakt anbieten, wenn Deutschland mit Englands Hilfe Danzig und den Korridor erhalte. Dafür solle Polen einen Freihafen mit Zugang bekommen. Und Deutschland wäre bereit, mit seiner Wehrmacht das Britische Empire zu schützen.

Die britische Antwort ist wohlwollend im Blick auf die Danzig-und Korridorfrage. Man verlangte aber direkte Verhandlungen mit Polen und eine internationale Garantie seiner Grenzen.

Die Engländer versuchen, die Polen für „direkte Besprechungen auf der Basis der Gleichberechtigung zwischen den Parteien" zu gewinnen. Sie weisen darauf hin, daß diese Bereitschaft keine „stillschweigende Annahme von Herrn Hitlers Forderungen" sei. Sie ihrerseits seien bereit, die mögliche polnische Verhandlungsbereitschaft an Hitler weiterzuleiten. Außenminister Beck läßt London wissen, daß man zu Verhandlungen bereit sei.

Henderson überbringt am 28. August Hitler ein Memorandum der Britischen Regierung, die auf den nächsten Schritt direkter Verhandlungen zwischen Polen und Deutschland drängt. Beider Interessen müßten zum Ausgleich gebracht und international bestätigt und gesichert werden. Zum Schluß heißt es: „Eine gerechte Lösung dieser zwischen Deutschland und Polen bestehenden Fragen kann den Weg zum Weltfrieden öffnen. Das Ausbleiben einer solchen Lösung würde die Hoffnung auf eine bessere Verständigung zwischen Deutschland und Großbritannien zerschlagen, würde die beiden Nationen in Konflikt bringen und könnte sehr wohl die gesamte Welt in den Krieg stürzen. Ein solches Ergebnis wäre eine Katastrophe ohne Beispiel in der Geschichte."

Henderson erläutert das Memorandum gegenüber Hitler und Ribbentrop. (Ebd. 558ff.)

Die Antwort der deutschen Regierung erfolgt am 29. August. (Ebd. 565ff.) Nachdem man seine Sicht der Dinge noch einmal dargelegt hatte, erklärt man sich bereit, „die vorgeschlagene Vermittlung der Königlich Britischen Regierung zur Entsendung einer mit allen Vollmachten versehenen polnischen Persönlichkeit nach Berlin anzunehmen. Sie rechnet mit dem Eintreffen dieser Persönlichkeit für Mittwoch, den 30. August 1939."

Doch der polnische Außenminister Beck weigert sich, diesem Ultimatum nachzukommen. Die Engländer schlagen zunächst Konsultationen auf Botschafterebene vor.

Am 30. August wird Henderson um Mitternacht zur Übergabe der britischen Antwort von Ribbentrop empfangen. (Ebd. 573f.) Über diese Unterredung bestehen mehrere Berichte. (Ebd. 574ff.) Der Dolmetscher Schmidt hat über diese sehr gespannte und erregte Unterredung einen anschaulichen Bericht gegeben. (Ebd. 577ff.)

Ribbentrop verliest 16 Punkte für eine Regelung der anliegenden Probleme, händigt sie aber nicht Henderson aus. (Ebd. 581ff.) Dieser unterrichtet den polnischen Botschafter Lipski, der aber nichts bei Ribbentrop unternimmt. Die deutschen Vorschläge gelangen mit Hilfe Görings über Dahlerus an die Engländer.

Engländer und Franzosen verstärken den Druck auf die Polen, mit deutschen Stellen Kontakt aufzunehmen. Am 31. August empfängt Ribbentrop zwar Lipski, entläßt ihn aber sofort, weil er nicht die von Deutschland geforderten Verhandlungsvollmachten hatte. Das Auswärtige Amt übergibt dann offiziell den Text an die westlichen Botschaften, nachdem er schon durch den Rundfunk veröffentlicht worden war. Natürlich mit dem Hinweis, daß ein polnischer Verhandlungspartner nicht erschienen sei. (Ebd. 588ff.)

Die Reichsregierung gibt am 31. August eine amtliche Mitteilung heraus, in der sie darauf hinweist, sie habe zwei Tage auf einen polnischen Unterhändler gewartet und sehe deshalb die deutschen Vorschläge als von Polen abgelehnt an.

Auch die letzten Versuche von Dahlerus bringen keinen Fortschritt mehr.

Inzwischen hatte Hitler die Weisung Nr. 1 für die Kriegsführung herausgegeben. Sie beginnt mit dem Satz: „Nachdem alle politischen Möglichkeiten erschöpft sind, um auf friedlichem Wege eine für Deutschland unerträgliche Lage an seiner Ostgrenze zu beseitigen, habe ich mich zur gewaltsamen Lösung entschlossen." (Ebd. 594f.)

Hitlers Kriegsabsichten gegen Polen im Jahre 1939

Während die internationale Diplomatie in den traditionellen Bahnen verläuft, hat der „Führer und Reichskanzler" schon seit längerem den Entschluß gefaßt, die Polenfrage im Sinne seiner raumpolitischen Ostvorstellungen zu lösen. Er will sich dazu günstige diplomatische Voraussetzungen schaffen.

Seine wichtigsten Partner werden die höheren Militärs. Ihnen gegenüber redet er offen über seine politisch-militärischen Ziele.

Der Oberbefehlshaber des Heeres von Brauchitsch berichtet über eine Weisung Hitlers vom 25. März 1939:

„Vorläufig beabsichtigt Führer nicht, die polnische Frage zu lösen. Sie soll nun aber bearbeitet werden. Eine in naher Zukunft erfolgende Lösung müßte besonders günstige politische Voraussetzungen haben. Polen soll dann so niedergeschlagen werden, daß es in den nächsten Jahrzehnten als politischer Faktor nicht mehr in Rechnung gestellt zu werden brauchte. Der Führer denkt bei dieser Lösung an eine vom Ostrand Ostpreußens bis zur Ostspitze Schlesiens vorgeschobene Grenze. Aus- und Umsiedlung sind noch offenstehende Fragen. In die Ukraine will der Führer nicht hinein. Eventuell könne man einen ukrainischen Staat errichten. Aber auch diese Fragen ständen noch offen." (Ebd. 117ff.)

Das erste Ziel also: Polen als politischen Faktor ausschalten, die deutsche Grenze nach Osten vorverlegen.

Bedeutend konkreter wird Hitler in der Weisung an die Wehrmacht vom 3. April. (Ebd. 212ff.) Zur politischen Voraussetzung und Zielsetzung formuliert er:

„Das Ziel ist dann , die polnische Wehrkraft zu zerschlagen und eine den Bedürfnissen der Landesverteidigung entsprechende Lage im Osten zu schaffen. Der Freistaat Danzig wird spätestens mit Beginn des Konfliktes als deutsches Reichsgebiet erklärt.

Die politische Führung sieht es als ihre Aufgabe an, Polen in diesem Fall womöglich zu isolieren, das heißt den Krieg auf Polen zu beschränken."

Unter der Rubrik „Militärische Folgerungen" heißt es:

„Die großen Ziele im Aufbau der deutschen Wehrmacht bleiben weiterhin durch die Gegnerschaft der westlichen Demokratien bestimmt. Der Fall ‚Weiß' bildet lediglich eine vorsorgliche Ergänzung der Vorbereitungen, ist aber keineswegs als die Vorbedingung einer militärischen Auseinandersetzung mit den Westgegnern anzusehen.

Die Isolierung Polens wird umso eher auch über den Kriegsausbruch hinaus erhalten bleiben, je mehr es gelingt, den Krieg mit überraschenden, starken Schlägen zu eröffnen und zu schnellen Erfolgen zu führen."

Hitler will den Krieg mit Polen isolieren. Er will einen Zweifrontenkrieg verhindern. Der Krieg mit den Westmächten kommt für ihn mit eherner historisch-politischer Notwendigkeit. Zunächst gilt es, durch einen überraschenden Angriffsbeginn die polnische Wehrmacht zu vernichten. Zu diesem Zweck werden in diesem Schriftstück den einzelnen Waffengattungen ihre Aufgaben zugeteilt. Die Wehrmachtsstäbe arbeiten in der Folgezeit mit Hochdruck an ihrem Operationsziel: die „Vernichtung des polnischen Heeres".

Am 23. Mai hält Hitler einen längeren Vortrag in der neuen Reichskanzlei vor den Spitzen der drei Waffengattungen. (Ebd. 291 ff.) Zunächst skizziert er die politische Großwetterlage, um sich dann dem polnischen Problem zuzuwenden. Er sagt:

„Nationalpolitische Einigung der Deutschen ist erfolgt außer kleinen Ausnahmen. Weitere Erfolge können ohne Blutvergießen nicht mehr errungen werden. Die Grenzziehung ist von militärischer Wichtigkeit.

Der Pole ist kein zusätzlicher Feind. Polen wird immer auf der Seite unserer Gegner stehen. Trotz Freundschaftsabkommen hat in Polen immer die Absicht bestanden, jede Gelegenheit gegen uns auszunutzen.

Danzig ist nicht das Objekt, um das es geht. Es handelt sich für uns um die Erweiterung des Lebensraumes im Osten und Sicherstellung der Ernährung, sowie die Lösung des Balticums-Problems."

Einen größeren Lebensraum im Osten zu haben, ist die Voraussetzung für die Auseinandersetzung mit dem Westen. Zunächst aber muß Polen zerschlagen werden, ohne daß es zum Krieg mit den Westmächten kommt. Aber es gilt auch:

„Ist es nicht sicher, daß im Zuge einer deutsch-polnischen Auseinandersetzung ein Krieg mit dem Westen ausgeschlossen bleibt, dann gilt der Kampf in erster Linie England und Frankreich. Grundsatz: Auseinandersetzung mit Polen beginnend mit Angriff gegen Polen – ist nur dann von Erfolg, wenn der Westen aus dem Spiel bleibt. Ist das nicht möglich, dann ist es besser den Westen anzufallen und dabei Polen zugleich zu erledigen."

Hitler zweifelt an der Möglichkeit einer friedlichen Auseinandersetzung mit England. Deshalb muß man sich auf die Auseinandersetzung vorbereiten. Er analysiert die Stärken und Schwächen der potentiellen Gegner England und Frankreich. Den unvermeidlichen Krieg mit ihnen hält er für gewinnbar.

Am gleichen Tage des 14. Juni geht eine geheime Kommandosache heraus, die den Blitzkrieg gegen Polen in seinen großen Zügen skizziert. Die deutsche Wehrmacht weiß spätestens seit diesem Tag, daß sie den Krieg gegen Polen und eventuell gleichzeitig gegen den Westen führen muß.

Am 22. August hält Hitler eine umfangreiche Rede vor den Oberbefehlshabern der Wehrmacht. (Ebd. 477ff.) Innerhalb der Skizze der politischen Entwicklungen der letzten Jahre mit ihren großen außenpolitischen Erfolgen für Deutschland geht er immer wieder auf die polnische Frage ein, die nun zur Lösung anstehe. Er meint:

„Jetzt ist die Wahrscheinlichkeit noch groß, daß der Westen nicht eingreift. Wir müssen mit rücksichtsloser Entschlossenheit das Wagnis auf uns nehmen. Der Politiker muß ebenso wie der Feldherr ein Wagnis auf sich nehmen. Wir stehen vor der harten Alternative zu schlagen, oder früher oder später mit Sicherheit vernichtet zu werden."

Und im Falle eines Zweifrontenkrieges gilt:

„Wir werden den Westen halten, bis wir Polen erobert haben... Unsere Gegner sind kleine Würmchen. Ich sah sie in München."

Zum Schluß interpretiert er den bevorstehenden Pakt mit Stalin:

„Nun ist Polen in der Lage, in der ich es haben wollte. Wir brauchen keine Angst vor Blockade zu haben. Der Osten liefert uns Getreide, Vieh, Kohle, Blei, Zink. Es ist ein großes Ziel, das vielen Einsatz erfordert. Ich habe nur Angst, daß mir noch im letzten Moment irgendein Schweinehund einen Vermittlungsplan vorlegt."

Es dürfte keine andere Interpretation möglich sein: nach dem Pakt mit der SU ist der Weg frei, den Blitzkrieg gegen Polen zu führen. Auch im Falle des Eintritts des Westens in den Krieg sind die materiellen Ressourcen durch den Handelsvertrag mit der SU gesichert. Deutlich wird auch, daß Hitler immer noch hofft, die Westmächte würden im Ernstfall ihren Bündnisverpflichtungen gegenüber Polen nicht nachkommen.

In einer zweiten Ansprache am gleichen Tag (ebd. 482f.) wird Hitler noch deutlicher, wenn er sagt:

„Vernichtung Polens im Vordergrund. Ziel ist Beseitigung der lebendigen Kräfte, nicht die Erreichung einer bestimmten Linie. Auch wenn im Westen Krieg ausbricht, bleibt Vernichtung Polens im Vordergrund. Mit Rücksicht auf Jahreszeit schnelle Entscheidung.

Ich werde propagandistischen Anlaß zur Auslösung des Krieges geben, gleichgültig, ob glaubhaft. Der Sieger wird später nicht danach gefragt, ob er die Wahrheit gesagt hat oder nicht. Bei Beginn und Führung des Krieges kommt es nicht auf das Recht an, sondern auf den Sieg. Herz verschließen gegen Mitleid. Brutales Vorgehen. 80 Millionen Menschen müssen ihr Recht bekommen. Ihre Existenz muß gesichert werden. Der Stärkere hat das Recht. Größte Härte."

Spätestens jetzt konnte jedem Militär klar sein, daß es nicht mehr um die Revision von Versailles ging, sondern um die Neuordnung der osteuropäischen Landkarte. Polen sollte in seiner Substanz als Volk und Staat „vernichtet" werden. Der Auftrag zum Vernichtungskrieg wird gegeben. Deutschland braucht Lebensraum. Der Stärkere hat das Recht, sein Recht gegen andere brutal und ohne Rücksichten durchzusetzen.

Jedem Zuhörer mußte klar sein, daß hier der endgültige Abschied von jeder traditionellen Kriegsphilosophie proklamiert worden war. Die Wehrmacht wird ein Instrument im politischen Vernichtungswillen, der mit sozialdarwinistischen Parolen legitimiert wird. Die Wehrmacht wird schon vor Ausbruch des Krieges auf ihre neue Rolle und neue Praxis als Instrument nationalsozialistischer Weltanschauungspolitik festgelegt.

Die Aufhebung des Angriffsbefehls für den 26. August am 25. August bringt in die militärische Organisation große Verwirrung und Ärger, aber es gelingt, den angelaufenen Aufmarsch an den Grenzen zu Polen zu stoppen.

Nach den dramatischen Bemühungen um eine diplomatische Lösung der Krisensituation wird am 31. August die Meldung über den polnischen Überfall auf den deutschen Sender Gleiwitz herausgebracht. Sie ist das letzte Glied in der Kette einer propagandistisch-psychologischen Vorbereitung des deutschen Angriffs, der nun als Reaktion auf polnischen Terror interpretiert werden kann.

Um 4.45 Uhr am 1. September 1939 beginnt der Krieg ohne Kriegserklärung mit der Beschießung der Westerplatte bei Danzig durch das Schulschiff „Schleswig-Holstein".

Am Morgen des gleichen Tages hält Hitler eine Reichstagsrede, in der er seine Friedenspolitik der letzten Jahre darlegt, aber auch die auferlegte Unabwendbarkeit des Krieges nachzuweisen versucht. (Ebd. 597ff.)

Am Ende ruft er pathetisch aus:

„Mein ganzes Leben gehört von jetzt ab erst recht meinem Volk. Ich will nichts anderes jetzt sein als der erste Soldat des Deutschen Reiches. Ich habe damit wieder jenen Rock angezogen, der mir einst selber der heiligste und teuerste war. Ich werde ihn nur ausziehen nach dem Sieg oder ich werde dieses Ende nicht erleben!... Ein Wort habe ich nie gekannt, es heißt Kapitulation... Der Umwelt aber möchte ich versichern: ein November 1918 wird sich niemals mehr in der deutschen Geschichte wiederholen... Wir alle bekennen uns damit zu unserem alten Grundsatz: Es ist gänzlich unwichtig, ob wir leben, aber notwendig ist es, daß unser Volk, daß Deutschland lebt.“

Am 1. September erfolgt noch ein Aufruf Hitlers an die deutsche Wehrmacht. (Ebd. 609f.) In ihm heißt es am Schluß:

„Die deutsche Wehrmacht wird den Kampf um die Ehre und die Lebensrechte des wiederauferstandenen deutschen Volkes mit harter Entschlossenheit führen.... Bleibt euch stets in allen Lagen bewußt, daß Ihr die Repräsentanten des nationalsozialistischen Großdeutschlands seid!“

Im Selbstverständnis Hitlers ist die Wehrmacht der bewaffnete Arm der nationalsozialistischen Bewegung und ihrer geopolitischen Ziele.

Nach der Kriegserklärung Englands an Deutschland am 3. September erfolgt ein weiterer Aufruf Hitlers an das deutsche Volk. (Ebd. 635ff.) Noch einmal weist er auf die besondere Verantwortung Englands für diesen Krieg hin. Jetzt aber habe England ein anderes Deutschland vor sich als 1914:

„Wir wissen, daß nicht das britische Volk im ganzen für all dies verantwortlich gemacht werden kann. Es ist jene jüdisch-plutokratische und demokratische Herrenschicht, die in allen Völkern der Welt nur gehorsame Sklaven sehen will, die unser neues Reich haßt, weil sie in ihm Vorbilder einer sozialen Arbeit erblickt, von der sie fürchtet, daß sie ansteckend auch in ihrem eigenen Lande wirken könnte. Der Kampf gegen diesen Versuch, Deutschland zu vernichten, nehmen wir nunmehr auf. Wir werden ihn mit nationalsozialistischer Entschlossenheit führen. Die britischen Geld- und Machtpolitiker aber werden erfahren, was es heißt, ohne jeden Anlaß das nationalsozialistische Deutschland in den Krieg ziehen zu wollen.“

Und am Ende heißt es:

„Deutschland wird nicht mehr kapitulieren! Ein Leben unter einem zweiten und noch schlimmeren Diktat von Versailles hat keinen Sinn." Er ruft zur Einigkeit und Einheit auf:

„Wenn unser Volk in solchem Sinne seine höchste Pflicht erfüllt, wird uns auch jener Herrgott beistehen, der seine Gnade noch immer dem gegeben hat, der entschlossen war, sich selbst zu helfen."

Noch deutlicher wird Hitler in seinem Aufruf vom gleichen Tag an die NSDAP. (Ebd. 637f.) Er beginnt mit dem Satz:

„Unser jüdisch-demokratischer Weltfeind hat es fertiggebracht, das englische Volk in den Kriegszustand gegen Deutschland zu hetzen."

Die deutsche Antwort:

„In wenigen Wochen muß die nationalsozialistische Volksgemeinschaft sich in eine auf Leben und Tod verschworene Einheit verwandelt haben."

Die ersten Kriegswochen

Die militärischen Aktionen der Deutschen waren so überraschend und gut vorbereitet, daß die polnische Armee, die über tapfere Soldaten und Offiziere verfügte, in wenigen Wochen kampfunfähig wurde. Sie war technisch unterlegen und vor allem war die oberste Führung der Aufgabe einer sinnvollen Verteidigung des Landes nicht gewachsen. Die Verteidigungsfähigkeit war endgültig gebrochen, als nach den ersten großen Durchbrüchen und Siegen der deutschen Armee am 17. September die Rote Armee nach Ostpolen einmarschierte. Am gleichen Tag läßt sich die polnische Regierung in Rumänien internieren. Am 25. September kommt es in Brest-Litowsk zu einer gemeinsamen Parade von Roter Armee und Deutscher Wehrmacht.

Am 27./28. September kapituliert Warschau. Nur noch Reste der polnischen Armee leisten vereinzelten Widerstand. Die beiden Interventionsarmeen zerschlagen den polnischen Staat. In ihren Gebieten beginnen sie mit der Durchsetzung ihrer politischen und ideologischen Ziele.

Am 28. September 1939 schließen die Sowjetunion und Deutschland einen Grenz-und Freundschaftsvertrag. (UF XIV 47ff.) In ihm existiert der bisherige polnische Staat nicht mehr. Die festgelegte Grenze zwischen den beiderseitigen Reichsinteressen wird als endgültig betrachtet. In einem Geheimen Zusatzprotokoll wird Litauen in die „Interessensphäre" der UDSSR gegeben wie die Woywodschaft Lublin und Teile der Woywodschaft Warschau in die deutsche Interessenssphäre fallen. Die SU schiebt sich bis an die Curzon-Linie vor und schlägt die neuen Teile der Ukraine und Weißrußland zu. Ferner vereinbart man noch die Möglichkeit der Auswanderung von Deutschen aus diesen Gebieten in das Deutsche Reich. Die SU schließt mit den baltischen Staaten Vereinbarungen ab, die diese praktisch zu Satelliten machen.

Gemeinsam appellieren die Vertragsparteien an die Westmächte, den bestehenden Kriegszustand mit Deutschland zu beenden.

Noch während der Kampfhandlungen gibt Reinhard Heydrich unter dem 21. September einen Schnellbrief an die Chefs aller Einsatzgruppen der Sicherheitspolizei heraus. (Ebd. 159ff.) Es geht um die „Lösung der Judenfrage im besetzten Gebiet".

Die Wehrmacht hatte das erste Ziel Hitlers, die Vernichtung Polens, erreicht. Das zweite Ziel, die Vernichtung der jüdischen Rasse und die Zerschlagung des polnischen Volkstums, konnte in Angriff genommen werden.

Es sind das nationalsozialistische Deutschland und die bolschewistische Sowjetunion, die in einer konzertierten Aktion, geleitet von ihren aktuellen und mittelfristigen Interessen, die Selbständigkeit der ostmitteleuropäischen Völker ohne Rücksicht auf Völkerrecht -und Menschenrechte zerschlagen. Millionen von Menschen haben diese Expansionspolitik der beiden totalitären Weltanschauungssysteme mit Freiheit und Leben bezahlen müssen, lange bevor der deutsch-sowjetische Krieg die Hekatomben von Opfern ins Unermeßliche vergrößern sollte.

Alle Zitate aus:

Ursachen und Folgen. Vom deutschen Zusammenbruch 1918 und 1945 bis zur staatlichen Neuordnung Deutschlands in der Gegenwart. Eine Urkunden- und Dokumentensammlung zur Zeitgeschichte. Dreizehnter Band: Das Dritte Reich auf dem Weg zum Zweiten Weltkrieg. Von der Besetzung

Prags bis zum Angriff auf Polen. Vierzehnter Band: Der Angriff auf Polen. Die Ereignisse im Winter 1939 – 1940, Berlin o. J.

Literatur:

Rau, Manfred: Geschichte des Zweiten Weltkriegs. Erster Teil: Die Voraussetzungen. Berlin 1991; Zweiter Teil: Der europäische Krieg 1939-1941. Berlin 1995 (Lit.)

Chronologie 1938 / 1939

28. Juni 1919: Friedensvertrag von Versailles (Vertrags-Ploetz 40ff.)

18. Februar 1920: Allianzvertrag Frankreich - Polen

18. März 1921: Friede von Riga zwischen Polen, der RSFSR und der Ukraine (Vertrags-Ploetz 63f.)

16. April 1922: Vertrag zu Rapallo zwischen Deutschland und der RSFSR (Vertrags-Ploetz 63f.)

15. Mai 1922: Genfer Konvention über Oberschlesien zwischen Polen und Deutschland (Vertrags-Ploetz 74f.)

Oktober 1925: Vertrag von Locarno (Vertrags-Ploetz 93ff.)

24. April 1926: Berliner Vertrag zwischen Deutschland und der Sowjetunion (Vertrags-Ploetz 99f.)

27. August 1928: Kriegsächtungspakt (Briand-Kellogg-Pakt) (Vertrags-Ploetz 103f.)

25. Juli 1932: Nichtangriffspakt UDSSR – Polen (Vertrags-Ploetz 113ff.)

16. Februar 1933: Organisationspakt der Kleinen Entente (Jugoslawien, CSR und Rumänien) (Vertrags-Ploetz 120ff.)

14. Oktober 1933: Austritt Deutschlands aus dem Völkerbund

26. Januar 1934: Nichtangriffspakt Deutschland – Polen (Vertrags-Ploetz 125ff.)

9. Februar 1934: Balkanpakt zwischen Jugoslawien, Griechenland, Rumänien und der Türkei (Vertrags-Ploetz 127f.)

2. Mai 1935: Französisch-sowjetischer Beistandspakt (Vertrags-Ploetz 130ff.)

18. Juni 1935: Deutsch-britisches Flottenabkommen (Vertrags-Ploetz 134f.)

7. März 1936: Besetzung der entmilitarisierten Zone des Rheinlandes durch Deutschland

31. März 1936: Angebot Hitlers zur politischen Struktur Europas (Vertrags-Ploetz 137ff.)

25. Oktober 1936: Deutsch-italienische Übereinkunft (Vertrags-Ploetz 146f.)

25. November 1936: Antikominternpakt zwischen Deutschland und Japan (Vertrags-Ploetz 147ff.)

1. Juni 1937: Memorandum der deutschen Botschaft in Warschau über die Situation der deutschen Minderheit in Polen (UF XIII 159ff.)

5. November 1937: Deutsch-polnische Erklärung über die Behandlung der Minderheiten (ebd. 163f.)

Jahreswende 1937/38: Plan eines „Dritten Europas" des polnischen Außenministers Josef Beck

1. September 1938: Wirtschaftsabkommen zwischen Deutschland und Polen

29. September 1938: Abkommen von München (Vertrags-Ploetz 154ff.)

30. September 1938: Deutsch-englische Erklärung von Hitler und Chamberlain (Vertrags-Ploetz 157f.)

1. Oktober 1938: CSR tritt das Teschener Land an Polen ab

Polen besetzt nach Ultimatum an die CSR das Olsagebiet

9. Oktober 1938: CSR tritt die Große Schütt-Insel und Komarom an Ungarn ab

24. Oktober 1938: Gespräch des Außenministers von Ribbentrop mit dem polnischen Botschafter Josef Lipski (UF XIII 166f.)

1. November 1938: Erster Wiener Schiedsspruch durch Deutschland und Italien über die ungarisch-tschechischen Grenzprobleme (Vertrags-Ploetz 158ff.)

19. November 1938: Gespräch Ribbentrop – Lipski. Der polnische Botschafter teilt die Ablehnung der deutschen Angebote durch Beck mit (UF XIII 167ff.)

26. November 1938: Kommuniqué der Polnischen und der Sowjetrussischen Regierung über die wechselseitigen Beziehungen

6. Dezember 1938: Deutsch-französische Erklärung (Vertrags-Ploetz 160f.)

5. Januar 1939: Unterredung Hitlers mit polnischem Außenminister Josef Beck in Berchtesgaden (UF XIII 169ff.)

6. Januar 1939: Unterredung Ribbentrops mit Beck in München (ebd. 172ff.)

25. Januar 1939: Rede Hitlers vor Offizierslehrgang in der Reichskanzlei (ebd. 179ff.)

26. Januar 1939: Unterredung Ribbentrops mit Beck in Warschau (ebd. 175ff.)

30. Januar 1939: Reichstagsrede Hitlers (ebd. 19ff.)

9. März 1939: Bericht des britischen Botschafters in Berlin Sir Nevile Henderson an Außenminister Halifax über Hitlers Politik (ebd. 36ff.)

10. März 1939: Bericht des deutschen Botschafters in Warschau Hans Adolf von Moltke über eine Unterredung mit Beck (ebd. 185ff.)

Stalins „Kastaniensrede" (ebd. 38ff.)

14. März 1939: Beginn des Einmarsches deutscher Truppen in die Tschechoslowakei

Einmarsch ungarischer Truppen in die Karpatho-Ukraine

Gesetz über den slowakischen Staat (ebd. 59)

15. März 1939: Befehl Hitlers an die deutsche Wehrmacht (ebd. 83)

Besetzung von Prag

Erklärung der Deutschen und der Tschechoslowakischen Regierung (ebd. 77f.; Vertrags-Ploetz 162ff.)

Erklärung Chamberlains im Unterhaus (ebd. 90f.)

16. März 1939: Erlaß Hitlers über das Protektorat Böhmen und Mähren (ebd. 86ff.)

17. März 1939: Rede Chamberlains in Birmingham (ebd. 95ff.)

18. März 1939: Schreiben von Litwinow an den deutschen Botschafter in Moskau Graf von der Schulenburg (ebd. 103f.)

Bericht des deutschen Botschafters in London Herbert von Dirksen über die Einstellung der Engländer zu den Ereignissen (ebd. 98ff.)

19. März 1939: Bericht des französischen Botschafters Coulondre über die deutsche Außenpolitik (ebd. 104ff.)

21. März 1939: Hitlers Angebot an Polen (Vertrags-Ploetz 164ff.). Ribbentrop erläutert dem polnischen Botschafter in Berlin Lipski die deutschen Forderungen in der Danzig-und Korridorfrage

22. März 1939: Litauen stimmt der Rückkehr des Memellandes zu. (UF XIII 111f.) Vertrag Deutschland-Litauen (ebd. 112ff.)

23. März 1939: Ribbentrop und Adalbert Tuka (Ministerpräsident 1939-1944) unterschreiben den Schutzvertrag für den slowakischen Vertrag (ebd. 84f.)

Einmarsch deutscher Truppen ins Memelland. Rede von Hitler in Memel (ebd. 115f.). Gesetz über die Wiedervereinigung des Memellandes mit dem Deutschen Reich (ebd. 116f.)

Abschluß eines deutsch-rumänischen Handelsvertrages

Polnische Teilmobilmachung

25. März 1939: Weisung Hitlers für den Oberbefehlshaber des Heeres, mit einem Operationsplan gegen Danzig und Polen zu beginnen (ebd. 117ff.)

Memorandum der polnischen Regierung (ebd. 192ff.)

26. März 1939: Lipski überreicht Ribbentrop das Memorandum seiner Regierung zu den deutschen Wünschen in der Danzig-und Korridorfrage. Eine Exterritorialität der Durchgangswege lehnt Polen ab. Man schlägt Verhandlungen vor (ebd. 190ff.)

Bericht Lipskis über die Unterredung mit von Ribbentrop (ebd. 194ff.)

28. März 1939: Der polnische Außenminister Beck erklärt dem deutschen Botschafter in Warschau von Moltke, nach den Ereignissen in Prag und Memel befürchte er eine Wende in den deutsch-polnischen Beziehungen (ebd. 197)

31. März 1939: Erklärung Chamberlains im Unterhaus zur Hilfeleistung für Polen (Garantieerklärung), auch im Namen Frankreichs (ebd. 206)

Deutsch-Spanischer Freundschaftsvertrag (Vertrags-Ploetz 166f.)

1. April 1939: Rede Hitlers in Wilhelmshaven anläßlich des Stapellaufes der „Tirpitz" über die englische Einkreisungspolitik (UF XIII 208ff.)

3. April 1939: Weisung Hitlers zur Vorbereitung eines Krieges gegen Polen für den Fall, daß eine Einigung nicht erreicht wird. Unter dem Decknamen „Fall Weiß" wird die Operation am 11. April der Wehrmacht zugestellt (ebd. 212ff; Hubatsch 17ff.)

Beck zu mehrtägigen Gesprächen in England. Er äußert starke Bedenken gegen ein Zusammengehen mit der Sowjet-Union

6. April 1939: Beistandspakt England – Polen: englisch-polnisches Kommuniqué (ebd. 206f.)

Lipski versichert Staatssekretär von Weizsäcker, daß Polen am Vertrag von 1934 festhalte, das Abkommen mit England defensiv und bilateral sei, Polen sich keinem Block angeschlossen habe (ebd. 214f.)

7. April 1939: Besetzung Albaniens durch italienische Truppen

13. April 1939: Garantieerklärung Englands und Frankreichs für Griechenland und Rumänien (ebd. 223f.)

14. April 1939: Botschaft von Roosevelt an Hitler und Mussolini (ebd. 224ff.)

15. April 1939: Diplomatische Sondierungen zwischen England, Frankreich und SU über Garantieerklärungen zugunsten Polens und Rumäniens

17. April 1939: Gespräch von Weizsäcker mit sowjetischem Botschafter in Deutschland Merekalow in Berlin (ebd. 344f.)

18. April 1939: Litwinow legt den Westmächten einen Entwurf für einen Beistandspakt vor mit der Verpflichtung, den Staaten zwischen Ostsee und Schwarzem Meer bei einem Angriff militärisch zu helfen (ebd. 347f.)

20. April 1939: Hitler wird vom Senat der Freien Stadt Danzig zum Ehrenbürger ernannt

24. April 1939: Vertrauliche Gespräche zwischen Beck und einer französischen Delegation in Warschau

Rückkehr der Botschafter Henderson und Coulandre nach Berlin (vorher aus Protest gegen die Zerstörung der CSR abgerufen)

26. April 1939: Ribbentrop an deutsche Botschaft in Tokio (ebd. 280ff.)

27. April 1939: Deutsches Memorandum zur Kündigung des deutsch-britischen Flottenabkommens; Englische Antwort am 23. Juni (ebd. 256f.)

Neues deutsches Memorandum an Polen (ebd. 261ff.)

28. April 1939: Große außenpolitische Erklärung Hitlers vor dem Reichstag: Kündigung des Nichtangriffspaktes mit Polen und des deutsch-britischen Flottenabkommens, Antwort auf die Roosevelt-Note an Hitler und Mussolini, gegenüber 30 Staaten eine Nichtangriffsgarantie zu geben (ebd. 227ff.)

Mai 1939: Entwurf eines Konsultations- und Beistandpaktes zwischen Japan, Italien und Deutschland

4. Mai 1939: Molotow löst Litwinow als Außenminister ab

Chamberlain erklärt im Unterhaus, daß seine Regierung eine friedliche Einigung zwischen Deutschland und Polen in der Danzig-Frage bevorzuge

Denkschrift Mussolinis über die deutsch-italienischen Verhandlungen (ebd. 282ff.)

5. Mai 1939: Memorandum der polnischen Regierung und Rede von Beck vor dem Sejm (ebd. 267f.; 269ff.)

Britisch-französisch-polnische Militärvereinbarungen (ebd. 274ff.)

6./7. Mai 1939: Aussprache Ribbentrop – Ciano in Mailand (ebd. 284ff.)

8. Mai 1939: Englischer Gegenvorschlag auf Angebot der SU vom 18. April (ebd. 349)

11. Mai 1939: Chamberlain: es gibt keine „Einkreisungspolitik" des Westens gegen Deutschland

Besuchsreisen Hitlers an den Westwall

15. Mai 1939: Antwort der SU an England (ebd. 351)

20. Mai 1939: Gespräch von Schulenburgs mit Molotow über eine mögliche gemeinsame Politik (ebd. 352f.)

Halifax und Bonnet arbeiten die Grundlinien eines dreiseitigen Beistandspaktes mit der Sowjetunion aus

21. Mai 1939: Senatspräsident Arthur Greiser aus Danzig interveniert in Warschau wegen erneuter Provokationen durch polnische Zöllner

22. Mai 1939: „Stahl-Pakt" zwischen Deutschland und Italien (ebd. 267ff; Vertrags-Ploetz 167ff.)

Britische Denkschrift über die englisch-sowjetischen Verhandlungen (ebd. 364ff.)

23. Mai 1939: Rede Hitlers vor Generälen und Parteiführern über den kommenden Krieg (ebd. 291ff.)

24. Mai 1939: Vortrag des Chefs des Wehrwirtschaftsstabes Generalmajor Thomas vor Beamten des Auswärtigen Amtes (ebd. 298ff.)

25. Mai 1939: Paktvorschlag der Westmächte gegenüber der SU (ebd. 370f.)

28. Mai 1939: Carl Jacob Burckhardt , der Hohe Kommissar des Völkerbundes in Danzig, spricht nach seiner Rückkehr aus Warschau mit Senatspräsident Greiser und Gauleiter Forster wie mit dem polnischen Vertreter in Danzig

30. Mai 1939: Gespräch Weizsäcker und Geschäftsträger Astachow: Trennung des innenpolitischen Kampfes gegen die Kommunisten von der Außenpolitik als Voraussetzung neuer gemeinsamer Politik; Telegramm von Weizsäcker an von Schulenburg (ebd. 354f.)

Denkschrift Mussolinis nach dem „Stahlpakt" (ebd. 289ff.)

31. Mai 1939: Anweisung an die deutsche Presse, die SU nicht mehr publizistisch anzugreifen

Rede Molotows vor dem Obersten Sowjet

Nichtangriffspakt Deutschland-Dänemark (ebd, 273f.)

2. Juni 1939: Antwort von Molotow an die Westmächte mit eigenem Paktvorschlag (ebd. 371f.)

6. Juni 1939: Neuer Paktvorschlag der Westmächte an SU (ebd. 372f.)

7. Juni 1939: Unterzeichnung von Nichtangriffspakten mit Estland und Lettland in Berlin

8. Juni 1939: Lord Halifax versichert im Oberhaus, daß das Ziel der britischen Politik die Verständigung mit Deutschland sei

10. Juni 1939: Zunahme der Meldungen über „polnische Provokationen". Polnische Regierung spricht dem Danziger Senat das Recht ab, sich in politische Fragen einzumischen. Man beharrt auf der Tätigkeit der polnischen Zollinspekteure. Androhung von wirtschaftlichen Maßnahmen

In Paris bestätigen Bonnet und der polnische Botschafter die gegenseitigen Beistandsverpflichtungen (kein Friede um jeden Preis)

13. Juni 1939: Gaukulturwoche der NSDAP in Danzig als Bekenntnis der Zugehörigkeit zum Reich

14. Juni 1939: Geheime Kommandosache über Operationsabsichten im „Fall Weiß" (ebd. 297f.)

15. Juni 1939: London verstärkt französisch-britisch-sowjetische Gespräche in Moskau

Der bulgarische Gesandte in Berlin berichtet dem deutschen Außenministerium über ein Gespräch mit Astachow (ebd. 355f.)

16. Juni 1939: Antwort der SU auf westlichen Paktvorschlag (ebd. 374f.)

17. Juni 1939: Rede von Goebbels in Danzig (ebd. 308ff.)

22. Juni 1939: Note von Bonnet an deutschen Botschafter Graf Welczek in Paris (ebd. 319f.)

10. Juli 1939: Chamberlain läßt im Unterhaus keinen Zweifel an der militärischen Hilfe für Polen, wenn dessen Lebensinteressen bedroht würden

Bericht des Botschafters Herbert von Dirksen aus London über die englische Stimmung (ebd. 322ff.)

13. Juli 1939: Forster bei Hitler in Berchtesgaden

Schreiben von Ribbentrop an Bonnet (ebd. 320ff.)

17. Juli 1939: Molotow fordert ultimativ von England und Frankreich den gleichzeitigen Abschluß eines politischen und militärischen Bündnisses

19. Juli 1939: Antipolnische Rede des Oberbefehlshabers des Heeres von Brauchitsch in Tannenberg

24. Juli 1939: In den Zeitungen immer mehr Berichte über „Opfer des polnischen Terrors"

Vertragsentwurf über ein Bündnis zwischen der SU und den Westmächten (ebd. 381ff.; Vertrags-Ploetz 170ff.)

27. Juli 1939: Anweisung Hitlers an das OKW für die Besetzung des Freistaates Danzig ohne Krieg mit Polen

Tägliche Meldungen in den deutschen Zeitungen über Übergriffe gegenüber Volksdeutschen in Polen und Danzig

1. August 1939: Bericht des Botschafters von Moltke über die moralische und materielle Widerstandskraft des polnischen Volkes (ebd. 384ff.)

2. August 1939: Tagesbefehl des Oberbefehlshabers des Heeres von Brauchitsch (ebd. 332)

3. August 1939: Telegramm von Ribbentrop an von Schulenburg (ebd. 357f.)

6. August 1939: Hitler erklärt sich bereit, der SU im Balticum und in Finnland freie Hand zu lassen

7. August 1939: Geheimtreffen Görings mit dem Schweden Birger Dahlerus, der England von einer militärischen Hilfe für Polen abhalten soll

Fortführung der Verhandlungen der Militärkommissionen des Westens und der SU in Moskau (ebd. 422ff.)

10. August 1939: Moskau erklärt sich zu umfassenden Verhandlungen mit Deutschland bereit; Unterredung des Legationsrates D. Julius Schnurre in Berlin mit dem Geschäftsträger Astachow in Berlin (ebd. 444ff.)

„Brandrede" von Forster in Danzig (ebd. 392f.)

Einladung Burckhardts von Hitler nach Berchtesgaden

11. August 1939: Gespräche Ribbentrop mit Graf Ciano in Salzburg

Tagebucheintragungen von Ciano (ebd, 417ff.)

Bericht von Burckhardt über sein Gespräch mit Hitler (ebd. 394ff.)

12. August 1939: Beginn der Besprechungen einer englisch-französischen Militärdelegation mit Marschall Woroschilow in Moskau. Letzte Sitzung am 25. August

12./13. August 1939: Berichte von Dr. Schmidt über die Gespräche Hitlers mit Ciano (ebd. 400ff; 409ff.)

Tagebucheintragungen von Ciano, der enttäuscht über Hitlers Kriegspolitik nach Rom zurückkehrt (ebd. 417ff.)

Burckhardts pessimistischer Bericht über sein Gespräch mit Hitler an die Außenminister der Westmächte

14. August 1939: Molotow bereit, die Verhandlungen aufzunehmen. Hitler bietet Besuch von Ribbentrop in Moskau an; Schreiben von Ribbentrop an Moskauer Botschaft (ebd. 446ff.)

Hitler weist die Oberbefehlshaber der Wehrmacht an, den „Blitzkrieg" gegen Polen für den 26. August zu planen

Unterbrechung der Militärverhandlungen der Westmächte in Moskau; (sowjetischer stenographischer Bericht) (ebd. 422ff.)

16. August 1939: Hitler geht auf den Vorschlag Molotows für einen Nichtangriffspakt ein und schlägt Verhandlungen in Moskau vor

18. August 1939: Aufmarsch der „SS-Heimwehr" in Danzig als Antwort auf polnische Kriegsdrohungen

Ewald von Kleist-Schmenzin berichtet in London, daß der Krieg gegen Polen in Berlin beschlossene Sache sei

Telegramm von Schulenburg an Ribbentrop mit Antwort der sowjetischen Regierung (ebd. 448ff.)

Eintreffen einer deutschen landwirtschaftlichen Delegation in Moskau (ebd. 450f.)

19. August 1939: Warnung von Papst Pius XII vor Gewaltanwendung

Handels- und Kreditabkommen zwischen SU und Deutschland

Entwurf von Molotow für einen deutsch-sowjetischen Nichtangriffspakt

Bericht von Botschafter Attolico in Berlin an Ciano (ebd. 419)

20. August 1939: Telegramm Hitlers an Stalin (ebd. 451f.)

21. August 1939: Stalin gibt durch Telegramm die Zustimmung zum Empfang von Ribbentrop, um einen Nichtangriffspakt auszuarbeiten (ebd. 452)

Letzte Sitzung der Militärdelegation der Westmächte mit der sowjetischen Delegation unter Marschall Woroschilow (ebd. 442)

Ribbentrop unterrichtet den japanischen Botschafter Oshima über die neue Entwicklung (ebd. 484f.)

Edouard Daladier bricht Urlaub ab

22. August 1939: Reden Hitlers auf dem Obersalzberg vor den Oberbefehlshabern zur politischen Lage in Europa (ebd. 477ff.)

Gestellungsbefehle an Wehrpflichtige in Deutschland

Schreiben Chamberlains an Hitler (ebd. 486f.)

23. August 1939: Ribbentrop trifft in Moskau ein, verhandelt mit Molotow und Stalin; noch in der Nacht Unterzeichnung des Nichtangriffspaktes. Er wird durch ein Geheimes Zusatzprotokoll ergänzt (ebd. 453ff; Vertrags-Ploetz 173ff.)

Besuch von Henderson auf dem Obersalzberg, der den Brief Chamberlains vom 22. August überbringt. Hitler gibt England die Schuld an der Verhärtung der Positionen (ebd. 488ff.)

Antwortschreiben Hitlers an Chamberlain (ebd. 492ff.)

Senat von Danzig erklärt Forster zum Staatsoberhaupt und Greiser zum Ministerpräsidenten (ebd. 525)

Tagebucheintragungen von Graf Ciano (ebd. 512)

Präsident Roosevelt an den italienischen König Victor Emanuel III (ebd. 511f.)

24. August 1939: Englisches Parlament verabschiedet nach Rede von Halifax Notstandsgesetze; große Einmütigkeit in den englischen Parlamenten. Alarmbereitschaft in England (ebd. 497ff.)

Paris ruft Militärkommission aus Moskau zurück

Friedensappell des Papstes

Gespräch von Weizsäcker-Hitler in Berchtesgaden (ebd. 483f.)

Erklärungen Ribbentrops zum Nichtangriffsvertrag (ebd. 458f.)

Hitler trifft mit Gefolge abends in Berlin ein

Göring bittet Birger Dahlerus aus Stockholm nach Berlin

25. August 1939: Hitler empfängt Henderson und Coulandre und macht Vorschläge für die Lokalisierung des Krieges gegen Polen (ebd. 530ff.; 535ff.; Vertrags-Ploetz 177ff.)

Deutsche Aufzeichnung und Bericht von Henderson an Lord Halifax nach London und von Coulondre an Bonnet nach Paris abgeschickt

Dahlerus fliegt morgens nach London

England schließt mit Polen einen militärischen Beistandspakt, nach dem Polen im Falle eines deutschen Angriffs mit Hilfe rechnen kann. Geheimes Zusatzprotokoll (ebd. 504ff.; Vertrags-Ploetz 180ff.)

Teilmobilmachung in Polen

Einlaufen des Schulschiffes „Schleswig-Holstein" im Danziger Hafen.

Hitler hebt den für 16 Uhr gegebenen Einmarschbefehl wieder auf.

Schreiben Hitlers an Mussolini; Antwort von Mussolini (ebd. 513ff.)

Botschafter Attolico bei Hitler (ebd. 517ff.)

Berichte aus deutscher und polnischer Sicht über die „Grenzzwischenfälle" (25. August bis 1. September) (ebd. 524f.)

26. August 1939: Brief von Daladier an Hitler für eine friedliche Verständigung mit Polen (ebd. 537ff.)

Appell von Roosevelt an Hitler

Weitere Auslagerungen von Kunstschätzen aus Paris

Schreiben Mussolinis an Hitler; Antwort von Hitler (ebd. 519ff.)

Rückflug von Dahlerus nach Berlin

26./27. August 1939: Hitlers Programmpunkte für England (ebd. 548)

27. August 1939: Gespräch zwischen Botschafter Coulondre und Hitler (ebd. 539f.)

Antwortbrief von Hitler an Daladier (ebd. 540f.)

Angebot Hitlers an England durch Birger Dahlerus (ebd. 548f.)

Brief Hitlers an Mussolini; Botschaft Mussolinis an Hitler (ebd. 520f.)

Dahlerus morgens im englischen Kabinett, abends wieder in Berlin (ebd. 542ff.)

Ausgabe von Lebensmittelkarten in Deutschland

28. August 1939: Henderson kehrt aus London mit Verhandlungsvorschlägen Chamberlains zurück: Polen sei zu Verhandlungen bereit (ebd. 555ff.)

Hitler stimmt zu; Telegramm von Henderson an Halifax (Ergänzung am 29. August) (ebd. 558ff.; 561f.)

Aufzeichnung von Dr. Schmidt über die Unterredung Hitlers mit Henderson in Anwesenheit von Ribbentrop (ebd. 554f.)

Bereitstellung von Sonderzügen für Hitler, Göring und Himmler

Allgemeine Mobilmachung in den Niederlanden

Einrücken deutscher Truppen in die Slowakei

29. August 1939: Hitler antwortet Chamberlain, er erwarte zum 30. August einen polnischen Sonderbevollmächtigten. Erregte Unterredung zwischen Henderson und Hitler (ebd. 567f.)

Schreiben Mussolinis an Hitler (ebd. 563f.)

Dahlerus reist im Auftrage von Göring noch einmal nach London.

Note der Deutschen Regierung an die Britische Regierung (ebd. 565ff.)

Einberufung neuer Jahrgänge in Deutschland

Paris übt Verdunkelung

30. August 1939: Britisches Memorandum an die Deutsche Regierung (ebd. 573f.)

Ribbentrop legt Henderson mündlich 16 Vorschläge vor; Bericht von Dr. Schmidt über diese Unterredung (ebd. 574ff.)

Deutscher Vorschlag für eine Regelung des Danzig-Korridor-Problems sowie der deutsch-polnischen Minderheitenfrage (ebd. 581ff.)

Hitler bildet einen Reichsrat für die Reichsverteidigung: Göring, Hess, Lammers, Keitel, Funk, Frick (ebd. 551f.)

Polnische Generalmobilmachung

Hitler legt vor Brauchitsch und Keitel den Angriffstermin fest: Freitag, 1. September 4.45 Uhr

Lord Halifax an Sir H. Kennard in Warschau: Drängen auf polnische Verhandlungsbereitschaft (ebd. 571)

31. August 1939: Spannung auf dem Höhepunkt, hektischer Telephonverkehr zwischen den Hauptstädten. Appelle zum Frieden von vielen Seiten. Versuche von Deutschen, Hitler, der immer noch an ein Zurückweichen der Westmächte glaubt, zu anderer Politik zu bewegen.

Gegen 21 Uhr beide westlichen Botschafter im Auswärtigen Amt, um die deutschen Vorschläge in Empfang zu nehmen. Auf das Nichterscheinen eines polnischen Sonderbevollmächtigten wird hingewiesen. Italien macht letzte Konferenzvorschläge.

Von Weizsäcker bittet Ulrich von Hassel um Gespräch mit Henderson und Göring

Dahlerus bei Lipski und Göring. Mit Göring zusammen bei Henderson. Alles ohne Ergebnis (ebd. 585ff.)

Rede von Molotow vor dem Obersten Sowjet (ebd. 459ff.)

Telegramm von Henderson an Halifax (ebd. 584f.)

Lipski bei Ribbentrop: Ende des diplomatischen Gesprächs (ebd. 589f.)

Amtliche deutsche Mitteilung über das Scheitern der diplomatischen Bemühungen (ebd. 590f.)

Weisung Nr. 1 des Obersten Befehlshabers der Wehrmacht Adolf Hitler für die Kriegsführung (ebd. 594f.; Hubatsch 19ff.)

Meldung über den polnischen Anschlag auf den deutschen Sender Gleiwitz (ebd. 595ff.)

Tagebucheintragung von Weizsäcker (ebd. 593)

Bericht von Dahlerus über seine Besprechungen (ebd. 585ff.)

1. September 1939: London drängt Warschau, mit Deutschland Fühlung zu nehmen (0.50 Uhr) (ebd. 591f.)

Die „Schleswig-Holstein" beschießt die Westerplatte (4.45 Uhr). Angriff der deutschen Armeen

Telegramme Hitlers an Mussolini (ebd. 615; 617f.)

Rede Hitlers vor dem Reichstag (ebd. 597ff.)

Aufruf Hitlers an die deutsche Wehrmacht (ebd. 609f.)

Bericht von Dahlerus über das Verhalten Hitlers am 1. September (ebd. 602ff.)

Gesetz über die Wiedervereinigung Danzigs mit dem Deutschen Reich (ebd. 605ff.)

Henderson und Coulondre bei Ribbentrop. Berichte von Schmidt (ebd. 611f.; 612f.)

Proklamation des Präsidenten Moscicki an die polnische Nation (UF XIV 7)

Beginn des „Volkstumskampfes" gegen die Polen: Vertreibungen und Erschießungen

Französische Zustimmung zum italienischen Konferenzvorschlag (UF XIII 617)

2. *September 1939:* Vorschlag Mussolinis zur Erhaltung des Friedens in Europa (ebd. 616)

3. *September 1939:* Französische und britische Ultimaten an Deutschland werden von Deutschland abgelehnt

Memorandum der Deutschen Reichsregierung an die Britische Regierung (ebd. 627ff.)

Note der Französischen Regierung an die Deutsche Reichsregierung (ebd. 631f.)

Botschaft Hitlers an Mussolini (ebd. 621f.)

Kriegserklärungen Großbritanniens und Frankreichs an Deutschland (ebd. 623ff.; Vertrags-Ploetz 182f.)

Aufruf Hitlers an das Deutsche Volk (ebd. 635ff.)

Aufruf Hitlers an die NSDAP (ebd. 637f.)

„Bromberger Blutsonntag"; in den ersten Kriegswochen kommen ca 13.000 Volksdeutsche um

4. *September 1939:* Französisch-polnisches Protokoll (Bonnet-Lukasiewicz)

Rede Chamberlains an das deutsche Volk (ebd. 641ff.)

9. *September 1939:* Rede Görings in den Rheinmetall-Borsigwerken in Berlin-Tegel (UF XIV 19ff.)

15. *September 1939:* Weisung von Ribbentrop an von Schulenburg (ebd. 34f.)

17. *September 1939:* Einmarsch sowjetischer Truppen in Ostpolen

Telegramm von Schulenburg an Berlin (ebd. 35f.)

Polnische Regierung und Heeresleitung lassen sich in Rumänien internieren

18. *September 1939:* Deutsch-sowjetische Erklärung (ebd. 41)

21. *September 1939:* Schnellbrief von Reinhard Heydrich an die Chefs aller Einsatzgruppen der Sicherheitspolizei (ebd. 159ff.)

25. *September 1939:* Gemeinsame Parade der Wehrmacht und der Roten Armee in Brest-Litowsk

27./28. *September 1939:* Kapitulation von Warschau

28. *September 1939:* Deutsch-sowjetischer Grenz- und Freundschaftsvertrag durch Molotow und von Ribbentrop in Moskau unterzeichnet, mit vertraulichem Protokoll und Zusatzprotokoll; gemeinsame Erklärung der deutschen Reichsregierung und der Regierung der UDSSR (ebd. 47f.; 48; 49f.; 50; Vertrags-Ploetz 184f.)

Beistandspakt UDSSR – Estland (ebd. 63ff.)

30. *September 1939:* Bildung einer polnischen Exilregierung unter General Sikorski in Frankreich

6. *Oktober 1939:* Kapitulation der letzten polnischen Feldtruppen

Reichstagsrede Hitlers mit dem „Friedensangebot" (ebd. 66ff.)

7. *Oktober 1939:* Erlaß Hitlers zur Festigung deutschen Volkstums (ebd. 85f.)

8. Oktober 1939: Erlaß Hitlers über Gliederung und Verwaltung der Ostgebiete (ebd. 87ff.)

12. Oktober 1939: Erlaß Hitlers über die Verwaltung der besetzten polnischen Gebiete (ebd. 89f.)

15. Oktober 1939: Protokoll über die Umsiedlung der deutschen Volksgruppe Estlands in das Deutsche Reich (ebd. 90ff.)

19. Oktober 1939: Rundschreiben des Reichskommissars für die Festigung des deutschen Volkstums Himmler an die Obersten Reichsbehörden (ebd. 99ff.)

20. Oktober 1939: Besprechung Hitlers mit Keitel über die künftige Gestaltung der polnischen Verhältnisse zu Deutschland (ebd. 105f.)

25. Oktober 1939: Fortfall der deutschen Militärverwaltung in Polen

26. Oktober 1939: Proklamation des Generalgouverneurs für die besetzten polnischen Gebiete Reichsminister Dr. Hans Frank. Erste Verordnungen (ebd. 109ff.)

Bildung der Reichsgaue Westpreußen-Danzig und Posen (Wartheland), unter Erhaltung der alten Polizei-und Zollgrenzen

30. Oktober 1939: Vertrag über die Umsiedlung lettischer Bürger deutscher Volkszugehörigkeit in das Deutsche Reich (ebd. 94ff.)

November 1939: Richtlinien für die Erfassung der deutschen Volkszugehörigen im Reichsgau Wartheland in der „Deutschen Volksliste" (ebd. 121ff.)

3. November 1939: Deutsch-sowjetische Umsiedlungsvereinbarung (ebd. 98f.)

8. November 1939: Polizeibesprechung bei Frank über die Umsiedlungen in Polen

23. November 1939: Ansprache Hitlers vor den Oberbefehlshabern (ebd. 312ff.)

Verordnung von Frank über die Kennzeichnung von Juden und Jüdinnen (ebd. 163ff.)

30. November 1939: Beginn des finnisch-sowjetischen Winterkrieges

Dokumente:

UF = Ursachen und Folgen (s. Anmerkung zum Text)

Vertrags-Ploetz = Rönnefarth-Euler, Konferenzen und Verträge, Teil II, Band 4 A: Neueste Zeit 1914-1959, Würzburg 1959

Vorbereitung und Beginn des Krieges gegen die Sowjetunion am 22. Juni 1941

Hitler und der Osten vor 1933

Hitlers Programmschrift „Mein Kampf" (1924/25) enthält als 14. Kapitel das Kapitel „Ostorientierung oder Ostpolitik".

Als Aufgabe der Außenpolitik formuliert er:

„Die Außenpolitik des völkischen Staates hat die Existenz der durch den Staat zusammengefaßten Rasse auf diesem Planeten sicherzustellen, indem sie zwischen der Zahl und dem Wachstum des Volkes einerseits und der Große und Güte des Grund und Bodens andererseits ein gesundes, lebensfähiges, natürliches Verhältnis schafft." (728)

Und:

„Nur ein genügend großer Raum auf dieser Erde sichert einem Volke die Freiheit des Daseins." (728)

Aus dieser völkisch-rassischen Zielbestimmung von Außenpolitik ergibt sich die Aufgabe, daß Deutschland als Weltmacht „neuen Grund und Boden erobern" muß, „um den Boden in Einklang zu bringen mit der Volkszahl." (735)

Es geht Hitler nicht um die Wiederherstellung der Grenzen von 1914, nicht um die Wiedergutmachung des Unrechts von Versailles, also nicht um Revisionspolitik, sondern um die Eroberung neuen Raumes und das heißt um die Neugestaltung Europas. In allen bevorstehenden Kämpfen, die mit historischer Notwendigkeit kommen, geht es im Kern um die Befreiung von der jüdischen Weltherrschaft. Es gilt:

„Nur die gesammelte konzentrierte Stärke einer kraftvoll sich aufbäumenden nationalen Leidenschaft vermag der internationalen Völkerversklavung zu trotzen. Ein solcher Vorgang ist und bleibt ein blutiger." (738)

Und es gilt weiter:

„...müssen wir Nationalsozialisten an unserem außenpolitischen Ziele festhalten, nämlich dem deutschen Volk den ihm gebührenden Grund und Boden auf dieser Erde zu sichern. Und diese Aktion ist die einzige, die vor Gott und unserer deutschen Nachwelt einen Bluteinsatz gerechtfertigt erscheinen läßt: Vor Gott, insofern wir auf diese Welt gesetzt sind mit der

Bestimmung des ewigen Kampfes um das tägliche Brot, als Wesen, denen nichts geschenkt wird, und die ihre Stellung als Herren der Erde nur der Genialität und dem Mute verdanken, mit dem sie sich diese zu erkämpfen und zu wahren wissen; vor unserer deutschen Nachwelt aber, insofern wir keines Bürgers Blut vergossen, aus dem nicht tausend andere der Nachwelt geschenkt werden. Der Grund und Boden, auf dem dereinst deutsche Bauerngeschlechter kraftvoll Söhne zeugen können, wird die Billigung des Einsatzes der Söhne von heute zulassen, die verantwortlichen Staatsmänner aber, wenn auch von der Gegenwart verfolgt, dereinst freisprechen von Blutschuld und Volksopferung." (739f.)

Geschichte ist ewiger Kampf um das Brot, das heißt um Grund und Boden. Der blutige Kampf um das Lebenkönnen und um die freie Entfaltung des Volkes ist eine von Gott der Natur der Geschichte eingepflanzte Aufgabe. Die damit verbundenen Opfer als Saat für die Zukunft sind angesichts des Wesens der Geschichte gerechtfertigt. „Bodenerwerb" verletzt nicht „die Menschenrechte"; denn: es gibt keine ewig festgelegten Grenzen und Lebensräume. „Staatsgrenzen werden durch Menschen geschaffen und durch Menschen geändert." (740) In der Kraft allein liegt das Recht. Den Boden der Zukunft weist keine „göttliche Gnade" zu, sondern „die Gewalt eines siegreichen Schwertes". (741)

Das Recht auf Grund und Boden kann zur Pflicht werden. Will Deutschland Weltmacht werden, muß es bereit sein, den notwendigen Kampf zu führen. Denn: „Deutschland wird entweder Weltmacht oder überhaupt nicht sein." (742)

Die konkrete Folgerung:

„Damit ziehen wir Nationalsozialisten bewußt einen Strich unter die außenpolitische Richtung unserer Vorkriegszeit. Wir setzen dort an, wo man vor sechs Jahrhunderten endete. Wir stoppen den ewigen Germanenzug nach dem Süden und Westen Europas und weisen den Blick nach dem Land im Osten. Wir schließen endlich ab die Kolonial-und Handelspolitik der Vorkriegszeit und gehen über zur Bodenpolitik der Zukunft. Wenn wir aber heute in Europa von neuem Grund und Boden reden, können wir in erster Linie nur an Rußland und die ihm untertanen Randstaaten denken." (742)

Und hier gilt: das Schwert muß dem Pflug den Boden geben.

In Rußland ist unter der Herrschaft des Bolschewismus an die Stelle der früheren germanischen Führungsschicht die minderwertige Rasse der Juden, „der Jude" getreten. Für ihn gilt:

„Er selbst ist kein Element der Organisation, sondern ein Ferment der Dekomposition. Das Riesenreich im Osten ist reif zum Zusammenbruch. Und das Ende der Judenherrschaft in Rußland wird auch das Ende Rußlands als Staat sein. Wir sind vom Schicksal ausersehen, Zeugen einer Katastrophe zu werden, die die gewaltigste Bestätigung für die Richtigkeit der völkischen Rassentheorie sein wird." (743)

Hier ist der Schulterschluß vollzogen zwischen raumpolitischer Argumentation auf dem ideologischen Fundament sozialdarwinistischer Theorien (Kampf ums Dasein, Recht des Stärkeren u.a.) mit rassenpolitischen Intentionen auf dem Fundament einer Rassentheorie, die der arischen Rasse den weltgeschichtlichen Auftrag gibt, den Befreiungskampf der Völker gegen das Weltjudentum zu führen.

Hitler argumentiert weiter: mit den heutigen Machthabern in Rußland läßt sich kein ehrliches Bündnis schließen. Und fährt fort:

„Man vergesse doch nie, daß die Regenten des heutigen Rußlands blutbefleckte gemeine Verbrecher sind, daß es sich hier um einen Abschaum der Menschheit handelt, der, begünstigt durch die Verhältnisse in einer tragischen Stunde, einen großen Staat überrannte, Millionen seiner führenden Intelligenz in wilder Blutgier abwürgte und ausrottete und nun seit bald zehn Jahren das grausamste Tyrannenregiment aller Zeiten ausübt. Man vergesse weiter nicht, daß diese Machthaber einem Volk angehören, das in seltener Mischung bestialische Grausamkeit mit unfaßlicher Lügenkunst verbindet und sich heute mehr denn je berufen glaubt, seine blutige Unterdrückung der ganzen Welt aufbürden zu müssen. Man vergesse nicht, daß der internationale Jude, der Rußland heute restlos beherrscht. In Deutschland nicht einen Verbündeten, sondern einem zu gleichem Schicksal bestimmten Staat sieht. Man schließt aber keinen Vertrag mit einem Partner, dessen einziges Interesse die Vernichtung des anderen ist. Man schließt ihn vor allem nicht mit Subjekten, denen kein Vertrag heilig sein würde, da sie nicht als Vertreter von Ehre und Wahrhaftigkeit auf dieser Welt leben, sondern als Repräsentanten der Lüge, des Betrugs, des Diebstahls, der Plünderung, des Raubes." (750)

Das Urteil ist klar und radikal: die Bolschewisten, in denen russisches und jüdisches Untermenschentum zusammenfließen, sind Feinde Deutschlands. Der russische Bolschewismus ist der Versuch des Judentums, sich die Weltherrschaft anzueignen.

Das nächste Ziel für den Bolschewismus ist Deutschland:

„Deutschland ist heute das nächste große Kampfziel des Bolschewismus. Es bedarf aller Kraft einer jungen missionshaften Idee, um unser Volk noch einmal emporzureißen, aus der Umstrickung dieser internationalen Schlange zu lösen und der Verpestung unseres Blutes im Innern Einhalt zu tun, auf daß die damit frei werdenden Kräfte der Nation für eine Sicherung unseres Volkstums eingesetzt werden können...." (751f.)

Der Bolschewismus ist für Hitler und seine nationalsozialistische Bewegung der Feind schlechthin, der innenpolitisch in Deutschland zu besiegen und außenpolitisch als Instrument jüdischer „Weltbolschewisierung" zu bekämpfen ist. Der Imperativ in Hitlers sog. „politischen Testament" heißt entsprechend:

„Sorgt dafür, daß die Stärke unseres Volks ihre Grundlagen nicht in Kolonien, sondern im Boden der Heimat in Europa erhält! Haltet das Reich nie für gesichert, wenn es nicht auf Jahrhunderte hinaus jedem Sprossen unseres Volkes sein eigenes Stück Grund und Boden zu geben vermag! Vergeßt nie, daß das heiligste Recht auf dieser Welt das Recht auf Erde ist, das man selbst bebauen will, und das heiligste Opfer das Blut, das man für diese Erde vergießt!" (754f.)

Die Deutschen – ein Volk von Bauern, die ihre eigene Scholle bebauen und von ihr leben. Deutschland – ein agrarisches Riesenland in Europa. Und eine germanische Führungsschicht bringt Leben und Kultur in die Weiten Osteuropas.

Das Fazit:

„Nicht West- und nicht Ostorientierung darf das zukünftige Ziel unserer Außenpolitik sein, sondern Ostpolitik im Sinne der Erwerbung der notwendigen Scholle für unser deutsches Volk. Da man dazu Kraft benötigt, der Todfeind unseres Volkes aber, Frankreich uns unerbittlich würgt und die Kraft raubt, haben wir jedes Opfer auf uns zu nehmen, das in seinen Folgen geeignet ist, zu einer Vernichtung der französischen Hegemoniebestrebung in Europa beizutragen. Jede Macht ist heute unser natürlicher

Verbündeter, die gleich uns Frankreichs Herrschsucht auf dem Kontinent als unerträglich empfindet. Kein Gang zu einer solchen Macht darf uns zu schwer sein und kein Verzicht als unaussprechbar erscheinen, wenn das Endergebnis nur die Möglichkeit einer Niederwerfung unseres grimmigsten Hassers bietet." (757)

Das strategische Vorgehen ist angedeutet: die Eroberung von Ostraum hat den Sieg über Frankreich zur Voraussetzung. Beides zusammen ergibt die deutsche Hegemonie in Europa.

Auch in seinem sogenannten Zweiten Buch (1928) hat Hitler konstatiert, daß Rußland von den jüdischen Bolschewisten innerlich zerstört worden sei. Und noch einmal: „.....das Ziel der deutschen Außenpolitik (ist) dort zu suchen, wo es einzig und allein liegen kann: Raum im Osten." (5) Die dortige Bevölkerung soll „entfernt" werden.

Die ideologischen und programmatischen Aussagen Hitlers sind eindeutig: das deutsche Volk hat ein geschichtliches Recht auf Raum im Osten. Und es hat die historische Mission, den Bolschewismus, der ein jüdisches Erzeugnis ist, zu zerstören. Es zerstört damit den Hauptträger des Weltjudentums, das seine Herrschaft über die ganze Welt ausbreiten will. Kampf um Ostraum wird gleichzeitig Kampf um einen judenfreien Raum. Eroberung von Raum und Vernichtung der Juden verschränken sich zum Zukunftsziel nationalsozialistischer Außenpolitik. Diese bricht bewußt mit allen traditionellen Formen von Außenpolitik und mit allen internationalen Vereinbarungen über Menschenrechte und über Völkerrecht. Der im Kampf Siegreiche bestimmt die staatliche Raumordnung in Europa und setzt das Recht des Stärkeren. Bewußt will man den Bruch mit bisherigen europäischen Wertordnungen und Umgangsformen.

Die spätere Politik Hitlers basiert auf einem sozialdarwinistischen, biologisch-materialistischem Verständnis von Geschichte und auf einer Rassentheorie, die die eigene arische Rasse zur Höchstform geistig-kultureller und politisch-militärischer Fähigkeiten erklärt und daraus das Recht und die Pflicht zur Herrschaft über alle minderwertigeren Rassen ableitet. Als radikale Alternative zum biologisch und menschlich, geistig und kulturell verderbten Rassejudentum ist das arisch-germanische Volk der Deutschen von der Geschichte dazu berufen, die Judenfrage als eine deutsche, eine europäische und als eine Weltfrage endgültig zu lösen.

Selbstverständlich kann man die spätere Politik Hitlers nicht monokausal und einlinig unmittelbar aus diesen weltanschaulichen Prämissen und weltmessianischen Perspektiven ableiten. Viele weitere Faktoren sind an Hitlers praktisch-politischen Entscheidungsprozessen beteiligt. Die jeweiligen machtpolitischen und außenpolitischen Konstellationen spielen in seiner politischen Taktik genauso wie ökonomische und psychologische Fakten und Faktoren eine entscheidende Rolle. Seine praktische Politik ist immer eine Symbiose aus weltanschaulich-dogmatischer Weltsicht und politischem Kalkül, aus ideologisch-axiomatischen Vorentscheidungen und strategisch-taktischen Entscheidungen.

Hitler und der Osten nach 1933 bis zum Kriegsausbruch 1939

Schon am 3. Februar 1933 macht Hitler grundsätzliche Ausführungen über die Ziele seiner Politik als Reichskanzler gegenüber den Befehlshabern des Heeres und der Marine (UF X 114.) Als Ziel der Gesamtpolitik formuliert er „die Wiedergewinnung der politischen Macht". Die „wichtigste Voraussetzung" ist ihm der Aufbau der Wehrmacht. Besser als die „Erkämpfung neuer Exportmöglichkeiten" nennt er die „Eroberung neuen Lebensraums im Osten und dessen rücksichtslose Germanisierung". Also: schon wenige Tage nach der Machtübergabe zeigt er der Wehrmacht, was auf sie zukommt: die Vorbereitung des Krieges um Lebensraum im Osten.

In einer weiteren Rede vor der Reichswehr spricht er am 28. 2. 1934 von der Möglichkeit des Krieges gegen England und Frankreich, um dann gegen die Sowjetunion vorzugehen.

Wichtig ist Hitlers Reichstagsrede vom 30. Januar 1939 (UF XIII 19ff.) Nach einem Rückblick auf seine außenpolitischen Erfolge gerade im Jahr 1938 kommt er auf die „Judenfrage" zu sprechen. Er führt aus:

„Ich will heute wieder ein Prophet sein: wenn es dem internationalen Finanzjudentum in – und außerhalb Europas gelingen sollte, die Völker noch einmal in einen Weltkrieg zu stürzen, dann würde das Ergebnis nicht die Bolschewisierung der Erde und damit der Sieg des Judentums sein, sondern die Vernichtung der jüdischen Rasse in Europa. Denn die Zeit der propagandistischen Wehrlosigkeit der nicht-jüdischen Völker ist zu Ende. Das nationalsozialistische Deutschland und das faschistische Italien besitzen jene Einrichtungen, die es gestatten, wenn notwendig, die Welt über das Wesen einer Frage aufzuklären, die vielen Völkern instinktiv bewußt und nur wissenschaftlich unklar ist. Augenblicklich mag das Judentum in gewissen Staaten seine Hetze betreiben unter dem Schutz einer dort in seinen Händen befindlichen Presse, des Films, der Rundfunkpropaganda, der Theater, der Literatur und so weiter. Wenn es diesem Volke aber noch einmal gelingen sollte, die Millionenmassen der Völker in einen für diese gänzlich sinnlosen und nur jüdischen Interessen dienenden Kampf zu hetzen, dann wird sich die Wirksamkeit einer Aufklärung äußern, der in Deutschland allein schon in wenigen Jahren das Judentum restlos erlegen ist.

Die Völker wollen nicht mehr auf den Schlachtfeldern sterben, damit diese wurzellose internationale Rasse an den Geschäften des Krieges verdient und ihre alttestamentarische Rachsucht befriedigt. Über die jüdische Parole ‚Proletarier aller Länder vereinigt euch' wird eine höhere Erkenntnis siegen, nämlich : ‚Schaffende Angehörige aller Nationen, erkennt euren gemeinsamen Feind'."

Diese Rede hat Hitler nach dem Pogrom vom 9./10. November 1938 gehalten. Der Kampf gegen das Judentum hat für ihn universale Dimensionen. Für Deutschland muß er in Europa gewonnen werden. Juden sind die Kriegstreiber in aller Welt, Juden sind die Kriegshetzer in Europa. Bollwerk gegen dieses Treiben sind Deutschland und Italien. Im Falle eines Krieges steht nicht am Ende der Sieg des jüdischen Bolschewismus und die Weltbolschewisierung durch Juden, sondern der Untergang der jüdischen Rasse, zumindest in Europa. Der kommende Krieg ist für Hitler so etwas wie eine apokalyptische Entscheidungsschlacht nicht nur zwischen Staaten, sondern zwischen dem plutokratischen und proletarischen Weltjudentum auf der einen und der nationalsozialistischen Denk- und Lebensform auf der anderen Seite. – Man dürfte die Politik Hitlers nicht verstehen, wenn man diesen seinen politischen Manichäismus und Messianismus nicht mitsieht.

Am 23. Mai 1939 doziert Hitler vor den Spitzen der Wehrmacht über seine militärischen Ziele. (UF XIII 291 ff.) Er sagt:

„Der Lebensraum, der staatlichen Größe angemessen, ist die Grundlage für jede Macht. Eine Zeit lang kann man Verzicht leisten, dann aber kommt die Lösung der Probleme so oder so. Es bleibt die Wahl zwischen Aufstieg oder Abstieg."

Im Blick auf den Danzig- und Polenkonflikt führt er entsprechend aus:

„Danzig ist nicht das Objekt, um das es geht. Es handelt sich für uns um die Erweiterung des Lebensraumes im Osten und Sicherstellung der Ernährung sowie die Lösung des Baltikum-Problems. Lebensmittelversorgung ist nur von dort möglich, wo geringe Besiedelung herrscht. Neben der Fruchtbarkeit wird die deutsche, gründliche Bewirtschaftung die Überschüsse gewaltig steigern."

Kolonien sind wegen der Blockademöglichkeit nicht die Lösung des Problems.

Und dann:

„Zwingt uns das Schicksal zur Auseinandersetzung mit dem Westen, ist es gut, einen größeren Ostraum zu besitzen."

Im Fall der Eroberung Polens wäre es besser, wenn ein Krieg mit dem Westen ausgeschlossen bliebe. Aber man muß sich auch auf den Krieg mit England vorbereiten.

Für uns wichtig ist dieses:

Das Ziel, neuen Lebensraum zu gewinnen, geht nur über Kriege zu realisieren. Die Zerschlagung Polens und seine agrar-ökonomische Ausbeutung durch eine deutsche Verwaltung ist der Beginn. Das Ausgreifen nach Osten trifft unter den Traditionsmächten auf die Gegnerschaft vor allem Englands. England wird entsprechend für Hitler der Hauptgegner bei der Verwirklichung seiner Ostpolitik als Teil einer neuen Ordnung in Europa. Der Krieg mit England kommt für ihn früher oder später mit eherner Notwendigkeit.

Die Frage, wie er Rußland in dieser Zeit einschätzt, beantwortet Hitler am 11. August 1939 in einem Gespräch mit dem Völkerbundskommissar Carl J. Burckhardt (UF XIII 394ff.): Die Russen, sagt er, haben keine Offensivstärke, sind geschwächt durch die Offiziersmorde und defensiv eingestellt.

Um sich aber den Rücken beim beschlossenen Einmarsch in Polen frei zu halten, kommt es am 23. August 1939 zum Abschluß des deutsch-sowjetischen Nichtangriffspaktes, ergänzt durch ein geheimes Zusatzabkommen (s. die vorauslaufende Abhandlung). Erst durch diesen Pakt, der mit einem Wirtschaftsabkommen verbunden war, wird der Krieg gegen Polen für Hitler führbar. Allerdings war der Preis der Einmarsch der Roten Armee am 17. September 1939 nach Ostpolen und dessen Eingliederung in die Sowjetunion und der Zugang zur Ostsee über die baltischen Staaten, die bald in die Sowjetunion eingegliedert wurden.

Hitler selbst konnte in Deutschland den Polenfeldzug noch als Revision des Versailler Diktates interpretieren. Eine Mehrheit der Deutschen folgte ihm darin.

Die Vorbereitung des Krieges gegen die Sowjetunion

Zweiundzwanzig Monate gab es mit völkerrechtlicher Verbindlichkeit die Geltung der deutsch-sowjetischen Verträge. Aber genau in dieser Zeit läßt Hitler den Krieg gegen die Sowjetunion vorbereiten.

Nach der Zerschlagung Polens startet zunächst am 9. April 1940 das Unternehmen „Weserübung" zur Besetzung von Dänemark und Norwegen.

Am 10. Mai beginnt die Westoffensive, die mit dem Waffenstillstand mit Frankreich am 22. Juni 1940 endet.

Hitler steht im Zenith der Zustimmung durch die Mehrheit des deutschen Volkes. Der Hitler-Mythos bestimmt immer mehr die politisch-psychologische Atmosphäre in der Bevölkerung. Auch im militärischen Bereich hat Hitler eine unumschränkte Autorität gewonnen.

Schon Ende Juni 1940 beginnen erste militärische Planungen für einen Krieg gegen Rußland.

Nach dem Frankreichfeldzug richtet sich zunächst die Energie auf die Bombardierung Englands und auf die Erringung der Luftherrschaft als Voraussetzungen einer möglichen Landung. Am 16. Juli gibt Hitler die Weisung zum Unternehmen „Seelöwe" zur Vorbereitung der Landung in England. Drei Tage später macht er aber in einer Reichstagsrede England ein Friedensangebot. Er ruft aus:

„In dieser Stunde fühle ich mich verpflichtet, vor meinem Gewissen noch einmal einen Appell an die Vernunft auch in England zu richten. Ich glaube, dies tun zu können, weil ich ja nicht als Besiegter um etwas bitte, sondern als Sieger nur für die Vernunft spreche. Ich sehe keinen Grund, der zur Fortführung dieses Kampfes zwingen könnte." (UF XV 383)

Hitler hat lange auf einen weltumfassenden Ausgleich mit England gehofft. Englands Preis für den Frieden mit Deutschland sollte die Rückgabe

ehemaliger deutscher Kolonien und Mandatsgebiete sein. Auch an Ent-
schädigungszahlungen dachte er. Auch zu einer Verkleinerung der Wehrmacht und zu Rüstungsbeschränkungen war er bereit. London aber war
nicht zu einem Einlenken zu bewegen. Es hoffte auf die verstärkte Unterstützung durch die USA und auf eine Veränderung der deutsch-sowjetischen Beziehungen.

Die englische Ablehnung des Friedensangebotes von Hitler durch den
Außenminister Lord Halifax am 22. Juli 1940 führte bei Hitler zu einer anderen Lagebeurteilung der außenpolitischen und militärstrategischen Situation. Sie wird deutlich in einer Tagebuchnotiz des Chefs des Generalstabes
Franz Halder vom 22. Juli 1940 über ein Gespräch mit Hitler:

„Russisches Problem in Angriff nehmen. Gedankliche Vorbereitungen
treffen... Aufmarsch dauert 4-6 Wochen. Russisches Heer schlagen oder
wenigstens so weit russischen Boden in die Hand nehmen, als nötig ist,
um feindliche Luftangriffe gegen Berlin und schlesisches Industriegebiet
zu verhindern. Politisches Ziel: Ukrainisches Reich, Baltischer Staaten-
bund, Weiß-Rußland-Finnland... Rußland-England: Beide wollen zueinander. Russen haben Angst, sich uns gegenüber zu kompromittieren, wollen
keinen Krieg." (KTB Halder II 33)

Von diesen Juli-Tagen 1940 an rückt bei Hitler die Ostpolitik ins Zentrum
seines Interesses. Voll unterstützt wird er dabei von den operativen Stäben der Wehrmacht, die von sich aus einen Ostfeldzug favorisieren.

Am 31. Juli 1940 reflektiert Hitler auf dem Obersalzberg vor den Spitzen
der Wehrmacht die außenpolitische Situation, innerhalb derer Deutschland entscheiden muß. Er führt laut Halder aus:

„Englands Hoffnung ist Rußland und Amerika. Wenn Hoffnung auf
Rußland wegfällt, fällt auch Amerika weg, weil Wegfall Rußlands eine
Aufwertung Japans in Ostasien in ungeheurem Maß folgt.

Rußland ostasiatischer Degen Englands und Amerikas gegen Japan....

Rußland Faktor, auf den England am meisten setzt. Irgendetwas ist in
London geschehen!....

Ist aber Rußland zerschlagen, dann ist Englands letzte Hoffnung getilgt.
Der Herr Europas und des Balkans ist dann Deutschland.

Entschluß : Im Zuge dieser Auseinandersetzung muß Rußland erledigt
werden. Frühjahr 1941.

Je schneller wir Rußland schlagen, um so besser. Operation hat nur Sinn, wenn wir Staat in einem Zug schwer zerschlagen. Gewisser Raumgewinn allein genügt nicht. Stillstehen im Winter bedenklich." (KTB Halder II 49)

Zwischen Hitler und seinen Oberbefehlshabern gibt es volle Übereinstimmung. Man will gemeinsam den Krieg mit der Sowjetunion sowohl aus militärstrategischen wie aus ideologisch-politischen Gründen. Man will durch ihn die Hegemonie in Kontinentaleuropa sicherstellen.

Halten wir fest: Hitler sieht Englands diplomatische Bemühungen um Rußland. England setzt auf dem Kontinent auf die russische Karte, und es setzt weltpolitisch auf ein verstärktes Engagement Amerikas. Die Folgerung: wenn man England schlagen will, muß zuvor Rußland aus dem Mächtespiel ausgeschaltet werden. Das muß in Form eines Blitzkrieges geschehen, um sich anschließend mit der Hauptmacht der Wehrmacht gegen England zu richten. Machtpolitisch und geostrategisch ist der Krieg gegen Rußland ein Krieg gegen die traditionelle Weltmacht England.

Das Oberkommando der Wehrmacht arbeitet mit Hochdruck an einem Kriegsplan gegen Rußland. Am 5. Dezember 1940 trägt Halder Hitler den von der Heeresführung erarbeiteten Operationsplan für den Ostfeldzug vor. (Ueberschär/Bezymenskij 248f.) Das Ergebnis ist Hitlers Weisung Nr. 21 zum Angriff auf die Sowjetunion („Fall Barbarossa") vom 18. Dezember 1940. (UF XVII 41ff.) Sie beginnt mit dem Satz:

„Die deutsche Wehrmacht muß darauf vorbereitet sein, auch vor Beendigung des Krieges gegen England Sowjetrußland in einem schnellen Feldzug niederzuwerfen."

Es folgt ein genauer Aktionsplan für das Zusammenspiel von Heer, Luftwaffe und Marine im Rahmen einer Vorwärtsstrategie. Wichtig ist der Versuch, die ganze Aktion der Vorbereitung zu verschleiern:

„Sonst besteht Gefahr, daß durch ein Bekanntwerden unserer Vorbereitungen, deren Durchführung zeitlich noch gar nicht festliegt, schwerste politische und militärische Nachteile entstehen."

Am 9. Januar 1941 findet bei Hitler eine Lagebesprechung mit den Oberbefehlshabern des Heeres statt. (UF XIII 45ff.) Sie zeigt wieder, daß Hitlers Hauptziel die Niederwerfung Englands ist.

Seine politisch-militärische Strategie sieht nun so aus:

„Bisher habe er nach dem Prinzip gehandelt, immer die wichtigsten feindlichen Positionen zu zerschlagen, um einen Schritt weiterzukommen. Daher müsse nun Rußland zerschlagen werden. Entweder gäben die Engländer dann nach, oder Deutschland würde den Kampf gegen England unter günstigsten Umständen weiterführen. Die Zertrümmerung Rußlands würde es auch Japan ermöglichen, sich mit allen Kräften gegen die USA zu wenden. Das würde die letzteren vom Kriegseintritt abhalten.

Für die Zerschlagung Rußlands sei die Zeitfrage besonders wichtig. Die russische Wehrmacht sei zwar ein tönerner Koloß ohne Kopf, ihre zukünftige Entwicklung aber nicht sicher vorauszusagen. Da Rußland auf jeden Fall geschlagen werden müsse, so sei es besser, es jetzt zu tun, wo die russische Wehrmacht über keine Führer verfüge und schlecht sei, und wo die Russen in ihrer mit fremder Hilfe entwickelten Rüstungsindustrie große Schwierigkeiten zu überwinden hätten.

Trotzdem dürfe der Russe auch jetzt nicht unterschätzt werden. Der deutsche Angriff müsse daher mit stärksten Kräften geführt werden. Auf keinen Fall dürfe es zu einem frontalen Zurückgleiten der Russen kommen. Daher seien brutalste Durchbrüche erforderlich. ... Die Zertrümmerung Rußlands werde für Deutschland eine große Entlastung bedeuten... Der russische Riesenraum berge unermeßliche Reichtümer, Deutschland müsse ihn wirtschaftlich und politisch beherrschen, jedoch nicht angliedern. Damit verfüge es über alle Möglichkeiten, in Zukunft auch den Kampf gegen Kontinente zu führen, es könne dann von niemand mehr geschlagen werden. Wenn diese Operation durchgeführt werde, werde Europa den Atem anhalten."

Zu beachten ist dieses: die Zerschlagung Rußlands in Teilstaaten unter der politischen Herrschaft Deutschlands und ihre wirtschaftliche Ausbeutung für Deutschland ist nicht nur die Voraussetzung, England in die Knie zu zwingen, sondern ist zugleich die machtpolitische Basis, Weltpolitik zu betreiben. Das um Osteuropa politisch und ökonomisch vergrößerte Deutschland wird Weltmacht.

Gleichzeitig mit den militärischen Vorbereitungen zur Zerschlagung der Sowjetunion beginnt man mit dem Aufbau einer Organisation zur Ausbeutung des zu erobernden Gebietes unter General Thomas, Chef des Wehrwirtschafts- und Rüstungsamtes. In einer Aktennotiz vom 28. Februar 1941 heißt es (UF XVII 115f.):

„Hauptaufgabe der Organisation werde in der Erfassung von Rohstoffen und in der Übernahme aller wichtigen Betriebe bestehen. Für die letztere Aufgabe würden zweckmäßigerweise von Anfang an zuverlässige Persönlichkeiten deutscher Konzerne eingeschaltet werden, da nur mit Hilfe ihrer Erfahrungen von Beginn an erfolgreiche Arbeit geleistet werden könne (z.B. Braunkohle, Erz, Chemie, Erdöl)."

Am 13. März 1941 weist der Chef des Oberkommandos der Wehrmacht Keitel in Richtlinien auf eine bevorstehende Aufteilung der Kompetenzen zwischen Wehrmacht und SS hin. (UF XVII 53ff.)

Er schreibt:

„Im Operationsgebiet des Heeres erhält der Reichsführer SS zur Vorbereitung der politischen Verwaltung Sonderaufgaben im Auftrage des Führers, die sich aus dem endgültig auszutragenden Kampf zweier entgegengesetzter politischer Systeme ergeben."

Am 28. April gibt der Oberbefehlshaber des Heeres von Brauchitsch die „Regelung des Einsatzes der Sicherheitspolizei und des SD im Verbande des Heeres" bekannt. (Ueberschär/Wette 303f.) Zu Beginn heißt es:

„Die Durchführung besonderer sicherheitspolizeilicher Aufgaben außerhalb der Truppe macht den Einsatz von Sonderkommandos der Sicherheitspolizei (SD) im Operationsgebiet erforderlich."

Die Zusammenarbeit der Wehrmacht mit diesen Sonderkommandos wird geregelt unter der Geltung folgender Grundsätze:

„Die Sonderkommandos der Sicherheitspolizei und des SD führen ihre Aufgaben in eigener Verantwortlichkeit durch. Sie sind den Armeen hinsichtlich Marsch, Versorgung und Unterbringung unterstellt." Und:

„Die Sonderkommandos sind berechtigt, im Rahmen ihres Auftrages in eigener Verantwortung gegenüber der Zivilbevölkerung Exekutivmaßnahmen zu treffen."

Es war also vom Anfang der Planung an klar, daß der kämpfenden Truppe Einheiten der SS mit Sonderaufgaben in den rückwärtigen Gebieten folgten. Die Vereinbarungen der Wehrmacht mit der SS zeigen eindeutig, daß die Heeresleitung sich in den Vernichtungsapparat integrieren ließ.

Von ganz entscheidender Bedeutung ist die Generalversammlung bei Hitler am 30. März 1941. (KTB Halder II 335f.) Über 200 Generäle des Heeres hören von Hitler in einer über zweistündigen Rede unter anderem folgendes:

„Rußlands Rolle und Möglichkeiten. Begründung der Notwendigkeit, die russische Lage zu bereinigen. Nur so werden wir in der Lage sein, in zwei Jahren materiell und personell unsere Aufgaben in der Luft und auf den Weltmeeren zu meistern, wenn wir die Landfragen endgültig und gründlich lösen. Unsere Aufgabe gegenüber Rußland: Wehrmacht zerschlagen, Staat auflösen..."

Über den Charakter des kommenden Krieges sagt Hitler:

„Kampf zweier Weltanschauungen gegeneinander. Vernichtendes Urteil über Bolschewismus, ist gleich asoziales Verbrechertum. Kommunismus ungeheure Gefahr für die Zukunft. Wir müssen von dem Standpunkt des soldatischen Kameradentums abrücken. Der Kommunist ist vorher kein Kamerad und nachher kein Kamerad. Es handelt sich um einen Vernichtungskampf. Wenn wir es nicht so auffassen, dann werden wir zwar den Feind schlagen, aber in dreißig Jahren wird uns wieder der kommunistische Feind gegenüberstehen. Wir führen nicht Krieg, um den Feind zu konservieren....

Der Kampf muß geführt werden gegen das Gift der Zersetzung. Das ist keine Frage der Kriegsgerichte. Die Führer der Truppen müssen wissen, worum es geht. Sie müssen in dem Kampf führen. Die Truppe muß sich mit den Mitteln verteidigen, mit denen sie angegriffen wird. Kommissare und GPU-Leute sind Verbrecher und müssen als solche behandelt werden.

Deshalb braucht die Truppe nicht aus der Hand der Führer zu kommen. Der Führer muß seine Anordnungen im Einklang mit dem Empfinden der Truppe treffen.

Der Kampf wird sich sehr unterscheiden vom Kampf im Westen. Im Osten ist Härte mild für die Zukunft.

Die Führer müssen von sich das Opfer verlangen, ihre Bedenken zu überwinden."

Was deutlich zu sehen ist: für Hitler hat der Krieg zwei Seiten. Ein Machtkalkül und eine ideologische Zielbestimmung verschränken sich und vitalisieren sich gegenseitig. Die Regelung der Landfrage durch Eroberung des osteuropäischen Raumes, um die Lebensmittel- und Rohstoffbasis zu sichern, ist die Voraussetzung, um zur nächsten Phase von Weltpolitik übergehen zu können, nämlich die Beherrschung der Meere. Das hat zur Voraussetzung eine verstärkte Aufrüstung der Luftwaffe und der Marine.

Erst eine agrarische und industrielle Autarkie erlaubt es, eine planetarische Hegemoniepolitik zu betreiben.

Ideologisch wird der Krieg gegen die SU als Weltanschauungskampf zwischen Nationalsozialismus und Bolschewismus interpretiert. Zwischen ihnen kann es keine Koexistenz geben. Zwischen Todfeinden gibt es keinen modus vivendi. Sieg oder Untergang, Leben oder Tod ist die Alternative. Im Geschichtsprozeß ist der Sieger zu ermitteln, der dann seinen politischen und kulturellen Willen durchsetzt. Späteres Recht und Ordnung setzt der Stärkere.

Schon in einer Rede vom 10. Februar 1939 hatte sich Hitler auch zum obersten weltanschaulichen Führer der Wehrmacht gemacht. Auch in weltanschaulicher Hinsicht seien ihm die Offiziere verpflichtet. In dem kommenden „Weltanschauungskrieg", der ein „Volks- und Rassenkrieg" werde, seien Offiziere eben beides: militärische und weltanschauliche Führer ihrer Soldaten.

Dieses „doppelte Gesicht" des Krieges und der Offiziere wie der Soldaten bestimmen Hitlers Mittelwahl und seine Endziele im Krieg gegen den „bolschewistisch-jüdischen Todfeind". Die militärische Eroberung von Lebensraum und die polizeilichen Sondermaßnahmen zur Beseitigung des rassischen Gegners ergänzen sich zur Einheit eines Eroberungs- und Vernichtungskrieges. Im Unterschied zu Frankreich und auch Polen ist das Vernichtungskonzept vom Anfang der Planung an ein integraler Bestandteil der Kriegsziele.

Die Wehrmacht hatte laut Direktiven bei ihren Operationen rücksichtslos gegen die Rote Armee, gegen ihre politischen Kommissare und bolschewistische Funktionäre wie gegen Juden und Freischärler vorzugehen. Die Einsatzgruppen der Sicherheitspolizei und des SD übernahmen die Vernichtungsaufgaben im rückwärtigen Gebiet. Es war eine Arbeitsteilung mit den gleichen Zielen: die Vernichtung des rassischen und politisch-weltanschaulichen Gegners.

Das Denken in sozialdarwinistischen Kategorien und in politmessianischen Horizonten macht den Krieg zu einem Gerichtsprozeß über einen Feind, der die Inkarnation des moralisch Bösen und der ordnungspolitischen Lüge ist. Die gegenüberstehende feindliche Armee ist nicht mehr ein Instrument in der Hand ihrer Staatsführung, politische Zwecke durchzusetzen, sondern gehört als bewaffneter Teil des Gegensystems zur Masse, die zur Vernichtung ansteht. Auch der einzelne feindliche Soldat ist Repräsentant des untermenschlichen und verbrecherischen Systems des Bolschewismus. Das Mandat, das die Geschichte Deutschland gegeben hat, den Bolschewismus real zu vernichten, trifft folglich auch ihn. Er ist zum Vernichten freigegeben. Alle Kategorien des Völkerrechts und alle Normen von Menschenrechten sind angesichts der weltgeschichtlich-apokalyptischen Entscheidungssituation aufgehoben.

Auf dieses Denken und Befehlen in einem radikalen Freund-Feind-Schema werden Offiziere der deutschen Wehrmacht durch einige Befehlshaber verpflichtet.

Generaloberst Hoepner in einer geheimen Kommandosache:

„Der Krieg gegen Rußland ist ein wesentlicher Abschnitt im Daseinskampf des deutschen Volkes. Es ist der alte Kampf der Germanen gegen das Slawentum, die Verteidigung europäischer Kultur gegen moskowitisch-asiatische Überschwemmung, die Abwehr des Bolschewismus.

Dieser Kampf muß die Zertrümmerung des heutigen Rußland zum Ziel haben und deshalb mit unerhörter Härte geführt werden. Jede Kampfhandlung muß in Anlage und Durchführung von dem eisernen Willen zur erbarmungslosen, völligen Vernichtung des Feindes geleitet sein. Insbesondere gibt es keine Schonung für die Träger des heutigen russisch-bolschewistischen Systems." (Ueberschär/Wette 305)

In den vom OKW herausgegebenen „Richtlinien für das Verhalten der Truppe in Rußland" vom 19. Mai 1941 heißt es eingangs:

„1. Der Bolschewismus ist der Todfeind des nationalsozialistischen deutschen Volkes. Dieser zersetzenden Weltanschauung und ihren Trägern gilt Deutschlands Kampf.

2. Dieser Kampf verlangt rücksichtsloses und energisches Durchgreifen gegen bolschewistische Hetzer, Freischärler, Saboteure, Juden und restlose Beseitigung jedes aktiven oder passiven Widerstandes.

3. Gegenüber allen Angehörigen der Roten Armee – auch den Gefangenen – ist äußerste Zurückhaltung und schärfste Achtsamkeit geboten, da mit heimtückischer Kampfesweise zu rechnen ist. Besonders die asiatischen Soldaten der Roten Armee sind undurchsichtig, unberechenbar, hinterhältig und gefühllos." (Ueberschär/Wette 308ff.)

Diese und ähnliche Befehle der höheren Befehlshaber an ihre Offiziere und Truppen sind Umsetzungen der Hitlerschen Monologe bei den Besprechungen mit seinen Generälen. Diese fassen in Befehlsform, was ihr Führer und Oberster Befehlshaber doziert hatte. Die Spitzen der Wehrmacht haben den Wandel der Kriegsauffassung und der beabsichtigten Kriegspraxis, wie sie Hitler programmatisch gefordert hat, voll mitvollzogen. Die deutsche Armee ließ sich immer mehr von einem politischen Machtinstrument des Staates zu einer Armee nationalsozialistischer Weltanschauung und ideologischer Kriegsziele machen. Den Widerstand gegen eine Parteiarmee und den Widerstand gegen die befohlene Aufhebung des internationalen Kriegsrechtes hat es auch gegeben, aber er bleibt ohne Wirkung.

Am 12. Mai 1941 erscheint aus dem OKW der Entwurf einer Kommandosache „Behandlung gefangener politischer und militärischer russischer Funktionäre". Hier heißt es:

„1. Politische Hoheitsträger und Leiter (Kommissare) sind zu beseitigen.

2. Soweit sie von der Truppe ergriffen werden, Entscheidung durch einen Offizier mit Disziplinarstrafrecht, ob der Betreffende zu beseitigen ist. Hierzu genügt die Feststellung, daß der Betreffende Hoheitsträger ist.

3. Politische Leiter in der Truppe werden nicht als Gefangene anerkannt und sind spätestens in den Durchgangslagern zu erledigen....

6. Im rückwärtigen Heeresgebiet sind Hoheitsträger und Kommissare mit Ausnahme der politischen Leiter in der Truppe den Einsatzkommandos der Sicherheitspolizei abzugeben." (UF XVII 147f.)

Dieser Entwurf stammt von dem Chef der Abteilung Landesverteidigung im Wehrmachtsführungsstab des OKW General Warlimont.

Am 13. Mai 1941 folgt ein Erlaß Hitlers „Über die Ausübung der Kriegsgerichtsbarkeit im Gebiet ‚Barbarossa' und über besondere Maßnahmen der Truppe". Im Abschnitt „Behandlung von Straftaten feindlicher Zivilpersonen" heißt es:

„Straftaten feindlicher Zivilpersonen sind der Zuständigkeit der Kriegsgerichte und der Standgerichte bis auf weiteres entzogen.

2. Freischärler sind durch die Truppe im Kampf oder auf der Flucht schonungslos zu erledigen.

3. Auch alle anderen Angriffe feindlicher Zivilpersonen gegen die Wehrmacht, ihre Angehörigen und das Gefolge sind von der Truppe auf der

Stelle mit den äußersten Mitteln bis zur Vernichtung des Angreifers nie-
derzukämpfen.

4. Wo Maßnahmen dieser Art versäumt wurden oder zunächst nicht möglich waren, werden tatverdächtige Elemente sogleich einem Offizier vorgeführt. Dieser entscheidet, ob sie zu erschießen sind.

Gegen Ortschaften, aus denen die Wehrmacht hinterlistig oder heimtük-
kisch angegriffen wurde, werden unverzüglich auf Anordnung eines Offiziers in der Dienststellung mindestens eines Bataillons- und so weiter
Kommandeurs kollektive Gewaltmaßnahmen durchgeführt, wenn die Um-
stände eine rasche Feststellung einzelner Täter nicht gestatten.

5. Es wird ausdrücklich verboten, verdächtige Täter zu verwahren, um sie
bei Wiedereinführung der Gerichtsbarkeit über Landeseinwohner an die
Gerichte abzugeben.

Im Abschnitt „Behandlung der Straftaten von Angehörigen der Wehrmacht und des Gefolges gegen Landeseinwohner" heißt es unter anderem:
„1. Für Handlungen, die Angehörige der Wehrmacht und des Gefolges
gegen feindliche Zivilpersonen begehen, besteht kein Verfolgungszwang,
auch dann nicht, wenn die Tat zugleich ein militärisches Verbrechen oder
Vergehen ist.

2. Bei der Beurteilung solcher Taten ist in jeder Verfahrenslage zu berücksichtigen, daß der Zusammenbruch im Jahre 1918, die spätere Leidenszeit
des deutschen Volkes und der Kampf gegen den Nationalsozialismus mit
den zahlreichen Blutopfern der Bewegung entscheidend auf bolschewistischen Einfluß zurückzuführen war und daß kein Deutscher dies vergessen
hat." (UF XVII 149ff.)

Die Tendenz dieses Erlasses, der eine präventive Amnestie darstellt, ist
klar: langwierige Gerichtsverfahren gegen Landeseinwohner werden zugunsten eines Exekutivrechtes von Offizieren verhindert. Auch das kollektive Vergeltungsrecht steht ihm zu. Und Übergriffe von Wehrmachtsange-
hörigen gegen Landeseinwohner werden als Reaktion auf vergangenes
Unrecht der Bolschewisten gegen Deutschland interpretiert. Im Gefälle
dieser Interpretation liegt die Straffreiheit für Gewalt von Landsern. Mili-
tärrechtsgeschichtlich ist dies die intentionale Liquidierung der Begrenzung von Gewalt durch bindendes Verfahrensrecht im Kriegsfall. Der dienst-
habende Offizier wird Richter ohne Gericht.

Der Oberbefehlshaber des Heeres von Brauchitsch interpretiert diesen Erlaß Hitlers für seine Truppen und weist auf folgendes hin:

„Bewegung und Kampf mit der feindlichen Wehrmacht sind eigentliche Aufgabe der Truppe. Sie verlangt vollste Sammlung und höchsten Einsatz aller Kräfte. Diese Aufgabe darf an keiner Stelle in Frage gestellt sein. Besondere Such-und Säuberungsaktionen scheiden daher im allgemeinen für die kämpfende Truppe aus."

Und:

„Unter allen Umständen bleibt es Aufgabe aller Vorgesetzten, willkürliche Ausschreitungen einzelner Heeresangehöriger zu verhindern und einer Verwilderung der Truppe rechtzeitig vorzubeugen. Der einzelne Soldat darf nicht dahin kommen, daß er gegenüber Landeseinwohnern tut und läßt, was ihm gut dünkt, sondern er ist in jedem Fall gebunden an die Befehle seiner Offiziere. Ich lege besonderen Wert darauf, daß hierüber bis in die letzte Einheit Klarheit besteht. Rechtzeitiges Eingreifen jedes Offiziers... muß mithelfen, die Manneszucht, die Grundlage unserer Erfolge, zu erhalten." (Ueberschär/Wette 307f.)

Brauchitsch hat keine Rechtsprobleme mit dem Hitler-Erlaß, befürchtet aber, daß die kämpfende Truppe von ihrer militärischen Hauptaufgabe abgelenkt wird und die Manneszucht leidet, wenn nicht klare Befehls- und Verhaltensregeln für Soldaten gelten. Alle vorauslaufenden Überlegungen in den Stäben der Wehrmacht über ihre Aufgaben nach Kriegsausbruch verdichten sich schließlich in den „Richtlinien für die Behandlung politischer Kommissare" vom 6. Juni 1941 (Der sog. Kommissarbefehl). Er beginnt mit folgender Analyse:

„Im Kampf gegen den Bolschewismus ist mit einem Verhalten des Feindes nach den Grundsätzen der Menschlichkeit oder des Völkerrechts nicht zu rechnen. Insbesondere ist von den politischen Kommissaren aller Art als den eigentlichen Trägern des Widerstandes eine haßerfüllte, grausame und unmenschliche Behandlung unserer Gefangenen zu erwarten.

Die Truppe muß sich bewußt sein:

1. In diesem Kampfe ist Schonung und völkerrechtliche Rücksichtnahme diesen Elementen gegenüber falsch. Sie sind eine Gefahr für die eigene Sicherheit und die schnelle Befriedung der eroberten Gebiete.

2. Die Urheber barbarisch asiatischer Kampfmethoden sind die politischen

Kommissare. Gegen diese muß daher *sofort* und ohne Weiteres mit aller Schärfe vorgegangen werden. Sie sind daher, wenn im Kampf oder im Widerstand ergriffen, grundsätzlich sofort mit der Waffe zu erledigen....

Diese Kommissare werden nicht als Soldaten anerkannt; der für Kriegsgefangene völkerrechtlich geltende Schutz findet auf sie keine Anwendung. Sie sind nach durchgeführter Absonderung zu erledigen".

Die Kommissare waren Bestandteil der Roten Armee. Sie trugen auf ihren Ärmeln einen roten Stern mit goldenem eingewebten Hammer und Sichel. Sie wurden von deutscher Seite nicht als Armeeangehörige anerkannt. Sie waren als Funktionäre der kommunistischen Partei Träger und Repräsentanten des bolschewistischen Systems. Ohne Prüfung ihres realen Verhaltens sollten sie nach ihrer Identifizierung erschossen werden. Ein besonderes Abzeichen auf ihren Uniformen gab den deutschen Offizieren das Recht zur Liquidierung. Daß die Befehle aus der Zeit vor dem Überfall mit ihrer Verquickung von militärischen Aufträgen mit Exekutionen ohne Kriegsgericht kaum auf Widerstand bei den höheren Offizieren und ihren Juristen gestoßen sind, läßt sich nur aus deren hohen Identifizierung mit Teilen der Weltanschauung und den politisch-militärischen Zielen ihres Oberbefehlshabers erklären. Antikommunismus und Antisemitismus waren ihnen traditionelle Überzeugungen, ebenso waren ihnen kulturelle Überlegenheitsgefühle gegenüber den Slawen geläufig. Und daß Deutschland sich nach Osten zu vergrößern habe, entsprach ihrem Hang zum traditionellen deutschen Landimperialismus. Hitler hatte mit den im Geist des Wilhelminismus großgewordenen älteren Armeeführern leichtes Spiel, sie auf seinen Stilwandel im Verständnis von Krieg und auf seine Kriegsziele einzuschwören. Sie waren zeitlich längst vor ihm, was sie nun ungehemmt sein konnten: Antisemiten, Antikommunisten und Imperialisten. Den Prozeß, sich von einer kämpfenden Truppe im traditionellen Sinn zu einer weltanschaulich motivierten Kampftruppe machen zu lassen, haben sie mehrheitlich nicht nur befehlsgemäß mitgemacht, sondern bewußt vor- und mitgestaltet. Sie haben bereitwillig und eigeninitiativ in Truppenbefehle umgesetzt, was Hitler ihnen ideologisch und geostrategisch vorgab.

Aus dem Juni 1941 stammt noch ein „Runderlaß des OKW an die Wehrmachtteile über die Handhabung der Propaganda beim Einmarsch in die Sowjetunion". Grundsätzlich soll gelten:

„a) Gegner Deutschlands sind nicht die Völker der Sowjetunion, sondern ausschließlich die jüdisch-bolschewistische Sowjetregierung mit ihren Funktionären und die Kommunistische Partei, die auf die Weltrevolution hinarbeitet.

b) Mit der Begründung, daß die Sowjets gegenüber der gesamten Bevölkerung des von ihnen beherrschten Raumes bisher eine rücksichtslose Gewaltherrschaft ausübten, ist nachdrücklich zum Ausdruck zu bringen, daß die deutsche Wehrmacht nicht als Feind der Bevölkerung ins Land kommt. Sie will sie vielmehr von der Tyrannei der Sowjets erlösen.." (UF XVII, 151ff.)

Den Zielen der Zerschlagung des bolschewistischen Systems und der ökonomischen Ausbeutung des Landes sollte in der Propaganda gleichzeitig eine Befreiungs- und Erlösungstheorie korrespondieren. Im Blick auf den Vielvölkerstaat der Sowjetunion erwartete man nach den ersten Siegen und dem Vorrücken der Wehrmacht den Zerfall des Riesenreiches, begleitet von Ansprüchen einzelner Völker auf staatliche Selbständigkeit. Diesen Prozeß der Selbsterosion der UdSSR sollte die Unterscheidung von Völkern und dem gesellschaftlich-politischen Gewaltsystem des Bolschewismus unterstützen. Die Wehrmacht als Befreiungsarmee zu stilisieren, versprach leichteres Spiel im bolschewistisch-russischen Vielvölkerstaat.

Wie man nun die zu erwartenden Kriegsgefangenen zu behandeln gedachte, formuliert das OKW in den Bestimmungen „Kriegsgefangenenwesen im Falle Barbarossa" vom 16. Juni 1941 (Ueberschär/Wette 315). Die zentrale Grundaussage heißt:

„Der Bolschewismus ist der Todfeind des Nationalsozialistischen Deutschland. Gegenüber den Kriegsgefangenen der Roten Armee ist daher äußerste Zurückhaltung und schärfste Wachsamkeit geboten. Mit heimtückischem Verhalten insbesondere der Kriegsgefangenen asiatischer Herkunft ist zu rechnen. Daher rücksichtsloses und energisches Durchgreifen bei den geringsten Anzeichen von Widersetzlichkeit, insbesondere gegenüber bolschewistischen Hetzern. Restlose Beseitigung jedes aktiven und passiven Widerstandes!"

Die Grundlinie ist damit vorgegeben: harte und rücksichtslose Behandlung der Kriegsgefangenen. Ihre moralische Qualität und ihr politischer Fanatismus gebieten rücksichtsloses Durchgreifen.

Halten wir fest:

Hitler und seine Generäle bereiten noch während des Frankreichfeldzuges einen weiteren Blitzkrieg gegen die Sowjetunion vor. Der seit dem 23. August 1939 bestehende Nichtangriffspakt spielt keine hemmende Rolle. Das eigene Denken in sozialdarwinistischen Kategorien und die machtpolitischen Ziele auf dem Kontinent lassen Bündnisse und Verträge nur so lange gelten, wie der eigene Vorteil gewahrt wird. Völkerrechtliche Bindungen und menschenrechtliche Normen verlieren angesichts eigener ideologischer und machtpolitischer Intentionen ihre regulative Kraft. Recht wird das, was der Stärkere will. Es gibt nur noch die Selbstbindung an die eigene Theorie und Praxis.

Das strategische Ziel des Ostfeldzuges ist die Zerschlagung der potentiellen Bündnispartnerschaft von England und der Sowjetunion. Verliert England seinen „Festlanddegen" Rußland, so wird es bereiter zum Frieden mit Deutschland. Wenn nicht, so kann Deutschland die aufgeschobene Eroberung Englands mit freigewordenen Truppen aus dem Westen und Osten beginnen.

Das ökonomische Ziel des Ostfeldzuges ist die Gewinnung von Raum für deutsche Siedlungsprogramme und vor allem die Sicherstellung von Lebensmitteln für die autarke Ernährung der deutschen Bevölkerung und für die Fortführung des Krieges mit östlichen Rohstoffen für die deutsche Rüstungsindustrie.

Den Krieg gegen die Sowjetunion halten Hitler und seine militärischen Fachleute für einen kurzen Feldzug, da „der Koloß auf tönernen Füßen" über keine kampfstarken Einheiten und über kaum qualifizierte Offiziere verfüge. Die Rote Armee halten sie entsprechend für nicht fähig, einen Angriffskrieg zu führen. Den Aufmarsch russischer Truppen in Grenznähe halten sie für einen im ganzen „defensiven Aufmarsch", der örtliche offensive Operationen durchaus zulasse. Jedenfalls ist von einem möglichen und erwarteten Defensivkrieg der Roten Armee in deutschen Quellen nirgends die Rede.

Die Pläne Hitlers aber gehen noch vor dem Beginn des Überfalls auf die Sowjetunion noch weiter. Am 11. Juni gibt er die „Weisung Nr. 32 Vorbereitungen für die Zeit nach Barbarossa" heraus. (Hubatsch 129ff.) Hier formuliert er seine weltpolitischen Ziele. Anfangs heißt es:

„Nach der Zerschlagung der sowjetrussischen Wehrmacht werden Deutschland und Italien das europäische Festland – vorläufig ohne die iberische Halbinsel – militärisch beherrschen. Irgendeine ernsthafte Gefährdung des europäischen Raumes zu Lande besteht dann nicht mehr. Zu seiner Sicherung und für die noch in Betracht kommenden Angriffsoperationen genügen wesentlich geringere Kräfte des Heeres, als sie bisher aufrechterhalten werden mußten.

Der Schwerpunkt der Rüstung kann auf die Kriegsmarine und auf die Luftwaffe gelegt werden."

Nach Beendigung des Ostfeldzuges erwachsen folgende „strategische Aufgaben":

„Der neu gewonnene Ostraum muß organisiert, gesichert und unter voller Mitwirkung der Wehrmacht wirtschaftlich ausgenutzt werden...

Fortsetzung des Kampfes gegen die britische Position im Mittelmeer und in Vorderasien durch konzentrischen Angriff, der aus Lybien durch Ägypten, aus Bulgarien durch die Türkei und unter Umständen auch aus Transkaukasien heraus durch den Iran vorgesehen ist."

Gibraltar muß ausgeschaltet werden, ebenso wie der Suezkanal zu kontrollieren ist. Zu erfolgen hat ein Angriff auf Ägypten und Palästina.

Vor allem aber:

„Neben diesen möglichen Operationen gegen die britische Machtstellung im Mittelmeer muß die ‚Belagerung Englands‘ nach Abschluß des Ostfeldzuges durch Kriegsmarine und Luftwaffe wieder in vollem Maße aufgenommen werden.

Alle diesem Zweck dienenden Rüstungsvorhaben haben damit innerhalb der Gesamtrüstung den Vorrang. Gleichzeitig gilt es, die deutsche Luftverteidigung aufs höchste zu steigern. Vorbereitungen für eine Landung in England werden dem doppelten Ziel zu dienen haben, englische Kräfte im Mutterland zu binden und einen sich abzeichnenden Zusammenbruch Englands durch eine Landung auszulösen und zu vollenden."

Es wird deutlich: der große Gegenspieler bei der Neuaufteilung der Welt ist das britische Empire. Das Mittelmeer und seine Anrainerstaaten müssen fest in deutsche und italienische Hände. Der Sieg über die Sowjetunion ist das Sprungbrett zur Weltpolitik. Als Hitler am 22. Juni 1941 die Wehrmacht gegen die Sowjetunion marschieren ließ, sollte das ein Auftakt sein, um durch einen schnellen Sieg die größeren strategischen Ziele im Weltmaßstab anzugehen.

Am 22. Juni 1941 gibt es zwei Ansprachen von Hitler: „An das deutsche Volk" und „An die Soldaten der Ostfront". In beiden Reden macht er lange Ausführungen über seine bisherige erfolgreiche Außenpolitik und über die aktuelle Lage in Europa. Für unsere Fragestellung nach dem Charakter dieses Krieges wichtig sind die jeweiligen Schlußabschnitte der Ansprachen. (Ueberschär/Wette 319ff.; UF XVII 229ff.) Seinen Soldaten sagt er:

„Wenn diese größte Front der Weltgeschichte nunmehr antritt, dann geschieht es nicht nur, um die Voraussetzung zu schaffen für den endgültigen Abschluß des großen Krieges überhaupt oder um die im Augenblick betroffenen Länder zu schützen, sondern um die ganze europäische Zivilisation und Kultur zu retten.

Deutsche Soldaten! Damit tretet Ihr in einen harten und verantwortungsschweren Kampf ein. Denn: Das Schicksal Europas, die Zukunft des Deutschen Reiches, das Dasein unseres Volkes, liegen nunmehr allein in Eurer Hand.

Möge uns allen in diesem Kampf der Herrgott helfen!"

Und seinem Volk sagt er:

„Damit aber ist nunmehr die Stunde gekommen, in der es notwendig wird, diesem Komplott der jüdisch-angelsächsischen Kriegsanstifter und der ebenso jüdischen Machthaber der bolschewistischen Moskauer Zentrale entgegenzutreten...

In diesem Augenblick vollzieht sich mein Aufmarsch, der in Ausdehnung und Umfang der größte ist, den die Welt bisher gesehen hat...

Die Aufgabe dieser Front ist daher nicht der Schutz einzelner Länder, sondern die Sicherung Europas und damit die Rettung aller.

Ich habe mich deshalb heute entschlossen, das Schicksal und die Zukunft des Deutschen Reiches und unseres Volkes wieder in die Hand unserer Soldaten zu legen.

Möge uns der Herrgott gerade in diesem Kampfe helfen!"

Und Millionen von Deutschen sehen und hören in der Deutschen Wochenschau vom 22. Juni 1941 eine Ansprache von Reichsleiter Alfred Rosenberg, die für das Selbstverständnis der NS-Eliten repräsentativ sein dürfte. (Ueberschär/Wette 332)

Sie heißt:

„In einem gemeinsamen Kampf der Völker Europas unter der Führung Deutschlands vollendet sich im Osten eine durch die Provokation der Sowjetunion selbst notwendig gewordene historische Tat der nationalsozialistischen Revolution.

Wir hatten uns einst geschworen, eine Neugestaltung durchzuführen, die es für immer verhindern sollte, daß sich jemals wieder in der deutschen Geschichte ein Zusammenbruch wiederholen könnte wie im November 1918. Der Gesamtmarxismus, besonders in seiner extremen jüdisch-bolschewistischen Ausprägung, war der unmittelbar faßbare Todfeind der deutschen Nation und der ganzen europäischen Kultur geworden. Er wurde in 14-jährigem innerpolitischen Kampf niedergerungen. Jetzt hat der Endkampf begonnen. Das Ziel dieses Kampfes ist die Niederwerfung der bolschewistischen Bewegung in ihrem Ursprungsland, zugleich aber auch eine positive Regelung jener Fragen des Aufbaus, welche uns die Geschichte uns zu lösen übergeben hat.

Wenn der Führer mich zum Reichsminister für die besetzten Ostgebiete ernannt hat, so empfinde ich das als die höchste Pflicht, jenen Kampf, den Adolf Hitler einst als unbekannter Soldat begann und als Führer des Reiches vollendet, mit meinen Kräften im Osten weiter durchzusetzen und mit den mir unterstellten Mitarbeitern Wohlfahrt und öffentliche Ordnung für die unter deutscher Verwaltung kommenden Völker des Ostens zu sichern.

Eine überlebte Welt war einst außerstande gewesen, ein neues Europa zu gestalten. Die nationalsozialistische Revolution hat diese Kräfte überwunden und schickt sich aus ehrlich erstrittenem Recht in Verbundenheit mit anderen Völkern an, das alte ehrwürdige Europa zu verjüngen und es einmal als lebende Wirklichkeit in die kommende Geschichte einzufügen.

Inmitten dieser Riesenaufgabe ist die Befreiung der vom Bolschewismus mißhandelten Völker im Osten von entscheidender Bedeutung. Sie ist zu einer historischen Sendung des deutschen Volkes geworden."

Wir sehen:

Rosenberg interpretiert den Krieg als geschichtliche Fortsetzung der nationalsozialistischen Revolution. Hitler vollendet im europäischen Maßstab, was er 1933 in Deutschland begonnen hat. Deutschland steht nun für Europa im Endkampf gegen seinen Todfeind, den Bolschewismus.

So haben es viele Deutsche gesehen, auch und gerade in den Kirchen. Der Geistliche Vertrauensrat der Ev. Kirche telegraphiert an Hitler:

„Sie haben, mein Führer, die bolschewistische Gefahr im eigenen Lande gebannt und rufen nun unser Volk und die Völker Europas zum entscheidenden Waffengang gegen den Todfeind aller Ordnung und aller abendländisch-christlichen Kultur auf. Das deutsche Volk und mit ihm alle seine christlichen Glieder danken Ihnen für diese Tat... Die Deutsche Evangelische Kirche ... ist mit allen ihren Gebeten bei Ihnen und bei unseren unvergleichlichen Soldaten, die nun mit so gewaltigen Schlägen daran gehen, den Pestherd zu beseitigen, damit in ganz Europa unter Ihrer Führung eine neue Ordnung erstehe und aller inneren Zersetzung, aller Beschmutzung des Heiligsten, aller Schändung der Gewissensfreiheit ein Ende gemacht werde." (Kirchliches Jahrbuch 1933-1944, Gütersloh 1948, 458)

Auch wenn der Vertrauensrat nicht für die ganze Kirche gesprochen hat, so drückt er doch die mehrheitliche Tendenz des Protestantismus aus. In der politisch-ideologischen Interpretation des Krieges gegen die Sowjetunion gibt es in der deutschen Bevölkerung und in der Wehrmacht einen breiten Konsens mit der Sicht und Praxis des „Führers und Reichskanzlers". Texte über Texte aus dieser Zeit bezeugen das.

Daß die Situation sich schon bald entscheidend geändert hat, ist nicht mehr Gegenstand unseres Beitrages.

Chronologie der Vorbereitung und des Beginns des Krieges gegen die Sowjet-Union

1939

30. Januar 1939: Reichstagsrede Hitlers (UF XIII 19ff.)

10. Februar 1939: Rede Hitlers vor den Truppenkommandeuren des Heeres (Jost Dülfer u.a. Hitlers Städte 289ff.)

15. März 1939: Einmarsch in Böhmen-Mähren: „Fall Grün"

9. April 1939: „Fall Weiß": Aufmarsch gegen Polen

22. Mai 1939: Freundschafts- und Bündnisvertrag zwischen Deutschland und Italien, der sog „Stahlpakt" (UF XIII 287ff.)

23. Mai 1939: Ausführungen Hitlers vor der höheren Generalität nach Aufzeichnungen des Oberstleutnant Schmundt (UF XIII 291ff.)

11. August 1939: Gespräch Hitlers mit Jakob Burckhardt (UF XIII 394ff.)

23. August 1939: Abschluß des deutsch-sowjetischen Nichtangriffspaktes durch Ribbentrop in Moskau (UF XIII 453ff., 456f, 457f.; Vertrags-Ploetz 173ff.)

25. August 1939: Britisch-polnischer Vertrag über den gegenseitigen Beistand (Vertrags-Ploetz 180ff.)

27. August 1939: Beginn der Bewirtschaftung der Konsumgüter

August 1939: Generalmajor Alfred Jodl Chef der operativen Planungsstelle des Wehrmachtführungsamtes

31. August 1939: Hitler: Weisung Nr. 1 für die Kriegsführung (Hubatsch 19ff.)

1. September 1939: Beginn des deutschen Angriffs auf Polen; Rede Hitlers vor dem Reichstag (UF XIII 597ff.)

3. September 1939: Kriegserklärung Großbritanniens und Frankreichs an Deutschland

Aufruf Hitlers an das Deutsche Volk (UF XIII 635ff.)

Aufruf Hitlers an die NSDAP (UF XIII 637f.)

17. September 1939: Einmarsch sowjetischer Truppen nach Ostpolen

28. September 1939: Deutsch-sowjetischer Grenz- und Freundschaftsvertrag (UF XIV 47ff.; Vertrags-Ploetz 184f.)

Sept. bis Okt. 1939: Militärische Stützpunkte der SU in den baltischen Staaten

12. November 1939: Besprechung der Judenfrage zwischen Göring und Heydrich (Longerich 45f.)

23. November 1939: Ansprache Hitlers vor den Oberbefehlshabern der Wehrmacht: Deutschlands Zukunft, Sieg oder Vernichtung (Salewski II 77ff.)

30. November 1939: Beginn des sowjetisch-finnischen Winterkrieges (12. März 1940: Waffenstillstands- und Friedensvertrag: Abtretung Kareliens)

1940

11. Februar 1940: Wirtschaftsabkommen Deutschland-Sowjetunion (Salewski II 83f.)

1. März 1940: Weisung 10a Hitlers für „Fall Weserübung" (UF XV 29ff.; Hubatsch 47ff.)

9. April 1940: Beginn des Unternehmens „Weserübung" zur Besetzung von Dänemark und Norwegen

10. Mai 1940: Beginn der Westoffensive; Aufruf Hitlers an die Soldaten der Westfront (UF XV 176)

22. Juni 1940: Deutsch-französischer Waffenstillstand in Compiegne (UF XV 337ff.; Vertrags-Ploetz 187ff.)

24. Juni 1940: Aufruf Hitlers an das Deutsche Volk (UF XV 352)

Ende Juni 1940: Beginn der militärischen Planungen für einen Krieg gegen die UdSSR unter dem Decknamen „Otto"

3. Juli 1940: Britischer Überfall auf einen Teil der französischen Flotte bei Oran

Juli 1940: Auftrag von Brauchitsch an Halder für einen „militärischen Schlag gegen Rußland" (KTB II, 6)

16. Juli 1940: Weisung Hitlers zur Vorbereitung einer Landung in England (Unternehmen „Seelöwe) (Hubatsch 61ff.)

Mitte Juli 1940: Verlegung mehrerer Divisionen nach Ostpreußen

19. Juli 1940: Reichstagsrede Hitlers: Friedensangebot an England (UF XV 373ff.; Salewski II 114f.)

Juli 1940: Operative Planungen der Roten Armee für 1940 und 1941 (Ueberschär/ Bezymenskij 157ff.)

21. Juli 1940: Hitlers Weisung an das OKH (von Brauchitsch), einen Operationsplan für einen Ostfeldzug vorzubereiten (KTB Halder Bd. II, 30-33; Ueberschär/ Bezymenskij 219ff.)

22. Juli 1940: Ablehnung des Friedensangebotes von Hitler durch Außenminister Lord Halifax; Besprechung Hitlers mit Halder

28. Juli 1940: Denkschrift der Seekriegsleitung: „Betrachtungen über Rußland", unterschrieben von Admiral Fricke (Salewski I, Bd. III 137ff.)

31. Juli 1940: Hitlers Entschluß zum Krieg gegen die SU im Frühjahr 1941 auf einer Konferenz auf dem Berghof mit Brauchitsch, Halder, Keitel, Jodl und Raeder (KTB Halder II, 49-50)

2. August 1940: Auftrag von Keitel an General Thomas (Chef des Wirtschafts- und Rüstungsamtes im OKW) für neues Rüstungsprogramm mit der Erhöhung der Heeresstärke auf 180 Divisionen

5. August 1940: Operationsentwurf Ost von Generalmajor Erich Marcks (UF XVII, 34ff.; Ueberschär/Bezymenskij 223ff.)

6. August 1940: Baltische Staaten werden Sowjetrepubliken innerhalb der UdSSR (UF XVII 1ff.)

7. August 1940: Richtlinien des OKW für den „Aufbau Ost" (Ueberschär/ Bezyminskij 239)

14. August 1940: Aussage über die Rolle der Kommissare (KTB Haller II 64)

30. August 1940: 1. Wiener Schiedsspruch zu Spannungen zwischen Ungarn und Rumänien (Vertrags-Ploetz 190ff.)

2. September 1940: Gespräch Halder mit General Ernst Köstring (Militärattache in Moskau) (KTB Halder II 86)

6. September 1940 bis 16. Juni 1941: Kalender der Agentenberichte aus Berlin über die Vorbereitung eines Krieges Deutschlands gegen die UdSSR (Ueberschär/ Bezymenskij 199ff.)

7. September 1940: Ansprache des Reichsführers SS Heinrich Himmler an das Offizierskorps der Leibstandarte Adolf Hitler (UF XVII 59ff.)

14. September 1940: Besprechung von Halder bei Hitler über das Problem England (KTB Halder II 98ff.)

15. September 1940: Höhepunkt der Luftschlacht über England

Operationsstudie „Ost" von Oberstleutnant v. Loßberg im Wehrmachtsführungsstab des OKW (Ueberschär/Bezyminskij 240ff.)

17. September 1940: Verschiebung des Unternehmens „Seelöwe" durch Hitler

18. September 1940: Operative Planung der Führung der Roten Armee (Ueberschär/ Bezymenski 164ff.)

27. September 1940: „Dreimächtepakt" Deutschland-Italien-Japan (Vertrags-Ploetz 192ff.)

30: September 1940: Nachrichten über Rußland (KTB Haller II 118)

26. Oktober 1940: Umgruppierung des deutschen Feldheeres beginnt: 34 Divisionen in Ostpreußen und im Generalgouvernement

30. Oktober 1940: Umzug des OKH nach Zossen

4. November 1940: Ausführungen Hitlers vor den Spitzen von OKW und OKH (Halder KTB II 165)

5. November 1940: Wiederwahl Roosevelts zum amerikanischen Präsidenten

12. November 1940: Hitlers Weisung Nr. 18 betr. Rußland (Ueberschär/Bezymenskij 247; Hubatsch 67ff.)

12./13. November 1940: Besuch von Molotow in Berlin (Salewski II 133ff.); Stalins 14-Punkte-Direktive für Molotow (Ueberschär/Bezymenskij 174ff.; Salewski II 133f.)

23. November 1940: Beitritt Rumäniens zum „Dreimächtepakt"

25. November 1940: Sowjetische Note über die Bedingungen zum Beitritt zum Dreimächtepakt an Berlin (nicht beantwortet)

5. Dezember 1940: Vortrag des Chefs des Generalstabs des Heeres Generaloberst

Halder vor Hitler; Abstimmung der Planungen von OKW und OKH (KTB Halder II 211ff.; UF XVII 39f.; Ueberschär/Bezymenskij 248ff.)

10. Dezember 1940: Rede Hitlers vor Berliner Rüstungsarbeitern

13./14. Dezember 1940: Besprechung Halders mit den Chefs der Generalstäbe der Heeresgruppen und Armeen (KTB Halder II 462ff.)

18. Dezember 1940: Weisung Nr. 21 „Fall Barbarossa" durch Hitler: Vorbereitung des Krieges gegen die SU (UF XVII 41ff.; Hubatsch 84ff.; Ueberschär/Bezymenskij 250ff.)

27. Dezember 1940: Aktennotiz über Gespräch Großadmiral Raeder mit Hitler (UF XVII 44)

29. Dezember 1940: Persönliche Denkschrift von Oberst Blumentritt über den „inneren Wert und die Kampfart des russischen Gegners"

1941

15. Januar 1941: Herausgabe eines „Handbuches über die Kriegswehrmacht der UdSSR" durch die Abteilung Fremde Heere Ost

16. Januar 1941: Kongreßbotschaft von Roosevelt. Verkündigung der „Vier Freiheiten"

9. Januar 1941: Hitlers Beurteilung der militärischen Lage beim Gespräch mit Oberbefehlshaber des Heeres (UF XVII 45ff.)

10. Januar 1941: Deutsch-sowjetisches Wirtschaftsabkommen; Geheimprotokoll Deutschland-Sowjetunion (Salewski II 160f.)

Vertrag zwischen der SU und Deutschland über die deutsch-russische Grenze vom Fluß Igorka bis zur Ostsee (UF XVII 28f.)

Deutsch-sowjetisches Geheimprotokoll über den deutschen Verzicht auf Gebietsansprüche in Litauen (UF XVII 29f.)

Deutsch-sowjetische Umsiedlungsvereinbarung über Litauen (UF XVII 30f.)

22./31. Januar 1941: Aufmarschanweisung Barbarossa des OKH (Ueberschär/Bezymenskij 254ff.; KTB Halder II 463ff.; Salewski II 162ff.)

3. Februar 1941: Besprechung bei Hitler über „Barbarossa" und „Sonnenblume" (KTB Halder II 463ff.; UF XVII 48ff.; Ueberschär/Bezymenskij 254ff.; Salewski II 164f.)

4. Februar 1941: Denkschrift und Lagebetrachtung der Seekriegsleitung (Salewski II 165ff.)

8. Februar 1941: Hitler: „Weisung Nr. 23 Richtlinien für die Kriegführung gegen die englische Wehrwirtschaft" (Hubatsch 100ff.)

23. Februar 1941: Niederschrift über die Unterredung von Ribbentrop mit japanischem Botschafter General Oshima (UF XVII 71ff.)

24. Februar 1941: Rede Hitlers in München zum 21. Jahrestag des NSDAP-Programms (UF XVII 112ff.)

28. *Februar 1941:* Aktennotiz über eine Besprechung bei General Thomas, Chef des Wehrwirtschafts- und Rüstungsamtes: Entwurf einer Organisation zur Ausbeutung des Wirtschaftsgebietes „Oldenburg" (UF XVII 115f.)

5. *März 1941:* Weisung Hitlers Nr. 24 über die Zusammenarbeit mit Japan (UF XVII 84ff.; Hubatsch 103ff.; Salewski 196ff.)

11. *März 1941:* Plan für den strategischen Aufmarsch der Roten Armee im Westen und im Osten (Ueberschär/Bezymenskij 177ff.)

13. *März 1941:* OKW: „Richtlinien auf Sondergebieten zur Weisung Nr. 21 (Fall Barbarossa)" (UF XVII 53ff.; Hubatsch 88ff.; Ueberschär/Wette 300ff.)

Beginn der Verhandlungen zwischen Wagner (Generalquartiermeister)und Reinhard Heydrich über die Aufgabenverteilung und Zusammenarbeit von Wehrmacht und SS

15. *März bis 13. Juni 1941:* Einschätzungen der sowjetischen Truppenkonzentrationen durch Abteilung „Fremde Heere Ost" (Ueberschär/Bezymenskij 276ff.)

26. *März / 28. April 1941:* Befehl des OKH über den Einsatz von Sonderkommandos der Sicherheitspolizei (Longerich 111ff.)

27. *März 1941:* Unterredung Hitlers mit japanischem Außenminister Matsuoka. Bericht von Dr. Schmidt (UF XVII 86ff.; Salewski II 171f.)

Weisung Nr. 25 von Hitler: Angriff auf dem Balkan (Salewski II 172)

28. *und 29. März 1941:* Gespräche von Ribbentrop mit Matsuoka (UF XVII 92ff.)

30. *März 1941:* Rede Hitlers vor 200 Befehlshabern der Wehrmacht über den Charakter des Krieges gegen die SU (KTB Halder II 335f.; UF XVII 56ff.; Ueberschär/Wette 302f.; Salewski II 173f.)

3. *April 1941:* Denkschrift des Reichsleiters Alfred Rosenberg über die Ziele und Methoden einer künftigen deutschen Besetzung weiter Teile der Sowjetunion (UF XVII 116ff.) Ergänzung am 7. April (ebd. 121ff.)

4. *April 1941:* Englische Warnungen an Stalin über deutsche Truppenbewegungen (UF XVII 140f.)

5. *April 1941:* Gespräch Hitler mit Matsuoka (UF XVII 100ff.)

Aufzeichnung über den Stand sowjetischer Rohstofflieferungen an Deutschland (UF XVII 142)

6. *April 1941:* Beginn des deutschen Angriffs auf Jugoslawien und Griechenland (Kapitulation 17. und 21. April)

7. *April 1941:* Befehl von Brauchitsch betr. „Änderungen für Barbarossa" (Ueberschär/ Bezymenskij 270ff.)

9. *April 1941:* Fernschreiben von Halder zur Beurteilung der Lage an russischer Grenze (Ueberschär/Bezymenskij 273)

12. *April 1941:* Gespräch Stalins mit Außenminister Matsuoka (Ueberschär/ Bezymenskij 183)

13. *April 1941:* Unterzeichnung eines japanisch-sowjetischen Neutralitätsabkommens in Moskau (UF XVII 109; Vertrags-Ploetz 195f.)

Bericht des Botschafters von Schulenburg (UF XVII 108f.); Bericht eines Militärattaches (UF XVII 110ff.)

13. April 1941: Weisung Nr. 27 Hitlers: Angriff auf Griechenland (Salewski II 178)

20. April 1941: Ernennung Rosenbergs durch Hitler zum Beauftragten für die zentrale Bearbeitung der Fragen des osteuropäischen Raumes (UF XVII 124) Mitteilung an Keitel (ebd. 125)

25. April 1941: Weisung Nr. 28 Hitlers: Unternehmen „Merkur" (Besetzung der Insel Kreta) (Salewski II 179)

28. April 1941: Gespräch von Schulenburg mit Hitler (UF XVII 143ff.; Salewski II 179)

Schreiben von Weizsäcker an Ribbentrop (UF XVII 145f.; Salewski II 180)

Regelung des Einsatzes der Sicherheitspolizei und des SD im Verbande des Heeres durch von Brauchitsch (Ueberschär/Wette 303f.)

Vortrag von Generaloberst von Küchler über den Charakter des Ostkrieges (in: Rußlandbild im Dritten Reich 146)

30. April 1941: Festlegung des Termins für Barbarossa am 22. Juni 1941 (Salewski II 181)

1. Mai 1941: Weisung Hitlers: Beteiligung fremder Staaten an „Barbarossa" (Hubatsch 91f.)

2. Mai 1941: General Hoepner über die Kampfführung im Krieg gegen Rußland (Ueberschär/Wette 305)

Aktennotiz über eine Besprechung der Staatssekretäre am 2. Mai über Barbarossa; „Allgemeine wirtschaftspolitische Richtlinien für die Wirtschaftsorganisation Ost, Gruppe Landwirtschaft" vom 23. Mai (Ueberschär/Wette 377ff.)

5. Mai 1941: Stalins Rede (Bericht von Dimitrov: Ueberschär/Bezymenskij 184f.; Bericht v.d. Schulenburgs an das Auswärtige Amt Salewski II 188f.)

6. Mai 1941: Stalin Vorsitzender des Rates der Volkskommissare, Molotow Außenminister; Berichte von der Schulenburg (UF XVII 180ff.)

6. Mai 1941: Allgemeine Instruktion von Rosenberg für die Reichskommissare in den besetzten Ostgebieten (UF XVII 126ff.)

7. Mai 1941: Telegramm v.d. Schulenburgs an das Auswärtige Amt (Salewski II 182)

10. Mai 1941: Flug von Rudolf Heß nach England; 12. Mai parteiamtliche Mitteilung, Nachfolger des Leiters der Partei-Kanzlei Martin Bormann (UF XVII 167)

10./11. Mai 1941: Nach einem letzten Großangriff auf London Verlegung des Gros der deutschen Luftwaffe nach Osten

12. Mai 1941: General Warlimont: Behandlung gefangener politischer und militärischer russischer Funktionäre (UF XVII 147f.)

Bericht v.d. Schulenburgs an das Auswärtige Amt über die politische Lage der Sowjetunion (Salewski II 182ff.)

13. Mai 1941: Erlaß Hitlers über „die Ausübung der Kriegsgerichtsbarkeit im Gebiet Barbarossa" (UF XVII 149ff.; Ueberschär/Wette 306f.)

15. Mai 1941: Präventivkriegsplan von Marschall Timoschenko und General Schukow für den Fall eines Krieges gegen Deutschland und seine Verbündeten. Ablehnung durch Stalin (Ueberschär/Bezymenskij 186ff.)

Mai:
– Direktive der Führung der Roten Armee an den Westlichen Sonderwehrkreises
– Direktive der Führung der Roten Armee an den Kiewer Sonderwehrkreises
(Ueberschär/Bezymenskij 194ff.)

19. Mai 1941: „Besondere Anordnungen Nr. 1 zur Weisung Nr. 21 (Fall Barbarossa)", Anlagen:
– Gliederung und Aufgaben der im Raum „Barbarossa" einzusetzenden Wirtschaftsorganisation
– Richtlinien für das Verhalten der Truppe in Rußland
(Ueberschär/Wette 308ff.)

20. Mai 1941: Beendigung des Aufmarsches an der Ostfront (120 Divisionen)

21. Mai 1941: Mitteilung Himmlers über den „Sonderauftrag des Führers" (Anatomie des SS-Staates II 184f.)

24. Mai 1941: Erlaß des Generalfeldmarschalls von Brauchitsch über „Behandlung feindlicher Zivilpersonen und Straftaten Wehrmachtsangehöriger gegen feindliche Zivilpersonen" (Ueberschär/Wette 307f.)

1. Juni 1941: Richtlinien des Beauftragten für Ernährung und Landwirtschaft, Staatssekretär Backe, für das Verhalten von Kreislandwirtschaftsführern in den zu besetzenden Gebieten der UdSSR (12 Gebote) (UF XVII 128ff.; Ueberschär/Wette 380ff.)

Mitte Juni: Richtlinien Görings für die Wirtschaftsführung in den neu zu besetzenden Ostgebieten (UF ebd. 131ff.)

2. Juni 1941: Treffen Hitlers mit Mussolini am Brenner

3. Juni 1941: Treffen Hitler mit General Oshima auf dem Berghof (UF XVII 200ff.)

4. Juni 1941: Treffen Ribbentrop mit General Oshima (UF XVII 198ff.)

Besprechung der Armee- und Heeresgruppenchefs beim OKH (Ueberschär/Bezymenskij 274f.)

6. Juni 1941: „Richtlinien für die Behandlung politischer Kommissare" (Kommissarbefehl)durch das OKW (Ueberschär/Wette 313f.)

8. Juni 1941: von Brauchitsch: Behandlung politischer Kommissare (Ueberschär/Wette 313)

Juni 1941: Runderlaß des OKW über die Handhabung der Propaganda beim Einmarsch in die Sowjetunion (UF XVII 151ff.)

11. Juni 1941: Weisung 32 Hitlers über Vorbereitungen nach „Barbarossa" (Hubatsch 129ff.; Salewski II 190ff.)

12. *Juni 1941:* Treffen Hitlers mit General Antonescu (Rumänien) in München (UF XVII 189ff.)

13. *Juni 1941:* OKH Lagebericht Nr. 5 (Ueberschär/Bezymenskij 280)

16. *Juni 1941:* OKW: Bestimmungen über das Kriegsgefangenenwesen im Fall Barbarossa (Ueberschär/Wette 315)

18. *Juni 1941:* Deutsch-Türkischer Freundschaftsvertrag (Vertrags-Ploetz 196ff.)

20. *Juni 1941:* Rede von Alfred Rosenberg über die politischen Ziele im bevorstehenden Krieg gegen die Sowjetunion (UF XVII 135ff.)

Befehl Hitlers zum Angriff auf die SU unter dem Stichwort „Dortmund"

21. *Juni 1941:* Bildung von vier Einsatzgruppen der Sicherheitspolizei und des Sicherheitsdienstes

Schreiben Hitlers an Mussolini über die Eröffnung der Feindseligkeiten gegen die Sowjetunion (UF XVII 205ff.)

Telegramm Ribbentrops an Schulenburg (ebd. 209ff.)

Note des Auswärtigen Amtes an die Sowjetregierung (ebd. 212ff.)

22. *Juni 1941:* Direktive Nr. 1 , 2 und 3 von Timoschenko und Schukow an die Befehlshaber der einzelnen Armeen (Ueberschär/Bezymenskij 213)

22. *Juni 1941:* 3.15 Uhr Beginn des Angriffs auf die Sowjetunion, als Verbündete Rumänien, Italien, Slowakei, Ungarn, Finnland;

Unterredung Ribbentrop mit sowjetischem Botschafter Dekanosow im Auswärtigen Amt (UF XVII 225ff.)

Letzter Empfang des deutschen Botschafters im Kreml (ebd. 236f.)

Aufruf Hitlers an das deutsche Volk (ebd. 229ff.)

Aufruf Hitlers an die „Soldaten der Ostfront" (Ueberschär/Wette 319ff.)

Ansprache von Rosenberg für die deutsche Wochenschau (Ueberschär/Wette 332)

Rundfunkansprache von Molotow (UF XVII 237f.; Ueberschär/Wette 325f.)

Rundfunkansprache von Churchill (UF XVII 246ff.)

Erklärung der italienischen Regierung (ebd. 249)

Aufruf des Generals Antonescu (ebd. 249f.)

22. *Juni ff.:* Tagebucheintragungen von Halder (UF XVII 275ff.; Salewski II 193f.)

23. *Juni 1941:* Brief von Mussolini an Hitler (UF XVII 277ff.)

23. *Juni 1941:* Lagebericht des SD über Stimmung der Bevölkerung (Salewski II 194f.)

24. *Juni 1941:* Ankunft Hitlers in der „Wolfsschanze" bei Rastenburg/Ostpreußen

25. *Juni 1941:* Erlaß Hitlers über die Hoheitsrechte von Wehrmachtbefehlshabern in den besetzten Gebieten (UF XVII 289f.)

27. *Juni 1941:* Erklärung der „Deutschen diplomatisch-politischen Information" über den europäischen Kreuzzug gegen den Bolschewismus (UF XVII 253ff.; Ueberschär/Wette 323f.)

28. *Juni 1941:* Rosenberg über die Vorbereitungsarbeit für den osteuropäischen Raum (UF XVII 290ff.)

29. Juni 1941: Stalin erklärt den Krieg zum „Großen Vaterländischen Krieg"

29. Juni 1940: Erlaß Hitlers über die Befugnisse des Reichsmarschalls Göring (UF XVII 290)

Fernschreiben Heydrichs an die Einsatzgruppenchefs: „Selbstreinigungsaktionen" in der SU (Longerich 118f.)

30. Juni 1941: Brief von Hitler an Mussolini (UF XVII 280ff.)

Juni/Juli 1941: Merkblätter: Warnung vor heimtückischer Sowjetkriegsführung; Kennt ihr den Feind? (Ueberschär/Wette 316ff.)

2. Juli 1941: Befehl Heydrichs an die Einsatzgruppen und –kommandos (Longerich 116ff.)

3. Juli 1941: Rundfunkrede Stalins (UF XVII 241ff.; Ueberschär/Wette 326ff.)

3. Juli 1941: „Feldzug gegen Rußland innerhalb von 14 Tagen gewonnen. (KTB Halder III 38f.; Salewski II 195)

8. Juli 1941: Hitler über das Schicksal von Leningrad und Moskau (Ueberschär/Wette 332ff.)

14. Juli 1941: Richtlinien für die personelle und materielle Rüstung (Salewski II 196)

15. Juli 1941: Gespräch Hitler mit Botschafter Oshima (Salewski II 196f.)

16. Juli 1941: OKW: Kriegsgefangenenwesen im Fall Barbarossa (Ueberschär/Wette 315);

Aktenvermerk von Reichsleiter Martin Bormann über eine Zusammenkunft im Führerhauptquartier über geheime Absichtserklärungen zur künftigen Ostpolitik (Ueberschär/Wette 330f.)

19. Juli 1941: Weisung Hitlers zur Fortführung des Krieges in Rußland (UF XVII 298ff.; Hubatsch 140f.)

31. Juli 1941: Brief Görings an Heydrich zur Vorbereitung der „Endlösung" (Salewski II 197; Longerich 78)

Juli 1941: Denkschrift der Seekriegsleitung über die strategische Lage und die Seekriegsführung gegen England (Salewski II 198ff.)

16. August 1941: Anfrage beim OKW nach der Behandlung von Politrucks (= politische Gehilfen bei den Kompagnien), Antwort von Jodl (Ueberschär/Wette 336f.)

1. September 1941: Polizeiverordnung über die Kennzeichnung der Juden (Salewski 204)

16. September 1941: Befehl von Keitel zur Unterdrückung der Zivilbevölkerung in den besetzten Gebieten (Dokumente des Verbrechens 145ff.)

18. September 1941: Denkschrift des Generals Rudolf Schmidt über die Möglichkeiten einer Erschütterung des bolschewistischen Widerstandes von Innen her (Ueberschär/Wette 394f.)

23. September 1941: Zurückweisung der Bedenken von Admiral Canaris (Chef des Amtes „Ausland/Abwehr" im OKW) gegen die Behandlung der Kriegsgefangenen durch Keitel

3. Oktober 1941: Rede Hitlers zur Eröffnung des Winterhilfswerks im Berliner Sportpalast (UF XVII 384ff.)

10. Oktober 1941: Armeebefehl des Generalfeldmarschalls von Reichenau über das Verhalten der Truppe im Ostraum (Ueberschär/Wette 339f.)

12. Oktober 1941: Befehl des Generalfeldmarschalls von Rundstedt (Ueberschär/Wette 340)

17. November 1941: Armeebefehl von Generaloberst Hoth über das Verhalten der deutschen Soldaten im Ostraum (Ueberschär/Wette 341ff.)

18. November 1941: Besprechung bei Göring über Wirtschaftspolitik und Wirtschaftsorganisation in den neubesetzten Ostgebieten (Ueberschär/Wette 387ff.)

20. November 1941: Armeebefehl von Generaloberst von Manstein (Ueberschär/Wette 343f.)

5. Dezember 1941: Beginn der sowjetischen Offensive

19. Dezember 1941: Hitler übernimmt Oberbefehl über das Heer

24. Dezember 1941: Fernschreiben von Reichenau (Ueberschär/Wette 345)

Abkürzungen:

UF = Ursachen und Folgen. Vom deutschen Zusammenbruch 1918 und 1945 bis zur staatlichen Neuordnung Deutschlands in der Gegenwart. Bde XIII bis XVII

Ueberschär/Wette = Gerd R. Ueberschär/Wolfram Wette (Hrsg.) „Unternehmen Barbarossa" Der deutsche Überfall auf die Sowjetunion 1941. Paderborn 1984

Ueberschär/Bezymenskij = Gerd R. Ueberschär/Lev A. Bezymenskij (Hrsg.): Der deutsche Angriff auf die Sowjetunion 1941. Die Kontroverse um die Präventivkriegsthese. Darmstadt 1998

Hubatsch = Walther Hubatsch (Hrsg.): Hitlers Weisungen für die Kriegsführung 1939–1945, Bonn o.J.

Dokumente des Verbrechens = Aus Akten des Dritten Reiches Bd. 1. Berlin 1993

Vertrags-Ploetz, ein Handbuch geschichtlich bedeutsamer Zusammenkünfte und Vereinbarungen, Teil II Band 4 A: Neueste Zeit 1914-1959. Würzburg 1959

KTB Halder= Franz Halder Kriegstagebuch. Tägliche Aufzeichnungen des Chefs des Generalstabes des Heeres 1939-1942. Bearbeitet von Hans-Adolf Jacobsen, 3 Bde. Stuttgart 1962-1964

KTB OKW = Kriegstagebuch des OKW (Wehrmachtführungsstab) 1940-1945. Geführt von H. Greiner und P.E. Schramm, hrsgeg. von P.E. Schramm, 2 Bde. Frankfurt am Main 1963

Salewski I = Michael Salewski: Die deutsche Seekriegsleitung 1935 – 1945, 3 Bde. Frankfurt am Main/München 1970-1975

Salewski II = Michael Salewski (Hrsg.): Deutsche Quellen zur Geschichte des Zweiten Weltkrieges. Darmstadt 1998

Longerich = Longerich, Peter: Die Ermordung der europäischen Juden. München/ Zürich 1990

Anatomie des NS-Staates, 2 Bde. München 1967

Weitere Literatur (in Auswahl)

Absolon, Rudolf: Die Wehrmacht im Dritten Reich. Bd. V. 1. September 1939 bis 18. Dezember 1941. Boppard 1988

Boog, Horst u.a.: Der Angriff auf die Sowjetunion,. In: Das Deutsche Reich und der Zweite Weltkrieg. Bd. 4. Stuttgart 1983

Foerster, Roland G. (Hrsg.): „Unternehmen Barbarossa". Zum historischen Ort der deutsch-sowjetischen Beziehungen von 1933 bis Herbst 1941. München 1993

Gerlach, Christian: Kalkulierte Morde. Die deutsche Wirtschafts- und Vernichtungspolitik in Weißrußland 1941-1944. Hamburg 1999

Heer, Hannes/Naumann, Klaus (Hrsg.): Vernichtungskrieg. Verbrechen der Wehrmacht 1941-1944. Hamburg 1995

Herbert, Ulrich (Hrsg.): Nationalsozialistische Vernichtungspolitik 1939-1945. Frankfurt a.M. 1998

Hildebrand, Klaus: Das Dritte Reich. München/Wien 1980

Hillgruber, Andreas: Hitlers Strategie. Politik und Kriegsführung 1940-1941. Bonn 1993

Hillgruber, Andreas: Der 2. Weltkrieg. Kriegsziele und Strategie der großen Mächte. 5. Auflage. Stuttgart 1989

Hillgruber, Andreas/Hümmelchen, Gerhard: Chronik des Zweiten Weltkrieges. Frankfurt/M. 1966

Hitler, Adolf: Mein Kampf. Zwei Bände in einem Band. München 1941

Jaeckel, Eberhard: Hitlers Weltanschauung. Stuttgart 1981

Jochmann, Werner (Hrsg.): Adolf Hitler. Monologe im Führerhauptquartier 1941-1944. Hamburg 1980

Mommsen, Hans: Von Weimar nach Auschwitz. Zur Geschichte Deutschlands in der Weltkriegsepoche. Stuttgart 1999

Müller, Dieter (Hrsg.): Deutsche Besatzungspolitik in der UdSSR 1941-1945. Dokumente. Köln 1982

Müller, Rolf-Dieter/Gerd R. Ueberschär: Hitlers Krieg im Osten 1941-1945. Ein Forschungsbericht. Darmstadt 2000

Nolte, Hans-Heinrich: Der deutsche Überfall auf die Sowjetunion 1941. Text und Dokumentation. Hannover 1991

Pietrow-Ennker, Bianka (Hrsg.): Präventivkrieg? Der deutsche Angriff auf die Sowjetunion. Frankfurt/M. 2000

Rauh, Manfred: Geschichte des Zweiten Weltkriegs. Zweiter Teil: Der europäische Krieg 1939-1941. Berlin 1995

Streit, Christian: Keine Kameraden. Die Wehrmacht und die sowjetischen Kriegsgefangenen 1941-1945. Bonn 1991

Volkmann, Hans Erich (Hrsg.): Das Rußlandbild im Dritten Reich. Köln 1994

Wegner, Bernd (Hrsg.): Zwei Wege nach Moskau. Vom Hitler-Stalin-Pakt zum „Unternehmen Barbarossa". München 1991

Christen im Widerstand: Die Freiburger Denkschriften

Es wird immer eine offene Frage bleiben, warum nach den Vorgängen vom 9.-12. November 1938 nicht ein hörbarer Aufschrei des Protestes durch die Kirchen und die Christenheit gegangen ist. Von einzelnen Ausnahmen abgesehen gab es keinen offenen oder veröffentlichten Widerstand gegen die Pogromnacht und gegen die ihr folgenden antijüdischen Maßnahmen und Gesetze. Die endgültige Zerstörung des Rechtsstaates traditioneller Struktur schien unwidersprochen Wirklichkeit geworden zu sein. Doch in der Stille bildeten sich als Reaktion auf die neue Phase der Judenverfolgung die Kerne von zwei späteren Widerstandsgruppen innerhalb des bürgerlich-christlichen Widerstandes: Der „Freiburger Kreis"[1] und der „Kreisauer Kreis".

Die Mitglieder des ersten Kreises versammelten sich zu prinzipieller Reflexionsarbeit zum ersten Mal im Dezember 1938. Sie hatten die Abschrift einer Predigt in den Händen, die Helmut Gollwitzer in Berlin-Dahlem am Buß- und Bettag gehalten hatte. Sie stellten sich die Frage, was in dieser politischen Lage die Aufgabe der Christen und der Kirche sein müsse. Professoren der Freiburger Universität und Freiburger Gemeindepfarrer trafen sich samt ihrer Frauen regelmäßig und öfter, um einen gemeinsamen Diskussions- und Verständigungsprozeß auf sich zu nehmen. Die allgemeine Stimmung in diesem Kreis dürfte ein Brief wiedergeben, den der Freiburger Historiker Gerhard Ritter unter dem 24.11.1938 an seine Mutter geschrieben hat:

„... Was wir in den letzten beiden Wochen erlebt haben im Ganzen des Vaterlandes, ist das Beschämendste und Schrecklichste, was seit langen Jahren geschehen ist. Wohin sind wir gekommen!!! Eine der vielen Fragen, über die man brieflich kaum reden kann, ist eine, wie mir scheint, nun zum erstenmal doch allgemeine Scham und Empörung. Diese Schreckenswoche wird nicht so leicht wieder vergessen werden. Ach wenn man hoffen könnte, daß es der Anfang würde einer inneren Umkehr und Besinnung bei denen, die für das alles verantwortlich sind! Aber kann man das ernstlich hoffen..."[2]

Gerhard Ritter wird einer der führenden Köpfe in diesem „Freiburger Kreis", zu dessen Kern noch die Professoren Constantin von Dietze (Agrarwissenschaft), Walter Eucken (Wirtschaftswissenschaft) und Adolf Lampe (Wirtschaftswissenschaft) gehören. Alle sind Mitglieder der Bekennenden Kirche, zu der auch die beiden Ortspfarrer Karl Dürr und Otto Hof gehören. Ritter, Lampe, von Dietze, Otto Hof und Dürr arbeiten eine Denkschrift aus, die den Titel „Kirche und Welt" hat. Der Untertitel heißt: *„Eine notwendige Besinnung auf die Aufgaben der Christen und der Kirche in unserer Zeit. "* Sie ist ein Dokument einer theologischen und politisch-ethischen Positionsbestimmung, die eine konsequente Auseinandersetzung mit der Praxis und Theorie des nationalsozialistischen Unrechtsstaates wagt. Es ist nicht die Kampfschrift eines politischen Widerstandes, die politisch-strukturelle Alternativen oder strategisch-taktische Ziele und Schritte formuliert, sondern zunächst „nur" ein Selbstverständigungspapier einer Gruppe von Christen, die sich in ihrem religiösen Gewissen und in ihrer bürgerlichen Rechtsauffassung verletzt und deshalb herausgefordert fühlen. Was sie alle einbringen, ist ein bestimmter Standard an christlich-humanistischer Bildung, an theologischer Kompetenz, an historischem Wissen und an einzelfachlicher Kompetenz.

Wir fragen vorrangig nach dem Staats- und Politikverständnis dieser rund zwanzigseitigen Denkschrift. So sehr sie eine Ausarbeitung aus dem Raum der Bekennenden Kirche ist, so überschreitet sie schon die durchgängige Frontlinie, wenn sie in der Einleitung über das bisherige Erscheinungsbild der Bekennenden Kirche kritisch formuliert:

„Von der Sorge um ihre Selbstbehauptung bedrängt, gerät sie in Gefahr, die große brennende Frage: ‚Kirche und Welt' allzu einseitig vom Standpunkt des kirchlichen Regimentes und seiner Nöte zu betrachten und darüber die nächste und dringende Aufgabe zu versäumen: daß sie ihren Gliedern Anweisung gibt, wie sich der Christ verhalten soll gegenüber den Forderungen eines Staates, der weit mehr als den bloßen Untertanengehorsam früherer Zeiten von ihm erwartet: der alle seine Staatsbürger zu einer ‚weltanschaulichen' Gesinnungsgemeinschaft zusammenschließen will und der aus dem Geist dieser staatlichen Weltanschauung hinaus ganz bestimmte, tief in das sittliche Leben einschneidende Forderungen an ihn stellt."[3]

Der Staat, mit dem Christen es aktuell zu tun haben, ist eben nicht mehr der traditionelle Staat, der sich als Machtstaat, aber auch gleichzeitig als

Rechts-, Sozial- und Kulturstaat definiert hatte. Der tolalitäre Weltanschauungsstaat erfordert nun eine andere Antwort von Kirche und Christen, als es in der überkommenen Ethik des Politischen üblich gewesen ist. Um diese neue Antwort argumentativ zu finden, sind zwei Voraussetzungen zu erfüllen: eine „biblische Untersuchung" und eine „historische Betrachtung". Noch einmal: Diese Unterrichtung der Gewissen hat zu geschehen, um vom Evangelium her zur Welt und zur Praxis des vorfindlichen Staates Verbindliches für die Gewissen sagen zu können, mit dem der Christ als Laie in weltlicher Verantwortung sich gewissenhaft und vernünftig entscheiden kann. Die historisch-kritische Besinnung hat den Zweck, die eigene besondere Lage zu erkennen und zu bestimmen. Biblische und historische Betrachtungen geben in ihrer Verschränkung die Voraussetzung ab, sich in eigener Zeit verantwortlich entscheiden zu können.

In der exegetischen Entscheidung des biblischen, vor allem des neutestamentlichen Materials folgt man dann dem Aufsatz von Günther Dehn „Engel und Obrigkeit" aus der Festschrift für Karl Barth von 1936.[4] Als Ergebnis formuliert man:

„1. Das Neue Testament schließt Erhebung der Waffen und politisch revolutionäre Haltung gegen eine unchristliche Obrigkeit unbedingt und kompromißlos aus (Matth. 26, 52). Paulus und Petrus selbst sind bereits den Weg des Martyriums gegangen.

2. Nach reformatorischem Verständnis des Neuen Testaments und nach Apg. 5, 29 ist diese Gehorsamspflicht zwar nicht eingeschränkt durch die Vorbedingung, daß im konkreten die Obrigkeit wirklich als Vollstreckung von Gottes Willen handelt, wohl aber hat der Christ die Pflicht, offensichtlich widergöttlichen Geboten der Obrigkeit zu widerstehen zur Gehorsamsverweigerung; und der christliche Prediger hat das Amt der Vermahnung und Bußrede auszuüben ohne Rücksicht auf Hoch oder Gering, Mächtig oder Ohnmächtig."[5]

Nach präzis entfalteten alt- und neutestamentlichen Befunden wird als Aufgabe formuliert:

„Die christliche Gemeinde, die innerhalb der Welt lebt, ist dieser nicht nur das Zeugnis in der Verkündigung des Wortes schuldig, sondern auch das Zeugnis eines Wandels im Licht, unter der Zucht des heiligen Geistes, im Gehorsam gegen Gottes Gebot, eines Wandels, der in offenkundigem

Nicht-mitmachen bei dem sündigen Treiben der Welt (1. Petr. 4, 4) die Gebundenheit des Christen an die Gebote seines Herrn lebensmäßig darstellt und zu einem Zeugnis für oder gegen die Welt wird."[6]

In dem nun folgenden Abschnitt „Praktische Folgerungen für unsere Zeit" erinnert man zunächst an Luthers Praxis: „Die biblische Auffassung von den Aufgaben des Predigers in der Volksgemeinschaft ist von Luther so verstanden worden, daß er vor der Gemeinde öffentlich die Sünden der Obrigkeit strafen soll."[7]

Aber die Lage der Kirche ist von der zur Zeit Luthers gänzlich verschieden: sie hat keine selbstverständliche Autorität mehr und besitzt kaum noch öffentliche Relevanz.

Die „totalitären Ansprüche" des modernen Staates stehen in Gegnerschaft zur kirchlichen Verkündigung. Der Staat nimmt die Kritik der Kirche nicht zur Kenntnis, er stellt eine eigene Weltanschauung der „Verkündigung christlicher Offenbarung" entgegen.

Er erhebt als totaler Staat ein Absolutheitsanspruch auf das ganze Volk und alle institutionellen Wirklichkeiten. Damit steht die Kirche vor einer völlig neuen analogielosen geistig-politischen Lage. Diese wird in folgender Weise analysiert:

„Wir stehen vor Symptomen einer ständig wachsenden Gottentfremdung, Selbstgerechtigkeit und Selbstüberhebung der Menschen, die nachgerade niemand mehr in ihrer erschreckenden Bedeutsamkeit übersehen kann. Wir heben nur drei dieser Symptome heraus:

1. Wenn bedingungsloser Gehorsam gegen Menschengebot gefordert wird, ohne Vorbehalt des göttlichen Gebots, und schrankenlose, religionartige Verehrung Menschenwesen entgegengebracht wird, so heißt das Gottes Ehre und unbedingten Herrschaftsanspruch, wie ihn das erste Gebot verkündigt, gröblich verletzen.

2. Auch die äußere Form des Volksaufruhrs ist in Gottes Augen keine Entschuldigung dafür, daß die Gebote der zweiten Gesetzestafel gröblich übertreten, Mitmenschen schwer an Leib und Leben geschädigt, ihrer Güter und gar ihres Heiligsten beraubt werden.

3. Die biblische Einsicht, daß alle Menschen ohne Unterschied der Rassen vor Gottes Augen Sünder sind, macht dem Christen die uneingeschränkte Selbstverherrlichung des eigenen Volkstums ebenso unmöglich wie die

unterschieds- und schrankenlose Verurteilung fremder Volksart und aller ihrer Erbeigenschaften als minderwertig oder gar verbrecherisch.

Diese Zeiterscheinungen weisen alle auf dieselbe Ursache hin: darauf, daß die Selbstverherrlichung des Menschen zum Grundsatz öffentlicher Moral erhoben wird. Selbstverherrlichung ist nichts anderes als (biblisch gesprochen) Selbstgerechtigkeit. Wo das Bewußtsein schwindet ‚mit unserer Macht ist nichts getan', wo der Mensch nicht mehr unter dem Gericht Gottes steht, wo er nicht mehr in letzter Verantwortung vor einem göttlichen Willen handelt, sondern aus der vermeintlichen Vollkommenheit eigener Einsicht und vermeintlichen Grenzenlosigkeit seines schöpferischen Willens, da beginnt er unter die Herrschaft der Dämonen zu geraten. Die christliche Kirche hat nicht Politik zu predigen, nicht irgend eine Staatsform als angeblich von Gott geboten der Welt aufzudrängen, oder irgend eine andere Staatsform als widergöttlich zu bezeichnen. Sie weiß, daß alle Staaten und Staatsformen Menschenwerk sind, und es war ein in der Kirchengeschichte nicht seltener Irrtum, bestimmte Organisationsformen weltlicher und geistlicher Obrigkeit in äußerlicher Übertragung biblischer Vorbilder auf die Gegenwart zu verabsolutieren. Wohl aber hat die Kirche zum eigentlichen und Hauptinhalt ihrer Predigt: dem Menschen, auch dem politisch handelnden Menschen, immer wieder ins Bewußtsein zu rufen, daß all sein Handeln unter Gottes Gericht steht, daß alle Herrlichkeit des Menschen nichts ist vor Gott, daß wir alle der Erlösung bedürfen, und daß wir uns diese nicht verdienen können aus eigener Kraft, sondern daß sie uns allein aus Gnaden geschenkt wird."[8]

Es ist eine radikale Analyse des Zeitgeistes unter den Bedingungen einer weltanschaulichen, politischen und pädagogischen Diktatur, die hier gegeben wird. Wird erkannt, daß der totalitäre Gesinnungs- und Handlungsstaat nicht mehr in der Kontinuität der vergangenen Ordnungswelt steht, daß also die eigene Gegenwart ohne geschichtliche Analogie ist, so muß die jetzige Christenheit im völlig neuen Hören auf die Schrift ihre unverwechselbaren aktuellen Antworten geben. Der christliche Prediger hat seinen Bußruf an die ganze Volksgemeinschaft zu richten: „Den öffentlichen Geist der Selbstüberhebung und Selbstgerechtigkeit eines ganzen Volkes gilt es zu bekämpfen; denn dieser öffentliche Geist hat uns nun dahin geführt, daß ungestraft in aller Öffentlichkeit, die allerelementarsten

Gebote christlicher Sittlichkeit, die zehn Gebote, in ihrer allerschlichtesten Form gröblich verletzt werden konnten. Soweit sind wir nun gekommen. Wenn auch die Kirche dazu schweigt, das heißt wenn sie nicht ihre Glieder unmißverständlich zur Buße ruft, versäumt sie ganz ohne jeden Zweifel die Pflicht der Gewissensführung und richtet durch ihre Unterlassung die allergrößte Verwirrung, nicht nur in der Jugend, an."[9]

Die Position ist klar: Kirche muß in ihrer Verkündigung bekennen, daß die Gebote Gottes auch für das staatliche Handeln bindend sind. Sie hat die öffentliche Aufgabe, der Verwirrung in sittlichen und religiösen Grundfragen entgegenzutreten. Sie hat als Volkskirche eine Mitverantwortung für das Volk und seinen Staat.

Auch und gerade die praktische Politik kann nicht der sittlichen Beurteilung entzogen werden, auch wenn die Kriterien der Privatmoral nicht unmittelbar auf die „Lebens- und Machtkämpfe großer Staaten und Nationen" übertragbar sind. Für den einzelnen Christen gelten diese Kriterien:

„Die Gewissensentscheidung darüber, wie sich jeder Einzelne in der konkreten politischen Situation und vor konkreten politischen Aufgaben zu verhalten hat, ist dem Handelnden selbst überlassen und kann ihm von keinem Prediger der christlichen Kirche abgenommen werden. Die christliche Einsicht und Gesinnung in praktisches Wirken in der Welt umzusetzen, ist nicht Sache der Theologie, sondern der christlich geleiteten Vernunft, nicht Sache des Predigers, sondern des christlichen Laien, der sich in jedem konkreten Fall auf eigene Verantwortung zu entscheiden hat. Aber darauf kommt alles an, daß er seine Entscheidung mit reinem Gewissen trifft, das heißt im Bewußtsein seiner unbedingten Verantwortlichkeit vor Gott. Und nicht vor irgend einem Gott, sondern vor dem Einen Gott, der der Vater Jesu Christi ist: das heißt in stetem Bewußtsein seiner eigenen Erlösungsbedürftigkeit. Es wäre ein ungeheures Unglück, wenn endgültig der Geist des Hasses, der Rachsucht, der grenzenlosen Schmähung und Verleumdung des Gegners, des bewußten Verzichts auf jede Gerechtigkeit der Selbstvergötterung der eigenen Rasse unser öffentliches Leben bestimmen würde (alles Ausgeburten der einen Ursünde menschlicher Selbstgerechtigkeit) und wenn der Geist der Nächstenliebe, des Willens zur Gerechtigkeit auch dem Gegner gegenüber, der Wahrhaftigkeit, endgültig untergehen würde. Er wird untergehen, sofern unserm Volk nicht immer wieder die letzte Unvollkommenheit und Sündhaftigkeit alles menschlichen Treibens vor Gott entgegengehalten wird. Geschieht das nicht, so wird die ehemalig christliche Völkergemeinschaft des Abendlandes in einem Chaos einander vernichtender, ehrgeizig-dämonischer Gewalten versinken."[10]

Im Jahre 1938 ist kaum an anderer Stelle im deutschen Protestantismus so realitätsnah und gleichzeitig so konsequent theologisch-ethisch argumentiert worden wie hier. Es erstaunt, daß diese Denkschrift, die Theologen und theologisch gebildete Laien zusammen verantwortet haben, so wenig ins kollektive Gedächtnis der Kirche eingegangen ist. Sie impliziert ein Politik- und Staatsverständnis, das in der Tendenz die stärkste Infragestellung des NS-Systems gewesen ist. Dieses theologisch-ethische Verständnis von Politik und politischer Ordnung ist Verweigerung des Gehorsams gegenüber den Kriterien und der Praxis des totalitären Weltanschauungsstaates. Deutlicher und klarer kann man den Widerstand aus Glauben kaum formulieren. Biblische Befunde und historische Analysen haben hier die Funktion, die bestehende Form der Staatlichkeit und die Inhalte ihrer Politik als „dämonische Mächte", die nur noch sich selbst wollen und jedem Dienstauftrag entkleidet sind, zu entlarven. Das Gegenteil des Verantwortbaren ist Struktur und Ereignis geworden. Die übliche Harmlosigkeit, über ein „gutes Regiment" zu reden, ist zerschlagen. Der „Staat" hat sich als apokalyptische Realität etabliert, das „Tier aus dem Abgrund" verschlingt seine Opfer.

Der deutsche Protestantismus bedurfte der Erfahrung dieser zügellosen Staatsomnipotenz, um zu einer realistischen und prophetisch-wachsamen Einschätzung staatlicher Macht zu gelangen. Texte wie diese sind Meilensteine auf dem Wege zu einer kritischen Distanz gegenüber säkularistischen Selbstverwirklichungstheorien auf weltanschaulicher Grundlage. Daß der Staat ein organisierter Gegenspieler von Humanität und Gerechtigkeit sein kann, daß Kirche sich bei klaren Grenzüberschreitungen zum Ankläger des bindungslosen Molochs machen muß, war eine Erkenntnis, die nach Jahrhunderten geregelter Rollenteilung erst eingeübt werden mußte. Auch die Freiburger haben dies erst einüben müssen.

Das zeigt sich in dem letzten kleinen Abschnitt der Denkschrift mit der Überschrift „Was hat also praktisch von Seiten der Kirche zu geschehen?". Als allgemeines Kriterium gilt zunächst:

„Ihre Predigt muß vor allem zeitgemäß werden in dem Sinne, daß sie ihre öffentliche Aufgabe als solche begreift und die Verkündigung des göttlichen Wortes danach ausrichtet. Die Weisungen und Seligpreisungen der Bergpredigt Matth. 5 und die Mahnungen des Apostels Römer 12 bedürfen Vers für Vers einer neuen, höchst konkreten Auslegung für unsere Zeit."[11]

Das nächste Kriterium formuliert die „Front":

„Die Kirche muß mit solcher Auslegung ankämpfen gegen den widerchristlichen Geist des Hasses, der Verleumdung, des hemmungslosen Strebertums und Ehrgeizes, der Selbstüberhebung und Selbstgerechtigkeit, der sich in unserer Öffentlichkeit breit macht. Sie muß ferner die Gemeinde unentwegt in rechter Verkündigung und Ermahnung nicht nur an die der Obrigkeit geschuldete Untertänigkeit erinnern, sondern nicht minder über die von Gott gesetzten Grenzen dieser Untertänigkeit belehren. Die Christen müssen ermahnt werden, daß es gilt, Gott mehr zu gehorchen als den Menschen nicht nur überall da, wo die Verkündigung des Evangeliums unterbunden werden soll, sondern auch da, wo etwa weltliche Mächte von sich aus eine Verletzung der göttlichen Gebote fordern sollten."[12]

Zum protestantischen Standardkapitel von Römer 13 entwickelt man dieses Kriterium: „Römer 13 darf nicht mißbraucht werden als Deckmantel menschlicher Bedenklichkeiten und Ängstlichkeit. Denn menschliche Furcht – auch die Besorgnis um das äußere Schicksal der Kirche – darf dem klaren göttlichen Gebot nicht im Wege stehen, andernfalls hätte die Kirche keine Verheißung mehr. Sie wurde sich dann zu jenen vielzuvielen gesellen, die nun seit Jahren in beständigen Rückzugsgefechten eine moralische Position nach der andern räumen. In der vergeblichen Hoffnung, weiter rückwärts eine bessere ‚Sicherheit' zu finden, als ganz vorne an der Front, und die so jeden sittlichen Halt verlieren.

Wir dürfen uns auch nicht durch den Vorwurf schrecken lassen, in politischen Fragen einzugreifen. Der Begriff des Politischen wird ja von totalitärer Staatsanschauung aus soweit gefaßt, daß überhaupt keine Lebensäußerung mehr möglich ist, ohne politische Dinge zu berühren."[13]

Vergleicht man solche Passagen mit den harmlosen, die Wirklichkeit der Zeit fast ausblendenden Unterscheidungslehren etwa der Erlanger Lutheraner, so ist dieses Freiburger Luthertum in der theologischen Denkstruktur und der politisch-ethischen Intention dem geschichtlichen Luther unendlich näher als das zeitgenössische kirchlich-konfessionelle Luthertum. Gerhard Ritter, der Luther- und Reformationskenner, hat mit dem durchschnittlichen zeitgenössischen Luthertum nicht viel anfangen können. Es war für ihn ohne Gewissensorientierung in Fragen der politischen und sozialen Lebensgestaltung geworden. Es war für ihn toter Traditionalismus mit beschränktem geistigen Horizont und befallen von einer kaum zu überbietenden geschichtlichen und aktuellen Wirklichkeitsblindheit. Es war für ihn und seine Mitstreiter eine bittere Erfahrung, daß es kaum eine konfessionell-lutherische Kritik am NS-System gegeben hat. Man billigte dem Hitler-Staat noch Staatlichkeit zu, als längst der bewußte Abschied von Rechts- und Kulturstaatlichkeit vollzogen war und nur noch biologistisch-vitalistische Machtstaatlichkeit dominierte.

Die Freiburger haben mit dieser ihrer Denkschrift den Weg in eine eigenverantwortete und eigengeprägte Widerstandsform gefunden. Sie konnten wenige Jahre später unter veränderten Bedingungen des Krieges an ihre Grundüberlegungen aus dem Jahre 1938 anknüpfen, als sie 1942 begannen, ihre zweite größere Denkschrift zu konzipieren. Sie hat das Thema „Politische Gemeinschaftsordnung. Ein Versuch zur Selbstbesinnung des christlichen Gewissens in den politischen Nöten unserer Zeit." Sie dürfte das umfangreichste und bedeutendste Dokument christlichen Widerstandsdenkens aus der NS-Zeit sein.

Wir konzentrieren uns wieder auf das Politik- und Staatsverständnis dieser „Freiburger Denkschrift". Ein erster Hauptteil, konzipiert von Gerhard Ritter, behandelt „das politische Chaos unserer Zeit und seine Ursachen". Es ist ein geistes- und politikgeschichtlicher Überblick über die neuzeitliche Entwicklung, die zur „Gewissensverwirrung" geführt hat. Es wird kritisch konstatiert, daß „unsere deutschen Reformationskirchen eine schwere Mitschuld an dem totalen Verfall unserer politischen Gesittung tragen." Sie selbst sind dem „Dämon der Macht und der nationalen Selbstvergötzung" erlegen gewesen. Es gilt nun, den Versuch einer „Selbstorientierung des christlichen Gewissens" zu wagen, um konkrete Verantwortung für zukünftige Politik, Wirtschaft und Gesellschaft zu übernehmen.

Der erste Hauptteil handelt über „das politische Chaos unserer Zeit und seine Ursachen". Der Neuzeithistoriker läßt das ganze Zeitalter nach 1789

Revue passieren, um seine diversen Perversionen (Nationalismus, Technizismus, Säkularismus, Bellizismus u.a.) beim Namen zu nennen. Er faßt zusammen, was Ritter in seinen bisherigen Büchern analysiert hatte. Es gibt kaum einen vergleichbaren Aufriß deutscher und europäischer Geschichte aus der Kriegszeit, das an Dichte und Durchblick vergleichbar ist. Das Fazit der Analysen und Erkenntnisse ist:

„Wahrlich, es gibt keine politischen und Kulturideale in Europa, die von sich aus stark genug wären, dem Ansturm des Ungeistes zu widerstehen, das Massenmenschentum wieder zu rechter Gemeinschaft umzubilden, die sittliche Freiheit der Person zu retten gegen die brutale Gewalt, der Dämonie der Macht Zaum und Zügel anzulegen, den politischen Machthabern und Volksführern die Schranken ihrer Verantwortlichkeit ins Gewissen zu rufen – solange nicht wahre Gottesfurcht wieder in den Menschen lebendig wird.

Das politische und geistige Chaos unserer Zeit ist nicht zuletzt eine gewaltige Anklage gegen das Versagen der christlichen Kirchen als weltgestaltende Macht: gegen die sittliche und geistige Trägheit der russischen Orthodoxie, gegen die teils allzu welt- und zeitfremd, teils völlig säkularisierte Predigt und die hemmungslose Zersplitterung des Protestantismus, aber auch gegen die katholische Priesterkirche mit ihrem oft so totem Formalismus und ihrer äußerlich frommen Betriebsamkeit. Alles, was wir als Erlahmen des wahrhaft schöpferischen Geistes in der modernen Kultur empfinden, hat zuletzt seinen Grund darin, daß wahre Gottesfurcht und Gottesliebe nicht mehr ihr ganzes Wesen durchdringt. Wo die wärmende und leuchtende Flamme wahrer Gottesverehrung verlischt, da wird es unheimlich kalt und finster in der Welt. Da werden die Ideologien zu dämonischen Mächten, weil ohne irgend eine Art von Gläubigkeit keine menschliche Gemeinschaft zu existieren vermag. Da werden die irdischen Größen angebetet, weil der gottlos gewordene Mensch doch seine Götzen braucht. Und dann erhebt sich immer von neuem zwischen solchen Dämonen der Vernichtungskampf. Man hat neuerdings viel von dem apokalyptischen Charakter unserer Zeit gesprochen. Mit Recht, sofern wir heute unvergleichlich viel mächtiger als in früheren Epochen den Satan, den Antichrist sich wider Gott erheben sehen zu einem Kampf, den man wohl als den ‚Endkampf‘ empfinden kann. Ein Entscheidungskampf von ungeheurer Tragweite ist es ohne Zweifel. Je furchtbarer, je unentrinnbarer aber die Mächte des Bösen sich zu erheben scheinen, um so lauter ist die Christenheit aufgerufen, anzutreten zu entschlossenem Widerstand mit Einsatz aller ihrer geistigen Kräfte. Es gilt, der Dämonie des Politischen mit Gottes Hilfe ein Stück vernünftiger, sittlicher Weltordnung abzutrotzen. Das christliche Gewissen wird ein titanisches Ringen mit den Mächten dieser Welt zu bestehen haben, um sie zur Ordnung zu rufen. Nur eine wahrhaft mächtige, wahrhaft enthusiastische, alle Christen aller Länder und aller Kirchen umfassende, ökumenische Bewegung kann hoffen, in solchem Bemühen auch nur Gehör zu finden."[14]

Der zweite Hauptteil der Denkschrift entwirft nun als Angebot eine Alternative zum bisherigen epochalen Prozeß als Auflösungsprozeß humaner Gesittung „Grundzüge einer politischen Gemeinschaftsordnung nach christlichem Verständnis". Es ist eine theologische und geschichtsphilosophische Reflexion, die auf verantwortbare neue Aktionen und neue Strukturen abzielt. Und immer wieder wird das Hauptthema angesprochen: die Notwendigkeit und der Mißbrauch von Macht. Römer 13 und Apokalypse 13 werden in ihrer Problematik thematisiert. Die fundamentale Erkenntnis: *„Es gibt keinen Dämon, der dringender der Zähmung und Fesselung bedürfte, als den Dämon der Macht."*[15] Außen- und innenpolitische Zusammenhänge werden im Zusammenhang der „historischen Einsichten und politischen Erfahrungen" auf dem Hintergrund theologischen Wissens in Anthropologie und Kosmologie thematisiert, reflektiert und in offene Entscheidungssituationen gebracht. Es entstehen faszinierende Texte eines Historikers, der die Tiefendimensionen von Politik und Verfehlung oder Gewinnung des Menschseins kennt. Niemand unter den Protestanten hat in der Kriegszeit die innere Tragödie der Deutschen und Europäer illusionsloser und konsequenter beschrieben als dieser evangelisch-lutherische Historiker und „Laientheologe". Machiavelli und Luther sind seine permanenten Gesprächspartner in der Durchdringung der eigenen Epoche. Sein Fazit:

„Wir können nach den historischen Einsichten und politischen Erfahrungen, die uns das 19. Jahrhundert gebracht hat, unmöglich zu den naturrechtlichen Abstraktionen des 18. zurück und irgendeine bestimmte Staatsform schlechthin, wie etwa die demokratisch-parlamentarische, als sittlich oder gar religiös allein zulässig für alle Völker betrachten. Eines aber fordert das sittliche Bewußtsein immer und überall mit unbedingter Klarheit: daß die politische Gemeinschaft echte Rechtsgemeinschaft sei, nicht eine bloße Herdenbildung sittlich abgestumpfter, geistig uniformierter Massenmenschen, aber auch nicht eine Anarchie lose verbundener Individualitäten, deren subjektive Willkür an die Stelle gesetzlicher Ordnung tritt. Deutlicher christlich gesprochen: Gottes Auftrag an die Schwertgewalt fordert ebenso, daß sie den Personencharakter der von ihr Regierten achte, wie daß sie zwischen ihnen eine echte Gemeinschaft der Nächstenliebe stifte. Sie sollen ebenso erzogen werden zur Freiheit eines an Gott gebundenen Gewissens wie zum Dienst am Nächsten. Welche von beiden Seiten des göttlichen Auftrages jeweils das christliche Gewissen den politischen Machthabern und der politischen Öffentlichkeit stärker ins Bewußtsein zu rufen hat, das muß sich aus gewissenhafter Erwägung der jeweiligen Lage ergeben. Es gibt Zeiten der Anarchie, in denen der Bußruf der Kirche die Menschen vor allem zum Gehorsam unter die staatliche Autorität zu treiben hat. Es gibt aber auch Epochen übersteigerter Ansprüche der Staatsgewalt, in denen diese zur Tyrannei über die Gewissen zu werden, den Personencharakter der Regierten und damit zugleich das Wachstum echter sittlicher Gemeinschaft zu schädigen und zu vernichten droht."[16]

Es kennzeichnet den Denkstil der Freiburger, daß sie aus ihren geschichtlichen, ethischen und fachlichen Grunderkenntnissen konkrete „praktische Folgerungen" ableiten. Man beginnt mit der Innenpolitik, zu der dann auch der Unterabschnitt „allgemeine Staats- und Rechtsordnung" gehört. Diesem Abschnitt von acht Seiten gilt unser zentrales Interesse.

Im Blick auf die Geschichtlichkeit aller politischen Ordnungsformen will man sich „auf keine bestimmte Staatsform" festlegen. Da man auch über „kein christliches Naturrecht" verfüge, gehe es zunächst darum, „Unter Bindung an die christliche Sittlichkeit" einen neuen Staat aufzubauen. In einer Übergangsphase hält man gewisse Einschränkungen der Grundrechte noch für unumgänglich – der Übergang von einem totalitären System in eine rechtsstaatliche Grundordnung ist nur prozeßhaft zu erreichen, nicht abrupt –, auch muß sich in dieser Zeit eine „neue Notabelnschicht der politisch Einsichtigen und sittlich Zuverlässigen herausbilden", aber langfristiges Ziel ist es, eine „politische Ordnung als echte, das heißt Rechtsordnung, nicht als Willkürherrschaft, politische Gemeinschaft als echte, das heißt als Gemeinschaft von Personen, nicht als ‚Kollektiv' zu begründen."[17]

Es ist also eine politische Gemeinschaftsordnung aufzubauen, die auf „klaren sittlichen Grundsätzen" basiert und von einer klaren Analyse der „politisch-historischen Wirklichkeit" ausgeht.

Was zu sehen ist: die Freiburger proklamieren nicht in Anlehnung an deutsche Vorbilder oder in Aufnahme westlicher Demokratien eine bestimmte Staatsform für ein nachnationalsozialistisches Deutschland, sondern lassen die Verfassungsfrage im einzelnen offen. 1942 konnten sie noch nicht wissen, wann und wie das Ende des Krieges und das Ende des NS-Systems aussehen werde. Ihre Leidenschaft sind nicht verfassungsrechtliche Entwürfe, sondern es geht schon unter den Bedingungen des totalitären Weltanschauungs- und Machtstaates um die Besinnung auf Gesinnung, Werte, Normen und Kriterien, die einen Terrorstaat in einen Rechtsstaat umwandeln können. Aber es ist kein idealistischer Reißbrettentwurf, der alternativ zur erfahrenen politischen Wirklichkeit formuliert wird, sondern man versteht seinen Entwurf als Rückbesinnung auf bewährte religiös-moralische und politisch-ethische Traditionen des christlich-europäischen Humanismus, die von ihrer Motivkraft her in der Lage sind, das notwendige Maß an Freiheit und Bindung, von Autorität und Freiheit, von Selbständigkeit der Einzelpersonen und Einbindung in die Gemeinschaft zu entwickeln. Man setzt auf die Reformkräfte eines Geistes, der sich immer wieder neu ereignen kann und die Kräfte hat, Ethos von Einzelnen und gemeinsame Sittlichkeit permanent zu entbinden. Natürlich denkt man an die möglichen Formkräfte des verkündigten Evangeliums und an die Gestaltungskräfte der Gebote Gottes, die unabhängig von Situation und Interesse zu gelten haben. Der Geist dieses christlichen Ethos und die Strukturen dieser christlichen Ethik sind in der Lage, den Geist der vitalistischen Selbstvergötterung und des totalitär-kollektivistischen Lebensstils zu überwinden. Die revolutionäre Gegenstrategie gegen Geist und Struktur des NS-Systems wird von einer radikal konsequenten Neubesinnung und Neuorientierung auf die christliche Tradition getragen. Man weiß sehr genau um das schließliche Versiegen und Versagen dieser Tradition in der eigenen Zeit, aber genauso genau meint man um die Möglichkeit zu wissen, dieses Erbe gerade nach seiner zeitweiligen Abwesenheit und organisierten Schändung, zu neuem Leben aus Überzeugung und Einsicht zu erwecken. Die Freiburger verstehen das Christentum nicht als religiös-kulturelle Erscheinungsform, die die Vergangenheit bestimmt haben mag, sondern als eine geistig-moralische Kraft, die eine andere, eine human-soziale Zukunft ermöglicht. Sie setzen auch nicht auf eine Klerikalisierung von Staat und Gesellschaft, die Menschen und Strukturen in neue Unmündigkeit brächte, sondern favorisieren eine Form christlicher Glaubensexistenz, die entscheidend die Inhalte weltlicher Ordnungsformen bestimmt. Sie setzen auf die Kultur- und Prägekraft eines personal verstandenen und zugleich sozial sich auslegenden christlichen Glaubens. Sie formulieren dynamische Gestaltungskriterien, nicht abgeschlossene Struktursysteme.

Ganz entscheidend ist ihr Staatsverständnis. Der Staat muß „echte Autorität" haben, um „Schützer des Rechts" sein zu können. Der totale Staat ist das Gegenteil eines Rechtsstaates. Er fordert blinden Gehorsam und Unterwürfigkeit.

Neben Rechtsstaatlichkeit tritt die Forderung nach Kulturstaatlichkeit. Der Staat hat die Gaben des Bürgers zu fördern, wie der Bürger seinerseits seine Freiheit im Dienst für die politische Gemeinschaft umsetzt.

Ohne Zweifel steht die Rückkehr zum Rechts- und Kulturstaat im Zentrum der politischen Ordnungsziele der Freiburger. Die Verfassungsfragen selbst rücken an den Rand des Interesses. Alle bisher geschichtlich gegebenen Staatsformen haben nur eine „relative Gültigkeit": „... jede ist nur ein Versuch, konkreten Bedürfnissen einer bestimmten Zeit oder Nation im Rahmen konkreter geschichtlicher Machtverhältnisse gerecht zu werden."[18]

Dies ist aber nicht als Gleichgültigkeit für Verfassungsfragen zu verstehen, sondern als Ausdruck der Erwartung offener Entscheidungssituationen. Um so stärker betont man immer wieder die Kriterien einer neuen Rechtsstaatlichkeit, die die Machtfülle des Staates als Voraussetzung der geistigen Herrschaft über die Menschen mit den Mitteln des Terrors begrenzt. „Korruption und Tyrannei" müssen verhindert werden. Deshalb muß gelten: „Die Staatsgewalt und das Volk muß öffentlich erinnert werden können an die Grundsätze christlicher Sittlichkeit." Zur Rechtsstaatlichkeit des Staates gehört also die freie Verkündigung der Kirche. Sie hat ein Erziehungs- und Wächteramt in Sachen praktischer öffentlicher Sittlichkeit.

Zu den „unabdingbaren sittlichen Pflichten der Staatsgewalt" gehört die „Achtung des Personencharakters des Menschen." Darin sieht man den *„berechtigten Kern der sogenannten ‚allgemeinen Menschenrechte' des liberalen Zeitalters...* "[19], nimmt aber den klassischen Menschenrechtskatalog, wie er sich im westlichen Denken entwickelt hat, nicht auf, sondern formuliert als „unabdingbar" in der eigenen konkreten geschichtlichen Situation folgende Forderungen:

1. „Gesetzlich gesicherte Freiheit der Gewissen" sowohl in religiöser Hinsicht wie in Fragen politischer Überzeugungen. Der Staat hat kein Recht, politische Gesinnungen oder Weltanschauungen verpflichtend zu machen.

2. Jedes Spitzelsystem muß wegfallen. Der Mensch ist eigenverantwortliche Person und muß als solche vom Staat geachtet werden.

3. Es kann keine „lügenhafte Propaganda" geschehen, die das Menschsein und die politische Gemeinschaftsordnung diffamiert.

4. Es kann keine polizeiliche Verfolgung politisch Andersdenkender geben. Dauerhaft sie in Konzentrationslagern zu halten ist nicht möglich.

5. Alle Schäden, die die Gewaltherrschaft verursacht haben, müssen wieder gutgemacht werden.

Es ist nicht zu verkennen, daß diese fünf Forderungen als unmittelbare Maßnahmen nach dem Sturz des Nationalsozialismus gedacht sind. Es sind Sofortmaßnahmen nach dem Zusammenbruch der Diktatur als Minimalforderungen auf dem Wege zu einem rechtsstaatlichen System. Diese Passagen machen den Charakter der Denkschrift noch einmal deutlich: Es ist nicht der Entwurf einer „schönen, neuen Welt", sondern es sind Stationen auf dem praktischen Wege in eine neue Staatlichkeit. Man rechnet nicht mit einer formalen Anknüpfung etwa an die Weimarer Reichsverfassung, sondern will eine neue Rechtspraxis einüben, die den Unrechtscharakter des NS-Systems konkret aufhebt. Das Interesse hat nicht so sehr eine neue Verfassung, sondern ein neues rechtsstaatliches System in der Praxis des Alltags.

Und für diese „konkrete Rechtsordnung" gibt es einen „obersten Maßstab": „Oberster Maßstab jeder konkreten Rechtsordnung darf nur die sittliche Idee der Gerechtigkeit (eines ‚ewigen', ‚göttlichen Rechts') sein, nicht irgendein Interesse irdisch-zeitlicher Wohlfahrt, auch nicht des Staates oder Volkes. Recht ist also nicht, was dem Volke oder gar den Machtha-

bern nützt, sondern was die Idee der Gerechtigkeit gebietet. Gesichtspunkte irdischer Wohlfahrt und politischer Zweckmäßigkeit haben im Bereich des Rechtes niemals allgemein regulierende, sondern immer nur kon-
kretisierende Bedeutung. Denn die Idee der Gerechtigkeit geht von Gott
selber aus, nicht von irgendeiner Schöpfungsordnung."[20]

Wichtiger als geschriebene Verfassungen ist also die alles konkrete Leben dominierende „Idee der Gerechtigkeit". Allen Theorien, die nach utili-
taristischen Gesichtspunkten das politische Leben regulieren wollen, wird
damit eine Absage erteilt. Auch bestimmte „Schöpfungsordnungen" können nicht ihrerseits rechtsschöpferisch sein. Alle Rechtsordnung ist unmittelbar von Gott her und auf Gott hin. Vor ihm allein ist alles zu verantworten, was man im Einzelnen an politischer Rechtsordnung schafft. Nach
Zeiten einer anthroprozentrischen und ethnozentrischen Rechtspraxis, die
zur Dehumanisierung geführt hat, ist dieser Rekurs auf Gott selbst als
Autorität für die Gewissen von Einzelnen und für die Verantwortung für
die Ordnungswelt nicht nur als fromme Konfessio zu verstehen, sondern
als letzte für jedermann verbindliche Instanz. Man hatte hautnah erlebt,
was es heißt, Gewissen und Strukturen an weltanschauliche Prämissen zu
binden. Man hatte erlebt, daß am Ende die nackte Willkür herrschender
Eliten im Namen abstrakter Geschichtsutopien gestanden hat. Diese Entscheidung für eine „metaphysische" Bindung war schärfster Ausdruck
für den Abschied aus selbst gewählten Bindungen, die in der praktischen
Politik in der Regel zu Willkür und Terror geführt hatten.

Um praktisch zur Rechtsstaatlichkeit zurückzukommen, bedarf es des
Schutzes vor politischer Justiz und der richterlichen Unabhängigkeit.

Der Staat, der für das Dasein einer humanen politischen Gemeinschaftsordnung so wichtig ist, ist aber nicht „der einzige Schöpfer des Rechts".
Es gibt natürliche und gesellschaftliche Ordnungen, die ein eigenes Recht
haben und es entwickeln. Der „Totalitätsanspruch" des NS-Systems hatte
die gesellschaftlichen Zwischeninstanzen (wie Vereine, Verbände, Korpo-
rationen u.a.) als eigenständige Organe ausgeschaltet. Er hatte die Unterscheidung von Staat und Gesellschaft aufgehoben. Er hatte die Gesellschaft „verstaatlicht". Die Freiburger gehen zurück zu der fundamentalen
Unterscheidung von Staat und Gesellschaft, ohne die Führungsrolle des
Staates in der Rechtsbildung für das Ganze zu bestreiten. Sie wissen, daß

die Vermassung der Regierten nur reduzierbar ist, wenn das Prinzip der Mitverantwortung und Selbstverwaltung auch in den gesellschaftlichen Subsystemen selbstverständliche Praxis wird.

An einer Stelle wird die „Notwendigkeit einer Begrenzung der Staatsgewalt" besonders aktuell: in der Frage nach dem Verhältnis von Staat und Kirche. Sie ist die Probe, ob der Staat seine Grenzen erkannt und akzeptiert hat und ob ihm an einer vertrauensvollen Partnerschaft gelegen ist. Kirche ist immer die Grenze des Staates. (Doch dies ist nicht mehr unser Thema.)

Es gibt noch als Anhang 1 der Freiburger Denkschrift einen von den beiden Juristen Erik Wolf und Franz Böhm entworfenen Abschnitt mit der Überschrift „Rechtsordnung". Er hat neben den Unterthemen „Verwaltung", „Gesetzgebung und Rechtsgang", „Strafrecht", „Familien- und Privatrecht" und „Völkerrecht" auch einen Abschnitt „Verfassung". Man formuliert als Ausgangssatz: „Der Staat ist seinem Wesen nach politische Ordnung im Sinne der Ermöglichung und Förderung der Gemeinschaft von Personen." Er wird im Blick auf die „kreatürliche Entfaltung der Personen" instrumental-funktional gesehen. Er hat die körperliche und geistige Tätigkeit und Tüchtigkeit der Bürger zu fördern und zu schützen. Der Staat ist nicht Selbstzweck noch formale Organisation, er steht im Dienst von Recht und Kultur. Er ermöglicht die „sittliche Entfaltung der Person in einer von Nächstenliebe getragenen Gemeinschaft" und deshalb hat er Autorität. Zur Staatsform selbst wird definiert:

„Geschichtlich entstandene Staatsformen oder Regierungsformen sind als solche für die Glaubenshaltung indifferent. Jedes Volk bildet sie nach seinem Bedürfnis anders. Jede Regierungsform aber muß die Grenzen innehalten, die sich aus Gottesfurcht, Verantwortungsbereitschaft und Nächstenliebe für den konkreten Fall ergeben."[21]

Von diesem Staats- und Verfassungsverständnis her ergibt sich ein bestimmtes Verständnis der Rolle von Parteien. Sie müssen sich ihrer Relativität und ihrer Grenzen bewußt sein. Es heißt: „... Ihre Ziele dürfen nicht über den Raum politischer Daseinsgestaltung hinausgehen. Parteiprogramme dürfen nicht theologisiert werden."[22] Damit sind Weltanschauungsparteien und auch kirchliche Parteien abgelehnt. Jeder weltanschaulich-politische Absolutheitsanspruch auf die Staatsführung und auf die Organisation von gesellschaftlichen Subsystemen ist damit ausgeschlossen.

Die Leidenschaft der Freiburger ist eine politische Gemeinschaftsordnung, die sich prozeßhaft-organisch aus dem sittlichen Verantwortungsgefühl der Bürger ergibt. Vorauslaufende Verfassungsentwürfe, die normative Geltung beanspruchen, werden kritisch gesehen. Eine Verfassung hat das in übereinstimmende Ordnung zu bringen, was im politischen und gesellschaftlichen Alltagsleben unter der Direktive von Gottesfurcht und Verantwortung füreinander sich praktisch ereignet. Deshalb kann man formulieren:

„Verfassung kann weitgehend ungeschrieben sein, weil sie die tatsächlich gelebte politische Ordnung einer sittlichen Personen- (Volks-) Gemeinschaft ist. Schriftliche Fixierung von Grundrechten und Grundpflichten der Staatsbürger genügt nicht, wenn nicht die ganze politische Ordnung nach dem Grundsatz der sittlichen Gemeinschaft verantwortlicher Personen ausgerichtet wird."[23]

Eine Verfassung ist also das historische Ergebnis gelebter Selbstverantwortung in sittlich geordneter Gemeinschaft. Sie ist „nicht göttlichen Ursprungs", sondern das schließliche Ergebnis der speziellen Bedingungen und tatsächlichen Entwicklungen eines politischen Gemeinwesens.

In der Situation eines total geführten Krieges in den Zwängen eines totalitären Weltanschauungssystems haben die Freiburger zunächst anthropologisch-ethisch und sozialethisch argumentiert. Das Ende des NS-Systems mit seiner spezifischen Praxis und Theorie war ihre vorrangige Intention. Die Aufhebung des Terrorapparates und seiner ideologischen Voraussetzungen durch Rückbesinnung auf die eigenen nationalen Traditionen eines christlichen Humanismus war ihnen die Voraussetzung, in eine neue Phase der deutschen Geschichte zu gehen. Eine solche politisch-moralische Wende war für sie entscheidender als verfassungsrechtliche Entwürfe abstrakten Charakters. Aber dennoch enthalten ihre personalen Grundrechte und Grundpflichten, die der Staat zu achten und zu schützen hat und die sozialen Grundrechte und Grundpflichten, deren Einhaltung Staatsaufgabe ist, den Kernbestand der späteren Artikel 1-20 des Grundgesetzes. Insofern ist die „Freiburger Denkschrift" ein historischer Meilenstein auf dem Wege zum Grundrechtskatalog der Verfassung der Bundesrepublik Deutschland geworden.

Anmerkungen

1. Vgl.: Der Freiburger Kreis. Widerstand und Nachkriegsplanung 1933-1945. Katalog einer Ausstellung. Mit einer Einführung von Ernst Schulin. Hrsgeg. von Dagmar Rübsam und Hans Schadek. Freiburg i.Br. 1990
2. In: Gerhard Ritter. Ein politischer Historiker in seinen Briefen. Hrsgeg. von Klaus Schwabe und Rolf Reichardt, unter Mitwirkung von Reinhard Hauf. Boppard am Rhein 1984, S. 339
3. Ebd., S. 636
4. Vgl. Günter Dehn: Engel und Obrigkeit. Ein Beitrag zum Verständnis von Römer 13, 1-7. In: Theologische Aufsätze. Karl Barth zum fünfzigsten Geburtstag. München 1936
5. S. Anm. 2, S. 644f.
6. Ebd., S. 646f.
7. Ebd., S. 647
8. Ebd., S. 649f.
9. Ebd., S. 650
10. Ebd., S. 652f.
11. Ebd., S. 653
12. Ebd., S. 653
13. Ebd., S. 653f.
14. Ebd., S. 682f.
15. Ebd., S. 694
16. Ebd., S. 701f.
17. Ebd., S. 703
18. Ebd., S. 705
19. Ebd., S. 706
20. Ebd., S. 708
21. Ebd., S. 731
22. Ebd., S. 731
23. Ebd., S. 731

Helmuth James von Moltke (1907-1945): Protestant und ökumenischer Christ

Einen Monat nach seiner Geburt (11.3.1907) wird Helmuth James von Moltke im sogenannten Feldmarschallzimmer des Schlosses Kreisau bei Schweidnitz in Niederschlesien vom zuständigen Ortspfarrer getauft. Er ist das älteste Kind des Ehepaares Graf Helmuth von Moltke (1876-1939) und Dorothy von Moltke (1884-1935), einer Engländerin aus Südafrika, deren Vater James Rose Innes ein bekannter liberaler Jurist und Politiker gewesen ist und deren Mutter sich in der Frauenrechtsbewegung engagiert hat. Auch ihre Tochter war von Jugend an politisch interessiert und auch in der deutschen und internationalen Frauenbewegung tätig. In Helmuth James kommen preußische und angelsächsische Traditionen zusammen. Sein doppelter Vorname ist fast ein Programm. Der Taufspruch für den jungen Adeligen aus altem Adel lautet: „Denn ich bin gewiß, daß weder Tod noch Leben, weder Fürstentümer noch Gewalten, weder Gegenwärtiges noch Zukünftiges, noch keine andere Kreatur mag uns scheiden von der Liebe Gottes, die in Christo Jesu ist" (Römer 8, 38-39). Die Wahrheit dieses paulinischen Bekenntnisses sollte sich in der Wirklichkeit seines späteren Lebens ereignen.

Kreisau als Wohnsitz des alten Generalfeldmarschalls Helmuth von Moltke (1800-1891) kannte damals in Deutschland jedes Schulkind und jeder erwachsene Bürger. Bekannt aus dieser weitverzweigten Familie war noch ein anderer Helmuth von Moltke: der Generalstabschef im 1. Weltkrieg (bis 1916).

Aus dieser Soldaten- und Großgrundbesitzerfamilie stammt Helmuth James. Aber gleichzeitig war diese Familie geprägt durch protestantische Traditionen in Bildung und Kultur. So war der Feldmarschall ein hochgebildeter Mann mit langen Auslandserfahrungen und vorzüglichen Geschichts- und Sprachkenntnissen. Seine Schloßbibliothek, die Helmuth James später fleißig benutzte, enthielt die Werke des damaligen bürgerlichen Bildungskanons. Für die Volksbildung richtete er im Ort eine Kinderschule und eine Volksschule ein. Als Patron war er für die Kirchengemeinde mitverantwortlich. Die persönliche Lebensführung war schlicht und vom Verantwortungsgefühl für das Wohl und Wehe des Gutes und seiner Leute geprägt.

Der Vater von Helmuth James war ein Neffe des Feldmarschalls, der kinderlos gestorben war und deshalb Kreisau an einen Bruder vererbte. Der Vater, seit 1905 Herr auf Kreisau, hatte zwar auch einen Offiziersrang, war aber mehr an landwirtschaftlichen Fragen und vor allem an religiösen Fragen interessiert. Zusammen mit seiner Frau gehörte er zur Gemeinschaft der Christian Science, für die er neben- und hauptamtlich gearbeitet hat, ohne aus der Preußischen Landeskirche auszutreten. Bei ihren fünf Kindern hat diese Mitgliedschaft der Eltern keinen besonderen Einfluß hinterlassen. Sohn Helmuth James hatte ein ausgeprägtes Verhältnis zu seiner Mutter, die mit ihrer Denk- und Lebensweise ihn sehr geprägt hat. Der übliche Religionsunterricht in der Schule und der Konfirmationsunterricht beim Ortspfarrer haben kaum nachweisbare Spuren hinterlassen. Irgendwelche prägenden religiösen Einflüsse in der Jugendzeit sind nicht feststellbar. Wie viele seiner Alters- und Zeitgenossen war er ein durch Herkunft und Milieu geprägter Protestant ohne kirchlich-religiöse Sozialisation. Auch in seiner Potsdamer Zeit als Schüler (hier machte er 1925 sein Abitur) hat es keine religiösen Impulse gegeben. Er war weder Mitglied der bündischen Jugendbewegung noch eines christlichen Schülerkreises. Sein Interesse war schon früh ein kulturelles und vor allem ein politisches. In Berlin schloß er Bekanntschaften mit amerikanischen Journalisten, die er als Übersetzer bei Theaterbesuchen und Interviews begleitete. Sein Kontakt mit ausländischen Journalisten von Rang verhinderte von Schülerzeiten an eine verengte nationale Sicht oder gar eine nationalistische Engführung. Kosmopolitisches Denken, vorurteilsfreie Kommunikation, liberales Politikverständnis und völkerbundorientiertes außenpolitisches Denken kennzeichnen den jungen Mann, als die Mehrheit der jungen intellektuellen Deutschen in die nationalistische und völkische Szene ging. Vor allem die Mutter, aber auch der Vater unterstützten diese Tendenzen bei ihrem Sohn. Beide Elternteile waren als politische Anhänger von Stresemann entschiedene Gegner des deutschnationalen Konservativismus und der antirepublikanischen Reaktion. Sie begrüßten die Verständigungs- und Friedenspolitik der Weimarer Koalition wie auch später die Brüningschen Rettungsversuche. Das Aufkommen und der Durchbruch des Nationalsozialismus bereitete ihnen geistigen und physischen Schmerz. Der Sohn nahm diesen Familiengeist, der für die Mehrheit des preußischen Landadels untypisch war, in sich auf und entwickelte ihn in eigener Verantwortung zu einem selbständigen Politikdenken. Auch sozialpolitisch dachten die Eltern und er anders als die Mehrheit ihrer Standesgenossen. Sie hatten in Einzelfragen keine Berührungsängste zur Sozialdemokratie. Der offene, liberale und soziale Geist im Kreisauer Elternhaus hat die besondere Lebenslinie des Erben von Kreisau entscheidend mitbestimmt.

Moltke studiert Rechts- und Staatswissenschaften in Breslau, Berlin, Wien und wieder in Breslau und Berlin. Berlin ist die Schicksalsstadt der Kreisauer Moltkes, die immer das Landleben mehr geliebt haben als das Großstadttreiben.

Neben dem Studium seines Hauptfaches hört der junge Student Vorlesungen über Geschichte und Politikwissenschaft. In Breslau begegnet er dem Sozialphilosophen und Pädagogen Eugen Rosenstock, in Wien dem Staatsrechtler Hans Kelsen und dem Völkerrechtler Alfred Verdross. Neben dem Studium betreibt er seine eigentliche Leidenschaft: die Politik. Er orientiert sich über die politischen Theorien der Parteien, beobachtet kritisch ihre Praxis und entwickelt immer mehr Solidarität für die schwer belastete und gegen den Extremismus von links und rechts kämpfende Republik. Auch setzt er sich mit dem Sowjetkommunismus auseinander, da ihn von Haus aus die Ostfragen besonders interessieren. Ein wichtiger Impuls wird ihm durch den Europa-Gedanken des Grafen Coudenhove-Kalergie gegeben.

Biographisch wichtig wird die Begegnung mit Dr. Eugenie Schwarzwald aus Wien, die neben ihrer schulpädagogischen Arbeit und ihrer sozialen Hilfswerke einen Kreis von jungen Europäern und bekannten Künstlern um sich gesammelt hat. Am Grundlsee in Österreich kommt zur Sommerszeit eine international zusammengesetzte Gruppe zusammen, um miteinander zu diskutieren, zu musizieren und zu spielen. Hier schließt man Bekanntschaften und Freundschaften fürs Leben. Hier lernt auch Helmuth James Freya Deichmann aus Köln, seine spätere Frau kennen. Bunt sind in diesem „Schwarzwaldkreis" die konfessionellen, die weltanschaulichen, die künstlerischen und politischen Anschauungen beieinander. Aggressiver Nationalismus, intolerantes Freund-Feind-Denken und rassistischer Antisemitismus allerdings haben hier keine Chance. Toleranz und Dialogbereitschaft prägen diesen Kreis. (Später nach der Eingliederung Österreichs ins „Großdeutsche Reich" sollte der Rechtsanwalt von Moltke das jüdische Ehepaar Eugenie und Hermann Schwarzwald juristisch vertreten und praktisch beraten.)

Für die geistig-politische Standortbestimmung des Studenten ist dieser Kontakt, der sich bald auf die Mutter und die Geschwister ausdehnte, bedeutsam gewesen. Sein internationaler Blickwinkel, seine Freiheit von nationalen, kulturellen, konfessionellen und politischen Vorurteilen haben hier eine Stärkung erfahren, die bis zum Lebensende durchgehalten hat.

Ökumenische Kontakte hat Moltke in dieser Zeit noch nicht gehabt. Die Kirchen waren nicht Gegenstand seines Interesses. Anders als bei seinen späteren Freunden und Mitverschwörern Adam von Trott, Hans-Bernd von Haeften, Otto Heinrich von der Gablentz, Martin Gauger und Theodor Steltzer hat er weder eine kirchliche noch ökumenische Sozialisation in der Jugend- und Jungerwachsenenzeit gehabt.

Was ihn aber Ende der zwanziger Jahre noch prägte, war die Mitarbeit in den Schlesischen Arbeitslagern, die junge Fabrik- und Landarbeiter und Studenten zu gemeinsamer körperlicher Arbeit und zu politisch-weltanschaulichen Diskussionen miteinander zusammenbrachten. Geistiger Mentor war Eugen Rosenstock. Im Umfeld dieser Initiative lernt Moltke eine Reihe der späteren „Kreisauer" kennen: Horst von Einsiedel, Peter Graf Yorck von Wartenburg, Otto Heinrich von der Gablentz, Theodor Steltzer, Fritz Christansen-Weniger, Adolf Reichwein, Hans Lukaschek. Sein Vetter Carl Dietrich von Trotha, mit dem er zusammen aufgewachsen war, wurde ebenfalls „Kreisauer". Bei einem Besuch bei Carl Zuckmayer lernt er Carlo Mierendorff und Theodor Haubach, die beiden Jungsozialisten, kennen.

Was für später wichtig ist: die meisten Kreisauer Widerstandskämpfer kannten sich aus der Republikzeit, in der sie je an ihrem Ort gegen den Geist der Rechtsparteien kämpften. In dieser Zeit spielen für sie Kirche und Religion, Glaube und Politik keine zentrale Rolle. Von den Kirchen erwarten diese jungen Menschen keine Impulse für eine demokratische Kultur und Politik. Sie waren in ihren Augen weithin – bis auf die Kreise des Religiösen Sozialismus, mit denen sie Kontakt hielten – Trabanten des deutschnationalen Konservativismus und der völkisch-nationalen Bewegung.

1929 macht Moltke sein Referendarexamen. Sein Vater überträgt ihm die Alleinverantwortung für die Verwaltung des Gutes. In harter Arbeit auf dem Lande, in zähen Verhandlungen mit Banken und Schuldnern gelingt es dem jungen Moltke, Kreisau zu retten und langfristig zu sanieren. Er pendelt in den nächsten Jahren zwischen Berlin und Kreisau hin und her. Er will seine Ausbildung trotz der Doppelbelastung zu Ende bringen. 1931 heiratet er Freya Deichmann (geb. 1911). Diese Ehe zweier junger Menschen wird für die 14 kommenden Jahre das geistig-emotionale und lebenspraktische Fundament ihrer Existenz unter den Bedingungen einer untergehenden Republik und einer aufkommenden und sich dann etablierenden Diktatur. Freya kommt aus einer liberal protestantischen Bankiersfamilie. Zusammen mit ihren beiden älteren Brüdern ist sie entschieden antinationalsozialistisch eingestellt. Ohne diese Frau ist das kommende Leben des Helmuth James nicht denkbar und beschreibbar. Besondere religiöse oder kirchliche Bindungen hat aber auch sie nicht. Sie promoviert 1936 in Berlin zum Dr. jur., geht aber nicht in eine berufliche Laufbahn, da sie nach dem Tod von Dorothy von Moltke 1935 nach Kreisau geht, um die Pflichten einer Gutsfrau zu übernehmen. Beide Ehepartner pendeln bis 1945 zwischen Berlin und Kreisau, zwischen dem Zentrum neudeutscher Macht und der ländlichen Oase hin und her. Diesem Tatbestand verdanken wir die einzigartigen Briefe des Helmuth James an seine Frau Freya, für uns heute Dokumente für eine Liebe, die sich unter den Bedingungen eines totalitären Weltanschauungssystems und eines konspirativen Widerstandes gegen das System bewähren mußte.

Moltke sieht nach seinem zweiten Examen 1934 keine Möglichkeit, in den Dienst des neuen Staates, der für ihn kein Rechtsstaat mehr ist, einzutreten. Er wird freier Rechtsanwalt und befaßt sich unter anderem mit der Beratung und Verteidigung von jüdischen Mitbürgern. Nach einer mehrmonatigen Reise zu den Großeltern nach Südafrika bleiben die jungen Leute einige Wochen in England, knüpfen dort persönliche und politische Kontakte zu Engländern, die politischen und publizistischen Einfluß haben. Wichtig wird der Kontakt zu Lionel Curtis und seinem Kreis. Moltke strebt angesichts der Entwicklungen in Deutschland eine Ausbildung als englischer Rechtsanwalt an. Nach vielen Aufenthalten und Studien in England wird er in der Tat Ende 1938 zum Barrister examiniert. In diesen Jahren führt er mit englischen Politikern wie Lord Lothian Gespräche über die Außenpolitik Englands gegenüber Hitler. Er plädiert für eine harte Linie gegenüber der Expansionspolitik Hitlers. Auch mit deutschen Emigranten trifft er sich, so mit Heinrich Brüning. In Deutschland gewinnt er 1938 erste Kontakte zu Generaloberst Beck und Oberst Halder wie zu jüngeren Mitarbeitern im Auswärtigen Dienst. Nach dem Einmarsch der Deutschen ins Sudetenland und in die Tschechoslowakei sowie der Eingliederung Österreichs nimmt sein außenpolitisches Interesse zu. Und nach dem 9. November 1938 gibt es für ihn keine Illusionen mehr über den diabolischen Charakter des Systems, das aber bei einer Mehrheit der Deutschen Gefolgschaft findet. Er beginnt alte Kontakte zu ihm bekannten NS-Gegnern neu zu knüpfen. Man trifft sich zu ersten Grundsatzdiskussionen. In ihnen spielen Fragen von Religion und Kirche, Christentum und Politik keine besondere Rolle.

Erst der Kriegsausbruch und die ersten Kriegserfahrungen bringen hier eine allmähliche Wende. Moltke war im September 1939 ins Amt Ausland/ Abwehr des OKW, das von Admiral Canaris geleitet wurde, dienstverpflichtet worden. Zugeteilt wurde er der Beratungsstelle für Völkerrecht. Gleichzeitig war er Mitarbeiter im Institut für Auswärtiges öffentliches Recht und Völkerrecht der Kaiser-Wilhelm-Gesellschaft. Er wurde Spezialist für Völkerrechtsfragen im Krieg. Gegenüber den militärischen Auftraggebern hatte er nur beratende Funktionen, konnte aber durch seine Argumentationskraft Einfluß auf Entscheidungen gewinnen. Entscheidend ist, daß er durch seine Position im OKW und seinem Umfeld Einblicke in die Kriegsführung und in das Besatzungsverhalten der Wehrmacht erhielt, die ihn zu einem bestinformierten Mann machten. Er unterhielt zu anderen Dienststellen und Ministerien formelle und informelle Kontakte, die für seine Arbeit und für seine Urteilsbildung nützlich waren. Von Anfang an entwickelt er ein Doppelleben: ein berufliches und ein politisch-konspiratives. Er kennt nicht nur den Stand und die Probleme der deutschen Kriegsführung, die er perspektivisch für dilettantisch hält, sondern er bekommt Kenntnis von dem Verhalten einiger Teile der Wehrmacht im Sinne der Führeranweisungen und über die Tätigkeit der Polizei- und SS-Sondereinheiten. Was in Deutschland und im übrigen Europa mit den Juden geschieht, weiß er immer genauer. Es gibt für ihn nur ein Urteil: hier geschieht im deutschen Namen und durch Deutsche menschen- und völkerrechtswidriges Verbrechen. Er hofft zunächst auf die deutsche Generalität, daß sie dem Treiben unter dem Diktat rassentheoretischer Prämissen ein Ende bereitet. Er weiß von den jahrelangen Überlegungen und Vorbereitungen des militärischen Widerstands . Aber ein glänzender militärischer Sieg nach dem andern in der Frühzeit des Krieges und die zunehmende Durchsetzung der Wehrmacht mit hitlertreuen Offizieren läßt seine Hoffnungen auf die Verhaftung des Führers und seine Aburteilung durch ein deutsches Gericht schwinden. Und er sieht auch die politisch-konzeptionelle Schwäche des bürgerlich-militärischen Widerstandes unter Goerdeler und Beck. Zusammen mit Peter Yorck von Wartenburg beginnt er 1941, einen eigenen Widerstandskreis aufzubauen, der sich zunächst darauf konzentriert, die geistig-moralischen und politisch-rechtlichen Grundlagen für ein Deutschland nach dem Nationalsozialismus zu beraten und in schriftlichen Entwürfen festzuhalten. Spätestens an dieser Stelle war es geboten, sich auch über die Rolle der Kirchen, der Religion und des Glaubens zu verständigen. Auch mußte das Verhältnis von Staat und Kirche wie die Frage des Religionsunterrichtes in den Schulen thematisiert werden.

Als sich Moltke diesen Fragenkomplexen zuwandte, war mit ihm selbst schon vorher eine Veränderung seines früheren Bewußtseins vorgegangen. Er bezeugt diese Wandlung, die sich 1939/40 prozeßhaft vollzogen hatte, in einem Brief an seine Frau vom 11. Oktober 1941:

„Um vier Uhr erwachte ich und dachte über Kreisau, die Meinen und den Krieg nach, eine Tätigkeit, die mich nicht quälte, sondern mich angenehm in den neuen Tag hinüberleitete. Bei dieser Gelegenheit wurde ich mir einer Wandlung bewußt, die während des Krieges in mir vorgegangen ist und die ich nur einer tieferen Erkenntnis christlicher Grundsätze zuzuschreiben vermag. Ich glaube nicht, daß ich weniger pessimistisch bin als früher, ich glaube nicht, daß ich das Leid der Menschheit jetzt, wo es grob materialistische Formen angenommen hat, weniger fühle, ich finde auch heute, daß der Mörder mehr zu bedauern ist als der Gemordete, aber trotzdem trage ich es leichter; es hemmt mich weniger als früher. Die Erkenntnis, daß das, was ich tue, sinnlos ist, hindert mich nicht, es zu tun, weil ich viel fester als früher davon überzeugt bin, daß nur das, was man in der Erkenntnis der Sinnlosigkeit allen Handelns tut, überhaupt einen Sinn hat."

Was hat dieser Moltke trotz aller völkerrechtlichen Arbeit im Sinne der Rettung humaner Praxis in einem ideologisch geführten Eroberungs- und

Vernichtungskrieg erlebt? Vor allem dies: daß es nur kleine Erfolge gab, die das Verbrecherische des Ganzen nicht aufheben konnten, daß der Abtransport der Juden in östliche Ghettos und Vernichtungslager durch die SS nicht zu verhindern war, daß immer mehr Soldaten gemeine Mörder wurden, daß die letzten Reste von Würde und Anstand in einem rasenden Tempo der Kriegspraxis vernichtet wurden, daß sich persönliche Bindungen und gemeinschaftliche Gefühle zugunsten hordenhafter und mechanistischer Verhaltensweisen auflösten. Als guter Beobachter seiner Umwelt und als Mitwisser eines Völkermordes fragt er sich selbstkritisch:

„Wie kann jemand so etwas wissen und dennoch frei herumlaufen? Mit welchem Recht? Ist es nicht unvermeidlich, daß er dann eines Tages auch dran kommt und daß man ihn auch in die Gosse rollt? – Das sind ja nur Wetterleuchten. Denn der Sturm steht vor uns. – Wenn ich nur das entsetzliche Gefühl loswerden könnte, daß ich mich selbst habe korrumpieren lassen, daß ich nicht mehr scharf genug auf solche Sachen reagiere, daß sie mich quälen, ohne daß spontane Reaktionen entstehen. Ich habe mich selbst verzogen, denn auch in solchen Sachen reagiere ich über den Kopf. Ich denke über eine mögliche Reaktion nach, statt zu handeln."

Seine Antwort ist eine doppelte: im Berufsleben tun, was man kann, um sinnloses Leiden und Sterben zu verhindern und in der Konspiration die geistigen und politischen Voraussetzungen für ein anderes Deutschland zu schaffen. In harter physischer, psychischer und intellektueller Arbeit werden die „Kreisauer Entwürfe" im Dauerdialog zwischen den Freunden und außenstehenden Experten mit sachlich-fachlicher Akribie und sprachlicher Genauigkeit entworfen. Beteiligt sind Männer aus der Gewerkschaftsbewegung, aus der Sozialdemokratie, aus dem politischen Katholizismus, aus dem kirchlichen Protestantismus, aus dem Reformkatholizismus und aus staatlichen Dienststellen. Alle Mitglieder des Kreises haben eine gemeinsame Erfahrung gemacht: die Realität des Bösen im Leiden der Zeit. Sie verarbeiten diese Grunderfahrung je auf ihre Weise und von ihren Voraussetzungen her in der Entwicklung neuer persönlicher Religiosität. Niemand bleibt mehr der alte.

Bei Moltke ist es ein bewußtes, immer wieder formuliertes Mitleiden mit geschundener Kreatur, das ihn zu einem neuen veränderten Weltverständnis und Selbstverständnis führt. Es ist ein Leiden, das er selbst nicht ändern kann, dem er als einzelner wehrlos ausgeliefert ist. Im organisierten politischen Nihilismus tut er dennoch, was ihm möglich ist. Er setzt Gegenzeichen. Er hebt die Sinnlosigkeit des Ganzen nicht auf, er kann die Tötungsmaschinerie nicht anhalten, aber er wagt im Umgriff des Bösen das Menschenmögliche und Menschendienliche. Das Gewissen bleibt verletzt, es kommt in den Tag- und Nachtträumen nicht zur Ruhe, aber es setzt Signale aus anderem Geist. Aus diesem Zwiespalt ist für ihn vorläufig kein Entkommen.

In dieser Situation greift er zu Werken der Weltliteratur, die das Thema Krieg und Frieden, Gewissen und der Verrat an ihm thematisieren. Er liest klassische Philosophie und hört klassische Musik. Aber wichtiger, weil realistisch und tröstlich zugleich, wird ihm ein neues Lesen biblischer Texte. Die Bibel und bald auch das Gesangbuch begleiten ihn durch die tristen Zeiten der zunehmenden Massenopfer an den Fronten und des Bombenhagels auf die Reichshauptstadt. Er entdeckt durch das Nachdenken über biblische Texte, daß in ihnen das Wichtigste über das Menschsein, das Mitmenschsein, über sinnvolles Recht und über Menschenliebe gesagt worden ist, daß aber immer zugleich von seinen Gegenteilen geredet wird: Haß und Bereitschaft zum Töten, Unterdrückung und Ausbeutung, Selbstanbetung und Ausrottung des Feindes. Im Kontext der eigenen Gegenwart erkennt er die anthropologische Wahrheit der Bibel. Er entdeckt, daß aktuelle Themen und Situationen ihre literarisch-theologische Vorschattung in biblischen Texten gefunden haben. Biblische Texte sprechen unmittelbar, ohne gelehrte Vermittlung in die je eigene Gegenwart. Der Text legt Gegenwart aus. Und das Gesangbuch, das gleichzeitig Gebetsbuch ist, bekommt eine neue Wertigkeit. In vielen seiner Lieder und Strophen ist menschliche und politische Leiderfahrung, aber auch Hoffnung auf Befreiung und Erlösung durch Betroffene in Sprache gebracht. In diesen Kriegsjahren wächst auch der Sinn für den Wert des sonntäglichen Gottesdienstes, in dem sich Menschen nach anderen Regeln versammeln als bei den Parteiversammlungen. Liturgie und Gesang wie eine textgebundene Predigt werden eine geistig-emotionale und geistlich-seelsorgerliche Hilfe für einen Alltag, der nach ganz anderen menschenfeindlichen Praktiken abläuft. Kirche kann wieder Heimat für verwundete Seelen und betrogenes Menschsein werden. Häufig ist der Graf Hörer unter der Kanzel von

Hanns Lilje, mit dem er später im Gefängnis sitzt. Die Kreisauer Freunde führen stundenlange Gespräche über die Chancen von Glauben und Religion für die eigene Personalität und für die öffentliche Sozialität. Mit Gerstenmaier, Poelchau, Steltzer, von der Gablentz und vor allen von Haeften ist ein beachtlicher theologischer Sachverstand im Kreis vertreten. Auch und gerade die sozialdemokratischen Freunde Mierendorff und Haubach entdecken die christliche Botschaft für Mensch und Welt neu. Ein religiöser Umbruch ereignet sich bei diesen Menschen des Widerstandes. Moltke hat seine Entwicklung zum neuen homo religiosus ohne Einfluß der landläufigen Evangelischen Kirche und ohne Beeinflussung durch eine akademisch-theologische Schule genommen. Bedeutsam wird für ihn eine kontinuierliche Begegnung mit katholischen Menschen, katholischem Milieu und katholischer Soziallehre. Regelmäßig besucht er den Berliner Bischof Konrad von Preysing und bespricht mit ihm Grundfragen des Rechts und der Politik. Zudem ermuntert er ihn, in seinen Hirtenbriefen eine deutliche Sprache gegenüber der NS-Praxis zu führen. Über Preysing gewinnen die Kreisauer Kontakte zu süddeutschen Bischöfen und katholischen Widerstandskreisen. Die für Moltke selbst wichtigste Begegnung wird die mit dem gleichaltrigen Münchener Jesuiten Alfred Delp, dessen naturrechtliches und sozialethisches Denken ihn anspricht und bereichert. Hier treffen sich ein katholischer Theologe von Rang und ein protestantischer Laientheologe eigener Prägung zu einer ökumenischen Arbeits- und Gesinnungsgemeinschaft. Die Ökumene über alle Konfessionen und Nationen hinweg wird für diese jungen Männer die große Hoffnung für die Zukunft. Auch die von Moltke auf Dienstreisen unternommenen Begegnungen mit Christen des Widerstandes in Norwegen, Schweden und den Niederlanden – einmal sogar zusammen mit Dietrich Bonhoeffer – haben als Basis nicht mehr nur den Internationalismus der Jugendzeit, sondern ein ökumenisches Selbstverständnis. Für Moltke gilt, daß sich im gemeinsamen Widerstand gegen Geist und Praxis des Nationalsozialismus ein ökumenisches Bewußtsein gebildet hat, das das säkulare Völkerrecht fundieren und stabilisieren kann.

Moltke kennt am Ende seiner konspirativen Tätigkeit nur noch zwei zuverlässige Größen, die zusammen ein neues Deutschland in einem neuen Europa errichten können: die Kirchen und die Arbeiterbewegung. In

Männern wie Delp, Mierendorff und Julius Leber kündigte sich ihm diese Möglichkeit an. Doch es kam anders. Moltke, der mit einem Attentat auf Hitler seine moralischen und politischen Schwierigkeiten gehabt hat, wird schon am 19. Januar 1944 verhaftet und ins Gestapogefängnis in der Prinz-Albrecht-Str. eingeliefert. Später wird er ins KZ Ravensbrück verlegt. Nach dem 20. Juli 1944 wird nach und nach seine führende Rolle im „Kreisauer Kreis" und im Widerstand überhaupt entdeckt. Im September wird er ins Gefängnis Tegel verlegt und trifft dort auf seinen Freund und Mitverschwörer Harald Poelchau als Gefängnispfarrer. Bis zu seiner Hinrichtung am 23. Januar 1945 in Berlin-Plötzensee schreibt er seine „Letzten Briefe", die zu den eindrucksvollsten Zeugnissen des Geistes deutscher Widerstandskämpfer gehören dürften.

Fast genau ein Jahr verbringt Moltke in Gefängnissen. Er hat Zeit, noch intensiver als zuvor über sein vergangenes Leben und sein mögliches Gehenktwerden im Horizont seines neu gewonnenen Glaubensverständnisses zu reflektieren. Vor allem im Januar 1945 ereignet sich – mehrfach bezeugt – im Tegeler Gefängnis und vor dem Volksgerichtshof unter Roland Freisler ein Höhepunkt deutscher Frömmigkeitsgeschichte im Krieg. Alfred Delp schickt seinem mitgefangenen evangelischen Bruder einen Kassiber, der mit dem Satz beginnt: „Zum Neuen Jahr einen guten Wunsch und des Herrgotts gnädigen Schutz. Auf ihn kommts an. Und Dank für Ihr Beispiel der Unermüdlichkeit trotz der miserablen Lage und trotz der körperlichen Beschwerden." Moltke antwortet ihm zunächst mit Zeilen an alle „Freunde" in der Haft. Er schreibt: „Der Herr hat uns wunderbar bisher geführt... er hat uns durch vielerlei Zeichen gezeigt, daß er bei uns ist; Daraus schließe ich, daß, wenn ich ständig darum bitte, er weiter uns spüren lassen wird, daß er bei uns ist; aber das kann er am Galgen in Plötzensee genauso gut tun, wie in der Freiheit in Kreisau oder sonstwo. Ich will meinem Fleisch nicht erlauben, sich auf das Faulbett angeblicher göttlicher Verheißung weiteren Lebens zu legen und das täte ich so gerne. Ich muß es mit dem Bewußtsein des nach menschlicher Erkenntnis in wenigen Tagen oder höchstens Wochen bevorstehenden Todes ständig züchtigen, wenn ich es im rechten Zustand des „Wachet und betet" erhalten will. Ich kann nicht glauben und kann mir auch nicht erlauben zu glauben, daß Gott mir heute offenbaren wird, was er morgen mit mir vorhat. Mir jedenfalls antwortet er, sobald ich neugierig werde, wie er es Paulus schon in anderem Zusammenhang getan hat: „Laß Dir an meiner Gnade genügen." – Das dürft Ihr aber nicht Unglauben nennen, genau so wenig wie ich Euch für Magier halte. Und damit Gott befohlen! Auch im neuen Jahr, ich halte Lukas 1, 74 + 75 sehr schön, aber vielleicht darf ich meinem Temperament gemäß vorschlagen, Röm 14, 8 nicht aus den Augen zu lassen. Eines aber ist ganz gewiß, daß wir ohne Unterlaß beten dürfen und müssen."

Das Benennen von Stellen aus dem Neuen Testament zeigt, daß alle Freunde im Gefängnis nicht nur das Testament besaßen und lasen, sondern daß sich untereinander ein spirituelles Leben mit dem Austausch von biblischen Texten, Liedern und Gebeten entwickelt hatte. Die beiden Pfarrer Poelchau und Peter Buchholz machten es möglich. Im Angesicht des erwarteten nahen Todes spielt die Politik kaum noch eine Rolle. Man bereitet sich auf die kommenden Prozeßtage und die möglichen Todesurteile vor. Man denkt an die Freunde, die schon hingerichtet waren: Peter Yorck von Wartenburg, Hans-Bernd von Haeften, Julius Leber, Adolf Reichwein, Fritz Dietlof von der Schulenburg, Adam Trott und viele andere.

Am 9. und 10. Januar 1945 kommt es zu Verhandlungen vor dem Volksgerichtshof. Zwei lange Briefe vom 10. und 11. Januar hat Moltke darüber an seine Frau geschrieben. Im ersten Brief beschreibt er zunächst die Verhandlungspraxis des Volksgerichtshofes. Zu Beginn wird gegen Delp verhandelt, der von Freisler zwischendurch verhöhnt und angebrüllt wird. Er polemisiert gegen die Jesuiten als schlimmste Feinde des nationalsozialistischen Deutschland. Verbreitung des Defaitismus und Vorbereitung des Hochverrats sind die Anklagepunkte. Franz Sperr wird wegen Unterlassung der Anzeigepflicht der Verschwörung angeklagt. Schon hier macht Freisler eine wichtige Aussage: der „wahre Motor" des 20. Juli war nicht Goerdeler, sondern er lag bei den jungen Männern des „Grafenkreises". Auch gegen Reisert und Fugger wird relativ freundlich verhandelt. Aber immer wieder taucht während der Verhandlungen der Name Moltke auf. Es wurde schon hier deutlich, daß alles auf die Verhandlung gegen ihn als den Kopf des „Kreisauer Kreises" hinauslief.

Und in der Tat beginnt am nächsten Tag nach formalem Auftakt der große Schauprozeß gegen Moltke. Bald aber folgten die berühmten Tobsuchtsanfälle des Vorsitzenden. Der Angeklagte, der „ohnehin wußte, was raus kam" „sah ihm eisig in die Augen, was er offenbar nicht schätzte, und plötzlich konnte ich nicht umhin zu lächeln." Dies war eine Provokation des Herrn über Leben und Tod in der roten Richterrobe, die dem Angeklagten die letzte Chance genommen haben dürfte, nicht zum Tode verurteilt zu werden. Im Blick auf die Kreisauer Tagungen ironisiert Freisler fast genüßlich die Zusammenarbeit des Grafen mit Jesuiten, die sich ums Jenseits kümmern, „aber uns hier in Ruhe lassen" sollten. Im Blick auf Moltkes Bischofsbesuche fragt Freisler radikal direkt: „Wo ist Ihre Befehlsstelle? Ihre Befehlsstelle ist der Führer und die N.S.D.A.P! Für Sie so gut wie für jeden anderen Deutschen, und wer sich seine Befehle in noch so getarnter Form bei den Hütern des Jenseits holt, der holt sie sich beim Feind und wird so behandelt werden.!"

Moltke merkt an der Verhandlungsführung des politischen Richters Freisler sehr schnell, daß er auf den für ihn fundamentalen Punkt zusteuert. Die Fragen der praktischen Konspiration werden schnell abgehandelt. Alles konzentriert sich auf die Frage nach dem unversöhnlichen Gegensatz von Christentum und Nationalsozialismus. Das Denken der Kreisauer, besonders von Moltke, Delp und Gerstenmaier wird angeklagt, nicht einzelne Taten und Ziele. Moltke erkennt: „...vor den Gedanken dieser drei einsamen Männer hat der N.S. eine solche Angst, daß er alles, was damit infiziert ist, ausrotten will. Wenn das nicht ein Kompliment ist. Wir sind nach dieser Verhandlung aus dem Goerdeler-Mist raus, wir sind aus jeder praktischen Handlung heraus, wir werden gehenkt, weil wir zusammen gedacht haben. Freisler hat recht, tausend Mal recht; und wenn wir schon umkommen müssen, dann bin ich allerdings dafür, daß wir über dieses Thema fallen." Das Bekenntnis der Kreisauer zum Geist des Christentums, der den Nationalsozialismus als Inkarnation des Bösen entlarvt, ist in den Augen des braunen Großinquisitors das eigentliche Verbrechen gegen Führer und Volksgemeinschaft. Sie müssen sterben, weil sie die Anbetung des selbstmächtigen Zeitgeistes radikal verweigern. Alles andere ist unerheblich: „... besprochen wurden Fragen der praktisch-ethischen Forderungen des Christentums. Nichts weiter, dafür allein werden wir verurteilt. Freisler sagte zu mir in einer seiner Tiraden: ,Nur in einem sind das Christentum und wir gleich: wir fordern den ganzen Menschen!' ...Von der ganzen Bande hat nur Freisler mich erkannt, und von der ganzen Bande ist er der einzige, der weiß, weswegen er mich umbringen muß."

Es ereignet sich bei Moltke etwas Einmalig-Dramatisches. Der Blutrichter erkennt den Angeklagten in seinen letzten Bindungen und Motiven. Er versteht sein Gegenüber als radikale Alternative zum eigenen Entwurf. Für ihn ist es eine Entscheidungssituation: entweder siegt der Geist der Christen oder die Mächtigkeit der nationalsozialistischen Weltanschauung mit der ihr entsprechenden Praxis des Politischen.

Moltke deutet diese letzte Konfrontation als Entscheidungssituation zwischen Gott und Abgott. Er sieht in dieser Szene vor Gericht den Höhepunkt und die Erfüllung des Sinns seines Lebens, das Gott so gefügt hat und nicht anders. Er bejaht seinen Tod als stellvertretendes Opfer für die Wahrheit der christlichen Botschaft. Er weiß sich als unwürdiges Werkzeug Gottes in einem gewaltigen geistigen Weltenkampf. Er bejaht die innere Logik, die zum Galgen führt.

Vor seinem Ende, das von biblischen Texten begleitet wird, kann der politische Widerstandskämpfer ein ganz persönliches religiöses Fazit ziehen:

„... und dann wird Dein Wirt ausersehen, als Protestant vor allem wegen seiner Freundschaft mit Katholiken attackiert und verurteilt zu werden, und dadurch steht er vor Freisler nicht als Protestant, nicht als Großgrundbesitzer, nicht als Adeliger, nicht als Preuße, nicht als Deutscher, ... sondern als Christ und als garnichts anderes... Zu welch einer gewaltigen Aufgabe ist Dein Wirt ausersehen gewesen: all die viele Arbeit, die der Herrgott mit ihm gehabt hat, die unendlichen Umwege, die verschrobenen Zickzackkurven, die finden plötzlich in einer Stunde am 10. Januar 1945 ihre Erklärung. Alles bekommt nachträglich einen Sinn, der verborgen war. Mami und Papi, die Geschwister, die Söhnchen, Kreisau und seine Nöte, die Arbeitslager und das Nichtflaggen und nicht der Partei oder ihren Gliederungen angehören, Curtis und die englischen Reisen, Adam und Peter und Carlo, das alles ist endlich verständlich geworden durch eine einzige Stunde. Für diese eine Stunde hat der Herr sich alle diese Mühe gegeben."

Von größter Intimität und Zartheit sind die letzten Worte, die der Verurteilte als liebender Ehemann an seine Frau schreibt. Sie enden mit dem Segenswunsch des Apostels Paulus:

„Die Gnade unseres Herrn Jesu Christi und die Liebe Gottes und die Gemeinschaft des heiligen Geistes sei mit Euch allen. Amen"

Am 23. Januar 1945 wird Helmuth James von Moltke zusammen mit Theo Haubach, Franz Sperr, Nikolaus Groß und Eugen Bolz hingerichtet. Wenige Tage zuvor schreibt er seinem „lieben Delp", der ihm am 2. Februar in den Tod folgte, einen Abschiedsbrief. In ihm heißt es:

„Wir haben als Leidende einen Auftrag erfüllt. Hat der Herr uns einen weiteren Auftrag erteilt, wie ich gehört zu haben meine, so wird er uns auch dafür erhalten. Will er uns zu sich rufen, so hat der 9. bis 11. Januar 1945 unserem Leben einen Sinn gegeben, den viele, ja die meisten, die heute sterben müssen, vermissen werden. Dafür kann es nur Dank geben, auch wenn der Weg nach Plötzensee führt.... Darum Gott befohlen! Der Weg führe uns in die Freiheit oder zum Galgen, stets Ihr Moltke."

Moltke und Delp: sie stehen für eine ökumenische Christenheit.

Der amerikanische Diplomat und Historiker George F. Kennan schreibt im Rückblick:

Moltke war „eine so große moralische Figur und zugleich ein Mann mit so umfassenden und geradezu erleuchteten Ideen, wie mir im Zweiten Weltkrieg auf beiden Seiten der Front kein anderer begegnet ist." Er schreibt von ihm als einem „der wenigen protestantischen Märtyrer unserer Zeit, der mir in all den folgenden Jahren eine moralische Stütze und eine stete Quelle politischer und geistiger Inspiration geblieben ist."

Moltke ist als politischer Widerstandskämpfer zugleich ein Märtyrer der Kirche Jesu Christi.

Literatur

Helmuth James von Moltke, Briefe an Freya 1939 - 1945, München 1991

Freya von Moltke / Michael Balfour / Julian Frisby: Helmuth James von Moltke 1907 - 1945, Berlin 1984; Roon, Ger van Neuordnung im Widerstand, München 1967; ders. Moltke als Völkerrechtler, Berlin 1986; Alfred Delp, Gesammelte Schriften, hrsg. von Roman Bleistein, Bd. 4 und 5, Frankfurt/M. 1984 und 1988.

III. Sozialethische Reflexionen

Geschichte und Tradition: Wehrmacht und Bundeswehr

Zu Beginn einige Anmerkungen über den Begriff und die Sache von Tradition.

Das Evangelische Kirchenlexikon formuliert: „Wie das leibliche, haben wir auch das geistige Leben nicht aus uns selbst, sondern finden uns in vorgegebenen Gestaltungen vor, die wir fraglos übernehmen oder auch in Frage stellen können."

Was gesagt werden soll: Wir verdanken uns weder leiblich noch geistig uns selbst. Das Angenommenwerden und das Hineingenommenwerden begründet die spätere eigenverantwortliche Entwicklung meiner Person und meiner Persönlichkeit. Menschen wie Institutionen sind uns in einem zeitlichen und sachlichen Sinn vorgegeben, bevor uns selbst unser Menschsein und die Gestaltung von Institutionen aufgegeben sind. Das Datum steht vor dem Mandatum. Wir können alles fraglos übernehmen oder alles in Frage stellen oder wir wählen aus, was uns traditionswürdig erscheint und grenzen damit aus, was uns nicht verbindlich sein kann. Deshalb gilt:

„Tradition bestimmt als Ausdruck geschichtlicher Vergangenheit die jeweilige Gegenwart und kann als lebendiges Erbe oder auch als drückende Laste empfunden werden."

In der Frage der Tradition wird unsere Geschichte, unsere Herkunft zur Sprache gebracht. Es wird gefragt, was uns aus der langen Vorgeschichte, die wir haben, traditionswürdig, mitnahmewürdig, dienlich und förderlich ist. Es wird nach dem möglichen lebendigen Erbe der Herkunft für die eigene Gegenwart und Zukunft gefragt. Nicht alles, was da war, ist in gleicher Weise für uns tradierbar. Wir beerben in der Tat zwar das Ganze, aber in einem kritischen Reflexionsakt wählen wir die Elemente eigener Traditionsbildung für heute und morgen aus. Wir erarbeiten uns aus dem gewaltigen Stoff der Geschichte eigene Traditionslinien. Wir bringen also die Geschichte vor unser eigenes kritisches Bewußtsein, da nicht alles in ihr in gleicher Weise uns angeht und weiterbringt. Dabei versteht es sich von selbst, daß die Normen und Kriterien, die wir bei diesem kritischen Auswahlverfahren anwenden, verschiedene sein können. Es wird also immer einen Streit um die Inhalte von Tradition geben, solange es Freiheit des Geistes gibt. Tradition kann nicht dogmatisch verordnet werden, sondern muß sich im Dialog herausbilden.

Daß es keine fraglose und keine nicht umkämpfte Traditionsbildung gibt, liegt in seiner Tiefe an der Geschichte selbst. Sie ist nämlich von einer grundsätzlichen Ambivalenz durchzogen. Sie ist ein kompliziertes Gemisch aus Humanität und Brutalität, aus Tugend und Laster, aus Wahrheit und Irrtum, aus Siegen des Rechtes und Orgien des Verbrechens. Sie ist Zeuge gelungenen Menschseins und Stätte des geschundenen Menschseins. Sie hat Fortschritte in Rechts- und Sozialstaatlichkeit gesehen, wie sie Unterdrückung, Beraubung und Ausbeutung gekannt hat.

Sie ist Befreiungs- und Unterdrückungsgeschichte zugleich. Sie ist durchzogen von Fortschritten des Humanen und gleichzeitig von Blutspuren geprägt.

Nur diese eine Illustration: Die sogenannte Moderne hat uns die Prinzipien der Aufklärung und der Emanzipation gebracht, sie hat uns ökonomischen, technologischen und sozialen Fortschritt ermöglicht. Sie hat das Leben materiell und geistig reicher gemacht. Man kann ein Loblied auf sie singen. Aber gleichzeitig hat sie uns exklusiven Nationalismus, aggressiven Imperialismus, totalitäre Ideologien und diktatorische Praktiken gebracht. Man kann ihr ebenso ein Verdammungslied singen. Mit den Menschenrechten hat sie uns den Wert der einzelnen Person entdecken lassen, gleichzeitig hat sie das Massenmorden inszeniert. Sie hat Völkerrecht und Kriegsrecht entwickelt und gleichzeitig beides in total geführten Kriegen wieder zerstört.

Weiter: Wir haben einen bürgerlich-liberalen Rechtsstaat entwickelt und gleichzeitig Weltanschauungsdiktaturen mit dem Mittel des Terrors zugelassen.

Jede Traditionsbildung steht zunächst vor der Frage, wie sie mit diesem widersprüchlichen Befund umgehen will, wie sie „Glanz und Elend" einer Epoche in das eigene Bewußtsein heben will.

Man wird mit dieser Ambivalenz nicht so umgehen können, daß man sich eklektisch das Gelungene herausgreift oder Personen zu Traditionsfiguren macht, die dem eigenen aktuellen Selbstbild zu entsprechen scheinen. Der Rezeptionsvorgang von Tradition dürfte komplizierter sein:

Zunächst wird man sich mit der Ganzheitlichkeit von Geschichte in ihren

Widersprüchen, in ihrem Gelingen und Versagen, in ihren Glanzleistungen und in ihren verbrecherischen Fehlleistungen befassen müssen. Es ist ja gerade das Problematische, das Inhumane und Brutale, das erklärt sein will, in seinen geistigen und mentalen Voraussetzungen und in seinen politischen Folgen. Eine Stilisierung von einzelnen Personen zu moralischen Vorbildern reicht nicht aus, wenn man sich der Dialektik unserer Epoche in ihrer Widersprüchlichkeit stellen will. Denn niemand und nichts, weder eine Person noch eine Institution sind dieser Grundambivalenz des Geschichtlichen entnommen gewesen. Alle waren sie in den Prozessen ihrer Zeit verstrickt, ob als Täter, Mitläufer oder Opfer.

Verstrickt sein aber bedeutet, daß sie alle mitverantwortlich für Geist und Struktur ihrer Epoche gewesen und damit mithaftbar sind. Auch wer gegen den dominanten Geist und die Logik seiner Zeit gestanden hat, ist diesem Verstricktsein nicht entgangen. Wer in ein Unrechtssystem und Unrechtshandel verstrickt gewesen ist, ist in jedem Fall und in welcher Rolle auch immer, in einen Schuldzusammenhang geraten. Entweder hat er durch sein prinzipielles Denken und durch seine politischen Optionen dem Unrechtssystem zugearbeitet oder es durch politisch-moralisches Desinteresse zugelassen oder hat es trotz seines Widerstandes nicht verhindern können. In jedem nur denkbaren Fall liegt eine Mitverantwortung am Aufkommen einer Weltanschauungsdiktatur vor. – Auch wer später seine Mitverantwortung als Irrtum erkennt und in den bewußten und risikoreichen Widerstand geht, hebt die anfängliche Mitverantwortung für das nun bekämpfte System nicht auf. Er nimmt seinen vorauslaufenden Irrtum mit in die neue Entscheidung. –

Natürlich gibt es eine unterschiedliche Dichte der Verstrickung in den Gesamtzusammenhang. Hier sind Differenzierungen geboten. Aber sie können nicht am Ende die Mitverantwortung und Mithaftung für das Ganze aufheben. Es bleiben Differenzierungen im Umgriff eines Gesamtzusammenhangs.

Auf den einzelnen Zeitgenossen bezogen heißt das: ohne schuldhaftes Versagen ist niemand geblieben. (Gerade die Frauen und Männer des Widerstandes haben unter diesem ihren Wissen gelitten.)

Auf die zeitgenössischen Institutionen, also über die einzelnen Personen hinaus, bezogen heißt das: auch keine Institution ist ohne schuldhaftes Versagen geblieben. Alle haben sie mehr oder weniger an der Wiege des autoritär-diktatorischen Führerstaates gestanden: Universitäten – Beamtenapparate – Wirtschaftsverbände – Kirchen und Armee. Erst später beginnen wichtige Differenzierungen.

Der historisch-kritische Blick muß also zunächst den Gesamtzusammenhang sehen, der zur Etablierung, dann zur Dynamisierung und schließlich zur Radikalisierung eines Systems geführt hat, das sich als Gegenentwurf zum europäischen Humanismus verstanden hat und sich anschickte, maximalistische Intentionen und Praktiken im Dienst eines rassen- und raumpolitischen Zielbündels konsequent und rücksichtslos zu entwickeln. Dem historisch-kritischen Blick wird die Härte der Erkenntnis zugemutet, daß alle inneren Vorbehalte, alle geäußerte Kritik, alle Verweigerungen und Widerständigkeiten im Einzelnen und im Ganzen, auch aller bewußter politischer konspirativer Widerstand die größte Katastrophe unserer Geschichte nicht haben verhindern können. Alle nur denkbaren und notwendigen Differenzierungen innerhalb dieser Geschichtstragödie heben das schließliche Brutum Factum dieser politischen und auch moralischen Katastrophe nicht auf.

Bundeswehr und Wehrmacht

In Ziffer 6 der „Richtlinien zum Traditionsverständnis und zur Traditionspflege in der Bundeswehr" vom 20.9.1982 heißt es:

„Die Geschichte deutscher Streitkräfte hat sich nicht ohne tiefe Einbrüche entwickelt. In den Nationalsozialismus waren Streitkräfte teils schuldhaft verstrickt, teils wurden sie schuldlos mißbraucht. Ein Unrechtsregime wie das Dritte Reich kann Traditionen nicht begründen."

Mit der Bundesrepublik Deutschland entstand auf deutschem Boden ein Staatswesen und eine Gesellschaftsordnung, die sich von ihrem Selbstverständnis her in allem als Alternative zum untergegangenen NS-System verstanden hat. Sie formulierte sich als „demokratischer und sozialer Bundesstaat" und schrieb in ihr Grundgesetz: „Alle Staatsgewalt geht vom Volke aus ... Die Gesetzgebung ist an die verfassungsmäßige Ordnung, die vollziehende Gewalt und die Rechtsprechung sind an Gesetz und Recht gebunden." (Art. 20 GG)

Die Bundesrepublik versteht sich in der Tradition der deutschen bürgerlich-liberalen und demokratischen Emanzipationsbewegungen wie der
sozialen Tradition der freiheitlichen deutschen Arbeiterbewegung und der
christlich-sozialen Bewegungen. Das Grundgesetz versteht sich als Erfüllung dieser Traditionslinien, die es neben der feudal-aristokratischen wie
der autoritär-diktatorischen Traditionslinie auch immer gegeben hat. Hatte
sich im nationalsozialistischen Deutschland die antiaufklärerische, die
antiliberale, die antidemokratische, die antisozialistische und die antisemitische Linie unserer weltanschaulich-politischen Tradition gebündelt und
radikalisiert, so bedeutet vom Anspruch und Ziel her das „neue Deutschland" der Bruch mit dieser Tradition. Das Land der „nationalen Revolution
von 1933", das angetreten war, die politische Landkarte Europas nach
raum- und rassenpolitischen Zielen neu zu ordnen, war nach zwölf Jahren
der Existenz, davon fast sechs Jahre Krieg, total seiner dominanten historischen Kontinuität verlustig gegangen. Es gab nur noch die Chance eines
Anderen, eines Neuen, verbunden mit einer Neubesinnung auf das „andere Deutschland", das trotz aller Verzerrungen und Verirrungen auch immer
weiter existiert hatte.

An der Wiege dieses neuen Gemeinwesens mit seiner neuen Verfassung
stand nun keine Armee wie 1871, 1918 und 1933. Erst nach einigen Jahren
seiner Existenz hat es sich unter veränderten europa- und weltpolitischen
Rahmenbedingungen entschlossen, eine neue bewaffnete Streitmacht zu
gründen. Als offiziellen Gründungstag wählte es den 200. Geburtstag des
Militärreformers Scharnhorst. Damit signalisierte es ein anderes Selbstverständnis für die neue Bundeswehr. Sie ist als Neuschöpfung ein Kind
dieser Republik. Dem neuen Staat entsprach ab 1955 (also nach zehnjähri-
ger Zeit ohne deutsches Militär) eine neue bewaffnete Streitmacht, die
zwar personelle Kontinuitäten zur Wehrmacht haben mußte, aber geistig,
politisch und verfassungsrechtlich auf eine völlig neue Grundlage gestellt
wurde. Sie ist in dieser Beziehung ohne historisches Vorbild in der deutschen Geschichte, also analogielos. Weiter: Sie war von Anfang an konzipiert als deutscher Beitrag für eine europäische Sicherheits- und Verteidi-
gungspolitik. Sie wurde keine national-autarke Armee, sondern alle ihre
Kampfverbände wurden „für die operative Planung und Führung den inte-
grierten Kommandobehörden der NATO zur Verfügung gestellt." Auch

dieses ist von Anfang an ein Bruch mit der deutschen militärgeschichtlichen Tradition.

Ebenso wichtig wie die Einbindung in ein multinationales Militärsystem ist dieses: Die Bundeswehr ist eine Defensivarmee, die der Verhinderung eines Krieges dient oder der Wiederherstellung eines gebrochenen Friedens. Auch dieses ist geschichtlich analogielos.

Hinzu kommt, daß nach Art. 26 GG ein Angriffskrieg verboten ist und daß nach Art. 25 GG das Völkerrecht Bestandteil des Bundesrechtes ist. Und in Art. 24 (2) wird von der Einordnung in ein „System gegenseitiger kollektiver Sicherheit" gesprochen und dann heißt es: Der Bund „wird hierbei in die Beschränkungen seiner Hoheitsrechte einwilligen, die eine friedliche und dauerhafte Ordnung in Europa und zwischen den Völkern der Welt herbeiführen und sichern."

Weiter: Um den Primat der Politik sicherzustellen und nach außen zum Ausdruck zu bringen, wurde die Befehls- und Kommandogewalt einem zivilen Politiker übertragen. Die Armee unterliegt also der vollen parlamentarischen Kontrolle. Die Bundeswehr ist damit die erste deutsche Armee, die voll eingebunden ist in die vielfältigen Mechanismen einer parlamentarischen Demokratie und ihrer Verfassung. Die Institution eines Wehrbeauftragten stützt zusätzlich dieses Prinzip.

Es gilt also: Die Bundeswehr ist eine Neuschöpfung deutscher Nachkriegsgeschichte. Es ist bewußt und gezielt verhindert worden, daß wieder Traditionen entstehen können, die uns in eine Katastrophe geführt haben.

Für die innere Ordnung der Bundeswehr ist das Konzept der „Inneren Führung" entwickelt worden, das dem Geist und der Struktur einer Armee in einer Demokratie und dem Leitbild eines „Bürgers in Uniform" entspricht. Dieses Konzept schließt bewußt an die Ziele der preußischen Reformer an, grenzt sich damit von der Entwicklung 1849 bis 1945 in entscheidenden Punkten ab.

Es gilt: Wohin man auch greift, wenn man sich mit der Bundeswehr beschäftigt, man konstatiert zunächst nur Diskontinuitäten, Traditionsabbrüche zugunsten neuer Traditionen, die unser heutiges Staats- und Militärverständnis zum Ausdruck bringen. Die alte preußisch-deutsche Militärtradition hat mit dem Zusammenbruch des preußisch-deutschen Staates ihr Ende gefunden. Es hat sich unter den neuen Bedingungen eines parlamentarisch-demokratischen Staates eine neue Armee gebildet, die als Armee einer Demokratie seitdem einen elementaren Funktionswandel hinter sich gebracht hat.

Welche Traditionen sind denn überwunden worden?

– Die Armee ist nicht mehr die Armee eines Monarchen, eines Präsidenten oder eines Führers.

– Die Armee und ihre Offiziere sind nicht mehr der erste Stand im Staate mit einer besonderen gesellschaftlich-politischen Führungsrolle. Sie ist nicht mehr die Domäne privilegierter Schichten. Sie ist auch nicht mehr „Staat im Staate" und schon gar nicht mehr Instrument von Parteiinteressen und Weltanschauungszielen.

– Die Armee ist nicht mehr unkontrollierte politische Macht im Gegenüber zur politischen Verfaßtheit des Staates oder autarker Bündnispartner mit anderen gesellschaftlichen Eliten.

– Die Armee ist nicht mehr Vormund über ein industriell-technologisches System, das ihre Rüstungswünsche zu erfüllen hat.

– Die Armee ist auch nicht mehr Erziehungsagentur für ein militaristisches Denken und imperialistische Machtansprüche. Sie bereitet keinen Krieg mehr im Namen geopolitischer Revisionen und nationalpolitischer Ansprüche vor.

Dieses und noch vieles andere, was zu nennen wäre, führt zu der weiteren These: Wenn es überhaupt einen fundamentalen und radikalen Paradigmenwechsel, eine geistig-mentale und politisch-moralische Wende in unserer Geschichte gegeben hat, dann die Einordnung und Entwicklung der Bundeswehr, die entscheidende Traditionen der deutschen Staats- und Militärgeschichte hinter sich gelassen hat. Diese neue Armee als Armee einer Demokratie existiert inzwischen schon länger als Reichswehr und Wehrmacht zusammen, und sie existiert fast solange, wie die Kaiserliche Armee von 1871 bis 1918. Sie ist also selbst schon Produzent und Träger neuer Traditionen geworden. Und sie ist als Bundeswehr im Ganzen nie eine Beunruhigung unseres demokratischen Gemeinwesens gewesen, sondern eine der zuverlässigsten Institutionen unserer Demokratie geworden.

Wenn man dieses so oder ähnlich sieht, dann ist das Feld frei für einen souveränen Umgang auch mit den älteren Traditionen deutscher Militärgeschichte. Dann muß ich nichts an ihnen beschönigen, aber auch nicht zum Stilmittel unterschiedsloser Perhorreszierung und globaler Diffamierung greifen. Wer die neue Tradition unseres Verständnisses von Politik und Militär akzeptiert hat, das heißt von ihrer inneren Notwendigkeit und Richtigkeit überzeugt ist und wer diese neue Tradition mitträgt, ein Teil von ihr selbst ist, hat die geistige Voraussetzung gefunden, sich nun in historisch-kritischer Weise den verschiedenen Etappen deutscher Militärgeschichte im Umgriff der politischen Geschichte zuzuwenden, verstehend in sie einzudringen und sich ein nicht hektisches Urteil zu bilden. Und auf diesem Wege kann er entdecken, daß in der langen Vorgeschichte Werte, Normen und Haltungen von Soldaten nachzuweisen sind, die auch heute noch ihren Wert haben können, die fast überzeitliche Bedeutung haben. Er wird entdecken, daß auch in vordemokratischer Tradition ein Potential an Menschlichkeit und Mitmenschlichkeit, an Verantwortlichkeit und innerer Unabhängigkeit existiert hat, das Achtung und Respekt gebietet und Vorbildcharakter über alle wechselnden Zeiten hinweg haben kann. Er wird die Existenz von Tugenden entdecken können, die zu einem reflektierten und gleichzeitig effektiven Soldatentum gehören: Treue, Gehorsam, Tapferkeit, Kameradschaft, Fürsorge und anderes. Er wird auch entdecken können, daß etwa unter den Offizieren des 19. Jahrhunderts nicht wenige existiert haben, die nicht nur ihr engeres Kriegshandwerk verstanden haben, sondern auf der Höhe der Bildung ihrer Zeit standen, die wache Zeitgenossen waren und die die Probleme ihrer Epoche sensibel reflektiert haben. Es gab in der Tat den Typ des gebildeten Offiziers. (Es gibt ein militärtheoretisches Schrifttum, das man ohne die Kenntnis der deutschen und europäischen Geschichte und Philosophie nicht lesen kann, siehe etwa Clausewitz und Moltke.)

Was mit diesen Anmerkungen gesagt sein soll: Die preußisch-deutsche Militärgeschichte vor ihrem katastrophalen Untergang 1945 ist nicht eine massa perditionis, sondern kann unter bestimmten erkenntnisleitenden Interessen auf ihre Traditionswürdigkeit auch für ein zeitgenössisches Traditionsbewußtsein befragt und in Teilen als Erbe in das eigene politisch-militärische und politisch-moralische Bewußtsein integriert werden. Traditionsbildung wird immer Arbeit sein und bleiben, geistige Arbeit, die an einer geistigen Ahnenreihe arbeitet, die den Jetzt-Verantwortlichen hilft, ihren eigenen unverwechselbaren Weg zu finden. Ohne tiefe Wurzeln in der Vergangenheit gibt es schließlich keine gelingende Gegenwart und keine wagende Zukunft.

Diese permanente Auseinandersetzung, die das Gelungene sucht, bleibt zugleich immer verbunden mit dem Auffinden des Problematischen, des Verantwortungslosen und des schuldhaften Versagens. Die kritisch-konstruktiven Linien lassen sich immer nur markieren durch das andere gegenteilige Umfeld hindurch. Die Konsequenz: Der Traditionssuchende wird immer beides sprechen: Ja und Nein. Er wird Freude und Stolz, Trauer und Scham tragen. An dieser Doppelstruktur kommt niemand vorbei, der sich ernsthaft mit Geschichte befaßt. Nicht sachgerecht dürfte die Methode sein, sich für aktuelle Zwecke das jeweils Passende aus der Geschichte herauszubrechen, die Geschichte als eine Art von Steinbruch zu benutzen, aus dem man sich heraussucht, was aktuellen kurzfristigen Interessen nutzt.

Exemplifizieren wir diesen Sachverhalt in aller Kürze nun an der wohl schwierigsten und entsprechend umstrittensten Frage, in welchem Verhältnis die Neuschöpfung Bundeswehr zur Wehrmacht steht. Ohne die zunehmende Fülle der Ergebnisse der historisch-kritischen Wissenschaften hier ausbreiten zu können, ohne die vielfältigen Reaktionen der Öffentlichkeit auf diese nachzeichnen zu wollen, darf ich thesenhaft mit Ulrich de Maiziere formulieren, was auch die Richtung meiner bisherigen Beschäftigung mit diesem überaus komplexen und komplizierten Problemstoff angibt:

„Schwieriger zu lösen war und ist die Frage, ob und inwieweit die Tradition der Bundeswehr speziell auch an die Wehrmacht anknüpfen sollte. Es kann nicht bestritten werden, daß sich Angehörige der Wehrmachtsführung mit dem nationalsozialistischen Regime verstrickt haben."

Gedacht ist etwa an die Politik der Reichswehrführung, die sich als Bündnispartner Hitlers verstand, seine Revisionspolitik nicht nur unterstützte, sondern selbst auf beschleunigte Aufrüstung als Voraussetzung für Kriegsführung drang, um militärische Optionen in der Außenpolitik zu haben. Es gab zudem zwischen den national-konservativen Eliten der Reichswehr, der Diplomatie und der Wirtschaft jene übereinstimmenden Teilinteressen, die ein Bündnis mit der Politik der national-revolutionären Bewegung des Nationalsozialismus ermöglichte. Gemeinsam war ihnen weithin eine antiliberale, antidemokratische, antisozialistische und antisemitische Mentalität. Der autoritäre Führerstaat jedenfalls stand dem politischen Bewußtsein der Mehrheit der Reichswehrführung näher als das Modell einer liberal-pluralistischen Gesellschaft und eines parlamentarisch-demokratischen Staatswesens. Wieweit man bereit war, den Weg in einen Führerstaat mitzugehen und dadurch einen Teil seiner traditionellen Autarkie aufzugeben, zeigte sich bei dem Angebot der Reichswehrführung, nach dem Tode von Hindenburg den Eid neu zu fassen. Dieser hieß nun:

„Ich schwöre bei Gott diesen heiligen Eid, daß ich dem Führer des Deutschen Reiches und Volkes, Adolf Hitler, dem Oberbefehlshaber der Wehrmacht, unbedingten Gehorsam leisten und als tapferer Soldat bereit sein will, jederzeit für diesen Eid mein Leben einzusetzen."

Es ist nicht sehr schwer nachzuweisen, daß dieser Eid nicht mehr in der Traditionslinie des preußisch-deutschen Militärs steht. Einem Menschen „unbedingten Gehorsam" zu schwören, war für einen konservativen Preußen und Christen nicht möglich. Jeder Eid stand nach alter Lehre und Praxis unter dem Vorbehalt, daß der gebotene Gehorsam nicht gegen die Gebote Gottes verstoßen kann. Es galt immer die sogenannte Clausula Petri: man muß Gott mehr gehorchen als den Menschen. Der neue Eid von 1934 ist ein selbst vollzogener Bruch der Reichswehrführung mit der eigenen Tradition. Er ist die Selbstauslieferung an die Person und Politik eines Führers, dessen Ansprüche weit über die aller Monarchen hinausgingen. Das Deutsche Kaiserreich war ein Rechtsstaat, im Führerstaat war seit dem sogenannten Röhm-Putsch das Führerwort Recht (so in der Interpretation von Carl Schmitt). Die Reichswehr zahlte einen hohen Preis für ihre Rolle, neben der Partei „zweite Säule" im neuen Staat zu sein.

De Maiziere fährt fort: „Wir wissen heute auch, daß Soldaten und Einheiten der Wehrmacht an völkerrechtswidrigen Taten beteiligt gewesen sind, und zwar in einem größeren Ausmaß, als vielen das bisher bekannt war. Die Wehrmacht als Gesamtinstitution mit Adolf Hitler als ihrem Oberbefehlshaber und als dessen politisch mißbrauchtes Instrument kann daher nicht traditionsbildend sein."

Die Befehle, die im Anschluß an die Generalsversammlung beim Führer vom 30.3.1941 im Blick auf den vorzubereitenden Krieg gegen die Sowjetunion vom Oberkommando des Heeres ausgearbeitet worden sind, dürften das Ausmaß der Verstrickung der Wehrmacht in den Geist eines Vernichtungs- und Eroberungskrieges widerspiegeln.

Hitler hatte seinerseits gesagt: „Wir müssen von dem Standpunkt des soldatischen Kameradentums abrücken. Der Kommunist ist vorher kein Kamerad und nachher kein Kamerad. Es handelt sich um einen Vernichtungskampf... Kampf gegen Rußland: Vernichtung der bolschewistischen Kommissare und der kommunistischen Intelligenz." Der Kommissarbefehl bringt den Willen des Führers in eine Sprache, die bisher nicht bekannt war. Die Erlasse über die Ausübung der Kriegsgerichtsbarkeit und über die Behandlung der Kriegsgefangenen schließen sich an. Und die Richtlinien für das Verhalten der Truppen in Rußland übernehmen voll und ganz die rassen- und raumpolitischen Ziele des Nationalsozialismus. Erich Hoepner etwa bringt es auf den Punkt, wenn er formuliert (2.5.41):

„Der Krieg gegen Rußland ist ein wesentlicher Abschnitt im Daseinskampf des deutschen Volkes. Es ist der alte Kampf der Germanen gegen das Slawentum, die Verteidigung europäischer Kultur gegen moskowitisch-asiatische Überschwemmung, die Abwehr des jüdischen Bolschewismus.

Dieser Kampf muß die Zertrümmerung des heutigen Rußland zum Ziel haben und deshalb mit unerhörter Härte geführt werden. Jede Kampfhandlung muß in Anlage und Durchführung von dem eisernen Willen zur erbarmungslosen, völligen Vernichtung des Feindes geleitet sein. Insbesondere gibt es keine Schonung für die Träger des heutigen russisch-bolschewistischen Systems."

Auch der „Einsatz der Sicherheitspolizei und des SD im Verbunde des Heeres" wird zuvor geregelt und vereinbart. Auch die Teilnahme der Wehrmacht an Judenerschießungen wird durch den Generalquartiermeister in Absprache mit Heydrich genau geregelt.

Von Reichenau formuliert in einem Armeebefehl vom 10.10.1941 noch einmal das „Verhalten der Truppe im Ostraum": „Das wesentliche Ziel des Feldzuges gegen das jüdisch-bolschewistische System ist die völlige Zerschlagung der Machtmittel und die Ausrottung des asiatischen Einflusses im europäischen Kulturkreis. Hierdurch entstehen auch für die Truppe Aufgaben, die über das hergebrachte einseitige Soldatentum hinausgehen. Der Soldat ist im Ostraum nicht nur ein Kämpfer nach den Regeln der

Kriegskunst, sondern auch Träger einer unerbittlichen völkischen Idee und der Rächer für alle Bestialitäten, die deutschem und artverwandtem Volkstum zugefügt wurden. Deshalb muß der Soldat für die Notwendigkeit der harten, aber gerechten Sühne an jüdischem Untermenschentum volles Verständnis haben..."

Ähnliche Armeebefehle gibt es von Hoth, von Manstein, von Rundstedt und anderen.

Die Fülle der schriftlichen Zeugnisse läßt nur diesen Befund zu: Ein entscheidender Teil der höheren Wehrmachtführung hat den Schritt in ein nationalsozialistisch verstandenes Soldatentum mitvollzogen. Rassen- und raumpolitische Ziele machen den Krieg nach ihren eigenen Worten zu einem bewußten Vernichtungs-, Ausrottungs- und Eroberungskrieg. Christlich-humanistische Kriterien und europäisch-völkerrechtlichen Normen werden unter dem Diktat rassistischer Ideologie bewußt aus dem Denkhaushalt ausgeschieden. Liquidieren, ausrotten, vernichten sind die bevorzugten Verben eines biologistischen Verständnisses von Krieg.

Man sollte diesen Befund so stehen lassen, wie er sich aus Quellen ergibt. Diese Sprache und die ihr entsprechende Praxis können nicht mehr in der Traditionslinie preußisch-deutschen Soldatenverständnisses verortet werden. Das nationalsozialistische Soldatenverständnis macht aus dem Soldaten alter Traditionen den ideologischen Parteikrieger, der nur noch im Freund-Feind-Denken handeln kann.

Es hat nicht viel Sinn, durch Interpretationskünste diesem Politmessianismus Verständnis abzugewinnen. Man sollte klar und deutlich sagen: hier ist ein Denken in Befehle gebracht worden, die nur Verbrechen zur Folge haben konnten. Dies wird als Last in unserem kollektiven Gedächtnis auf immer bestehen bleiben.

Wenn man diese Nachtseiten unserer Geschichte so klar erkannt und bekannt hat, dann gibt es keine Schwierigkeiten, auch den folgenden Satz von de Maiziere genau so klar zu sagen: „Das aber berechtigt nicht zu undifferenzierten verdammenden Pauschalurteilen gegenüber allen denjenigen, die Soldaten der Wehrmacht gewesen waren."

Weitaus die meisten, Offiziere und Mannschaften, haben gemeint, als gute Deutsche und gute Soldaten für ihr Vaterland zu kämpfen. Und die meisten haben an den Verbrechen nicht teilgenommen. Der Ritterkreuzträger Klaus von Bismarck sagte dazu: „... wir hatten geglaubt, wir könnten anständige Soldaten bleiben in einem Krieg, der verbrecherische Ziele hatte."

Wenn das so ist – und das bezeugen vertrauenswürdige Zeitgenossen –, ist die historisch-kritische Zunft dazu verpflichtet, genaueste Forschungen zu betreiben, wie sich Offiziere und Soldaten tatsächlich verhalten haben, wie Geist und Praxis von einzelnen und von Truppenteilen gewesen sind. Dann wird man sehr schnell auch die andere Linie der Resistenz und Verweigerung entdecken, im Sinne der großen Armeebefehle zu handeln. Dann wird man etwa schon im Polenfeldzug auf die Vortragsnotiz von Blaskowitz vom 6.2.1940 stoßen, in der es im Blick auf die Einsatzkommandos heißt:

„Es ist abwegig, einige 10.000 Juden und Polen, so wie es augenblicklich geschieht, abzuschlachten..."

Gegen die „Gewalttaten und Brutalität" der SS und Polizei empfiehlt er: „Die einzige Möglichkeit, sich dieser Seuche zu erwehren, besteht darin, die Schuldigen und ihren Anhang schleunigst der militärischen Führung und Gerichtsbarkeit zu unterstellen."

Ähnlich argumentiert General Ulex: „Die sich gerade in letzter Zeit anhäufenden Gewalttaten der polizeilichen Kräfte zeigen einen ganz unbegreiflichen Mangel menschlichen und sittlichen Empfindens, so daß man geradezu von Vertierung sprechen kann."

Und er schreibt: „Die Einstellung der Truppe zur SS und Polizei schwankt zwischen Abscheu und Haß. Jeder Soldat fühlt sich angewidert und abgestoßen durch diese Verbrechen, die in Polen von Angehörigen des Reiches und Vertretern der Staatsgewalt begangen werden. Er versteht nicht, wie derartige Dinge, zumal sie sozusagen unter seinem Schutz geschehen, ungestraft möglich sind."

Dagegen wiederum heißt es in einer Instruktion des Generaloberst von Küchler vom 20.8.1940: „Der an der Ostgrenze seit Jahrhunderten tobende Volkstumskampf bedarf zur endgültigen völkischen Lösung einmaliger, scharf durchgeführter Maßnahmen. Bestimmte Verbände der Polizei und des Staates sind mit der Durchführung dieses Volkstumskampfes im Ost beauftragt worden. Der Soldat hat sich daher aus diesen Aufgaben anderer Verbände herauszuhalten. Er darf sich auch nicht durch Kritik in diese Aufgabe einmischen."

So verschieden und differenziert war das Verhalten von Militärs im Ost-krieg. Die weit verbreitete Stimmung dürfte der Major von Gersdorff in einem Bericht wiedergeben: „Ich habe den Eindruck gefunden, daß die Erschießungen der Juden, der Gefangenen und auch der Kommissare fast allgemein im Offizierskorps abgelehnt wird, die Erschießung der Kommissare vor allem auch deswegen, weil dadurch der Feindwiderstand besonders gestärkt wird. Die Erschießungen werden als eine Verletzung der Ehre der Deutschen Armee, in Sonderheit des Deutschen Offizierskorps betrachtet. Je nach Temperament und Veranlagung der Betreffenden wurde in mehr oder weniger starker Form die Frage der Verantwortung hierfür zur Sprache gebracht. Es ist hierzu festzustellen, daß die vorhandenen Tatsachen im vollen Umfang bekannt geworden sind und daß im Offizierskorps der Front weit mehr darüber gesprochen wird, als anzunehmen war."

Was mit diesen wenigen Zeugnissen signalisiert werden soll, ist die Tatsache, daß es keine ungebrochene Identität zwischen grundsätzlichen Befehlen und dem praktischen Verhalten vor Ort gegeben hat. Allerdings haben mutige Verweigerungen, sich am Massenmorden zu beteiligen, nicht den Massenmord im Ganzen verhindern können. Im Ganzen dürfte stimmen, was der damals junge Wehrmachtsoffizier de Maiziere vor kurzem festgestellt hat:

„Hitler ist die völlige Gleichschaltung der Wehrmacht nicht gelungen. Er hat aus seinem wachsenden Mißtrauen gegen die Generale und den Generalstab des Heeres keinen Hehl gemacht. Für viele deutsche Männer ist das Heer ein Hort innerer Emigration geworden, wo sie bis zum Sommer 1944 dem Zugriff der Partei und der Gestapo entzogen waren. Soldaten der Wehrmacht haben die handelnde Rolle im Widerstand gegen Adolf Hitler übernommen."

Es ist und bleibt ein erregender historischer Befund: in der Armee, die sich in Sonderheit durch ihre höhere Führung zu einem Instrument nationalsozialistischer Vernichtungs- und Eroberungspolitik hat machen lassen, gerade in ihr bildet sich der Kern eines politisch-militärischen Widerstandes, der die Aufhebung des gesamten NS-Systems zum Ziele hat.

Wir alle kennen die tragische Geschichte dieses Widerstandes, der sich unter den Bedingungen der zunehmenden Nazifizierung der Wehrmacht gebildet hat. Was an ihm in seiner moralischen Tiefe wichtig ist, ist die

Tatsache, daß hier Soldaten ihr Gewissen, ihr verletztes Gewissen höher gestellt haben als den formalen Gehorsam gegenüber dem Eid, „der von dem Eidnehmer Adolf Hitler längst selbst gebrochen war."

Man könnte diesen Sachverhalt an vielen Biographien militärischer Widerstandskämpfe aufzeigen. Es sei nur stellvertretend an Henning von Treskow erinnert.

Im ersten Traditionserlaß der Bundeswehr vom 1.7.1965 heißt es: „Zuletzt nur noch dem Gewissen verantwortlich, haben sich Soldaten im Widerstand gegen Unrecht und Verbrechen der nationalsozialistischen Gewaltherrschaft bis zur letzten Konsequenz bewährt. – Solche Gewissenstreue gilt es in der Bundeswehr zu bewahren."

Und der Generalinspekteur sagte zum 50. Jahrestag des 20. Juli 1944: „Der 20. Juli ist Teil unserer Tradition. Tradition ist die Übernahme und Weitergabe von Erfahrungen und Wertvorstellungen, die sich in der Vergangenheit herausgebildet haben. Sie verbindet Generationen und sichert Kontinuität von der Vergangenheit über die Gegenwart in die Zukunft."

Aber nicht nur die Männer des Widerstandes unterliegen anderen Kriterien und Beurteilungen als „die Wehrmacht" als Institution im Ganzen mit ihrer Rolle im NS-System und während des Krieges. Auch die vielen einfachen Soldaten, die im guten Glauben, schließlich und endlich ihrem Vaterland zu dienen, ehrenhaft gehandelt und tapfer gekämpft haben, haben unseren Respekt verdient. Daß viele von ihnen später erkannt haben, daß sie für eine böse Sache mißbraucht worden sind, gehört zur unaufhebbaren Tragik der gesamten Geschichte dieser zwölf Jahre hinzu. Bei persönlicher Integrität dennoch mitschuldig zu sein – das konnte nicht jeder später erkennen und mittragen.

Aber auch die, denen wir Heutige uns verbunden wissen – seien es die bekannten Männer des 20. Juli oder seien es die vielen unbekannten Männer eines Millionenheeres – alle geben nicht den Stoff ab für ungebrochene Heroisierungen. Sie können nicht aus dem Gesamtzusammenhang ihrer Epoche herausgelöst werden. In ihre Dramatik und Tragik sind sie alle verstrickt. Einige von ihnen haben sich in der Autonomie ihres Gewissens gegen den Irrtum und Wahnsinn erhoben, um Signale für ein anderes Wertsystem und für eine andere deutsche Politik zu setzen. Auch wenn sie gescheitert sind, sind sie für uns „Saat auf Zukunft" geworden.

Chancen und Belastungen: Freude und Stolz auf das Gelungene, Last und Trauer über schuldhaftes Versagen, Respekt und Verehrung für tapfere Männer, Entsetzen über Gewissenlose und Brutale – in diese Ambivalenzen entläßt uns jeder redliche historisch-kritische Diskurs. Durch ihn hindurch, nicht an ihm vorbei, werden wir befreit zu eigener Traditionsbildung.

Macht und Moral

Die erste Frage, die zu stellen ist: Spielen Moral, moralische Maßstäbe, Normen, Prinzipien, Maxime und Werte, eine konstruktive Rolle in der praktischen Alltagspolitik? Oder sind sie sozusagen nur das Feuilleton für die Realitäten? Oder anders gefragt: Spielen Anständigkeit, Sauberkeit, Pflichtbewußtsein, Treue, Unbestechlichkeit, Unabhängigkeit, Gewissenhaftigkeit und andere sogenannte Tugenden bei Handelnden im politischen Geschäft eine nachweisbare, entscheidende Rolle? Eine einfache Frage, aber bis heute nicht für alle und in allen Situationen überzeugend beantwortet. Auch der Historiker muß sich damit abfinden, daß er nicht auf alle Fragen eine überzeugende Antwort haben kann. Warum, werden wir sehen.

Eines weiß natürlich jeder: Ethik und Politik, Moral und Macht, sind noch nie identisch gewesen aber sie haben miteinander zu tun. Die Frage ist wie man sie miteinander ins Spiel bringt, wie ihre Beziehungen zueinander sind. Wir haben es also mit einem Relationsproblem von Macht und Moral zu tun. Wie sind sie aufeinander bezogen?

Die Kunst wird sein, Dinge zu unterscheiden, um sie überhaupt vergleichbar und korrelierbar machen zu können. Zu unterscheiden, aber nicht zu scheiden. Sie also in ein Spannungsverhältnis, in eine Beziehung zu bringen, damit die eine Größe die andere wechselseitig beeinflußt.

Es geht nämlich darum, daß die Moral politisch wird. Aber dadurch wird die Moral nicht Politik und die Politik nicht Moral. Jede Bezugsgröße hat ihre unauswechselbare Funktion in einem komplizierten Sinnzusammenhang. Wenn Leute moralische Sätze als politische Lösungen anbieten, sind sie eigentlich politisch am Ende. Moral kann gar nicht die Lösung der Probleme bewirken, sondern kann nur als eine wichtige Größe in den gesamten politischen Reflexionsprozeß eingespielt werden.

Politik hat es – die nächste Reflexion – bekanntlich mit Macht zu tun. Macht – ich zitiere den größten Soziologen dieses Jahrhunderts, Max Weber, – „bedeutet jede Chance, innerhalb einer sozialen Beziehung den eigene Willen auch gegen Widerstreben durchzusetzen."

Politik hat in diesem Verständnis in erster Linie Absichten, Interessen, Ziele. Die Aufgabe der Politik ist nicht, Moral durchzusetzen. Moral kann nicht mit Politik produziert werden. Und auch Parteien haben keinen moralischen Auftrag, sondern Parteien und Politiker leben von Voraussetzungen, die sie selber nicht schaffen können. Für die Moral sind andere Sozialagenturen wie Familien, kulturelle Einrichtungen, Kirchen, humanistische Wertegemeinschaften und andere zuständig. Aber nicht Parteien. Parteien, die zuviel von Moral reden, müssen wohl eine Unterbeschäftigung an politischer Kompetenz haben. Weil Politik mit Absichten, Interessen und Zielen zu tun hat, bedarf diese Politik der Macht, um diese Absichten, Interessen und Ziele real durchsetzen zu können. Die Durchsetzung eines Willens, um Voraussetzungen zu schaffen, um seine Absichten durchzusetzen, das ist Politik. Politik ist Umgang mit Macht, wenn man sie hat, und ist Erringen von Macht, wenn man sie institutionell und praktisch noch nicht oder nicht mehr hat. Politik ist deshalb schon im Ansatz ein hartes Geschäft. Eignet sich kaum für schwache Nerven, für intellektuelle Aufgeregtheiten oder ähnliches.

Wo verschiedene Menschen in verschiedenen Gruppen existieren, wo Menschen unter verschiedenen Bedingungen leben müssen, entwickeln sich ganz bestimmte Interessen. Man versteht das, was abläuft, abgelaufen ist und im Moment abläuft nur, wenn man in die Mitte der politischen Analyse den Begriff der Interessen setzt. Und von den Interessen her läßt sich sozusagen die Gemengelage aufschließen. Entweder tut man alles, um Verhältnisse, die einem günstig sind, zu erhalten und machtmäßig abzusichern, oder man ist gewillt, Verhältnisse, die einen bedrücken, zu verändern, das heißt andere soziale und gesellschaftliche Situationen zu schaffen. Man muß einfach wissen: Privilegierte werden immer dazu neigen, die Welt, so wie sie ist, für gut und sinnvoll zu besehen. Sie sind alle sogenannte Hegelianer: Das, was ist, ist vernünftig.

Benachteiligte hingegen werden nicht unmittelbar ihre Interessen formulieren. Das muß man unterscheiden. Sie werden immer im Namen von hohen moralischen Werten wie Freiheit und Gerechtigkeit die Gesellschaft oder den Staat, in dem sie leben, verändern wollen.

Diese politische Moral oder die großen Substantive, die wir gewohnt sind zu gebrauchen, haben ihrerseits eine instrumentelle Funktion im Blick auf ganz normale handfeste Interessen, die man hat. Dabei haben diejenigen, die nach Veränderungen suchen, grundsätzlich zwei Möglichkeiten: Entweder rufen sie nach Reformen oder nach Revolution.

Alle Gruppen, die an diesem Kampf um Erhalten des Bestehenden oder Verändern des Gegebenen teilnehmen, entwickeln von ihrer gesellschaftlichen und sozialen Lage her, in der sie leben, ein bestimmtes Denken, das ihren Interessen entspricht und ihre Interessen vor einer höheren Moralität legitimiert.

Jeder reale Machtkampf um Positionen ist dann automatisch – und das zeigt die Geschichte – begleitet vom Kampf der Ideen, der Theorien, der Ideologien. Man muß nur hinschauen, was hat die Priorität, was ist Fundament. Dieser sogenannte geistige Überbau steht aber nun nicht für sich selbst, sondern will die moralische Stütze eben seiner eigenen handfesten Interessen sein.

Nun verschmelzt sich die Sache. Es ist ein dialektisches Verhältnis, kein Ursache/Folge-Verhältnis. Deshalb weiß man nicht genau, was die Priorität hat. Jedes Interesse, und sei es noch so kalt und brutal, sucht sich in jedem Fall den warmen Mantel eines moralischen Prinzips. Ich kenne keine handelnde Gruppe, Klasse oder Person, die nicht ihr unmittelbares, brutales und kaltes Interesse, in einen solchen Mantel eingehüllt haben. Die realen Interessen der Herrschenden wie der Beherrschten haben bis jetzt wenigstens immer ihre Ideologien und ihre Ideologen gefunden. Die Ideologien sind also in diesem Verständnis der geistige Überbau über bestimmte handfeste Interessen, die man auf der Erde hat.

Wenn man über Moral und Politik verhandelt, muß man zunächst einmal genau hinsehen, wer in wessen Namen zu wessen Gunsten redet. Man erschließt sich sozusagen die Problemlage mit dieser W-Frage.

Wer in der Politik moralisch wird oder an die Moral der Leute appelliert, will selbst etwas oder will etwas von den Zuhörern. Die Moral kann zum Instrument des eigenen Machtinteresses werden, entweder der Machterhaltung oder der Machtgewinnung wegen. Mit dieser Moral kann also manipuliert werden. Das ist die Normalform jedes politischen Gebrauchs: manipulierte Moral.

Die Moral kann den Menschen so instrumentalisieren, daß er selbst nur noch zum Mittel für einen angeblich höheren Zweck gemacht wird. Und da liegt schon die Perversion des Moralischen, wenn die Moral zum Instrument bestimmter, angeblich höherer Zwecke gemacht wird. Im Namen der Moral kann man den Menschen zum Objekt machen. Nichts kann den

Menschen mehr enthumanisieren als eine bestimmte Moral mit bestimmten politischen Zielen. Moral kann die Kant'sche Philosophie radikal aufheben, sofern die Philosophie selbst moralisch ist.

Ein Exempel: Der französische Revolutionär Robespierre formulierte den Satz: „Sittlich-moralisch ist, was der Errichtung der Republik der Tugendhaften dient." Die Frage ist nur, wer definiert, wer tugendhaft ist und wer nicht tugendhaft ist. Dann ist es ein moralisches Geschäft und moralisch verantwortlich, die nicht Tugendhaften zu liquidieren.

Lenin formulierte: „Sittlich moralisch ist, was der Zerstörung der Ausbeutergesellschaft und der Aufrichtung der klassenlosen Gesellschaft dient".

Das ist auch eine sogenannte teleologische Ethik, die vom Ziel her jedes nur denkbare Mittel von vornherein legitimiert.

Hitler formulierte: „Sittlich moralisch ist, was der Herrschaft der arischen Rasse dient; sittlich ist, was dem Volke nützt." Es gibt in der Geschichte eine ganze Reihe von solchen Formulierungen politischer Moralgrundsätze. Hohe Ziele – Republik, klassenlose Gesellschaft, Volksgemeinschaft – werden formuliert. Man will die Welt endlich von ihren Gebrechen heilen. Moral will heilen. Man will die Radikalkur, um dann das Reich des Menschen endlich anbrechen zu lassen, nach all den Perioden von Entfremdung, Unterdrückung, Ausbeutung und so weiter. Und das alles im Namen hoher sittlicher Werte und Ziele.

Ich behaupte, soweit ich die Geschichte kenne, die großen Massenmörder dieser Geschichte waren immer gleichzeitig die großen Moralisten oder umgekehrt.

Deshalb habe ich eine unbändige Angst vor Politikern, die mir zu moralisch sind. Es ist eine Beobachtung in der Geschichte: diejenigen, die die höchsten moralischen Ziele formuliert haben und sie dann in ihren Dienst stellten, haben im Endeffekt bekanntlich die reale Hölle inszeniert. Die großen politischen Moralisten haben, wenn sie die Machtmittel dazu bekamen, die großen Menschen- und Völkerschlachtereien veranstaltet. Im Namen von moralischen Prinzipien wurden sie die großen Massenmörder.

Der Grund für diese Perversion liegt in ihrem Willen, Politik und Moral zur Deckung, zur Identität zu bringen. Man muß die Schere zwischen beiden offenlassen. Man muß nur sehen, daß man sie möglichst klein hält.

Aber nicht grundsätzlich abschaffen wollen. Die Moralisten wollen die beste, die gerechteste, die freiheitlichste, brüderlichste, solidarischste aller Welten konsequent realisieren. Sie glauben, mit politischen Mitteln die gute Welt erreichen zu können. Nur, diese gute Welt gibt es nicht, dann wäre die Geschichte am Ende. Wir werden uns mit dem Vorletzten und all den Problemen, wie sie da sind, abmühen, abarbeiten, ableiden müssen. Das Zutrauen zur Leistungsfähigkeit des Politischen ist bei allen, die angefangen haben, dies in die Identität zu bringen, Moral und Politik, unendlich und ihr Vertrauen auf die richtig gezielte und angewandte Moralität des Menschen ist abgrundtief.

Damit komme ich zu einem Punkt, den ich auch anbieten möchte. Er hat viel damit zu tun, wie man über diese Frage denkt, wie man seine eigene Sicht des Menschen, seine Anthropologie definiert. Sie ist entscheidend für das ganze Problem. Ich versuche immer wieder in die geschichtliche Reflexion die anthropologische Dimension einzubeziehen. Weil ich sie sonst nicht verstehe. In der Regel machen die, die auf die Identität setzen, ihre Rechnung ohne den Wirt. Und dieser Wirt ist der durchschnittliche Mensch mit seinen durchschnittlichen Fähigkeiten und Möglichkeiten.

Will man aber das Ziel erreichen, so müssen die Mittel, die Wege zum Ziel, eben noch rigoroser gemacht werden. Wenn der Mensch nicht nur altruistisch ist, dann muß er eben altruistisch erzogen oder zum Altruismus gezwungen werden. Im Namen des großen menschheitlichen Zieles muß der Zwang eben noch gesteigert werden, zwischenzeitlich natürlich. Die Betroffenen selbst müssen es auch einsehen. Geht es doch nur um eine kurze harte Wegstrecke zum herrlichen Gipfel der Zukunft. Und im Namen dieser falschen Anthropologie sind Hekatomben von Menschen in diesem Jahrhundert geopfert worden.

Wer diese Zusammenhänge einmal durchschaut hat, kann die Zusammenhänge an den beiden großen Ideologien des Stalinismus und Faschismus erkennen. Ich verstehe überhaupt nicht, daß es noch Menschen gibt, die anthropologisch nicht aufgeklärt sind, sondern daß sie immer noch davon reden können, daß es so etwas gäbe wie einen guten Menschen, der eine gute Welt schafft. Wer diese Zusammenhänge einmal durchschaut hat, wird sehr kritisch sein müssen, wenn zu moralisch in der Politik geredet wird. Er wird skeptisch sein müssen, wenn ihm Konzeptionen angeboten, wenn ihm Ismen feilgeboten werden, die ihm die Verwirklichung eines moralisch guten Zustandes in der Zukunft verheißen.

Vor Moral triefende Politiker sind gefährlich. Entweder haben sie etwas zu verbergen oder führen Dinge im Schilde, die gefährlich sind. Ein moralisierender Politiker verfehlt seinen Auftrag, durch gezielten Einsatz von Macht die Interessen seiner Gruppe ins Spiel zu bringen. Das heißt, das Leben seiner Mitbürger ein Stück gerechter, freiheitlicher und solidarischer zu gestalten. Mehr als diesen Komperativ gibt der historische Stoff nicht her. Der Politiker hat nicht für die Durchsetzung moralischer Ziele zu sorgen, auch eine Partei hat nur die politischen, gesellschaftlichen, gesetzlichen Voraussetzungen zu schaffen, daß das anliegende Problem oder die anliegenden Probleme besser, sachgerechter und menschengerechter gelöst werden können als zuvor.

Meine ganze Argumentation geht auf diesen Komparativ zu. Abschied von jedem Superlativ! Ich sage das als alter Sozialdemokrat: Es gibt keine gerechte Gesellschaft, es gibt nur eine weniger ungerechte Gesellschaft. Es gibt keine freie Gesellschaft, sondern nur eine weniger unfreiheitliche Gesellschaft. Der Politiker hat ausschließlich die Aufgabe, diesen Komparativ zu verwirklichen. Und das wird ein ewiger Prozeß sein. Er hat nicht die Welt zu erlösen und ihre Probleme zu lösen. Deshalb liebe ich immer jene, die sich dieses Zusammenhangs auch in ihrer praktischen Politik bewußt sind. Er hat nicht für die Durchsetzung moralischer Ziele zu sorgen. Er ist kein Missionar, sondern hat die politischen, gesellschaftlichen, gesetzlichen Voraussetzungen zu schaffen, daß Probleme besser gelöst werden können. Er hat konkrete Aufgaben zu bewältigen und nicht den moralischen Kraftmeier zu spielen.

Mit diesen Aussagen sind einige Entscheidungen gefallen. Es geht in der Politik darum, bestimmte formulierbare und formulierte Aufgaben zu erfüllen. Es gibt ganz bestimmte Aufgaben, die ich definieren kann. Der Politiker hat in den Dienst der praktischen Erfüllung dieser Aufgaben zu treten. Nicht und unter keinen Umständen kann es seine Aufgabe sein, die Welt, die Menschen, nach dem Schema irgendeiner Weltanschauung moralischer zu machen. Wer das beginnt, endet dort, wo bisher alle diese Weltverbesserer geendet haben. Und schon gar nicht hat er die Aufgabe, mit den Mitteln ideologisch-moralischer Argumentation Menschen bereit zu machen, für die große, ganz andere Zukunft zu leben und gegebenenfalls zu sterben. Ich jedenfalls bin nicht mehr bereit, Opfer für die sogenannte Zukunft zu bringen.

Der Politiker ist nicht Missionar, sondern schlichter Handwerker. Und wenn er Kunsthandwerker wird: Halleluja. Er ist nicht der Erzieher des Menschengeschlechtes zum höheren Sein, sondern er vollzieht in stellvertretender Verantwortung das, was nötig ist, um Gesellschaft und Staat funktionsfähig zu halten. Die für mich entscheidende Sache ist damit gesagt.

Politik, Politiker haben es – und nun kommt die zweite, große Kategorie – mit Verantwortung zu tun. Verantwortung ist die einzige ethische Kategorie, die überhaupt sinnvoll ist. Die Hauptsorge kann nicht sein, Moral in der Politik zu verwirklichen oder gar für die Hebung der Moral der Bürger zu sorgen, sondern vorrangig hat ihre Sorge, ihr Einsatz den Lebensbedingungen, den Rahmenbedingungen des ansonsten eigenverantworteten Lebens der Bürger zu gelten. Je sachlicher, je sachgerechter, je nüchterner sie hier ans Werk gehen, um so mehr sind sie bei ihrem Amt.

Die Haupttugend des Politikers ist deshalb zunächst das Wissen. Das Wissen um Daten, Fakten, Zusammenhänge und so weiter.

Politiker haben gebildet zu sein. Ein Politiker darf zum Beispiel nicht sagen, daß ein Koalitionsvertrag keine dogmatische Bibel ist. Dann zeigt er nämlich, daß er keine Ahnung davon hat, was die Bibel ist. Das heißt also, es muß schlicht und einfach ein gewisses Quantum Wissen existieren, das berechtigt, dieses harte und großartige Amt auf sich zu nehmen. Man muß schlichtweg Ahnung haben von dem, was man dort tun soll. Es ist schon schlimm, wenn man sachliche Inkompetenz durch rhetorische Brillanz und durch moralisierende Litaneien kaschieren muß. Ein Finanzminister, der rhetorisch stottert, aber seine Sache versteht, ist mir unendlich lieber als einer, der pausenlos „ostfriesische Weisheiten" von sich gibt. In der Politik ist der Fachmann, der Experte, der Berufspolitiker, der lernt und lernt, unendlich wichtiger als der, der in der Politik einen Ersatz für verlorengegangene Religiosität sucht.

Damit komme ich an einen weiteren ganz wichtigen Punkt.

Für viele sind der Glaube und ihre eigene Religiosität in die Politik abgewandert. Und das tut der Politik nicht gut. Nur wer ein entmythologisiertes Verhältnis zur Politik hat, das heißt die Politik als harte Holzhackerarbeit ohne jede Überhöhung sieht, sollte sich ihr widmen. Und allen übrigen schlage ich vor, in eine Sekte zu gehen. Enthusiasten, Schwärmer, Leute mit sektiererischer Neigung sollten sich andere, weniger gefährliche Tummelplätze suchen. Sie haben schon genug Unheil angerichtet. Politik kann auch nicht das Feld für Leute sein, die mit sich selbst überhaupt nicht klar gekommen sind. (Das ist auch eine Erfahrung, die man in langen Jahrzehnten gemacht hat. Das ist wie bei Studenten, die Psychologie studieren, weil sie mit sich selber nicht klar kommen). Die, die ihre ureigenen subjektiven Probleme, Frustrationen und Verklemmungen in politischer Arbeit loswerden wollen, sollten nicht in die Politik gehen.

Es gibt auch viele, die sind nur so lange etwas, wie sie politisch Erfolg haben. Wenn dieser wegfällt, sind sie moralisch tot. Ich kenne solche Leichen, die sozusagen ihren Identitätspunkt in der Politik gesucht haben. Politik ist wichtig, aber sie kann nie der Identitätspunkt für das Menschsein des Menschen sein. Wer diese Distanz nicht hat, sollte sich nicht darin tummeln. Der durchschnittliche Stoff politischer Tagesarbeit ist nämlich nicht dazu geschaffen, persönliche Identität oder Glück zu finden.

In den vielfältigen Spannungs- und Konfliktsituationen, einige hat Joachim Poß vorhin angedeutet, des politischen Alltags sind eben mehr Menschen mit Pflichtbewußtsein und hoher Frustrationstoleranz am Platze, das heißt man muß einstecken können, ohne zu jammern und zu klagen. Man muß Niederlagen und Enttäuschungen ertragen können, ohne gleich das Handtuch zu werfen. Man muß sogar hart arbeiten können, ohne den großen Dank zu erwarten. Wer über diese Eigenschaften nicht verfügt, sollte die Hand von der Politik lassen. Er fällt uns nur zur Last.

Wenn nun Moral in der Politik so etwas gefährliches sein kann, wenn Politik so trocken und nüchtern sein soll, wenn Politik so orientiert ist an den Sachfragen und an den Möglichkeiten, wenn Politik ein hartes Dienstgeschäft ist, spielt dann die Moral – was das auch sei – überhaupt keine Rolle für den Politiker und für die Politik?

Nach der Entmythologisierung kommt natürlich jetzt die Phase der Realisierung. Kann man so radikal die Elemente des Moralischen, ja des Enthusiastischen, des Utopischen aus ihr ausklammern? Ist sie nur noch für Fachleute, für Technokraten eine Aufgabe, für Leute mit kühlem Verstand, aber heißem Herzen? So und ähnlich wird man fragen müssen.

Darauf sei auch dieses gesagt: Der Politiker als Mensch kann selbstverständlich so moralisch – verstanden jetzt im Sinne des angesprochenen Tugendkataloges – sein, wie es nur eben geht. Selbstverständlich fließt das Niveau seiner eigenen Moralität auch in sein politisches Handeln hinein. Aber es gibt nicht den Mechanismus, daß der moralisch Bessere auch die bessere Politik für die Allgemeinheit macht. Manchmal kann sogar eine zu große Moralität eines Politikers die sachlich notwendige Entscheidung verhindern. Und umgekehrt, häufig trifft der moralisch wenig durchgebildete Politiker die bessere politische Entscheidung. Ich will kein Gesetz aufstellen, sondern nur die Probleme durchspielen. Hier gibt es keinen gesetzmäßigen Zusammenhang. Es trifft sich gut, wenn ein guter Politiker auch moralisches Vorbild ist, aber es ist nicht die Voraussetzung für eine gute Amtsführung.

Man sieht, ich halte die persönliche Moralität des Politikers in der Sache für nicht so entscheidend. Mir ist es egal, wo und mit wem er seine abendliche Freizeit verbringt. Ich freue mich natürlich, wenn es so ist, daß er eine gewisse vorbildhafte Moralität hat.

Wie aber steht es nun mit der Frage der Moralität, das ist viel wichtiger, der Mittel, die der Politiker anzuwenden hat, wenn es um Machtverwaltung oder Machterringung geht. Ist hier jedes Mittel recht, um das Ziel zu erreichen, um zum Ziel zu kommen? In welchem Verhältnis stehen Mittel und Ziel zueinander? Eine uralte Frage.

Wirklich problematisch ist natürlich wieder die Praxis. Es ist ein Problem, die Mittel grundsätzlich für neutral zu erklären, das heißt die Mittel angesichts eines großen wertvollen Zieles überhaupt nicht mehr zu problematisieren. Für eine übergeordnete Wahrheit kleine Lügen auf sich zu nehmen, ist dann gar kein Problem. Dann kann man zum Beispiel auch den Terror als Mittel legitimieren, weil man ja das Ziel hat, eine freiheitliche und gerechte Gesellschaftsordnung aufzubauen.

Die Entlassung des Mittels aus der Disziplin der Verantwortung ist schon eine Perversion des politischen Handelns selbst. Aber es ist ähnlich problematisch zu erwarten, daß Mittel und Ziel immer identisch sein können. Ich löse die Probleme nicht, sondern ich zeige die Probleme nur auf, weil es nämlich nur eine Lösung von Fall zu Fall, von Voraussetzung zu Voraussetzung gibt.

Dazu noch einmal Max Weber: „Keine Ethik der Welt kommt um die Tatsache herum, daß die Erreichung guter Zwecke in zahlreichen Fällen daran gebunden ist, daß man sittlich bedenkliche oder mindestens gefährliche Mittel und die Möglichkeit oder auch nur die Wahrscheinlichkeit übler Nebenerfolge mit in Kauf nimmt."

Auch in der Mittelfrage können durchaus problematische Zwischenstationen einen durchaus erstrebten und sinnvollen Effekt haben. Oder anders gesagt, auch das weniger Gute oder sogar das Böse steht manchmal im Dienst des Guten. Nur das kann ich nicht von mir aus organisieren, das kann sich aber ergeben.

Mit diesen Sätzen ist ein Problem signalisiert, daß man gegenüber jedem ethischen Rigorismus nicht genug betonen kann. Es wird immer eine Spannung zwischen den moralischen Zielen, die man setzt und den Mitteln, die man einsetzt, existieren. Diese Spannung ist nicht aufhebbar. Man kann sie nur mit ihr und in ihr lösen.

Wenn das aber so ist, dann ergibt sich sofort die nächste entscheidende Kategorie für alle Politik, und die heißt Schuld. Es gibt keinen schuldlosen Politiker. Wer schuldlos geblieben ist, hat noch nie Politik gemacht. Das hat nun nichts mit Schuld im Sinne eines moralischen Defektes zu tun, sondern in bestimmten Situationen muß er sogar sehenden Auges schuldig werden können. Das ist die Konsequenz an dieser Stelle. Weil man nämlich vor Wertentscheidungen, vor Prioritätsentscheidungen steht, die wegen der Bedingungen, unter denen man handeln muß, nicht glatt aufgehen.

Die Mittel sind in ihrer Art und in ihren Folgen nie so eindeutig, wie es das Ziel sein mag. Das Ziel kann ich schnell und eindeutig formulieren, aber die Mittel sind es nicht. Die gute Absicht bei nicht ausreichenden Mitteln kennt jeder. Und viele haben schon erlebt, wie ganz anders die Folgen einer Mittelanwendung im Hinblick auf das eigene Ziel gewesen sind. Was noch bedrückender ist: Manchmal führen durchaus problematische Mittel zu guten Ergebnissen. Es dürfte zwischen Mittel und Zwecken immer eine Spannung geben wie zwischen moralischen Prinzipien und ihren Verwirklichungen.

Damit bin ich bei dem für mich entscheidenden Punkt.

Man muß sehen, daß diese Ambivalenz, diese tiefe Doppelstrukturiertheit alles menschlichen und alles politischen Lebens zunächst einmal zu akzeptieren ist, um dann zu formulieren, wie man in ihnen das tut, was sach- und menschengerecht ist. Aber nicht meint, durch politisches Handeln diese Grundambivalenz aufheben zu können.

Mit letzterem ist zweierlei für unser Thema gesagt. Natürlich spielen moralische Grundnormen auch in der Politik eine Rolle. Wir haben es ja rund zwanzig Jahre hindurch in der Grundwertekommission der Partei versucht. Ich weiß, wie schwer das ist und ich weiß, daß das meiste, was wir formuliert haben, Makulatur ist angesichts der dann kommenden realen Probleme. Ich habe ein sehr aufgeklärtes Verhältnis zu dem, was man selbstformuliert und zu dem, wie man es dann realisieren kann.

Natürlich spielen – ich sag das noch einmal – Grundnormen auch in der Politik eine Rolle. Natürlich haben Grundwerte wie Freiheit, Gerechtigkeit und Solidarität eine richtungsweisende Funktion. Aber – und das ist entscheidend und muß uns bewußt bleiben – sie alle werden nicht verwirklicht im Sinne ihrer vollen Einlösung in die bestehende Wirklichkeit. Die Moral, die Norm, die Grundwerte sind alle eine Art von Provokation für die bestehende Wirklichkeit, die mit ihnen kritisch befragt wird

Wenn ich Freiheit oder Gerechtigkeit formuliere, formuliere ich dies in die Situation von Unfreiheit und Ungerechtigkeit hinein. Ich kann beides nur als Relationsdefinition verstehen. Wenn ich Gerechtigkeit fordere, sage ich es in die Situation von Ungerechtigkeit hinein. Ich kann mir nicht vorstellen, daß es ein gerechtes Steuersystem geben wird. Das heißt, ich kritisiere mit dem Grundwert der Gerechtigkeit ungerechte soziale Strukturen, ungerechte Eigentumsverhältnisse, ungerechte Steuerverhältnisse, ungerechte Löhne und Gehälter. Und durch mein gegenwärtiges Handeln versuche ich, diese jeweilige Ungerechtigkeit zu minimalisieren oder – auf die Menschen bezogen – sie zumutbarer im ganzen zu machen.

Es gibt immer wieder und historisch nachweisbar die Möglichkeit, die Ungerechtigkeit zu vermindern. Das allein ist das praktische Geschäft der Politik. Ähnlich ist es mit der Freiheit. Die Freiheit existiert als Problem nur im Umgriff ihres Gegenteils, nämlich der Unfreiheit. So müßten alle Dinge, die wir politisch sprechen, in die Relation gebracht werden, in die Kombination, denn das eine kann ich zur Sprache bringen, wenn ich das andere gleichzeitig mit ausspreche.

Hier liegt für mich die entscheidende Rolle von moralischen Normen oder Grundwerten. Sie entlarven schlechte Wirklichkeit als schlechte Wirklichkeit. Und gleichzeitig provozieren sie das verändernde Handeln. Sie stärken den Willen zum Ändern, aber es ist allein die praktische politische Vernunft, die es umsetzen muß.

Das heißt also, ich versuche einen Mittelweg zu gehen, einen kritischen Realismus, wie ich das in meiner Theorie nenne, zu entwickeln. Und bei jedem der denkbaren Umsetzungsprozesse läßt die Norm, lassen die Grundwerte Federn.

Realistisch leistbar ist nur der nächst mögliche Schritt auf mehr Gerechtigkeit, auf mehr Freiheit. Das ist eine Position, die wir in politischen Theorien auch schon im vorigen Jahrhundert gehabt haben, nämlich bei denen, die sich in irgendeiner Weise dem revisionistischen Verständnis des politischen Handelns verpflichtet gewußt haben. Und dieses revisionistische Verständnis, das etwa in unserer Partei bei dem Revisionismusstreit Kautsky-Bernstein deutlich geworden ist, hat gezeigt, daß Bernstein bei weitem die richtigere Interpretation auf seiner Seite gehabt hat.

Es gibt viele Gründe, sich mit dieser Rolle von moralischen Grundaussagen oder Grundwerten in der Politik zu begnügen. Das ist nicht Resignation und Kapitulation, das ist nur die Freude am kritischen Realismus. Und siehe da, da kann ich mich sogar freuen, weil es durchaus im komparativen Sinne Fortschritt gibt. Das heißt also, man wird mit dieser Konzeption nie den großen Wurf machen können, nie die ganz andere Welt erreichen können. Aber man wird den nächsten und übernächsten Schritt in eine bessere und humanere Wirklichkeit tun können. Und es gibt viele Gründe, wie ich meine, sich mit diesem reformistischen Realismus, mit diesem komparativen Ansatz zu bescheiden. Es bleibt alles human, da von der Wirklichkeit nichts verlangt wird, was sie nicht hergeben kann.

Das meiste persönliche Unglück kommt dadurch auf die Welt, daß man von sich selbst zuviel verlangt. Man muß ganz klar und deutlich seine Grenzen definieren und nicht seine Grenzenlosigkeit wollen.

Das ist das Geheimnis des persönlichen Glücks und das ist das Geheimnis einer verantwortbaren Politik. Sie wird nicht im Namen einer höchsten Moral vergewaltigt. Dies kann man nämlich nur zum Preis einer Diktatur. Oder anders gesagt: das Imperfekte bleibt die Normalausfertigung des

Gegebenen und auch des Aufgegebenen. Hier zeigt sich, daß es ganz menschlich ist, wenn Moral und Politik nicht identisch sind. Daß es eigentlich menschlich ist, die Differenz auszuhalten und aus der Differenz heraus das Notwendige zu tun.

Gerade aus ihrer Unterschiedlichkeit heraus entbinden sich die Kräfte, diese Welt in unendlichen Anstrengungen und Prozessen ein wenig besser, ein wenig freundlicher, ein wenig gerechter zu machen.

Diese Leidenschaft für den Komparativ kann von moralischen Werten und Zielen gespeist werden, erhebt aber nicht den Anspruch, Politik im Namen der Moral selbst zu betreiben. Die Moral kann in die Verantwortung eingreifen, das ist ihre Funktion. Aber sie kann nicht die Eigenverantwortung des Handelnden ersetzen. Der Mensch erfüllt sich nicht darin, daß er nur Moral hat, sondern daß er Verantwortung übernimmt. Das heißt, daß er unter den gegebenen Bedingungen und mit sachgerechten Mitteln Leben als Zusammenleben der Menschen ermöglicht.

Der Begriff der Verantwortung ist unendlich höher als der der Moral. Deshalb würde ich lieber sagen „Macht und Verantwortung". Max Weber sagt deshalb: „Man kann sagen, daß drei Qualitäten vornehmlich entscheidend sind für den Politiker: Leidenschaft, Verantwortungsgefühl, Augenmaß."

Wer was besseres weiß, möge es kundtun.

Ökonomie und Humanität

Mit dem Thema „Ethische Herausforderungen an die Wirtschaft am Ende des 20. Jahrhunderts" habe ich mich auf etwas eingelassen, das nicht zu leisten ist, vor allem nicht in der Kürze der zur Verfügung stehenden Zeit. Wie kann man trotzdem Sinnvolles dazu sagen?

Ich möchte das tun, indem ich einen Konfliktfall praktischer Ethik vorführe und zeige, wie ich mich selbst in einer ökonomischen Situation, die immer zugleich eine sozialethische ist, verhalten habe.

Ich bin seit vielen Jahren Mitglied in zwei Aufsichtsräten bei Krupp – als elfter Mann, gewählt mit dem Vertrauen der Anteilseigner und der Arbeitnehmer. Es geht um das Jahr 1997, als in Siegen bei der Krupp Edelstahlprofile GmbH von vier Standorten zwei geschlossen werden sollten. Die Frage in dieser Situation war, wie sich der elfte Mann, also ich, verhalten würde. Ich sprach daher mit dem Konzernchef, dem Betriebsrat, den Vertrauensleuten, und schließlich gibt es auch noch eine Betriebsvollversammlung und so weiter und so weiter. Da geht es manchmal schon hart und emotional zu. Schließlich mußte ich mich entscheiden. Und mit dem privilegierten Beruf eines damals schon emeritierten deutschen Professors habe ich mich zurückgezogen und aufgeschrieben, wie ich zu argumentieren gedenke. Das Ergebnis waren sieben Thesen, die ich in der entscheidenden Sitzung vorgetragen habe – nichts Sensationelles, sondern etwas sehr Konkretes, denn ich habe ziemliche Probleme mit einer allzu hoch angesiedelten Ethik. Zudem bin ich dagegen, Moral als Waffe zu benutzen. Beachten Sie bitte, daß diese sieben Thesen aus dem Dialog entstanden sind. Sie hießen:

1. Es ist unverantwortlich – auch im verantwortungsethischen Sinn –, langfristig gegen die ökonomische Vernunft zu handeln. Der Gesamtschaden nähme zu. Gegen betriebswirtschaftliche Argumente – wenn sie gut abgesichert sind – ist kein anderes argumentatives Kraut gewachsen.

2. Ökonomie ist das eine – Betroffenheit durch sie ist das andere. Wenn man davon ausgeht, daß in einem Marktsystem die dauernde Veränderung das einzig Konstante ist, wird die Frage, wie man mit diesem Wandel umgeht, zur zentralen Frage. Den Wandel selbst kann man nicht aufhalten, aber man kann mit ihm sehr verschieden umgehen.

3. Ist nun aus betriebs- und unternehmenswirtschaftlichen Gründen eine Marktanpassung notwendig, das heißt, sind Betriebsteile zu schließen oder zu verlagern, um das gesamte Unternehmen für den Konkurrenzkampf am Markt besser zu konditionieren und dadurch einen Kern von Arbeitsplätzen zu erhalten – so gebietet die Verantwortung für sachgerechtes Handeln, diesen Schritt zu vollziehen. Dies kann moralisch nicht disqualifiziert werden. Sachgerecht richtiges ökonomisches Handeln ist in der Tendenz und im Gesamteffekt auch humangerechteres Handeln. Dies zu verdeutlichen, ist das zentrale Element der Gesprächsführung. Wichtig ist der Komperativ – was ist mehr oder weniger humangerechtes Handeln.

4. Das Problem ist der Vollzug, die Art und Weise des Vollzuges betriebs- und unternehmenswirtschaftlicher Notwendigkeit. Jeder Abbau oder Umbau ist als Neubau zu verstehen. Wenn es sich – wie in unserem Fall – um eine Verlegung von Betriebsteilen handelt, so hat die Verlegung die Funktion, das Kerngeschäft für die Zukunft zu sichern. Sie ist also als eine kreative, das heißt zukunftssichernde Maßnahme anzusehen. Es handelt sich also nicht um ein „Plattmachen" ohne Sinn und Verstand, sondern um eine Entscheidung mit der Perspektive, Wirtschaftlichkeit und Konkurrenzfähigkeit wiederzugewinnen.

5. Aber: Noch so richtige ökonomische Entscheidungen können für die Betroffenen selbst bitter sein. Die ökonomischen Sachentscheidungen greifen in den emotionalen und berufsbiografischen Haushalt der Betroffenen ein, die zunächst von ihren Erfahrungen her denken und fühlen. Sie fühlen sich als Objekte von Marktgeschehen und Unternehmenspolitik, auf die sie unmittelbar keinen Einfluß haben. Sie machen die bittere Erfahrung, daß persönlicher und gemeinsamer Fleiß, Mitinitiative und Mitverantwortung – all die großen Tugenden – nicht das Schicksal einschneidender Veränderungen verhindern.

6. Der nicht zu verhindernde Prozeß eines Umbaus des Unternehmens erfordert eine frühzeitige und laufende wie redliche Information der Belegschaft. Alle Maßnahmen, die als Notwendigkeit einsichtig zu machen sind, sind deshalb nur in einem permanenten Kommunikationsprozeß zwischen Geschäftsführung und Belegschaft zu leisten. Der verständliche Widerstand der Betroffenen kann nur in dem Maße reduziert werden, wie die Zusammenarbeit gerade in Krisenzeiten optimiert wird. Emotionen lassen

sich zwar nicht aufheben, aber in dem Maße reduzieren, wie argumentativ informiert wird. Das Management hat sich nicht nur in der Sachkompetenz, sondern auch in der Humankompetenz zu bewähren. Wer nicht beides anstrebt, sollte alles sein lassen. Die nichtökonomischen Folgen ökonomischer Entscheidungen sind in die Gesamtverantwortung gleichberechtigt einzubeziehen.

7. Konkret gehe ich davon aus, daß die Geschäftsführung alles unternimmt, einen zumutbaren Interessenausgleich und Sozialplan zu erstellen und bei der Vermittlung von Arbeit innerhalb und außerhalb des Konzerns zu helfen.

Ich habe versucht, dies als vermittelndes Angebot zu präsentieren, um von den sattsam falschen Alternativen wegzukommen hin zu einem Kommunikationsstil, der ein hohes Maß an Härte und Sensibilität – diese schließen sich meines Erachtens nicht aus, sondern bedingen einander – beinhaltet. Die Entscheidung lautete:

Vor dem Hintergrund der Zusage eines sensiblen Vorgehens in der Abwicklung der Zukunftssicherung unseres Unternehmens stimme ich dem vorliegenden Antrag zu, um einer möglichen radikaleren Alternative den Boden zu entziehen. Jedenfalls ist für mich eine kleinere, aber die Wirtschaftlichkeit steigernde Unternehmung besser als ein drohender Bankrott des Ganzen. Ich stimme also dem aktuell kleineren Übel zu, ohne es gut zu finden. Es bleibt ein Unbehagen zurück. Ich stimme zu in der Hoffnung, daß damit eine bessere Zukunft eröffnet wird.

Man muß vielem zustimmen, was man eigentlich nicht gut findet. Damit ist nur signalisiert, daß es eine zu schnelle Identität von Entscheidung und Ethik und Moral nicht gibt. Sie werden sich immer beißen – auch wenn ich es mit bestem Wissen und Gewissen tue. Das heißt also, daß das angeschlagene Gewissen die Normalausfertigung desselben ist. Wer ein gutes Gewissen hat, hat es noch nie gebraucht.

Demokratie in der Wirtschaft?

Ein idealtypisches Szenario: Aus dem Leben eines Facharbeiters

Er, der uns im folgenden begleiten soll, ist älterer Facharbeiter in einem modernen Industrieunternehmen, Mitglied und Vertrauensmann der IGM, Mitglied und Mandatsträger einer Partei im örtlichen Stadtparlament, ehrenamtlich tätig im ansässigen Sportverein und in der Arbeiterwohlfahrt.

Er kennt den Betrieb seit dreißig Jahren, hat als Lehrling begonnen, hat eine Unmenge an Vorarbeitern, Meistern, Betriebsführern und Vorstandsmitgliedern erlebt und vor allem überlebt. Und er hat dreißig Jahre Ausbau, Umbau und Neubau des Betriebes und Unternehmens hinter sich. Unter den Vorgesetzten hat er alle „Typen" erlebt: den Befehlsgewaltigen, den wohlmeinenden Patriarchen, den schneidigen, arroganten Besserwisser, den gutmütigen, freundlichen Chef, den hör- und gesprächsbereiten Alten und den forsch-dynamisch Jungen. Alle nur denkbaren Führungsstile hat er kennengelernt: den hierarchisch-exklusiven, der auf Einordnung und Unterordnung drängte, den aufgeklärt-absolutistischen, der den Untertanen mit Einsicht wollte, und den aufgeklärt-wohlwollenden, der sich mühte, Rücksicht auf die humanen und sozialen Bedürfnisse „seiner" Leute zu nehmen. Und auch alle Charakterfarben waren ihm bekannt: er hatte Kollegen, die mitmenschlich und solidarisch waren, erlebt, aber auch solche, die egoistisch waren, nach oben buckelten und nach unten traten. Er hatte Vorgesetzte mit Pflichtgefühl und solche mit boshaften Defekten erlebt. Und er hatte Manager mit großen Worten erlebt, die klein von der Bühne abgetreten sind. Einige von ihnen hatten sich sogar als korrumpierbar und korrupt erwiesen.

Kurzum: Unser Facharbeiter ist erfahrungsgesättigt. Er kennt den Betrieb, das Unternehmen, seine Menschen in ihrer ganzen Ambivalenz, und er kennt ihr jeweiliges Rollenverhalten, das die Plazierung im Gesamtsystem vorschreibt.

Vor einiger Zeit nun ist der Vorstand ausgewechselt worden. Er hat eine neue Parole ausgegeben: Schaffung einer neuen Unternehmenskultur. Das

Wort kam unserem Facharbeiter zunächst ungewöhnlich vor. Kultur – das war doch Theater, Konzert, Museen und andere elitäre Veranstaltungen.

Das Management entfaltete eine bislang unbekannte Aktivität gegenüber den Mitarbeitern. Es verhandelte mit dem Betriebsrat. Dieser wiederum führte Gespräche mit Belegschaftsmitgliedern, mit den Vertrauensleuten und mit außerbetrieblichen Fachleuten. Das Ergebnis war die Vorlage von „Unternehmensgrundsätzen", die von der Geschäftsführung und vom Betriebsrat gemeinsam verabschiedet und gemeinsam auf einer Betriebsversammlung vorgestellt wurden. Die großen Stichworte hießen:

Gesprächsbereitschaft, Vertrauensbildung, Fehlerakzeptanz, Problemlösung, Glaubwürdigkeit, Einarbeitungshilfe, Aufgabenstellung, Verantwortung, Handlungsspielraum, Mitarbeitergespräch, Information, Schulung, Handlungsbewußtsein.

Unser Facharbeiter war zunächst gegenüber dieser Flut von anspruchsvollen Substantiven und von ethisch-moralischen Begriffen äußerst skeptisch. Er witterte ein neues Konzept mit alten Zielen: der Steigerung der Arbeitsproduktivität und der Senkung der Kosten zwecks Maximierung der Gewinne für die Anteilseigner.

Was ihn aber stutzig machte, war die Tatsache, daß das neue Konzept nicht von oben angeordnet und nach unten auf dem traditionellen Dienstweg durchgedrückt wurde, sondern zunächst ein Konsultations- und Diskussionsprozeß auf allen Ebenen unter größtmöglicher Beteiligung der Belegschaftsmitglieder initiiert und realisiert wurde. Auch in der eigenen Arbeitsgruppe kam es zu einem ersten Gespräch der Kollegen untereinander, dann mit den unmittelbaren Vorgesetzten und dem bislang weithin unsichtbaren mittleren Management. Alle Probleme sollten auf den Tisch. Die Alltagsrealität einer betrieblichen Einheit stand zur kritischen Debatte. In den Grundsätzen hatte es geheißen:

„Jeder Angehörige des Unternehmens hat aus der Zusammenarbeit sich ergebende Gesprächspartner. Voraussetzung eines vernünftigen Gesprächs ist die bei allen Partnern vorhandene Bereitschaft, auf einander zuzugehen, einander zuzuhören und verständlich miteinander zu reden. Ferner ist die Meinung des Gesprächspartners zu respektieren; es muß der Wille vorhanden sein, sich überzeugen zu lassen und bei besseren Argumenten des Gesprächspartners auch seine Meinung zu ändern. All dies kann jedoch nur erreicht werden, wenn eine Atmosphäre des Vertrauens geschaffen wird und Hemmschwellen beim Gesprächspartner abgebaut werden. Vertrauen kann jedoch nur dann geschaffen werden, wenn der Gesprächspartner den Eindruck gewinnt, in seiner Persönlichkeit geachtet zu werden, wenn ihm Fairneß, Redlichkeit, Menschlichkeit und Anstand entgegengebracht werden.

Zu einer vertrauensvollen Atmosphäre gehört es, daß bei Fehlentscheidungen, Fehlverhalten und Fehlern eine sachliche Ermittlung der Tatsachen unter Berücksichtigung subjektiver Momente und des Rechtes auf Irrtum stattfindet. Hieraus erfolgt eine sachliche und menschliche Würdigung des Sachverhaltes.

Nur wenn Vertrauen und Gesprächsbereitschaft geschaffen sind, ist die Möglichkeit gegeben, in gemeinsamen Gesprächen Wege zur Problemlösung zu finden und Kompromißfähigkeit zu entwickeln."

Eine andere Praxis auf dem Fundament eines anderen Geistes war also anvisiert: das von Jugend an eingeübte Schema war das von Befehl und Gehorsam, von Anweisung und Ausführung. Die militärische Ordnung war das alte Vorbild: der jeweils höhere Offizier hatte das letzte Wort. Natürlich hatte es auch vorher Gespräche zwischen Funktions- und Rangverschiedenen gegeben, aber jetzt war der offene Dialog, der argumentative Austausch gemeint. Es sollten sich grundsätzlich gleichwertige Personen nur mit verschiedenen Funktionen auf der Ebene einer Sprache, die Kommunikation zwischen einander ermöglichen sollte, begegnen.

– Der analytische Beobachter stellt fest: jede Veränderung in einem traditionell hierarchischen System beginnt mit einer sich verändernden Sprache. Sprache ist das, was den Menschen zum Menschen macht. Humanes Sprachgeschehen läßt den Mitmenschen das sein und werden, was er von Natur aus ist: anzusprechender Partner, eigenständige, unverwechselbare Person, die sich zur Persönlichkeit entwickeln will. Sprache ist das Medium, in dem sich Kommunikation zwischen Menschen als Partner vollzieht. Miteinander sprechen und aufeinander zu hören, ermöglicht Chancen zu Kooperationsformen, die der Befehlssprache nicht mehr bedürfen. In dem Maße, wie die Subordination entflochten wird, kann kooperative Kommunikation sich entwickeln. Diese neue Sprach- und Sprechkultur kann nicht „eingeführt" werden, sondern muß eingeübt werden. Wenn man unter

Demokratisierung den prozeßhaften Abbau autoritärer Strukturen mit dem Grundprinzip von Befehl und Gehorsam, von Führer und Gefolgschaft versteht, so beginnt sie, die Demokratisierung, mit der Einübung einer anderen Sprachkultur. Demokratisierung ist nicht nur Um- und Abbau herrschaftlicher Strukturen, sondern in ihrem anthropologischen Kern die Entwicklung und Einübung einer human-kommunikativen Sprache. Auch von Humanisierung kann man nur sprechen, wenn die Sprache als humane Kommunikationsform in ihre Königsrolle zurückgeholt wird.

Unser Facharbeiter hat es schnell verstanden, daß die Sprache kein formales Verständigungsmittel ist, sondern etwas mit der Anerkennung des anderen als Person zu tun hat. Angesprochen auf Mitverantwortung im gemeinsamen Arbeits- und Leistungsprozeß, entwickelte sich ein neues Wertbewußtsein als gefragte Person. Er wurde nicht mehr von oben an- und eingesetzt, er lebte nicht mehr von Zuweisungen und Anweisungen. Das Bewußtsein, jederzeit austauschbares Objekt in der Verfügung von außen zu sein, verminderte sich in dem Maße, wie er in Strukturierungs- und Entscheidungsprozesse, die ihn und seine Arbeitsgruppe unmittelbar angingen, einbezogen wurde. Daß individuelle und gruppenmäßige Partizipation an der Strukturierung des gesamten Arbeitsumfeldes ein Wachsen des persönlichen Verantwortungsbewußtseins zur Folge hatte, bedeutete für ihn selbst eine kleine mentale Revolution. Sein Arbeiten als bewußtes Mitarbeiten in den Formen individueller und gemeinsamer Verantwortung gewann für ihn mehr Sinn. Das Arbeiten rückte näher an seine Personalität heran. Es wurde immer mehr das Eigene. In dem Maße, wie sich das Fremdbestimmte reduzierte, rückte die Arbeit in größere Identität mit ihm selbst. Es waren langsame Umorientierungsprozesse, die auf die ersten Konturen eines anderen, eines neuen Selbstbewußtseins tendierten.

Bei den Kollegen beobachtete er ähnliche Prozesse. Aber einige weigerten sich, weil sie sich mit ihrer alten Rolle resignativ abgefunden hatten. Wieder anderen waren die neuen Anforderungen zu schwierig. Sie nahmen die neuen Herausforderungen mental nicht an.

Der Facharbeiter unseres Szenarios hatte selbst auch erfahren müssen, daß die intellektuellen, die fachlichen und sozialen Kompetenzen sich erweitern mußten, um die neuen Formen der kooperativen Kommunikation ausführen zu können. Ihm war schnell klar geworden, daß Hinzulernen, daß Weiterbilden, das Erweitern des Horizontes eine Notwendigkeit war, um das neue Konzept realisieren zu können. Sowohl die fachliche Kompetenz wie die human-soziale Kompetenz mußten sich erweitern und vertiefen. Um mitberaten, mitwirken und mitbestimmen zu können, bedarf es der Bereitschaft zum lebenslangen Lernen. Ihm war schnell klar, daß dies der Preis für mehr Mitverantwortung, für mehr Arbeitsinhalte und für mehr Sinn in der Arbeit war. Aber ihm war auch klar, daß diese Form von fachlicher und menschlicher Weiterbildung nicht Bildung im Sinne der Ansammlung toten Wissens war. Der Begriff Bildung verlor für ihn seinen Schrekken.

– Der analytische Beobachter stellt fest: Bewußtseinsveränderungen, neue Einstellungen, neues Wertbewußtsein erfordern Zeit. Demokratisierung und Humanisierung von Strukturen sind in dem Maße möglich, wie sich aus der Alltagserfahrung heraus andere Bewußtseins- und Verhaltensformen entwickeln. Und diese sind mit Anstrengungen verbunden. Sie müssen erleistet werden. Humanisierung und Demokratisierung von formalen Strukturen und sozialen Verhältnissen ist ein permanenter Prozeß, ein Prozeß ohne biographisches und geschichtliches Ende, ein Prozeß ohne Endsieg. Und dieser Prozeß erfordert einen immer wachen, kritischen und selbstkritischen Geist. Aus zwei Gründen ist letzteres erforderlich: einmal hat jedes andere oder neue personale und kollektive Bewußtsein das alte überwundene Bewußtsein noch immer bei sich. Der Rückfall ins alte, das eine lange Tradition hat, ist immer möglich. Zum anderen ist immer damit zu rechnen, daß es einzelne Personen, Funktionsträger und Funktionsgruppen gibt, die den Prozeß von Humanisierung und Demokratisierung für einen prinzipiellen Irrtum und ökonomisch für kontraproduktiv halten. Wer zum Beispiel ein sozialdarwinistisches Menschen- und Gesellschaftsverständnis hat und wer einem ökonomistischen Denken die Priorität gibt, wird eine neue Arbeits- und Betriebskultur von unten für eine verfehlte Zielbestimmung halten. Ob man diesen Prozeß will, hängt also ganz entscheidend mit dem Menschenbild, dem Verständnis des Menschen, also mit einer anthropologischen und sozialethischen Grundentscheidung zusammen. Im Umkehrschluß heißt das: wer mehr Humanität und mehr Demokratie im Arbeitsalltag will, muß sich notwendigerweise auf einen anthropologischen und sozialethischen Diskurs einlassen. Denn was da praktisch und neu geschehen soll, hat doch nur dann einen fundamentalen Sinn, wenn die Mittelpunktstellung des Einzelnen als eigenständige Person und als Partner in sozialen Bezügen klar erkannt und anerkannt wird. Nur von einem konsequenten Personalismus her hat es Sinn und auch Aussicht auf Erfolg, von Humanisierung und Demokratisierung zu reden. Was hier zu geschehen hat, ist die Einsetzung des arbeitenden Subjektes in selbst- und mitverantwortliches Handeln. Und zwar dort, wo er einen Großteil seiner Lebenszeit verbringt und wo sich also ein großer Teil seiner Lebensqualität entscheidet. Hier an der Basis des Arbeitsalltages entscheidet sich für ihn Humanität und Demokratie als Lebensstil. Macht der arbeitende Mensch hier konstruktive Erfahrungen im Prozeß von selbst- und mitbestimmten Partizipationen, von dialogisch angelegten Kommunikationen und von kooperativ angelegten Arbeitsprozessen, so entwickelt er ein humanistisches und demokratisches Alltagsbewußtsein und eine Alltagspraxis, die auch Belastungen oder Anfeindungen aushalten können. Diese Einübung in gestaltete und erfahrbare Alltagshumanität ist das Fundament für jede weitergehende Veränderung auf den nächstfolgenden Ebenen des Betriebes und Unternehmens. Fehlt diese „basisdemokratische" Erfahrungswelt, fehlt die Tagespraxis von Mitverantwortung, Mitbestimmung und kreativer Mitgestaltung im unmittelbaren Lebens- und Aktionsraum, so steht alles Folgende auf tönernen Füßen.

Unser Facharbeiter nun erkennt Zusammenhänge, die ihm vorher nicht so klar waren. So erlebt er hautnah, daß bei einer Delegierung und Pluralisierung der Verantwortung auf die überschaubare Arbeitseinheit ein Teil der Vorgesetzten überflüssig wird. Ihre Aufsichtsfunktion kann wegfallen. Verantwortlich mitdenkende Menschen bedürfen weder eines Aufpassers noch eines Vormundes. Die Arbeitsgruppe organisiert sich selbst. Sie übernimmt Planungs-, Leitungs- und Kontrollfunktionen. Der brüllende Meister wird zur abständigen Witzfigur.

Unser Facharbeiter erlebt, wie die Hierarchien abgeflacht werden, wie die Administration reduziert wird. Nicht sind Vorgesetzte und Verwaltung überflüssig geworden, aber auch sie üben einen neuen Führungsstil ein. Nicht zählt automatisch der Rang, sondern das richtigere Argument, die fachliche und human-soziale Kompetenz. Der Vorgesetzte neuen Stils provoziert die Ressourcen, die Mitarbeiter haben, bindet sie ein in eine vernünftige und transparente Gesamtstrategie. Er wird mehr der Moderator eines komplizierten Beziehungs- und Kooperationsgeflechtes.

(Der Feldherrentyp, der nach geheimen Plänen die Truppen organisiert und zur Schlacht aufmarschieren läßt, hat geistig abgewirtschaftet. Auch der Industriekapitän mit seinem Offiziers- und Unteroffizierskorps, das die Mannschaft in Zucht und Ordnung zu halten hat, ist eine überständige Figur geworden. Die Zeit der Analogien und Metaphern zu älteren militärischen Organisationsformen ist auch in der Industrie endgültig vorbei.)

Fachkompetenz allein ist nicht mehr ausreichend für die, die in Führungsverantwortung stehen. Eine mitarbeiterorientierte Unternehmensführung erfordert ein Persönlichkeitsprofil umfassenderer Art. Man muß wissen, daß man es mit Menschen, die Gefühle und Erwartungen haben, die Ängste und Verwundungen haben, zu tun hat. Man muß ihre Mehrdimensionalität sehen, sie nicht auf ihren ökonomischen Gebrauchswert reduzieren. Unser Facharbeiter beobachtet, daß auch das Management Schwierigkeiten mit der von ihnen selbst propagierten neuen Unternehmenskultur hat. Sie unterliegen genauso ihren Spannungen und Widersprüchen wie andere Mitarbeiter, wenn es um die Einübung einer anderen Sprach-, Kommunikations- und Kooperationskultur geht. Wir sind ja alle Fleisch vom selben Fleisch.

– Der analytische Beobachter konstatiert: die Konzentration auf den Mitarbeiter als Partner läßt die traditionell-betrieblichen Ordnungsformen tendenziell zusammenbrechen. Baute man früher eine Belegschaft in eine vorhandene Hierarchie ein, so setzt eine mitarbeiterzentrierte Betriebs- und Unternehmenskultur neue Formen von Kommunikation und Kooperation aus sich heraus, die mehr dem Bild eines Netzwerkes entsprechen. Jedenfalls ist die Enthierarchisierung zugunsten eines Konsultationsmodells ein Fortschritt für die Betroffenen.

Natürlich hat unser fiktiver Facharbeiter sehr schnell erkannt, daß der ganze Umbau der binnenbetrieblichen Beziehungen zentral etwas zu tun hat mit dem strategisch-ökonomischen Ziel, unter veränderten Bedingungen auf dem Markt wettbewerbsfähig zu bleiben, das heißt den Erhalt des Unternehmens und des Standortes zu sichern. Bislang hatten unseren Facharbeiter vielleicht die betriebswirtschaftliche Seite des Unternehmens, eventuell noch die volkswirtschaftliche Gesamtsituation, aber so gut wie gar nicht die weltwirtschaftlichen Zusammenhänge interessiert. Jetzt aber kennt er den Karrierebegriff „Globalisierung". Jetzt weiß er, daß an der Wettbewerbsfähigkeit seiner Firma im europa- und weltweiten Maßstab seine eigene Existenz hängt. Das Management hat schnell reagiert. Es entdeckt, daß eine hochmotivierte, qualifizierte und leistungsbereite Mitarbeiterschaft die Voraussetzungen bildet, im Konkurrenzkampf zu bestehen. Es entdeckt in neuer Weise den Einzelnen als Produktivkraft. Und unser Facharbeiter muß zugeben – wenn auch mit innerem Sträuben, daß die neuen Managementkonzepte an vielen Punkten Recht haben. Er sieht, daß die Kollegen, die ihre Arbeitsorganisation mitbestimmen und mitverantworten, ihre Arbeit effektiver und produktiver machen. Er muß sich überzeugen lassen, daß die neuen Humanisierungsstrategien das Verhalten der Kollegen so ändern, daß auf allen Gebieten bessere Ergebnisse erzielt werden. Er lernt mehr als bisher, den Verschränkungszusammenhang von Humanität und ökonomischer Effektivität zu sehen. Er entdeckt mehr als bisher, daß konsequente Mitbestimmungspraxis am Arbeitsplatz dem ökonomischen Unternehmensziel dient, daß also eine kreative Mitverantwortung vor Ort den Platz des Unternehmens am Markt mit sichert. Er beginnt, den Zusammenhang von Mitbestimmung und Markt zu sehen. Er durchbricht seine eigene traditionelle betriebliche Binnensicht. Daß der betriebliche Einzel- oder Gruppenarbeitsplatz in Beziehung zum Weltmarkt mit seinen Strukturen und Gesetzen steht, dieses globale Denken muß er erst bei sich selbst einüben. Die Konsequenz war, daß nun zwei Faktoren sich verbanden und zugleich gedacht werden mußten: die Mitarbeiterorientierung und die Marktorientierung. Beides zusammen kann eine zukunftsorientierte Unternehmenskultur schaffen.

– Der analytische Beobachter konstatiert: die intellektuellen Anforderungen an Mitarbeiter, die sich der lokalen und universellen Verschränkung der ökonomischen Marktzusammenhänge bewußt werden, steigen unaufhörlich. Man muß konzentriert im überschaubaren Raum arbeiten, aber global denken. Nicht mehr allein das Unternehmen als Ganzes agiert auf dem Weltmarkt, sondern der einzelne Arbeitsplatz, der einzelne Betriebsteil und der einzelne Betrieb im Ganzen befinden sich im weltweiten Wettbewerb. Für die meisten eine völlig neue Lage, die erst noch ins volle Bewußtsein zu holen ist.

Der Gewerkschafter in unserem Facharbeiter hatte natürlich schnell erkannt, daß sein traditionelles Mitbestimmungsverständnis einen Wandel mit durchmachte. Mitbestimmung im Betrieb war für ihn vorrangig von den Rechten des Betriebsrates in personellen und sozialen Angelegenheiten bestimmt. Der Betriebsrat beziehungsweise das Betriebsverfassungsgesetz waren für ihn Inbegriff für die Wahrnahme von Schutzrechten gegenüber der Politik der Geschäftsleitung. Man wachte über die Einhaltung von Arbeitnehmerrechten im Betrieb und über die exakte Durchführung der geltenden Tarifverträge. Ein stark defensiver Zug herrschte vor, auch wenn eigene Initiativen nicht unüblich waren.

Das neue Konzept brach die traditionelle Front auf. Aus stark fremdbestimmten Arbeitnehmern sollten mitverantwortliche, mitbestimmende, kreativ handelnde Mitarbeiter werden. Mitbestimmung nahm die Form der Mitgestaltung, der individuellen und gruppenmäßigen Partizipation an allen Arbeitsprozessen an. Selbst wenn Interessengegensätze blieben, so waren sie nicht antagonistischer Art, sondern ließen sich kompromißhaft vermitteln. Ein partnerschaftliches Modell löste in mehreren Etappen die Arbeit in strukturierter Subordination ab. Der Betriebsrat als kollektives Vertretungs- und Schutzorgan der Belegschaft schien in Schwierigkeiten zu geraten, seine Rolle angesichts innerbetrieblicher Wandlungsprozesse neu zu bestimmen. Wenn jeder selbst verantwortlich wird, warum dann noch das Prinzip der repräsentativen Stellvertretung? Diese Fragen kamen auf. Die Diskussion aber war nur sehr kurz. Denn es zeigte sich sehr schnell, daß gerade eine stärkere Mitarbeiterorientierung mit der Folge der Entwicklung neuer kreativer Potentiale der gleichzeitigen Absicherung durch Betriebsvereinbarungen bedarf. Den Gefahren der Selbstausbeutung mußte ebenso gewehrt werden wie Eingriffen von oben nach alter Gutsherrenart.

Aber es war doch nicht zu übersehen, daß bei einem Wandel der Betriebs- und Unternehmenskultur auch der Betriebsrat betroffen war. Er mußte seine traditionelle Gegenmachtsrolle erweitern und sich eine Mitgestaltungskompetenz erwerben. Er mußte das neue Beteiligungsdenken nicht nur akzeptieren, sondern für sich selbst eine Beteiligungspraxis entwikkeln. Stärker als bislang ließ er sich auf einen konstruktiv-kritischen Dialog mit dem neuen Unternehmenskonzept ein und machte sich zu einem Mitspieler, der dann auch in bestimmten Situationen durchaus Gegenspieler sein konnte. Die Praxis zeigte relativ schnell: die beiden Funktionen der institutionellen betrieblichen Mitbestimmung und der neuen partizipativen Mitgestaltung ergänzen und stabilisieren sich gegenseitig. Vertretung und Mitverantwortung, Schutzfunktion und Beteiligungsfunktion sind eine polar zu sehende Einheit.

Für unseren Facharbeiter, der diese Prozesse alle aufmerksam registrierte, war es wichtig, daß er sich nicht in falsche Denk- und Handlungsalternativen drängen ließ. Schon seine Lebenserfahrung ließ ihn wissen, daß schließlich verbindliche Vereinbarungen zwischen Geschäftsleitung und Betriebsleitung geschlossen werden müssen, wenn es um die Absicherung einer guten neuen Praxis ging.

Mehr Entfaltung, mehr Demokratie und Mitbestimmung am Arbeitsplatz läßt sich nun nicht isolieren vor der nächsten Ebene, der gesamtbetrieblichen Wirklichkeit. Wenn Humanisierung und Demokratisierung eine anthropologisch und sozialethisch verankerte Aufgabenbestimmung sind, die sich aus dem Recht des Menschen auf aktive Personalität und auf gestaltete Sozialität ergibt, so ist dieses Zwillingspaar auf allen Ebenen und in allen Strukturen zur Praxis zu bringen. Die Prinzipien der Partizipation und Mitbestimmung erheben Ubiquitätsanspruch, das heißt sie wollen durchgehendes, alle soziale Wirklichkeit und alle Institutionen und alle Organisationsgeflechte durchdringendes geistiges Gestaltungsprinzip sein. So sehr der demokratische Ansatz in der Gestaltung der Soziostrukturen und der Humanisierungsauftrag der Technostrukturen am Arbeitsplatz ihr Fundament haben, so sind diese Postulate nach oben hin weiter zu entwickeln. Im Klartext: die Demokratisierung der Betriebs- und Unternehmensverfassung, das heißt die Partizipation an allen Entscheidungsprozessen durch die Arbeitnehmer und ihre gewählten Repräsentanten ist eine Notwendigkeit, wenn eine einheitliche Logik im gesamten System walten soll.

Unser Facharbeiter hat sehr schnell begriffen, daß die betriebliche und Unternehmensmitbestimmung eine notwendige Folge des „basisdemokratischen Ansatzes" ist. Die neuen Stilelemente einer dialogischen Sprach- und Kommunikationskultur, eines vernünftig-argumentativen Austausches von gegenläufigen Interessen, einer auf zumutbare Kompromisse hin orientierten Streitkultur müssen ihre Fortsetzung in den offiziellen Organen der

Betriebs- und Unternehmensverfassung finden, wenn das Ganze vom Ansatz her ordnungspolitisch ernst gemeint ist. Es kann hier kein anderer Geist walten als in der Tagespraxis vor Ort. Das Maß der Mitbestimmung kann nach oben hin nicht abnehmen. Es können zum Beispiel „oben" nicht formale Mehrheiten dialoglose und argumentationsarme Entscheidungen durchsetzen, während „unten" ein vertrauensvoller Partnerschaftsstil entwickelt worden ist, der sich müht, einen sach- und menschengerechten Kompromiß zu finden.

Unser Facharbeiter weiß, daß vor allem die Unternehmensmitbestimmung nur eine geringe Beachtung bei den Kollegen gefunden hat. Sie war zu weit weg vom Ort des Tagesgeschehens. Und den Arbeiternehmervertretern in den Aufsichtsräten ist es zu wenig gelungen, die Unternehmensmitbestimmung als Spitze eines demokratisierten Gesamtsystems verständlich zu machen. Unser Facharbeiter setzt darauf, daß eine Belegschaft, die ihre Beteiligungs- und Mitbestimmungsmöglichkeiten extensiver ausnutzt als bisher, die die Chancen einer mitarbeiter- und marktorientierten Betriebs- und Unternehmenskultur bewußt ergreift und ausbaut, sich selbst die Einsicht vermitteln kann, daß die Unternehmensmitbestimmung die Mitbestimmung am Arbeitsplatz und Betrieb nicht nur abschließt, sondern nach unten hin abstützt, sogar vitalisieren kann. Das ganze von unten nach oben und von oben nach unten als einen Mitbestimmungsmechanismus zu begreifen, der die einzelnen Ebenen miteinander verzahnt – dies Wissen und Bewußtsein einzuüben, sieht unser Facharbeiter als zukünftige Aufgabe vor sich.

– Der analytische Beobachter konstatiert: eine neue Mitbestimmungsoffensive der Gewerkschaften hat nur dann Aussicht auf mehr Erfolg, wenn sie zunächst den Ausbau von Partizipationsrechten am Arbeitsplatz ins Zentrum setzt. Die „Basis" muß aus Erfahrung wissen, was sie fordert. Eine andere Alltagserfahrung läßt sie offener werden für die Erkenntnis der Notwendigkeit weitergehender Mitbestimmung auf den anderen Ebenen. Und man sollte in der öffentlichen Argumentation sich nicht scheuen, Mitbestimmung als ein Freiheitsrecht des arbeitenden Menschen zu formulieren, das seine Personalität sichern will und auch die Humanität von Arbeitsbedingungen als ein Freiheitsrecht des arbeitenden Menschen zu formulieren, das seine Menschenwürde schützt. Gewerkschaftliches

Argumentieren und Fordern sollte in der Tradition eines realen Humanismus beheimatet sein, der sich dem konkreten Menschen verpflichtet weiß.

Dies war aus jahrzehntelanger Beobachtung, gepaart mit eigenem Engagement, ein Plädoyer für einen konsequenten Personalismus in der Arbeitswelt. Dem Staatsbürger der politischen Demokratie hat der Wirtschaftsbürger in einer demokratisierten Wirtschaftsordnung zu entsprechen. Wir sind von diesem Ziel noch weit entfernt. Reißbrettentwürfe gibt es zuhauf Im programmatischen sind wir „Weltmeister", im praktischen „Kreismeister". Der Fehler dürfte gewesen sein, daß wir die Mitbestimmung als ein Element von Wirtschaftsdemokratie vorrangig als institutionelle Gegenmacht, als Kampfparole gegen die Übermacht des Kapitals verstanden und rechtlich verankert haben. Hier sind wir an Grenzen geraten. Es geht jetzt um den Neubau eines demokratisierten Wirtschaftssystems. Dieses aber kann nur beginnen in der veränderten Arbeitspraxis vor Ort. Sie allein kann auch das bisherige Institutionengehäuse sprengen. Sie kann die Grundlage bilden, eine neue Betriebs- und Unternehmensverfassung aus einem Guß zu entwickeln, die sich entlang dem Geist und den Strukturprinzipien einer demokratischen Lebenskultur entwickelt: Mündigkeit des Einzelnen, Solidarität aller, dialogische Entscheidungsprozesse, Konsens durch Kompromisse. Meine These: diese Wirtschaftskultur ist schon in Ansätzen anwesend: in der Alltagserfahrung mitverantwortlicher, mitbestimmender und mitgestaltender Menschen. Dies kann die Saat auf mehr Demokratie auf allen anderen Ebenen sein. Unsere jetzigen und zukünftigen qualifizierten Mitarbeiter sind Fundament und Träger dieser Hoffnung.

Die Aufgabe: ein soziales Europa

Von den Anfängen der Entwicklung an auf die Europäische Union (EU) hin war es programmatisch klar, daß das zukünftige Europa des Binnenmarktes, das Europa als Rechtsgemeinschaft, das Europa der politischen Einheit gleichzeitig ein soziales Europa werden müsse. Die einzelnen Dimensionen – die ökonomisch-technologischen, die rechtspolitischen, die währungspolitischen, die außenpolitischen und die gesellschafts- und sozialpolitischen – sind zwar zu unterscheiden, können aber nicht geschieden werden. Die Aufgabe einer kreativen Politik besteht darin, diese Dimensionen und Elemente zu einem Gesamtkonzept auf ein Europa struktureller Einheit hin zu verbinden.

In der Praxis hat sich gezeigt, daß es besonders das soziale Europa schwer hat, sich im Konzert der anderen Dimensionen und Ziele Konturen zu verschaffen. Die einzelnen Mitgliedstaaten haben nationale sozialstaatlich Traditionen, die sehr verschieden sind und nicht so schnell angeglichen oder gar harmonisiert werden können. Die Wirtschafts- und Sozialordnungen sind bei näherem Zusehen trotz vieler Ähnlichkeiten doch sehr verschieden. Die ökonomischen, kulturellen und rechtlichen Voraussetzungen sind so unterschiedlich, daß ein „soziales Europa aus einem Guß" auf absehbare Zeit schwer zu verwirklichen ist.

Aber gerade deshalb ist die Entwicklung einer europäischen Sozialpolitik eine Aufgabe ersten Ranges. Und in der Tat hat sie schon einen gewissen Standard erreicht, den man angesichts der Vielfalt der nationalen Sonderwege und der regionalen Unterschiede nicht gering schätzen sollte.

Greift man nur die letzten sechs Jahre heraus, so ist folgendes in Erinnerung zu bringen:
a) Am 9.12.1989 wird die „Gemeinschaftscharta der sozialen Grundrechte der Arbeitnehmer" verabschiedet. Damit wird angezeigt, daß es neben den personalen Grund- und Freiheitsrechten soziale Grundrechte für jeden europäischen Bürger geben soll, die die Inhalte und Ziele einer europäischen Sozialpolitik zu bestimmen haben. Folgende Rechte sind in der Sozialcharta verankert:
1. Das Recht der Arbeitnehmer, in dem EU-Mitgliedsstaat ihrer Wahl zu arbeiten.

2. Das Recht auf freie Wahl des Berufs und das Recht auf ein gerechtes Entgelt.

3. Das Recht auf verbesserte Lebens- und Arbeitsbedingungen.

4. Das Recht auf sozialen Schutz entsprechend den Gegebenheiten der einzelnen Mitgliedsstaaten.

5. Die Koalitionsfreiheit und das Recht auf Tarifverhandlungen.

6. Das Recht auf berufliche Bildung.

7. Das Recht von Männern und Frauen auf Gleichbehandlung.

8. Das Recht der Arbeitnehmer auf Unterrichtung, Anhörung und Mitwirkung.

9. Das Recht auf Gesundheitsschutz und Sicherheit am Arbeitsplatz.

10. Kinder- und Jugendschutz.

11. Das Recht der älteren Menschen auf einen angemessen Lebensstandard.

12. Förderung der sozialen und beruflichen Eingliederung von Behinderten.

In der Einleitung zu diesen sozialen Grundrechten heißt es im Blick auf das nächste große Ziel, die Schaffung des Binnenmarktes, wie folgt: „Die Verwirklichung des Binnenmarkts ist das wirksamste Mittel zur Schaffung von Arbeitsplätzen und zur Gewährleistung eines Höchstmaßes an Wohlstand in der Gemeinschaft; bei der Verwirklichung des Binnenmarkts ist der Förderung und Schaffung neuer Arbeitsplätze erste Priorität einzuräumen; die Gemeinschaft hat sich den Herausforderungen der Zukunft hinsichtlich der wirtschaftlichen Wettbewerbsfähigkeit insbesondere unter Berücksichtigung der regionalen Ungleichgewichte zu stellen.

Der soziale Konsens trägt zur Stärkung der Wettbewerbsfähigkeit der Unternehmen und der gesamten Wirtschaft sowie zur Schaffung von Arbeitsplätzen bei; daher ist er eine wesentliche Voraussetzung für eine kräftige Wirtschaftsentwicklung.

Die Verwirklichung des Binnenmarktes soll die Angleichung der Lebens- und Arbeitsbedingungen auf dem Wege des Fortschritts fördern und den wirtschaftlichen und sozialen Zusammenhalt der europäischen Gemeinschaft begünstigen, wobei Wettbewerbsverzerrungen zu vermeiden sind.

Die Verwirklichung des Binnenmarktes soll allen Arbeitnehmern der europäischen Gemeinschaft Verbesserungen im sozialen Bereich vornehmlich hinsichtlich der Freizügigkeit, der Lebens- und Arbeitsbedingungen, des Gesundheitsschutzes und der Sicherheit in der Arbeitsumwelt, des sozialen Schutzes sowie der allgemeinen und beruflichen Bildung bringen.

Zur Wahrung der Gleichbehandlung ist gegen Diskriminierung jeglicher Art, insbesondere aufgrund von Geschlecht, Hautfarbe, Rasse, Meinung oder Glauben, vorzugehen; die soziale Ausgrenzung ist im Geiste der Solidarität zu bekämpfen."

Und am Schluß heißt es: „Die feierliche Verkündigung der sozialen Grundrechte in der europäischen Gemeinschaft darf bei ihrer Verwirklichung keinen Rückschritt in den Mitgliedsstaaten gegenüber der derzeitigen Lage bewirken."

Die Kommission stellte anschließend ein sozialpolitisches Aktionsprogramm auf, das eine Reihe von Initiativen in folgenden Bereichen brachte:

– Arbeitsmarkt
– Beschäftigung und Arbeitsentgelt
– Verbesserung der Lebens- und Arbeitsbedingungen
– Freizügigkeit
– Sozialschutz
– Koalitionsfreiheit und Tarifverhandlungen
– Unterrichtung, Anhörung und Mitwirkung
– Gleichbehandlung von Männern und Frauen
– Berufsbildung
– Gesundheitsschutz und Sicherheit am Arbeitsplatz
– Kinder- und Jugendschutz
– ältere Menschen
– Behinderte.

Im sogenannten Grünbuch vom 17. November 1993 sind diese Initiativen im einzelnen aufgelistet. Sie zeigen den Umfang, die Komplexität und die Kompliziertheit der sozialpolitischen Materie.

Dieses Grünbuch skizziert die Grundziele und Grundlinien einer europäischen Sozialpolitik der Zukunft. Systematisch gesehen geht es ihm um die Korrelation von wirtschaftlichem und sozialem Fortschritt. Es heißt unter anderem:

„Der wirtschaftliche und soziale Fortschritt – zwei Seiten einer Medaille – soll weiter vorangetrieben werden, und im Bewußtsein der gesamten

Bevölkerung soll verankert werden, daß der Integrationsprozeß eine Verbesserung der sozialen Standards und des Lebensstandards – und nicht das Gegenteil – mit sich bringt." (S. 12)

Das Grünbuch behandelt in geordneter Weise alle sozialpolitisch relevanten Themen. Es verbindet eine realistische Analyse mit klaren Zielbestimmungen.

Aus dem Grünbuch wird nach entsprechender Diskussion das Weißbuch „Europäische Sozialpolitik" (27. Juli 1994). Im Zusammenhang damit steht ein weiteres Weißbuch der Kommission „Wachstum, Wettbewerbsfähigkeit, Beschäftigung". Dieses ist stärker wirtschaftspolitisch ausgerichtet, aber in engstem Zusammenhang mit der Sozialpolitik verschränkt.

Der Kern aller unserer Probleme wird identifiziert: die zu hohe Arbeitslosigkeit. Der zentrale kategorische Imperativ heißt: alle überkommenen Systeme und Ordnungen sind so zu dynamisieren, daß ein möglichst hoher Beschäftigungsstand als Voraussetzung für sozialen Fortschritt erreicht wird.

Es heißt unter anderem: „...Es ist also angezeigt, alles Handeln auf den Bereich Beschäftigung zu richten. Jede Aktion muß jedoch die nationalen Besonderheiten berücksichtigen. Genauer gesagt, sind die Rigiditäten des Arbeitsmarktes, zu deren Lasten ein Großteil der strukturbedingten Arbeitslosigkeit in Europa geht, auf institutionelle, rechtliche und tarifvertragliche Eigenheiten der einzelnen Mitgliedsstaaten zurück zu führen. Bildung und Ausbildung, Arbeitsrecht, Arbeitsverträge, die Tarifverhandlungen, die Sozialversicherung und die verschiedenen Formen der Unternehmensführung (wie z.B. die betriebsinterne Organisation der Arbeit) sind die tragenden Säulen der ‚nationalen Beschäftigungsumgebungen' und prägen sie entsprechend. Ein jedes dieser Systeme muß in all seinen Verästelungen mobilisiert werden, damit das Funktionieren der Arbeitsmärkte verbessert werden kann. Auch hier bestätigt sich, daß es kein Allheilmittel gibt. Einzig koordiniertes Vorgehen aller Verantwortungsträger der einzelnen Komponenten dieser Systeme wird ihre Veränderung bewirken können. Die soziale Konzertierung nimmt zudem je nach Landestradition unterschiedliche Formen an."

Die Prioritäten der Aktion Beschäftigung werden wie folgt bestimmt:
– Schwerpunkt Bildung und Ausbildung: Dazulernen ein Leben lang.
– Erhöhung der externen und internen Flexibilität.

- Stärkere Berücksichtigung von Dezentralisierung und Eigeninitiative.
- Senkung der relativen Kosten minderqualifizierter Arbeit.
- Weichenstellung fur eine neue Beschäftigungspolitik.
- Antworten auf neue Bedürfnisse.

Im ganzen ist dieses Weißbuch ein Plädoyer für aktives Handeln nach vorn, Aufruf zur geistigen Lebendigkeit in ökonomischen und sozialen Fragen. Vor allem aber betont es die Rolle der konsequenten Ausnutzung der Humanressourcen. Es heißt:

„Die Förderung der immateriellen Investitionen muß zum Schwerpunkt der allgemeinen Politik zur Erleichterung der Investitionen werden. Ausbildung, Forschung und ganz allgemein technisches und sonstiges Wissen müssen als Investitionen eigenen Rechts behandelt werden." (Bei der Fortentwicklung der Bestimmungen im steuerlichen und buchhalterischen Bereich müssen die entsprechenden Konsequenzen gezogen werden.)

Also: Kapital- und Humaninvestitionen sind zusammen die Voraussetzungen, Wachstum und Wettbewerbsfähigkeit zu steigern und damit die Beschäftigung zu erhöhen.

Das wichtigste Dokument für uns ist dieses Weißbuch zur Sozialpolitik. Es basiert aber – das sei noch einmal erwähnt – auf dem Weißbuch über Wachstum, Wettbewerbsfähigkeit und Beschäftigung.

Immer wieder wird betont, daß es um eine integrale Verschränkung von Wirtschafts- und Sozialpolitik geht. Die Beschäftigung ist der Schlüsselfaktor für die wirtschaftliche und soziale Integration. Deshalb gilt:

„Die Finanzierung der sozialpolitischen Systeme hängt unionsweit von dem Vorhandensein von Arbeitsplätzen ab. Damit die Union einen hohen sozialen Standard mit ihrer Wettbewerbsfähigkeit auf den Weltmärkten in Einklang bringen kann, muß sie der Schaffung neuer Arbeitsplätze obersten Vorrang einräumen, damit jedem die Möglichkeit gegeben ist, sich in Wirtschaft und Gesellschaft einzugliedern."

Wettbewerb und sozialer Fortschritt sind deshalb die zwei Seiten einer Medaille. Zu erstreben ist keine „totale Harmonisierung der Sozialpolitik" der Mitgliedsstaaten, sondern eine „Konvergenz der Ziele und Maßnahmen". Es muß ein Rahmen grundlegender Mindestvorschriften geschaffen werden, um in konzertierter Aktion die gemeinsamen Ziele Wachstum, Wettbewerbsfähigkeit und Beschäftigung zu erreichen.

Schwerpunktthema Nummer 1 ist also die Schaffung von Arbeitsplätzen. Dazu heißt es:

„Europa hat sich zu lange auf die Verwaltung der Arbeitslosigkeit konzentriert, anstatt der aktiven Förderung von arbeitsplatzschaffenden Maßnahmen oberste Priorität einzuräumen."

Um das zu erreichen, sind sieben Bereiche von besonderer Wichtigkeit:

1. Verbesserung der Bildungs- und Ausbildungssysteme, insbesondere im Bereich der Weiterbildung;

2. Verbesserung der Flexibilität innerhalb der Unternehmen und auf dem Arbeitsmarkt;

3. neue Formen der Arbeitsorganisation in den Unternehmen;

4. gezielte Senkung der Lohnnebenkosten (gesetzlich vorgeschriebene Abgaben), insbesondere für minderqualifizierte Arbeitskräfte;

5. bessere Verwendung der für die Bekämpfung der Arbeitslosigkeit aufgewendeten öffentlichen Mittel;

6. Sondermaßnahmen für Jugendliche ohne geeignete Qualifikation;

7. Schaffung von Arbeitsplätzen im Zusammenhang mit der Befriedigung neuer Bedürfnisse.

Wichtig ist nun, daß das Wachstum sich in Schaffung von Arbeitsplätzen auch wirklich niederschlägt. Produktionszuwächse sind nicht zur Erhöhung des Einkommens der bereits Erwerbstätigen zu verwenden, sondern zur Schaffung von neuen Arbeitsplätzen. Das gebietet die Solidarität mit den Arbeitslosen.

Von besonderer Wichtigkeit sind die Investitionen in die allgemeine und berufliche Bildung: „Gut ausgebildete und hochmotivierte Arbeitskräfte sind der Grundpfeiler einer wettbewerbsfähigen Volkswirtschaft".

Ausbildung und permanente Weiterbildung sind Voraussetzungen, im globalen Strukturwandel ökonomisch und sozial bestehen zu können.

Ferner sind für ein wettbewerbsfähiges Europa fundamental die Förderung eines hohen Standards bei den Arbeitsbedingungen. Richtungsweisend ist hier die Richtlinie über die Einsetzung eines Europäischen Betriebsrates oder die Schaffung eines Verfahrens zur Unterrichtung und Anhörung der Arbeitnehmer vom 22. September 1994, vorher schon die entsprechenden Aussagen des Protokolls über die Sozialpolitik des Maastricher Vertrages vom 7. Februar 1992. Dort steht in Art. 1:

„Die Gemeinschaft und die Mitgliedstaaten haben folgende Ziele: die Förderung der Beschäftigung, die Verbesserung der Lebens- und Arbeitsbedingungen, einen angemessenen sozialen Schutz, den sozialen Dialog, die Entwicklung des Arbeitskräftepotentials im Hinblick auf ein dauerhaft hohes Beschäftigungsniveau und die Bekämpfung von Ausgrenzungen. Zu diesem Zweck führen die Gemeinschafts- und die Mitgliedsstaaten Maßnahmen durch, die der Vielfalt der einzelstaatlichen Gepflogenheiten, insbesondere in den vertraglichen Beziehungen sowie der Notwendigkeit, die Wettbewerbsfähigkeit der Wirtschaft der Gemeinschaft zu erhalten, Rechnung tragen."

Um diesen Kranz von Zielen zu erreichen, bedarf es:
– neuer Formen von Beschäftigungsverhältnissen
– neuer Strukturen für die Arbeitszeit

Aber alle neuen Formen (Stichwort: Flexibilisierung) bedürfen der arbeitsrechtlichen Absicherung. Neue Arbeitsplätze dürfen nicht mit Reduzierung der sozialen Rechte der Arbeitnehmer erkauft werden.

Von weiterer Bedeutsamkeit in der Sozialpolitik ist der Ausbau der Chancengleichheit von Männern und Frauen, ist die Aufhebung der geschlechtsspezifischen Aufspaltung des Arbeitsmarktes und die Aufwertung der Arbeit der Frauen.

Alle sozialpolitischen Maßnahmen zielen auf die Förderung der sozialen Integration aller Bürger in Europa. Der Kampf gegen Armut und soziale Ausgrenzung ist konsequent zu führen.

Alle wirtschafts- und sozialpolitischen Schritte im Sinne des großen Zieles einer europäischen Gesellschaft sind nur möglich, wenn ein großer sozialer Konsens und soziale Solidarität bestehen. Deshalb ist ein permanenter sozialer Dialog notwendig. Vor allem die Sozialparteien haben hier eine große Verantwortung.

Etliches ist schon auf dem Wege zu einem sozialen Europa getan. Vieles aber steht noch aus. Noch ist vor allem die große Offensive zur Überwindung der europaweiten Arbeitslosigkeit durch Schaffung wettbewerbsfähiger Arbeitsplätze nicht gelungen. Das aber dürfte die Grundvoraussetzung für das gesamte Gelingen eines vereinigten Europas sein.

Grundrechte der Arbeitnehmer

09. Dezember 1989: Gemeinschaftscharta der sozialen Grundrechte der Arbeitnehmer

07. Februar 1992: Vertrag über die Europäische Union (EU), der sogenannte Maastricht-Vertrag; Protokoll über Sozialpolitik

17. November 1993: „Grünbuch über die Europäische Sozialpolitik"

Dezember 1993: „Wachstum, Wettbewerbsfähigkeit, Beschäftigung. Herausforderungen der Gegenwart und Wege ins 21. Jahrhundert" (im Druck erschienen 1994)

27. Juli 1994: Weißbuch: „Europäische Sozialpolitik. Ein zukunftsweisender Weg für die Union"

1994: Jahresbericht: Beschäftigung in Europa

22. September 1994: Richtlinien über die Einsetzung eines Europäischen Betriebsrates

Über den Segen einer komparativen Ethik[1]

Das angegebene Thema möchte ich im Blick auf die vierzig Jahre des Instituts für Christliche Gesellschaftswissenschaften speziell für dessen erste zehn Jahre behandeln. Dabei knüpfe ich an Überlegungen an, die ich in der Festschrift für Karl-Wilhelm Dahm[2] niedergelegt habe, führe sie weiter und konkretisiere sie.

Zu den Klassikern der theologischen Literatur unseres Jahrhunderts gehören zweifellos Ernst Troeltsch's „Soziallehren der Christlichen Kirchen und Gruppen".[3] Durch die beachtlichen 986 Seiten dieses Buches haben wir uns im Jahre 1956 unter Anleitung des damaligen Assistenten von Professor Wendland, Trutz Rendtorff, redlich hindurchgearbeitet. Das war wirklich „Askese". Die Anfänge des Instituts waren schon damals durch die Spannung geprägt, die mit den Namen Wendland und Rendtorff angezeigt wird und in gewisser Weise über all die vierzig Jahre bis zur Gegenwart andauert. Trutz Rendtorff ist ja derjenige, der das Andenken von Ernst Troeltsch bis heute wohl am meisten pflegt. Unser hochverehrter Lehrer Wendland hatte eigentlich von Haus aus mit dieser liberalen theologischen Richtung nicht sehr viel im Sinn. Er war gelernter Neutestamentler und in seiner Kirchlichkeit konservativ orientiert am Schriftbekenntnis. In seiner Frömmigkeit war er auch stark geprägt durch die Michaelsbruderschaft. Als Person war er liberal; insgesamt eine herrliche Mischung. Nie hat er versucht, weder bei Rendtorff noch bei mir, noch, um in der Reihenfolge der Assistenten zu bleiben, bei Dahm, bei Strohm, bei Ringeling, aus uns Schüler zu machen im Sinne eines Taschenbuchformats seiner selbst. Eine solche Versuchung hat ihn wahrscheinlich auch nie geplagt. Vielleicht war gerade dies das Geheimnis, daß man bei ihm etwas „werden" konnte.

Das Buch von Troeltsch war für uns als junge Studenten und für einige weitere Kombattanten, die sich am Lehrstuhl angesiedelt hatten, von fundamentaler Bedeutung. Wir haben uns damals massiv geärgert über das, was Ernst Troeltsch am Schluß des Buches sagt: Sein Resümee am Ende der 986 Seiten lautet nämlich: „Es gibt keine sogenannte ‚absolute' Ethik, auch keine absolute ‚christliche Ethik'." Ich zitiere: „Es ist eine der ernstesten und wichtigsten Einsichten unserer Untersuchung, daß aller Idee die

brutale Tatsächlichkeit und aller Emporentwicklung die inneren und äußeren Hemmnisse entgegenstehen. Es gibt keine absolute christliche Ethik,
die jetzt erst zu entdecken wäre, sondern nur Bemeisterungen der wechselnden Weltlagen, wie das auch die frühere auf ihre Weise gewesen ist.
Es gibt auch keine absolute Ethisierung, sondern nur das Ringen mit der
materiellen und der menschlichen Natur. So wird auch die jetzige und kommende christliche Ethik eine Anpassung an die Lage sein und nur das
Mögliche wollen. Darin ist die unaufhörlich vorwärtstreibende Spannung
und ebenso die Unvollendbarkeit der ethischen Arbeit begründet. Das
können nur ideologische Doktrinäre oder im Glauben alles Irdische über-
fliegende Schwärmer verkennen. Der Glaube ist die Kraft des Lebenskamp-
fes, aber das Leben bleibt ein auf immer neuen Fronten sich immer neu
erzeugender Kampf. Für jede bedrohliche Kluft, die sich schließt, geht eine
neue auf. Es bleibt dabei – und das ist das alles zusammenfassende Ergebnis – das Reich Gottes ist inwendig in uns. Aber wir sollen unser Licht in
vertrauender und rastloser Arbeit leuchten lassen vor den Leuten, daß sie
unsere Werke sehen und unseren himmlischen Vater preisen. Die letzten
Ziele aber alles – Menschentums sind verborgen in seinen Händen!"[4]

Soweit Troeltsch. Ich weiß noch sehr genau, wie dieses Fazit uns Studenten enttäuscht und empört hat, als wir uns damals bei Wendland und
Rendtorff mit dem Klassiker protestantischer Geschichtsschreibung und
Sozialethik befaßt haben. Natürlich wollten wir als politisch und sozialethisch engagierte Studenten Mitte der fünfziger Jahre bedeutend mehr.
Wir wollten eine andere Gesellschaft mit neuen Strukturen und mit neuen
Menschen. Die Restaurationsphase unter Adenauer mit der Etablierung
von alten Machtverhältnissen in Staat, Gesellschaft und Wirtschaft lehnten wir leidenschaftlich ab. Das war nicht unser Staat, nicht unsere Wirtschaftsordnung, das war nicht unsere Gesellschaftsordnung. Das war auch
nicht unsere Kirche mit ihren ewigen Anpassungen und Kompromissen.
Schon damals bildeten wir, und ich rede von der Mitte der fünfziger Jahre,
nicht von Ende der sechziger Jahre, so etwas wie eine Radikalopposition.
Eindeutigkeit und Parteilichkeit waren unsere Forderung. Mit Verachtung
sprachen wir von den Bossen in der Wirtschaft, von Bankleuten und anderen Kapitalisten. Natürlich kannten wir keinen von ihnen, sind damals
auch nie einem begegnet. Das ist wie Antisemitismus, ohne je einen Juden

gesehen zu haben. Wir waren Antikapitalisten, ohne überhaupt Repräsentanten dieser Ordnung zu kennen. Aber man kann ja bekanntlich dann am radikalsten sein, wenn man das, was man bekämpft, nicht kennt. Mit Verachtung sprachen wir also von all „den" anderen. Die Gewerkschaften waren uns zu wenig klassenkämpferisch; der Weg der SPD in die Godesberger Volkspartei 1959 war für uns Verrat an den revolutionär-emanzipatorischen Traditionen der deutschen und europäischen Arbeiterbewegung. Natürlich befriedigten auch unsere theologischen Sozialethiker keineswegs unseren Hunger nach Radikalismus. So wechselten wir bald die Gegenstände unseres Interesses. Wir befaßten uns intensiv mit der Bewegung des Frühsozialismus, dann des Sozialismus und vor allen Dingen mit der Philosophie des Marxismus. Die Frühschriften des Karl Marx in der Krönerschen Ausgabe wurden für einige Zeit unsere Hauptlektüre. Das haben wir sozusagen zelebriert. Ich behaupte, daß ich noch heute ganze Passagen zur Kritik der Hegelschen Rechtsphilosophie oder aus den Pariser nationalökonomischen Schriften auswendig kann. Das gehörte damals dazu. Das war, wenn Sie so wollen, wie das Fettgedruckte in der Bibel; und wir haben das auch rot angestrichen in der Krönerschen Ausgabe. Die Verbindungen von Christentum und Marxismus wurde Mitte der fünfziger Jahre unser Thema, ja für einige zum Lebensthema. Es war konsequent, daß wir in dieser Situation zur Sozialgeschichte und zu Sozialwissenschaften, also zur Soziologie gingen. Sie waren uns Partner im progressiv interpretierten christlichen Engagements für eine Gesellschaft von Gleichen und Freien.

Daneben gab es damals für uns eine andere, ebenfalls äußerst wichtige Seite. Sie wurde in Münster repräsentiert durch einen heute schon weithin vergessenen theologischen Lehrer. Es war Friedrich Karl Schumann, der uns mit einem der wichtigsten Theologen des Christentums, nämlich Martin Luther, bekannt gemacht hat. Schumann hat uns im Wege intensiver Lektüre der lutherischen Schriften eingeführt in das, was reformatorische Theologie bedeutet. Und so ergab sich bald eine Doppelung der Interessen: Auf der einen Seite Marxismus und auf der anderen Seite Luther, Luther und Marx; es gab auch Broschüren, die genau diesen Titel hatten. An dieser Stelle darf ich einmal sagen, auch den heutigen Kollegen dieser Universität und dieser Fakultät, der ich meinerseits viel verdanke: Friedrich Karl Schumann war ein hervorragender Theologe. Ich habe ihm seinen zwischenzeitlichen Irrtum als „DC"er (Anhänger der Deutschen Christen) längst nachgesehen.

Wir haben Marx freilich nicht deshalb so intensiv studiert, weil wir etwa zu den politischen Marxisten gehen wollten. Das war ganz und gar nicht unsere Absicht. Für uns war damals in erster Linie der Junge Marx überzeugend. Der hatte mit dem späteren Marx, dem Marx des Kapitals wenig zu tun. Es war seine Anthropologie, die uns interessierte; das, was der junge Marx „realen Humanismus" nannte, was für ihn die Emanzipation der Klasse des Proletariats war. Schon damals benutzten wir den jungen Marx, um gegen den etablierten, später sogenannten realexistierenden Sozialismus zu polemisieren. Das heißt: wir wollten zurück an die Ursprünge, so wie wir auch Texte des Alten und Neuen Testamentes benutzen, um sie gegen bestimmte Verirrungen der Kirchengeschichte zur Geltung zu bringen. Von daher gesehen war unser Engagement also keine Option für den marxistischen Sozialismus der damaligen Zeit. In den fünfziger Jahren kamen die „Marxismusstudien" auf den Markt, in denen es um den kritischen Dialog zwischen Theologie, Philosophie und theoretischen Marxismus ging. Dort kann man ungefähr das finden, was uns als junge Leute umgetrieben hat. Heinz Dietrich Wendland saß mit dabei und hörte aufmerksam zu, um sich dann auch in den Marxismusstudien zu äußern. Das alles war lange vor der sogenannten Studentenrevolution von 1968. Das Ende der sechziger Jahre neu aufkommende Engagement der Studenten für die linke Theorie war uns, den inzwischen älter gewordenen, zwar sympathisch – es zeigten sich aber schon damals, als wir die „Studentenrevolution" als Assistenten miterlebten, sowohl die Ambivalenzen in den Zielbestimmungen als auch vor allem in dem, was erreichbar war, gerade angesichts völlig unzureichender Mittel der Verwirklichung. Wir unsererseits, meine Generation, hatten inzwischen ja einen schmerzhaften Lernprozeß hinter uns. Wir mußten in unserer ersten beruflichen Eigenpraxis ebenso wie in der distanzierteren aber aufmerksamen Beobachtung der Zeitgeschichte und der Geschichte überhaupt, die Grenzen aller großen alternativen Entwürfe für Menschen und Gesellschaft erkennen. Wir glaubten zwar immer, die bessere ethische, sozialethische, moralische und auch die entsprechende Evangeliums-Argumentation auf unserer Seite zu haben.

Aber die einmal vorgegebenen Möglichkeiten gaben nicht her, was wir von ihnen erhofften. Wir hatten für die Lösung aller Probleme unsere sozialethischen und politischen Antworten. Aber wir hatten keine reale Macht, sie in die Praxis zu bringen. Wir waren Offiziere ohne Mannschaften, Häuptlinge ohne Indianer.

Unsere wohldurchdachten Papiere, Pamphlete, Programmschriften, unendlich an der Zahl, – sie blieben literarische Produkte einer Kaste, die es sich erlauben konnte, Dauerkritik an allem und jedem zu üben und permanent nach dem neuen Bewußtsein für eine radikale Veränderung der Gesellschaft zu rufen. Einige der „68er" sind bei dieser raisonierenden und lamentierenden Schreibexistenz geblieben; sie gelten manchen als progressiv und radikal; ein an sich selbst leidendes Bürgertum hört sie gern. Andere sind bescheidener geworden. Und damit komme ich auf das komparative Moment: Sie sind gleichsam von Marx zu Troeltsch zurückgekrochen, nicht triumphierend, sondern unter Schmerzen. Ihnen ist der Mythos der Revolution zerplatzt. Sie plagen sich heute mit notwendigen und möglichen Reformen. Die Voraussetzung des Fortschritts, für den man nach wie vor leidenschaftlich kämpft, ist für sie nicht eine spektakuläre Bekehrung des Bewußtseins oder die Etablierung völlig neuer oder gänzlich anderer Institutionen, sondern sie wollen pflügen mit denen und mit dem, was sie haben; sie pflügen sozusagen mit den Ochsen, die vorhanden sind. Wen sie haben, das sind real existierende Menschen; Menschen mit Eigeninteressen und mit Machtinteressen und doch gleichzeitig offen dafür, sinnvollere Kommunikationen zu entwickeln. Es sind Menschen, die Eigennutz und Gemeinwohl zu verschränken vermögen; die hart und brutal, zugleich aber auch menschlich und sozial sein können, eben Menschen wie wir sie kennen. Wer diese vorhandenen Ambivalenzen menschlichen Verhaltens durch die Postulierung von „Hochethik", das heißt durch Reduktion auf ausschließlich gut und positiv „aufheben" oder verbessern will, der, so lehrt schmerzhafte Eigenerfahrung ebenso wie vielfache Fremdbeobachtung historischer Beispiele, inszeniert politisch letztlich nichts anderes als Diktatur. Ein harter Satz – aber ich denke, daß er durch die Erfahrungen unseres Jahrhunderts gedeckt ist. Der große Irrtum aller gesellschaftlichen Diktaturen liegt im empirisch-anthropologischen Bereich. Diktaturen wollen die Menschen zwingen, das zu werden, was sie nicht sein können und auch nicht sein wollen. Wer lernen mußte, diesen Mechanismus zu durchschauen – und das gehört zum Geschick unserer Generation – der mußte Abschied nehmen von politischen Maximalismen und Radikalismen. Zu der „brutalen Tatsächlichkeit", von der Troeltsch sprach, gehört eben auch der Mensch in seinen Ambivalenzen, nicht zuletzt darin, gleichzeitig Widerpart und Freund des Nächsten zu sein. Die Aufgabe gestaltender Politik kann nur die sein, solche gesetzlichen und institutionellen Voraussetzungen und Rahmenbedingungen zu schaffen, die die Tendenzen des Menschen zu Egoismus und unkontrolliertem Herrschen einschränken und entsprechend die Tendenzen zu sozialer Verantwortung fördern. Das deutlich zu machen und entsprechendes Handeln kritisch zu begleiten, ist die wichtigste Aufgabe der Sozialethik. Mit einer zumindest tendenziellen Aufhebung der Entfremdung kann nur rechnen, wer einen „utopischen Überschuß" in sich trägt und ihn beharrlich in ein Handeln umsetzt, das mitmenschlich und am Gemeinwohl orientiert ist. Die Vermittlung dieser anthropologisch bestimmten Ambivalenzen ist nur in andauernder Konfliktbearbeitung zu haben. Darum wird es zur ständigen Aufgabe der Politik, zumutbare Kompromisse zu erreichen. Zumutbar heißt dabei, die Konflikte offen zu halten, sie nicht durch Machtentscheide zu lösen, sondern durch Vereinbarungen immer neu einen relativen Fortschritt zu erzielen. Dieser Umgang mit Mensch und Wirklichkeit hat sich nach meiner Erkenntnis geschichtlich deutlich und vielfach als human und materiell effektiver erwiesen gegenüber den Theorien, die geschlossene Systeme als Lösung aller Probleme anbieten. Reformen verändern diese Welt offenkundig zuverlässiger als Revolutionen. So plädiere ich für einen Mittelweg dauernder Reformen; obwohl „Reformismus" am Anfang unseres politischen Weges für uns ein deftiges Schimpfwort war. Dieser Mittelweg dauernder Reformen, die von Troeltsch als ständiges Ringen mit der materiellen und mit der menschlichen Natur charakterisiert werden, erfordert die Disziplin, nur das jeweils Mögliche zu wollen. Möglich aber ist nur das – und gerade dies ist eine urmarxistische Aussage von Karl-Heinrich Marx selbst, nicht von den Folklore-Marxisten, – möglich ist nur das, was als Voraussetzung im Gegebenen schon anwesend ist.

Fordern oder Beschwören ist das eine, mit ruhigem Blick, Augenmaß und analytischer Fähigkeit den nächstmöglichen Schritt auf mehr Gerechtigkeit und auf mehr Freiheit hin zu erkennen, zu definieren und dann machtpolitisch durchzusetzen versuchen, ist das andere! Als aufgeklärter Aufklärer kann man nicht mehr an den plötzlichen „End"-Sieg der Gerechtigkeit oder der Freiheit im historischen Prozeß glauben. Was aber möglich ist, ist ein jeweiliges Mehr an Gerechtigkeit und ein Mehr an Freiheit in der konkreten Wirklichkeit. Hemmnisse und Widerstände sind auf diesem Wege zu überwinden, denn das Bessere zu wollen, bleibt nie unbestritten. Es muß offen argumentiert werden, um die am Streit Beteiligten für jeweils die richtigere, nicht einfach „die" richtige Politik zu gewinnen. Den zu entwickelnden Stil nenne ich eine „argumentative Parteinahme"; sie hat nichts zu tun mit ideologischer Parteilichkeit. Die Entscheidung für den argumentierenden Reformismus setzt also eine demokratische Streitkultur voraus. Diese wiederum läßt keine Form von Absolutheitsansprüchen zu, auch nicht die einer christlichen Ethik. Wenn mir der liebe Gott die Zeit gibt, würde ich gerne über die Grenzen der Ethik schreiben.

Auch christliche Ethik kann ihre besonderen Inhalte und Intentionen nur in einen größeren Gesprächs- und Streitprozeß einbringen; nur Hilfen geben, nicht die einzig richtige Lösung beanspruchen. Schon gar nicht kann eine konkret zeitgebundene ethische oder sozialethische Entscheidung sich mit göttlichem Ordnungs- und Geschichtswillen schlechthin identifizieren. Der göttliche Geschichtswille bleibt uns verborgen. Da gibt es zwar immer wieder Leute, sogar Synoden, die ihre Behauptung mit der Formel beginnen: „Gott will ..." und dann kommt etwas, was atheistische Genossen auch ohne Gott sagen oder sagen könnten. Der christliche Glaube verfügt eben über keine politischen Sonderoffenbarungen. Er begibt sich auch, wenn er solche für sich geltend machte, auf die gleiche Ebene wie ideologische Doktrinäre oder wie Schwärmer, die im Glauben alle Realität überfliegen.

Ein Hauptproblem unseres Jahrhunderts sind bis heute solche ideologischen Doktrinäre und Schwärmer. Christlicher Glaube aber, wie ich ihn mit Luther verstehen möchte, befreit den Christen aus der Ideologie und setzt ihn in die Freiheit kritischer Weltverantwortung. Die christliche Ethik bietet dazu Maßstäbe und Kriterien, Perspektiven und Richtungsimpulse des Handelns. Sie vermittelt nicht ein absolut gültiges, in sich geschlossenes Wert- und Handlungssystem. Sie hilft, wechselnde personale und existenzielle, gesellschaftliche und politische Lagen zu bemeistern. Sie hilft, mit und in den Widersprüchen dieser Welt zu leben, sich zurechtzufinden und sie mit den Mitteln kritischer und menschengerechter Vernunft so human und sachgerecht, wie es eben geht, sie auch schöpferisch zu gestalten. Das ist ihr großes, ihr schwieriges Amt, bei dem man ebenso wie andere, die von anderen Prämissen ausgehen, jederzeit scheitern kann. Ein Ende der ethischen Arbeit ist – wie Troeltsch es ausdrückt, nicht abzusehen, solange Gott diese Welt Welt sein läßt. Es gibt kein Ende der politischen Arbeit; es gibt auch kein Ende des Kampfes von Christen um jeweils freiheitlichere und gerechtere Verhältnisse. Und ich insistiere darauf: Es geht in der Ethik um jeweils freiheitlichere und gerechtere Verhältnisse, es geht in der Ethik nicht in erster Linie um bessere Menschen. Der Komparativ aber ist zu leisten. Alles weitere allerdings ist Illusion; eine gefährliche Illusion, wenn man sie mit den Mitteln konzentrierter Macht durchsetzen will. Ideologen und Schwärmer haben schon zu häufig das Gegenteil von dem geschaffen, was sie eigentlich wollten. Realer Fortschritt, von dem wir alle leben, kommt in den kleinen zähen Schritten eines sich seiner Unvollkommenheit und Unabgeschlossenheit bewußt bleibenden Reformismus zustande. Dieser Reformismus trägt nicht die Prachtgewänder der großen utopischen Entwürfe, sondern das Pflichtkleid der nie endenden Mühe und Plage, reale Humanität zu schaffen, immer bereit zum Kampf mit ihrem Gegenteil.

Ist diese Position ein Mangel an Glauben und Vertrauen darauf, daß qualitativ mehr erreichbar sein muß? Kann diese Position nicht auch ein Stück persönlicher oder generationsmäßiger Resignation sein? Diese Art Fragen werden uns immer gestellt. Wo bleibt, Herr Professor, die Utopie?

Meiner Erfahrung und Einsicht nach hat Troeltsch ein unendlich wichtiges, ein ganz und gar redliches Ergebnis vorgelegt. Das intellektuelle und emotionale Faszinosum von Utopien und Ideologien bestreite ich nicht. Alle utopischen Entwürfe aber hat Troeltsch enttarnt als das, was sie sind: Flucht vor der durchschnittlichen Widersprüchlichkeit der Geschichte, Verrat an der Treue zum real existierenden Menschen, an seinen Möglichkeiten und Grenzen, Verrat an der Treue zur Erde. Der ehrliche Abschied von Ideologie und Utopie ist die Voraussetzung zur Entdeckung der Möglichkeit von realem Humanismus, der je und dann konkrete Gestalt gewinnt, wenn Menschen sich mit Vernunft und Liebe auf das Getümmel

dieser Welt einlassen: Nicht in der Pose der lauten Weltverbesserer, sondern in der Praxis harter Arbeit an der Profilierung einer humaneren Kultur.
Der Abschied von den zu großen, von den utopischen Erwartungen bedeutet also nicht Resignation, sondern führt zum unbefangenen Sich-Ein-
lassen auf praktische Politik. Dies kann und muß mit der Perspektive geschehen, Voraussetzungen zu schaffen, damit sich das Maß gelebter Frei-
heitlichkeit und das Maß gestalteter Gerechtigkeit vergrößern kann. Mehr
nicht, das aber wirklich. Eine letzte Frage, die Troeltsch sich stellte, und die
ich hier stelle, ist: Was trägt denn diesen Kampf ohne Ende, diese Mühsal,
die all die kennen, die im alltäglichen Geschäft sich abplagen müssen; etwa
mit Problemen von gerechtem Lohn und Gehalt, mit Problemen von Mitwirkung, Mitberatung und Mitbestimmung in Industriebetrieben? Was
gibt uns die Kraft, was läßt uns durchhalten, wenn Niederlagen und Enttäuschungen kommen? Und wie wird man mit den Siegen der Widersacher
fertig? Wir müssen wissen, daß uns nirgends der politische Endsieg verheißen ist.

Das „Reich Gottes" ist nicht das deutsche Wort für Utopie, und Utopie
ist nicht das Fremdwort für Reich Gottes. Bei all unserem politischen Bemühen müssen wir mit Fiktionen und auf der historisch-politischen Ebene
sogar, wie unser Jahrhundert bis heute zeigt, mit Katastrophen rechnen.
Wer in dieser Frage etwas anderes behauptet, betrügt sich selbst und uns.
Anders gesagt: Ich glaube nicht an „die" Gerechtigkeit, aber ich kämpfe
ununterbrochen für sie. Das Scheitern bleibt ebenso eine geschichtliche
Möglichkeit, wie das relativ Gelingende. Über die Sicherheit des Doktri-
närs und über grenzenloses Zutrauen in die Utopie verfügen wir nicht
mehr. Es bleibt jedoch für den glaubenden Christen die Gewißheit, daß
Gott selbst das Ziel und das Ende der Geschichte in seiner Hand hat.
Darauf hat Ernst Troeltsch am Ende seines langen Weges durch die Sozialgeschichte unserer Welt hingewiesen. Meines Erachtens ist das im Endeffekt hilfreicher als die Träume von Utopie und Ideologie für eine bessere
Welt. Denn diese Gewißheit gibt uns die Kraft, für eine engagierte Arbeit
an dem, was in einer konkreten Situation ein Stück gerechter ist, ein Stück
mehr Freiheit bringt, eben relativ besser ist als der status quo.

Die Gewißheit, daß Gott selbst Ziel und Ende der Geschichte in seiner
Hand hält, macht uns frei von der Fixierung auf die absoluten Ansprüche

menschlicher Zielvorstellung. Anders gesagt: sie ermutigt dazu, uns am ethischen Komparativ zu orientieren; an dem, was im Vorhandenen als die bessere Möglichkeit angelegt ist und entwickelt werden kann. Alles schmeckt nach Bescheidenheit, nach Disziplin, nach Nüchternheit, nach Mitte. Viele mögen das nicht. Ich verstehe das. Wir wollen immer noch die große Schau, das hehre Endziel. Vielleicht lassen Sie sich einmal, wenn Sie dazu die Zeit haben, auf den Denkstil von Ernst Troeltsch ein und entdek-ken, daß er im Endeffekt hilfreicher ist als die Propagandisten für eine ganz andere Welt.

Anmerkungen

1. Es handelt sich um den leicht überarbeiteten Vortrag von Günter Brakelmann beim Symposion zum vierzigjährigen Bestehen des Instituts für Christliche Gesellschafts-wissenschaften am 21.06.1995 in Münster.
2. G. Brakelmann: Reformistische Ethik. In: W. Marhold/M. Schibilsky (Hrsg.): Ethik, Wirtschaft, Kirche. Düsseldorf 1991, S. 39-44.
3. E. Troeltsch: Die Soziallehren der Christlichen Kirchen und Gruppen. Tübingen [2]1922
4. Troeltsch [2]1922, S. 985f.

Literatur

Brakelmann, G.: Reformistische Ethik. In: W. Marhold/M. Schibilsky (Hrsg.): Ethik, Wirtschaft, Kirche. Düsseldorf 1991, S. 39-44.
Troeltsch, E.: Die Soziallehren der Christlichen Kirchen und Gruppen. Tübingen [2]1922

IV. Persönliches

„Ich habe Ethik immer für eine Produktivkraft gehalten"

Ein Gespräch mit Günter Brakelmann

ZEE: Es ist nicht selbstverständlich, daß man sich als Theologe der Probleme der Arbeitswelt annimmt. Wo liegt der Entdeckungszusammenhang für dieses Thema? Wann ist die Sensibilität und die Aufmerksamkeit für dieses Thema gewachsen. Wann haben Sie zum erstenmal gesagt, das ist „mein" Thema?

Günter Brakelmann: Ich bin in einem Haushalt groß geworden, der entscheidend bestimmt war von der täglichen Berufsarbeit meines Großvaters und der Arbeit der Nachbarn, denn fast alle bei uns waren Bergleute. Mein Vater war gefallen. An den habe ich kaum nennenswerte Erinnerungen, er ist 1937 Soldat geworden, da war ich sechs Jahre alt, und in die Soldatenzeit hinein fiel dann der Ausbruch des Krieges, ich hab ihn immer nur auf Urlaub gesehen. Nach 1945 zog meine Mutter mit ihren drei Kindern dann zu ihren Eltern. Mein Großvater war ein Mann, der immer nur im Bergbau gewesen ist, die längste Zeit allerdings war er Fördermaschinist, aber seine Brüder waren alles Leute vor Kohle. Ich habe in den ersten bewußten Jugendjahren Größe und auch Tragik dieses Berufes sehr hautnah erlebt. Der Besucher, der häufig war bei uns in der weiteren Familie und in der Nachbarschaft, war der Tod, war das Sterben im Bergbau. Von Opas Brüdern, sechs an der Zahl, sind vier im Bergbau umgekommen. Ich bin stark bestimmt worden durch das Erlebnis von Invalidität, von Steinstaub vor allen Dingen. Man starb sehr früh, es sei denn man hatte Glück, und dann konnte man auch aufgrund der besseren Medizin, die nach dem Krieg einsetzte, relativ alt werden, aber das Durchschnittsalter war sehr gering. Bis heute habe ich die Szene in einem Hinterzimmer in einer Wirtschaft in Querenburg vor Augen, da wurden die Knappschaftsrenten ausgezahlt, und ich mußte immer das Geld holen. Da saßen in der Regel ältere Frauen, fast durchweg in schwarzen oder blauen Kleidern, die holten da ihre wirklich kärglichen und kläglichen Renten ab. Ich hab nachgerechnet, daß die Frauen, die da saßen, noch alle sehr jung waren, aber die Menschen bei uns an der Straße, wenn man das mit heute vergleicht, waren ungleich älter. Mit vierzig war man alt und mit fünfzig war man Oma und

315

Opa. Die schmucken Sechzigerinnen, die man heute findet, die waren Rarität. Für mich ist die eigentliche Wurzel, mich intensiv mit den Problemen der Arbeitswelt befaßt zu haben und noch zu befassen, der Kampf gegen frühzeitigen und unsinnigen Tod. Das hat etwas mit einer tiefgreifenden biographischen Erfahrung zu tun. Was ist denn Humanisierung von Arbeitswelt anderes, als die Arbeit, die nie schön wird und die nie nur Freude wird – wer immer nur Freude an der Arbeit hat, hat noch nie gearbeitet –, die Last der Arbeit zu verringern, die Möglichkeiten auszuloten, wie man größere Effektivität durch bessere, humanere Arbeitsbedingungen schaffen kann. Das war etwas, was ich dann bald am eigenen Leib lernte, denn ich habe so etwa von sechzehn Jahren an, noch in der Schulzeit, gearbeitet, entweder in diesen sogenannten „Pütt's" hier, später dann nicht mehr im Bergbau, sondern in der Stahlindustrie am Hochofen, und dann bin ich ein halbes Jahr auf dem Bau gewesen als Bauarbeiter, ein ganzes halbes Jahr, eine Siedlung hier in Querenburg wurde da gebaut, Häuser, die heute noch stehen. Und damit habe ich dann die erste große Bildungsreise mit finanziert, 1953, ein halbes Jahr nach Italien.

Als ich dann anfing Theologie zu studieren, war für mich vom ersten Tag an klar, Du tust das nicht so sehr aus individuell-religiösen Gründen, sondern vielmehr aus Solidarität zu arbeitenden Menschen, aus der Solidarität zu ihrem Schicksal, zum Lebensschicksal von Menschen, die nicht das Glück hatten, eine halbwegs gesicherte und bürgerliche Existenz zu führen, so daß die Entscheidung, Theologie zu studieren, mehr mit Welt und ihrer Veränderung zutun hatte, nicht so sehr aber mit Kirche und ihrer Reform. Die Kirche selbst war mir relativ fremd. Querenburg war auch relativ unkirchlich. Man war nicht antikirchlich, das war man nicht, aber unkirchlich. Man ging im „rollenden Einsatz" zur Kirche: zur Taufe im Kinderwagen, mit der Kutsche zur Hochzeit, und mit dem Pferdewagen zum Friedhof, das ist das Normale gewesen, und Frömmigkeit, „gestaltete" Frömmigkeit, das hatte ich als Kind, als Junge nie erlebt. Dann kam aber parallel zu dieser Erfahrung, ich würde sagen, einfach von Haus her und ohne daß es eine bewußte Entscheidung gewesen wäre, die Orientierung auf die Arbeitswelt. Ich wollte es anders machen. Das ist der Punkt. Keine Flucht vor der eigenen Herkunft, sondern die Zukunft der eigenen Herkunft humaner machen, das war mein Ansatz.

ZEE: Wie waren dann die Erfahrungen mit dem Studienfach Theologie?

GB: Das Theologiestudium war für mich am Anfang eine ziemliche Plage. In Bethel, wo ich angefangen habe, waren über die Hälfte der Leute Pfarrerskinder. Die waren schon alle so fromm. Die wußten schon, was ein Konsistorialrat ist und ein Superintendent, die kannten alle Gesangbuchlieder. Und ich kannte das alles gar nicht. Ich ging einmal mit einem Assistenten vom Remter in die Zionskirche, und da fragt er mich „Sagen Sie mal Brakelmann, was halten sie von Bultmann?" So wahr wie ich hier sitze, ich hatte noch nie in meinem Leben etwas von Bultmann gehört, noch nie. Und da wurde mir klar „Du bist hier völlig falsch. Was Du kennst und weißt, wird hier gar nicht gefragt." Das klassische Theologiestudium, das so allgemein gemacht wurde, das war nicht meine Leidenschaft, so daß ich mir sehr früh schon ein eigenes Studium konzipiert habe, das in erster Linie, ich gestehe es, im nachhinein, das war auch nicht ganz richtig, von historischen und systematischen Interessen bestimmt war. Die ganzen philologischen Fragen waren für mich kein besonderes Thema. Das kannte und konnte ich ja schon von dem humanistischen Gymnasium, auf dem ich gewesen war. Latein und Griechisch konnte ich ja im Schlaf. Ich habe mich eigentlich von Anfang an für Kirchengeschichte und Systematik interessiert. Das ist dann auch geblieben. Die Orientierung jetzt speziell auf die Frage der Arbeitswelt, das lief praktisch parallel dazu. Das heißt also mein Thema, mein Lebensthema ist entwickelt worden in dieser Frühzeit.

ZEE: Nach Bethel haben Sie ihr Studium in Tübingen fortgesetzt.

GB: Das war eine ganz wichtige Zeit, weil ich ja dieses historische Interesse hatte. Ich habe bei Gerhard Ebeling Kirchengeschichte gelernt, dem ich bis heute unendlich viel verdanke: in der Methode, in der Art, mit den Dingen umzugehen, in der Genauigkeit der Textanalyse. Das hat schon damals unheimlich viel Spaß gemacht. Von wem ich am meisten für die Kirchengeschichte und die Systematik gelernt habe, da würde ich ihn an erster Stelle nennen. Ethik gelernt, wie man das macht, habe ich bei Helmut Thielicke. Inhaltlich würde ich ihn heute kaum noch rezipieren können, aber methodisch, wie er uns Situationen klar gemacht hat, wie er Fallbeispiele vorgeführt hat, wie gehe ich da heran und wie definiere ich in den Problemen die anthropologische Ebene, wie identifiziere ich das ethische Problem, all dies hat Thielicke uns damals als Studenten beigebracht –

abgesehen von seinem Stil im Auftreten, das war für uns als Kinder aus dem Ruhrgebiet natürlich ein bißchen schwierig, aber das waren Attitüden, die hat man später dann vergessen und verziehen. Von der Sache her war Thielicke für mich im Lernen ethischer Reflexion und Konkretion und Entscheidung ganz wichtig, habe ich also Gutes zu berichten, im Gegensatz zu der Tatsache, daß man ihn heute fast vergessen hat, was ich irgendwie nicht ganz richtig finde. Und: In Tübingen begann meine Liebe zum Marxismus. Durch Ernst Steinbach, bei dem wir damals die Texte von Marx, die Frühschriften vor allem, gelesen haben. Und dann bin ich zu Erwin Metzke gegangen, dem Philosophen, der die Marxismus-Studien ins Leben gerufen hat. Bei Steinbach, der für uns damals ganz wichtig war, haben wir aber nicht nur Marx gelesen, sondern praktisch die gesamte politische Romantik des 19. Jahrhunderts, so daß ich ideengeschichtlich bei Steinbach in Tübingen eine Menge gelernt habe. Aber es gab leider keinen, der damals als Kirchengeschichtler gleichzeitig den Kontext der nationalen, ökonomischen und sozialen Geschichte beherrschte. Das konnte auch Ebeling nicht. Das konnte Rückert nicht.

ZEE: Wo hörten in Ihrer Studienzeit die Vorlesungen in Kirchengeschichte auf?

GB: Bei Schleiermacher hörte das in der Regel auf. Ich habe nie die Chance gehabt, die Kirchengeschichte des Kaiserreichs oder der Weimarer Zeit zu hören. Leider habe ich nie das Vergnügen gehabt, einen unter den Theologen zu treffen, der etwas verstanden hätte von Wirtschaftsgeschichte, Sozialgeschichte, und der das dann in den Kontext von Kirchengeschichte gestellt hätte. Das war eigentlich unsere eigene Leistung.

ZEE: Wann begann Ihr eigene wissenschaftliche Arbeit?

GB: Das begann eigentlich in Münster. Von 1955 bis 58, also nach Tübingen, war ich in Münster zunächst nur als Student und dann wurde ich Hilfskraft bei Heinz-Dietrich Wendland. Und da entdeckte mich Trutz Rendtorff, der mich sehr beeindruckt und geprägt hat, und fragte, ob ich nicht eine Doktorarbeit schreiben wollte. Das hatte ich nie vor. Ich hatte vorher einen Vortrag über „Die Revolution von 1848/49 im Urteil von zeitgenössischen Theologen" gehalten. Das war mein erster größerer Vortrag, der Geschichte und systematische Reflexion verbunden hatte. Das fanden die Münsteraner so prima, da war damals Rudolf Vierhaus dabei, der war noch

Assistent, daß sie sagten, das müsse ich doch unbedingt ausarbeiten. Daraus ist dann die Arbeit über Wichern und der Sozialismus geworden. Die Promotion habe ich am Ende des Studiums fertig gehabt, so daß ich dann ungehemmt ins Vikariat gehen konnte.

ZEE: Wie gestalteten sich in Ihrer Zeit die Arbeitsformen im Studium?

GB: Wir haben viel, zum Beispiel die gesamte Marxismus-Rezeption, in Freundeskreisen gemacht. Diese informellen Gruppen, dazu gehörten für mich vor allem die Gruppen der christlicher Pfadfinderschaft, zum Teil auch die Studentengemeinde, waren für uns wahrscheinlich zur Bildung unserer eigenen Position wichtiger als das Studium. Damit sage ich nicht, daß das Studium nichts wert gewesen wäre, das wäre Unsinn. Nur: die Diskussionen haben wir nicht mit den Professoren geführt. Die Professoren waren damals in der Regel ziemlich weit weg, so daß eigentlich die Studentengemeinde, die Arbeitsgruppen, die wir dort hatten, und dann vor allen Dingen die sogenannten Jungmannschaftsgruppen der Christlichen Pfadfinderschaft, die waren für uns und für mich ganz wichtig. In der Form der Selbsttätigkeit die Themen zu behandeln, die anlagen, aber ohne Anleitung durch die Universität. Es gab immer Assistenten, Privatdozenten, die für unser Interesse an der Marxismus-Rezeption sehr offen waren, aber das machten die dann mehr in Form von außeruniversitären Kontakten. Wir haben sehr intensiv gelesen die Texte von Lasalle und sehr schnell den ganzen Revisionismusstreit, Bernstein, Kautsky, die ganzen Theoretiker haben wir uns damals auf diese Weise erarbeitet einschließlich der Beschäftigung mit dem etablierten Sozialismus. Und dann kamen wir während des Studiums mit dem realen Sozialismus in Kontakt. 1954 war ich zum ersten Mal in Leipzig. Wir sind in den Diskussionen, die da mit der FDJ geführt wurden, fürchterlich verprügelt worden, weil wir dieser raffinierten Dialektik, die die beherrschten, nichts entgegenzusetzen hatten. Ich weiß noch ganz genau, wie ich dann in der Diskussion gesagt habe „So Leute, jetzt werden wir uns damit beschäftigen, und dann kommen wir wieder!" So richtig selbstbewußt. „Wir kommen wieder." Und dann haben wir sehr intensiv gearbeitet. Dies auch wieder ohne die Anleitung durch die Universität. Das muß man also ganz deutlich sehen. Wir haben uns unser politisches Bewußtsein nicht durch das Studium, sondern neben oder trotz des Studiums erarbeitet.

ZEE: Die Beschäftigung mit dem Sozialismus hat in Ihrer Arbeit an der Akademie Friedewald eine Fortsetzung erfahren?

GB: Meine Hauptaufgabe in Friedewald bestand darin, Ost-West Kurse zu machen. Das habe ich für die Leute gemacht, die nach Friedewald kamen, das waren Arbeitnehmer, Gewerkschaftler, Leute, die im Kirchlichen Dienst der Arbeit waren oder von den Gewerkschaften her kamen. Da luden wir Leute zu bestimmten Themen ein, die Geschichte des Bolschewismus, die Geschichte des polnischen Sozialismus oder des ungarischen Sozialismus, alle Oststaaten, die es damals gab, die ja alle verschiedene Entwicklungen bei den Linksparteien gehabt haben, die wurden dargestellt und diskutiert. Oder aber es wurde rein philosophisch dargestellt, obwohl das seltener passierte, weil unsere Leute dafür nicht so den großen Sinn hatten, wie denn nun die „Philosophie" des Marxismus-Leninismus eigentlich ist. Viel bedeutsamer war die Politökonomie, die Darstellung der Interpretation des Kapitalismus. Ich selbst habe die Arbeit nie gemacht nur aus reinem Erkenntnisinteresse, sondern das war immer verbunden mit dem Gewinn eines eigenen links-demokratischen Standpunktes. Denn Marxist-Leninist konnte ich nie sein, das war überhaupt nicht drin. Aber ich mußte „Wahrheit und Lüge des Kommunismus" kennen, um die eigene Position im Für und Wider zu entwickeln. Fast ein Jahrzehnt, vom zweiten Examen an bis 1968, habe ich fast ausschließlich in diesem Sektor gearbeitet.

ZEE: Diese Arbeit kommt einem aus dem heutigen Blickwinkel sehr weit entfernt vor. Was ist geblieben an Impulsen aus der Arbeit in diesem „Sektor"? Oder haben sich die Impulse seit 1989 verflüchtigt?

GB: Als ich 1972 in Bochum mein erstes Seminar anbot, das ging über den „Entfremdungsbegriff beim jungen Karl Marx" und das Problem von Sünde und Entfremdung, da kamen in das Seminar 120 Leute. Wir haben das Seminar sofort geteilt, und wir haben wie die Irren gearbeitet, die Studenten und ich, mehrere Bände Aktenordner, die man heute noch besichtigen kann, waren das Ergebnis. Ich habe ganz bewußt das letzte Seminar, das ich an der Universität 1996 gehalten habe, zu dem gleichen Thema veranstaltet. Da waren wir dann mit zwölf Leuten, die Hälfte war nur gekommen, weil sie mir einen Gefallen tun wollten, und das, was da erarbeitet worden ist, das ist die Hälfte eines normalen Aktenordners. Was ist da in den fünfundzwanzig Jahren dazwischen passiert? Manchmal stehe ich heute vor der ausgebauten Marxismus-Bibliothek, die ich schon in die Uni gegeben habe, da stehe ich davor und denke, es war alles umsonst. Es ist alles mehr oder weniger umsonst gewesen. Du hast dich also mindestens zehn oder fünfzehn Jahre deines Lebens mit einer Sache befaßt, die mausetot zu sein scheint. Es ist dabei aber auch folgendes zu sagen: Ich weine dem Zusammenbruch dieses Systems keine Träne nach. Nur, was mich heute belastet, ist, daß wir eine relativ alternativlose Welt geworden sind. Daß wir mehr oder weniger den Sieg einer Wirtschaftsordnung zu verzeichnen haben, die ja ihrerseits große Probleme hat, und noch mehr Probleme bekommen dürfte.

Haben wir gesiegt – oder sind wir nur übriggeblieben? Das kann ich nicht beantworten. So wie wir momentan das Verhältnis von Ökonomie und Politik bestimmen, so kann es wohl auch nicht sein, denn jetzt wird die Politik immer mehr der Trabant des ökonomischen Interesses. Ich vermute, wir bekommen in absehbarer Zeit eine neue Diskussion über das Verhältnis von Politik und Ökonomie.

ZEE: Gehört die Kenntnis des Marxismus und des Sozialismus historisch gesehen in den Kanon einer Kulturgeschichte des Protestantismus?

GB: Der Protestantismus nach 1945 hat sich ganz entscheidend in seiner Position, in seiner Ethik und Sozialethik, in der Ethik des Politischen und Gesellschaftlichen, bestimmt und gewonnen in seiner Auseinandersetzung mit dem Sozialismus. Viele haben ihre Form des christlichen Glaubens nur gefunden in der Auseinandersetzung mit der Religionskritik von Marx und einigen seiner Nachfolger bis hin zu Marcuse. Für die intellektuelle Biographie sieht die Sache anders aus als für die Historie auf der politischen und der machtmäßigen Ebene. Das wird man unterscheiden müssen. Aber der Protestantismus ist gezwungen worden, das beginnt in der Weimarer Zeit, ansatzweise auch schon in der Kaiserzeit, aber in der Weimarer Zeit bricht es dann vollkommen durch, sich mit dem Problem Sozialismus und Christentum konsequent auseinanderzusetzen. Für den Protestantismus müssen wir sagen, daß eine der produktivsten Phasen der Produktion von Ethik und Sozialethik im Kontext der Auseinandersetzung mit dem Marxismus geschehen ist.

ZEE: Für welche Teile des Protestantismus gilt das?

GB: Selbst diejenigen, die nicht eine freiheitlich-sozialistische Konsequenz gezogen haben, die haben aber alle die markt-soziale Konsequenz gezogen. Hätten wir jemals die Mitbestimmungsdenkschrift bekommen, hätten wir jemals das ganze Problem des Miteigentums am Produktivkapital diskutiert, das hätten wir doch nie aus eigener Kraft entwickelt, von unseren eigenen Voraussetzungen her, wenn wir nicht in einer ganz bestimmten epochalen Situation, die geprägt war durch den Antagonismus von Kapitalismus und Sozialismus, gestanden hätten. So daß dieser Antagonismus eigentlich für uns produktiv war. Das ist und war aber nie ein Plädoyer dafür, daß dieser Antagonismus bestehen muß. Sondern das ist nur ein Plädoyer dafür zu fragen, wie können wir weiterhin an dieser Linie weiterstricken. Da liegt die Schwierigkeit. Jedenfalls ist meine spezielle Position in der Sozialethik Produkt der Auseinandersetzung einer bestimmten christlichen Tradition mit sozialistischen Positionen.

ZEE: Liegt der Idee der sozialen Marktwirtschaft soetwas zugrunde wie die Vorstellung eines, wie Franz Oppenheimer schon früh gesagt hat, „dritten Weges"?

GB: Ich hab relativ spät, vor etwa zehn oder fünfzehn Jahren entdeckt, daß die Väter der sozialen Marktwirtschaft samt und sonders alle durch die Denkschule des religiösen Sozialismus gegangen sind. Und was ist dabei übrig geblieben ? Übrig geblieben ist bei allen, daß sie nie einem sich selbst überlassenen Ökonomismus das Wort reden konnten, sondern daß sie gesagt haben, es gibt nichts besseres als den Indikator Markt. Aber dieser Indikator muß als Instrument betrachtet werden und als Instrument muß er ausgerichtet sein nach Bedingungen, die der politisch-moralische Wille setzt. Ich muß Rahmenbedingungen schaffen, die dann auch in der Lage sind, die Produktivkraft und die Effektivität, die der Markt entfaltet, umzulegen in sinnvolle Gesellschaftspolitik, so daß also Wirtschaftspolitik und Sozialpolitik nur die zwei Seiten der gleichen Unternehmung sind. Dazu bedarf ich, um das zu machen, das steht auch bei Oppenheimer, bei Erhard, bei Roepke und Rüstow, dazu bedarf es des Staates, bedarf es des gebündelten politisch-moralischen Willens. Der Staat muß die Wirtschaftspolitik machen, die anderen dürfen wirtschaften, und das müssen sie in Eigenverantwortung tun. Wir haben das Modell der sozialen Marktwirtschaft entwickelt als „dritten Weg", weil es den anderen Weg, den staatssozialistischen Weg gegeben hat. Und der fällt jetzt weg. Was ist das Ergebnis? Wir haben nur noch „einen" Weg. Die Rede vom dritten Weg ist in sich zusammengebrochen. Wir gingen ja noch davon aus, daß dieser dritte Weg ein konstruktiver Weg ist, der die Stärken des kapitalistischen Systems verschränkt mit den Notwendigkeiten sozialer Gerechtigkeit. Das war unser Modell. Dafür haben wir Ethik gemacht.

ZEE: Welche Aufgabe hat der Protestantismus für die Fortentwicklung des Modells der sozialen Marktwirtschaft, ein Modell, an dessen Genese er ja maßgeblich beteiligt gewesen ist?

GB: Der Sinn eines effektiven Wirtschaftssystems liegt außerhalb seiner selbst, nämlich in der Produktion der kulturellen Voraussetzungen, der Personen und Institutionen der Gesellschaft, alles Voraussetzungen, die der Markt selbst nicht schaffen kann. Der Markt produziert keine Gerechtigkeit, der Markt produziert keine Moral, keine Tugenden, im Gegenteil, er verzehrt sie. Der Markt ist der große Moralverzehrer. Und jetzt kommt die Frage: Wer liefert das Unterfutter, um diese schwierige Balance von Marktkräften und Gemeinwohlorientierung einzuüben ? Wenn diese Balance nicht mehr eingeübt wird, in den Familien, in den Schulen, im Unterricht, in der Sozialisation, dann bricht diese ganze Veranstaltung soziale Marktwirtschaft zusammen. Denn die soziale Marktwirtschaft selbst ist kein rein mechanistisches Räderwerk, sondern sie lebt von der Zufuhr, daß immer Menschen da sind, die sich auf die Dialektik von Eigeninteresse und Gesamtinteresse, auf die Dialektik von Eigennutz und Gemeinwohl, wie wir in der Denkschrift formuliert haben, einlassen.

Eine kapitalistische Wirtschaftsgesellschaft verzehrt Tag für Tag Moral und Sitte. Denn die Aufgabe der Ökonomie ist nicht, die Moralität der Menschen zu produzieren. Das kann sie einfach nicht. Da gibt es eben jetzt die anderen Agenturen, und diese Agenturen sind Familie, sind Schule, das Bildungssystem im ganzen, sind Kirche – und sie liefern immer wieder die Voraussetzungen nach, von denen dann die Ökonomie lebt. Und insofern besteht ein enger Zusammenhang von Ökonomie und Kultur. Wenn die „Kulturproduktion" nicht mehr läuft, dann wird die Ökonomie ihrer moralischen Voraussetzungen beraubt. Denn die Ökonomie selbst ist hart, brutal, sie wird überhaupt erst dann humaner gemacht, wenn andere Wirklichkeiten religiöser und kultureller Art in sie hineinkommen. Die soziale Marktwirtschaft bedarf also der permanenten human ausgerichteten und religiös-kulturellen Unterfütterung. Wo sind aber die Agenturen, die das leisten?

ZEE: Muß die Kirche darum auch das Bildungsthema in Zukunft stark machen?

GB: Persönlichkeitsbildung – Bildung im umfassenden Sinne. Bildung ist aber nur „ein" Thema. Unsere Aufgabe als Kirche ist, die Voraussetzungen vernünftiger, humaner Weltlichkeit zu schaffen. Und das kann nur die Religion. Das kann die Welt nicht selbst. Insofern ist also guter Unterricht, gute Einübung in Frömmigkeit, gute Einübung in Musik und Literatur, ist „eine" der ganz entscheidenden Voraussetzungen. Denn im engeren Sinne haben wir keine Kompetenz im Blick auf Ökonomie. Aber ohne diese Voraussetzungen wird es keine gelingende Ökonomie geben.

ZEE: Worin sehen Sie die Aufgabe der Ethik?

GB: Ich habe Ethik immer für eine Produktivkraft gehalten. Und ich habe immer gemeint, daß Ethik und Macht das eigentliche Problem sind. Ich habe mich eigentlich nie so sehr mit den Begründungsfragen der Ethik herumgeschlagen. Die Kollegen haben immer tolle Sachen geschrieben über Begründungsfragen. Aber die waren in anderen Zusammenhängen als ich. Ich habe das nie verachtet. Aber meine Ausrichtung war anders. Ich bin nie nur Schreibtischmensch gewesen. Ich habe da lange gesessen und ja auch einiges geschrieben, aber der Schreibtisch allein war nie meine Leidenschaft. Ich mußte immer sehr viel draußen sein. Das ist glaube ich ganz wichtig für die Art, wie ich gearbeitet habe:

Mich interessierten, was die ethischen Problem der Arbeitswelt betrifft, die Personen, etwa die Betriebsräte, die Vorarbeiter, die Industrieleiter, die Ingenieure, also alle, die in einem Betrieb beschäftigt waren, interessierten mich als Personen, nicht als Funktionäre. Das bedeutete, daß ich auf diesem Wege zu den alten Fragen der Arbeitsethik zurückkehrte. Arbeitsethik aber nicht als normativer Vorentwurf. Ich bin nie irgendwo hingegangen und hatte vorher eine Theologie der Arbeit oder eine Theologie der Mitbestimmung, sondern ich habe versucht, die ethischen, die personal-ethischen und sozialethischen Probleme aus teilnehmender Beobachtung heraus zu definieren, aus den Vollzügen der praktischen Arbeit selbst zu ermitteln. Das war damals von Rene König ein ganz wichtiger Begriff für mich, die teilnehmende Beobachtung. Am Schreibtisch kann ich nur aufschreiben, was ich vorher empirisch-kritisch gesehen habe und was die Ergebnisse von unendlichen vielen Dialogen und von unendlich vielen Betriebsbesuchen waren. Die Produktion von Ethik war mir nur möglich unter den Bedingungen durchlaufender Teilhabe und Teilnahme an den zur Debatte stehenden Prozessen selbst, soweit man da überhaupt herankommt. Das hat auch Grenzen, das muß man ganz deutlich sehen. Man muß nicht meinen, wenn man dies gemacht hat, dann wäre man der große Experte für die Arbeitswelt. Das da immer Reste bleiben, das ist überhaupt gar keine Frage. Meine Aufgabe als Ethiker war immer zu fragen, was tragen die laufenden Debatten und die Probleme, die zur Entscheidung anstehen, für den praktisch-humanen Fortschritt in der Arbeitswelt aus, und was muß ich auch ethisch verlangen im Blick auf mein Ziel, das Menschen unter Bedingungen arbeiten, die das Maß der nicht-aufhebbaren Entfremdung reduzieren. Arbeit ist konstitutiv für das durchgespielte Menschsein des Menschen, aber Arbeit impliziert Vergeblichkeit, Brüche, Versagen, Verletzungen, impliziert Abbau von Kräften, von physischen und geistigen Kräften. Der Preis des Lebens ist der Abbau seiner Kräfte – und das kann ich aufhalten durch bessere, humanere und gerechtere Produktionsformen, ich kann es verlangsamen, aber ich kann diesen Prozeß imgrunde genommen nicht aufheben. Mit dieser Sicht war ich immer verquer mit den großen utopischen Entwürfen, die im Sinne des jungen Karl Marx meinten, sie könnten die Arbeitsteilung und die Entfremdung aufheben. Da sprach mein Ruhrgebietsherz dagegen und die Erfahrungen, die ich gemacht hatte. Solche großen Erwartungen konnte ich nie formulieren. Aber: der Komparativ, der war leistbar. Ich kann Produktionsformen humaner, gerechter machen, ich kann sie viel enger anbinden an bestimmte Erwartungen, Hoffnungen und Bedürfnisse, die die Menschen haben; das ist jederzeit möglich und es macht sogar Spaß, wenn man hier Fortschritte macht.

ZEE: Wie nehmen Sie die Wirklichkeit der Arbeit heute wahr? Was hat sich verändert?

GB: Die Leidenschaft für Humanisierung und Demokratisierung, diese Leidenschaft ist heute öffentlich so gut wie nicht mehr da. Weil sich heute nur alles darum dreht, Arbeitsplätze zu erhalten oder neue Arbeitsplätze zu schaffen. Das Thema Arbeitslosigkeit hat die Frage nach der Humanisierung der Arbeit in die zweite Reihe gedrängt. Es muß aber immer beides genannt werden. Arbeit ist das eine, aber die Arbeitskraft des Menschen unterliegt auch immer der besonderen Pflegepflicht. Die Frage nach der Arbeit kann nicht abgekoppelt werden von dem Recht auf humane Arbeit. Für meine Begriffe wird die Sache schief, wenn man um des Gutes der Arbeit willen inhumane Bedingungen in Kauf nimmt. Meine heutige Beobachtung ist, daß der Kreis der Menschen, die innerlich bereit sind, auch unter dem Zwang – das ist keine moralische Verurteilung –, unter dem sie stehen, immer mehr bereit werden, die traditionellen sozialethischen Ziele einer progressiven Arbeitsplatzgestaltung in die zweite Reihe zu rücken, zunimmt. Auf der anderen Seite muß man allerdings auch zugeben, daß diejenigen Unternehmer, die einen weiteren Blick haben, auch entdeckt haben, daß ein humaner Arbeitsplatz eine größere Effektivität im Blick auf die Produktivität des Unternehmens bringt. Und so ergibt sich die eigenartige Konstellation, daß die Tendenzen auf mehr Mitwirkung und Mitbestimmung heute kaum noch Unterschiede zu den traditionell gewerkschaftlichen oder zu christlichen Positionen aufweisen. Allerdings sind die Entwicklungen, Stichwort „Unternehmenskultur", sehr stark geprägt von den Erwartungen der besseren Kapitalverwertung. Aber das kann man ja den Unternehmen nicht übel nehmen, da hat es keinen Sinn zu rechten. In der Regel ist es so, daß alle Praxis und alle Experimente eindeutig zeigen: Je humaner eine Produktion läuft, umso effektiver ist sie für alle Seiten. Humanität ist heute ein Produktivfaktor. Und nicht mehr nur das Geschenk, das „donum superadditum". Das ist vorbei. Und es hat überhaupt keinen Sinn, einlinige, undialektische Wertungen vorzunehmen. Wir haben bisher immer die Fähigkeit entwickelt, Krisen so zu handhaben, daß sie schließlich und endlich wieder neue Stabilitäten gebracht haben. Die Erringung neuer Stabilitäten halte ich für unendlich wichtiger als über vergangene Selbstverständlichkeiten, wenn sie denn abgebrochen werden, nur zu lamentieren oder zu resignieren. Ich schätze, daß es schöpferische Krisen gibt, und die Frage ist, woher die innere Moral und das praktische Ethos seine Auffüllung erfährt, wenn alte Gewohnheiten und Selbstverständlichkeiten sich historisch verflüchtigen.

ZEE: Sind Sie zufrieden mit der öffentlichen Wahrnehmung des Protestantismus, gerade auch im Blick auf seine soziale und kulturelle Prägekraft, die er historisch ausgeübt hat und auch zukünftig ausüben könnte? Seine Prägekraft für eine Form vernünftiger Säkularität?

GB: Damit bin ich überhaupt nicht zufrieden. Da gibt es Schwierigkeiten. Der wissenschaftlichen Forschung zumindest sind die Zusammenhänge durchaus bekannt. Aber innerhalb der Kirche, die ja nicht identisch mit Protestantismus ist, innerhalb der Kirche und ihres Funktionärskörpers sind die Zusammenhänge von Protestantismus und seinen Folgen für eine vernünftige Säkularität relativ unbekannt. Der kirchliche Betrieb läuft momentan nicht so sehr mit dem Ziel, Christen in mündige Weltverantwortung, in säkulare Vernünftigkeit und vernünftige Säkularität zu bringen. Wichtig wäre doch, daß Menschen, die geprägt sind durch Verkündigung, durch Religion, daß die ihrerseits nun ihre weltliche Verantwortung als Christen wahrnehmen. Nur dieser Typus, der wird immer seltener, weil die Säkularität, die bei uns dominiert, sich nicht mehr ereignet und entwickelt vor dem Hintergrund bewußter europäisch-christlicher Tradition.

ZEE: Wie steht es mit der Wahrnehmung des Protestantismus in der Geschichtswissenschaft?

GB: Die Vertreter der Generation, die in den letzten zwanzig Jahren, das ist mein Jahrgang, das Sagen gehabt haben, haben in ihrer Mehrheit von einem modifiziert materialistischen Ansatz her gedacht, in dem die Ökonomie und die Gesellschaft mit ihren Strukturen die dominante Kraft der Geschichte gewesen sein soll. Sie haben fast alle die Produktivkraft Religion abgekoppelt und als ein immer mehr privatisiertes Randphänomen behandelt. Bis auf einen, der für mich unendlich wichtig war, das ist der verstorbene Thomas Nipperdey. Der hat immer gewußt, daß es da einen Zusammenhang gibt, und er ist es, der die konstruktive Rolle von Religion entdeckt hat. Aber es wäre völlig falsch, den sogenannten Profanhistorikern den schwarzen Peter zuzuschieben, denn der schwarze Peter liegt bei unseren Kirchengeschichtlern. Denn sie haben in der Regel einen völlig verengten Begriff, anders als Troeltsch und andere, was die Rolle von Kirche, Religion, von Frömmigkeit überhaupt ist. Die Kirchengeschichtler haben Kirchengeschichte als Institutionengeschichte gemacht. Die sogenannten Interdependenzprobleme, die wurden in der Regel immer nur in Doktorarbeiten verhandelt und dann war meistens Schluß. Die entscheidenden Dinge an dieser Stelle sind gar nicht von den Fachhistorikern gemacht worden, sondern von Systematikern oder praktischen Theologen oder Religionssoziologen, aber auf jeden Fall nicht von den klassischen Kirchenhistorikern. Aber es gibt Anzeichen, daß unter den jüngeren Leuten langsam aber sicher dieses Defizit aufgearbeitet wird.

ZEE: Wie steht es um das Verhältnis von Kultur und Protestantismus in der innerkirchlichen Wahrnehmung?

GB: Wir haben kaum noch freie, protestantisch selbständige Verbände, in denen Menschen sozialisiert und sensibilisiert werden. Der freie Protestantismus ist weitgehend abgelöst. Das ist alles vereinnahmt worden von der Institution der Kirche und das haben wir teuer bezahlt. Nämlich mit dem Ausverkauf eines feststellbaren Laienbewußtseins. Jedenfalls in dem Bereich, in dem ich zuhause bin, den Unternehmen, spielen immer weniger bewußte Christen ein Rolle. Das kann man einfach sagen. Vor zwanzig, dreißig Jahren, wo ich immer wieder Leute getroffen habe, die als Direktoren, als Ingenieure, oder was auch immer sie waren, sich als evangelische Christen begriffen haben, das ist heute ein absolute Ausnahme. Hier haben wir irgendwo etwas falsch gemacht.

ZEE: Mit welchen Fragestellungen werden Sie sich in der nächsten Zeit beschäftigen?

GB: Ursprünglich hatte ich einmal vor, und das haben auch viele erwartet, eine richtig schöne Arbeitsethik zu schreiben. Es gibt Leute, dazu gehört der alte Bischof Lohse, der sagt immer, wenn er mich sieht: „Brakelmann, wann kommt denn ihre Arbeitsethik?" Ich kann nur sagen, das würde so ein ähnliches Drama werden wie bei Arthur Rich, der genau die Phase beschrieben hat, die ich auch beherrscht habe. Aber er hat den Übergang zu den ganz modernen Fragestellungen, die wir heute haben, nicht geschafft. Wenn ich mir heute eine moderne Produktion ansehe, da komme ich an Grenzen. Und das müßte man dann auch mal ganz offen sagen: Ich verstehe vieles nicht mehr. Deshalb habe ich auch seitdem, seit diese ganz moderne Entwicklung läuft, nicht mehr darüber geschrieben. Das hört irgendwann auf. Und es kommt eine zweite Erkenntnis hinzu. Man kann Ethik heute nur noch mit anderen zusammen machen, für die Arbeitswelt etwa im Dialog mit einem Volkswirtschaftler und einem Technikexperten und anderen. Und das muß man dann auch einfach irgendwann einmal sagen dürften, daß ein Einwurf aus *einer* Feder nicht mehr möglich ist. Die Veränderung unserer Arbeitswelt ist mittlerweile so kompliziert geworden, daß ich mit meinem alten Wissen nicht mehr auskomme. Und ich gestehe voll und ganz zu, daß ich von den neuen Problemen, die alle mit der Kommunikations- und Informationstechnologie zu tun haben, daß ich das nicht mehr voll beherrsche. Die kommende Struktur in Geist und Logik der Arbeitswelt wird eine andere sein, als die in die ich mich eingearbeitet hatte und in der ich auch gelebt habe. Und dann muß man sagen: „Laß es sein. Du hast deinen Beitrag geleistet."

ZEE: Und die sonstigen Pläne? Welche Arbeiten wollen Sie noch abschließen?

GB: Was ich unbedingt fertig bekommen möchte, sind zwei Dinge. Einmal die Rolle von Glaube, Religion, Ethik und Kirche im politischen deutschen Widerstand in der NS-Zeit. Und da faszinieren mich am meisten die Kreisauer. Ich sitze an einer Arbeit über Moltke und die anderen im Blick auf die Frage, welche Rolle ihr christlicher Glaube gespielt hat. Ich wende mich also der Motivationsebene zu, die von den meisten Profanhistorikern immer sehr gemieden wird, weil sie Angst haben, sie kämen da in's Schwadronieren. Das ist das eine. Und das andere hängt damit zusammen. Seit meiner Arbeit über Ehrenberg beschäftigt mich das Problem der Rolle des deutschen Antisemitismus. Dies Problem wiederum hat unendlich viel mit Wirtschaft zu tun, mit Wirtschaftsgeschichte, mit Konjunkturgeschichte. Ich mache also nicht etwas neues und anderes jetzt, ich werde kein Hobbyist, ich erweitere nur das Spektrum im Blick auf die genannten Probleme.

ZEE: Die Bücher der anderen: Welche zehn theologischen Bücher würden Sie mit auf die berühmte Insel nehmen? Wie lautet Ihr Kanon?

GB: Mal abgesehen von der Bibel selbst – die ersten kann ich relativ schnell sagen. Luther „Von der Freiheit eines Christenmenschen", für mich ein ganz wichtiger Traktat. Dann „Von weltlicher Obrigkeit", hier ist mir der zweite Teil besonders wichtig, „wie weit man ihr Gehorsam schuldig ist", denn die protestantische Ethik des Politischen beginnt mit der Bestimmung der Grenze des Staates, was die meisten immer vergessen. Dann würde ich aus dieser Zeit auf jeden Fall die „Bekenntnisschriften" von 1530 mitnehmen, mit diesem hervorragenden, unüberbietbaren „Großen Katechismus", wo man lernen kann, was Ethik ist. Jetzt muß ich einen Riesensprung machen, in die Neuzeit, und da würde ich die Denkschrift von Johann Hinrich Wichern von 1849 nehmen. Nicht, weil ich alles für gut halte, was da steht, sondern weil ich dann den ganzen Bereich des Politisch-Sozialen mit dabei habe. Dann einen guten Naumann-Text und zwar wahrscheinlich seine Interpretation der Denkschrift von Theodor Lohmann „Das christlich-soziale Programm". Eine Schrift von Paul Tillich müßte auf jeden Fall dabei sein, „Theologische Existenz heute" von Karl Barth muß ich nennen. Ich behaupte immer noch, daß Barth mehr mit Luther zu tun hatte, als er selbst wußte, aber da können die Gelehrten weiter drüber streiten. Von Barth würde ich ebenfalls seinen Versuch der Neuformulierung der Zweireichelehre „Christengemeinde und Bürgergemeinde" dazunehmen. Jetzt sind wir schon bald bei zehn.

ZEE: Ein Buch aus Ihrer Generation?

GB: Ein Buch, das für mich damals ganz wichtig war und für uns, war Dietrich von Oppen: „Das personale Zeitalter": Das kann man sich heute nicht mehr vorstellen, wie das damals auf uns gewirkt hat. Aber das würde ich jetzt mal weglassen. Am ehesten würde ich ein Buch von Wolf-Dieter Marsch nennen. Über die Dogmatik-Bücher habe ich jetzt gar nichts gesagt, aber mir sind zwei systematische Theologen ganz wichtig, das sind Gerhard Ebeling und Eberhard Jüngel.

ZEE: Ist die Epoche der einflußreichen Bücher unwiderruflich vorbei, weil sich die Art der Wissenschaft, die Art ihrer Wissensproduktion und ihrer Rezeptionsbedingungen geändert haben?

GB: Wir Heutigen sind alle zu wenig umfassend gelehrt. Wir sind zu spezialisiert. Heute kann sich keiner mehr hinstellen wie Adolf von Harnack und auswendig eine Vorlesung halten über das Wesen des Christentums.

ZEE: Gab es berufliche Herausforderungen, von denen Sie es bereut haben, daß Sie nicht darauf eingegangen sind? Die Sie gerne gemacht hätten?

GB: Es gibt eine Sache, die ich gerne gemacht hätte. Das war mein Riesentraum. Ich wäre gerne Arbeitsdirektor geworden. Und zwar für eine Periode. Um zu sehen, was ist denn von alledem, was du da erzählst, was ist denn überhaupt machbar, durchsetzbar. Ist vielleicht der Alltag noch komplizierter als du sowieso schon immer gemeint hast? Ist der Weg vom Konzept zur Verwirklichung vielleicht noch schwieriger, als ich sowieso schon immer gewußt habe. Es wäre für mich so eine Art von Lackmusprobe auf den von mir vertretenen Realitätsgehalt der Sozialethik gewesen.

Das hätte ich gerne gemacht. Aber die Konstellation war nicht sehr günstig, als das zur Debatte stand. Aber ich bin nicht traurig, daß es nicht so gekommen ist. Zur Traurigkeit habe ich nach diesem Berufsleben überhaupt gar keine Veranlassung. Überhaupt nicht.

ZEE: Sie sind einer der wenigen evangelischen Theologen, die einmal einen Aufsatz zum Humor geschrieben haben.

GB: Der Humor ist die Tugend des Gerechtfertigten. Weil der Humor die einzige Form ist, mit der durchgehenden Imperfektibilität dieses Weltgemächtes zurechtzukommen. Deshalb konnte ich auch nie ein knatschiger Utopist oder Radikaler werden. Mit Utopien habe ich Probleme. Mir reichen Aufgaben. Für mich bleibt die Differenz zwischen dem Erstrebten und dem Erreichbaren ewig. Sie kann nur religiös bewältigt werden. Meine Identität hängt nicht am erfolgreichen Gelingen, auf der Handlungsebene, sondern an dem mir von Gott zugesprochenen Eigenwert. Aus dieser Sicht heraus, diesem Ja zur Differenz, meine ich, daß der Humor die mentale Folge des Verständnisses der eigenen Existenz im Horizont der Rechtfertigung ist. Mit dem Humor hat der Protestantismus das Wissen um all das Unbehagen und das Leid, das es gibt. Nur der hat Humor, der auch um das Leid in dieser Welt weiß. Humor besitzt dieses Wissen. Sonst wäre es nur Spaß.

ZEE: Ich bedanke mich für das Gespräch.

Günter Brakelmann, Jahrgang 1931, wuchs in Bochum-Querenburg auf, er studierte von 1953 bis 1958 Evangelische Theologie in Bethel, Tübingen und Münster. Nach Promotion und Vikariat arbeitete er bis 1968 als Studienleiter an der Sozialakademie Friedewald. Nach einer Zwischenphase in der heftigen Zeit, die er in Münster und Berlin erlebte, erreichte ihn 1972 der Ruf auf die neu geschaffene Professur für „Christliche Gesellschaftslehre" in der Fakultät für Evangelische Theologie an der baufrisch emporgezogenen Ruhr-Universität Bochum. Die Bibliographie seiner Schriften auf dem Stand von 1996 ist zu finden in der ihm zugeeigneten Festschrift „Freiheit gestalten." Göttingen 1996. Zuletzt erschien von ihm eine zweibändige Monographie über Hans Ehrenberg. Das Gespräch mit ihm führte Joachim von Soosten Ende 1999.

Biographie und Wissenschaft

In meiner Jugend waren wir ein Haushalt ohne Bücher. Lesen war in unseren Kreisen niemandes Leidenschaft. Lesen war das Gegenteil von arbeiten. Arbeiten hieß, praktisch zu arbeiten, in einem Betrieb, auf dem Felde und im Garten oder auf einem Büro. Mein Vater war kleiner städtischer Angestellter an der Sparkasse. An ihn habe ich aber keine genaueren Erinnerungen. Ich war sechs Jahre alt, als er zu Wehrübungen eingezogen wurde. Als Infanterist lernte er auf Staatskosten Frankreich und Rußland kennen und verstarb kurz vor dem Kriegsende in einem Lazarett. Hin und wieder kam er während des Krieges, den meine Mutter mit ihren drei Kindern in Bochum und Köslin (Evakuierung) überlebte, in kurze Heimaturlaube. Die Erziehung lag entsprechend bei der Mutter, bei der Schule und im Jungvolk. Die Mutter hatte in der Kriegs- und Nachkriegszeit vollauf damit zu tun, ihre Kinder über die Runden zu bringen. Nach der Flucht aus Pommern zogen wir, da die alte Wohnung durch Bomben zerstört war, zu ihren Eltern, unseren Großeltern. Erst 1948 erhielten wir durch das Rote Kreuz die Nachricht vom Tode unseres Vaters. Daß ich weiterhin zur „Höheren Schule" gehen konnte, verdanke ich der Fürsprache meines alten Klassenlehrers, der meine Kenntnisse in Latein und Griechisch höher einschätzte als die schon vereinbarte Lehre als Schreiner. Großeltern und Mutter haben dann in den folgenden Jahren für ihren „hoffnungsvollen Sproß" die materielle Seite des Unternehmens Schule und Studium mitgetragen. Etwa im Winter 1948/49 habe ich in meinem Dachzimmer begonnen, mir eine kleine „Bibliothek" aufzubauen. Sie bestand anfangs vorrangig aus kleinen Inseltaschenbüchern, die ich mir vom ersten selbstverdienten Geld kaufen konnte. Textausgaben der klassischen Literatur kamen bald hinzu. Größere Werke blieben der Traum eines inzwischen lesehungriger gewordenen Jungen. Aber bis zum Abitur 1952 brachte ich es nur zu einem nicht ganz gefüllten Bücherbrett an der Wand über meinem Metallbett. Umso mehr aber lieh man sich in der Schule oder unter Freunden Bücher aus. Der „Wille zum Buch" entwickelte sich durch den Deutsch- und Geschichtsunterricht wie durch die Lektüre lateinischer und griechischer Autoren auf unserem „Humanistischen Gymnasium". Wir lasen natürlich die deutschen Klassiker, aber immerhin auch Gerhard Hauptmann und Ernest Hemingway. Historische oder theologische Bücher spielten kaum eine Rolle. Die Dichtung dominierte eindeutig. Irgendwer lieh mir einige Romane von Dostojewski, die ich bei Kerzenlicht in meiner Mansarde gelesen habe. Er wurde meine erste literarische Liebe, die bis heute angehalten hat.

Ohne Zweifel hat die Schule uns und mir manche Anregung für die eigene geistige Entwicklung gegeben. Aber entscheidender wurde für mich die Begegnung mit der Evangelischen Jugendarbeit in der Form der Christlichen Pfadfinderschaft. Durch sie lernte ich Dimensionen kennen, die mir zuvor weithin verschlossen waren: Kirche und christlicher Glaube, Naturliebe, Zeitgeschichte und Kultur. Hinzu kamen die Erlebnisse und Erfahrungen in der Jungengruppe auf Fahrten und in Lagern. Männer aus der alten CP vor 1933 sind es gewesen, die uns mit dem Schrifttum und Liedgut aus der bündischen Jugendbewegung bekannt gemacht haben. Die ersten jugendpädagogischen Schriften wurden gelesen und diskutiert. Das „einsame Lesen" wurde durch das gemeinsame Lesen, begleitet von unendlichen Diskussionen in Heimabenden und Jugendherbergen, ergänzt. Von Anfang an arbeiteten wir in der Arbeitsgemeinschaft Evangelischer Jugend und im Stadtjugendring mit. In diesem Umfeld der Nachkriegsjugendarbeit habe ich die Themen für mich entdeckt, die ich versucht habe später in eigener Verantwortung zu profilieren: Theologie, Geschichte und Politik. Es war eine geprägte und prägende Jugendarbeit, die pädagogische Intentionen mit der Einübung in christliche Inhalte und kirchliche Traditionen verband. Ohne diese Erfahrungen und Impulse aus der CP ist meine spätere Entwicklung nicht zu denken, auch wenn einige kritische Wertungen zu machen wären. Das eigene und gemeinsame Lesen der Bibel in der Gruppenstunde oder Lagerrunde gehörte genauso zur Ordnung wie das Auswendiglernen von Kirchenliedern. Als Primaner habe ich meinen Pfadfinderkameraden den berühmten Aufsatz von Karl Holl über Luthers Rechtfertigungslehre mit meinen damaligen Möglichkeiten interpretiert. Die kontinuierliche Beschäftigung mit Luther hat damals ihren Anfang genommen. Bonhoeffers „Widerstand und Ergebung" war für uns eine Provokation, uns mit der Geschichte der Kirche in der NS-Zeit zu beschäftigen. Wohlgemerkt: diese Impulse und Interessen waren vor Abitur und Studium im Rahmen einer evangelischen Jugendarbeit entwickelt, die von dem Engagement ihrer Mitglieder lebte und noch keine Hauptamtlichen kannte. Da ich noch über eine Reihe von Manuskripten aus dieser Zeit verfüge, staune ich über die Themenpalette und über das Wissens- und Reflexionsniveau. Natürlich war es nicht auf der „Höhe der Forschung", aber es war eben eigene Leistung. Der Entschluß, Theologie zu studieren, entwickelte sich aus dem Erleben der kirchlichen Jugendarbeit, verstärkt durch einen guten Religions- und Geschichtsunterricht in der Schule.

Von Haus aus bin ich weder religiös noch kirchlich sozialisiert worden. Von der Familie her gab es keine Einflüsse in dieser Hinsicht. Bis 1945 war ich „gottgläubig". Der dann folgende Konfirmandenunterricht hat mich wenig angesprochen. Erst durch den damaligen CP-Führer in Bochum, Pfarrer Wilhelm Schmidt, haben wir gelernt, was Liturgie und Gesang, feste und freie Gebete, Meditationen und Texte aus der kirchlichen Tradition bedeuten, überhaupt was „geistliche Ordnung" ausmacht. Der erweck- lich-pietistische Ton in der Kirche begegnete uns in den Predigten von Johannes Busch, damals westfälischer Landesjugendpfarrer. Er war uns beides: ein Ärgernis und eine fruchtbare Provokation zugleich. Imponiert hat uns sein Bekennermut.

Warum diese Skizze über die Jugendarbeit vor Abitur und Studium? In dieser Zeit wird weithin grundgelegt, was mich später jahrzehntelang be- schäftigen sollte. Das Studium stand von Anfang an in der Perspektive der Interessen, die ich schon mitbrachte. Daß Systematische Theologie und Kirchengeschichte die Schwerpunkte wurden, war nur folgerichtig. Aber eine Tendenz wurde in der Zeit des Studiums noch deutlicher als zuvor: das politische und hier vor allem das gesellschafts- und sozialpoli- tische Interesse. Als einige Freunde und ich uns endgültig entschlossen, Theologie zu studieren, war unser großes Ziel, die Arbeiterschaft wieder an die Kirche heranzuführen und die Kirche für die Interessen der Arbei- terschaft zu öffnen. „Kirche und Arbeitswelt", „Kirche und Gewerkschaf- ten", „Theologie und Soziologie" wurden die großen Themenfelder. Als Studenten nahmen wir an gewerkschaftlichen Veranstaltungen und Schu- lungen teil, machten Betriebsbesuche und hatten Gespräche mit Betriebs- räten und Vertrauensleuten. Was Betriebsverfassung ist, was Mitbestim- mung bedeutet, was Tarifpolitik zu leisten vermag und vieles mehr – das alles konnte man sich durch das Lesen entsprechender Literatur aneignen, aber vor allem durch Arbeit in den Semesterferien erschloß sich mir die

Notwendigkeit einer speziellen Sozialethik der industriellen Arbeitswelt. Hier gab es nur wenige Vorarbeiten. Während des Studiums in Münster geriet ich in den Einflußbereich von Prof. H.D. Wendland und seines Assistenten Trutz Rendtorff. Hier begann ich akademisch aufzuarbeiten, was ich praktisch wollte: eine Kirche für die Arbeiter und eine theologische Sozialethik für die Arbeitswelt. Zu Hilfe kam mir ein Kontakt zum kirchlichen Sozialamt von Westfalen in Villigst. Die für die Evangelische Sozialseminare zuständige Frau Dr. Sibylle Banke gab mir die Gelegenheit, meine ersten öffentlichen historischen und sozialethischen Vorträge zu halten. Geschrieben hatte ich bis dahin einige kleinere Beiträge in Jugendzeitschriften. Noch während des Studiums in Münster begann ich mit der Abfassung meiner ersten größeren Arbeit über das Thema „Kirche und Sozialismus im 19. Jahrhundert. Die Analyse des Sozialismus und Kommunismus bei Johann Hinrich Wichern und Rudolf Todt", als Dissertation 1966 erschienen. Sie ist der Beginn einer intensiven und bis heute andauernden Beschäftigung mit dem historischen und inhaltlichen Problem der Auseinandersetzung des Protestantismus mit dem neuzeitlichen Sozialismus und Kommunismus. Aber diese historische Arbeit stand im engsten Zusammenhang mit der zeitgenössischen und aktuellen Auseinandersetzung mit den sozialistischen Systemen, ihrer Weltanschauung und Politökonomie. Historisch-kritische Rückblende verschränkte sich mit der Aufgabe, für die eigene Gegenwart eine Position verantwortlicher Teilhabe an den Kämpfen und Problemen der eigenen Zeit zu erarbeiten. Diese Auseinandersetzung hatte beim Studium 1953 in Tübingen begonnen. Die Professoren Erwin Metzke und Ernst Steinbach eröffneten uns die ersten Zugänge über Hegel zur Philosophie der Linkshegelianer, besonders zu den Schriften des jungen Karl Marx. Aber auch die politische Philosophie der romantischen Staatswissenschaften und die christlich-konservativen Gegenentwürfe gegen den „Geist von 1789" konnten wir uns aneignen. Diese „Grundausbildung" hat alle späteren eigenen Arbeiten zum Sozialismus und zum Marxismus mitgetragen.

Der für mich ohne Zweifel erste Höhepunkt der „literarischen Tätigkeit" wurde der Auftrag des Sozialamtes, ein Buch über die Geschichte der sozialen Frage im 19. Jahrhundert zu schreiben. Hier hatte ich die Gelegenheit, das bisher Erarbeitete und in vielen Vorträgen und Seminaren Ausprobierte methodisch und pädagogisch in schriftliche, lesbare Form zu bringen. Es begann mit einem Überblick über den Prozeß der industriellen Revolution und seine politischen und sozialen Folgen. Es folgte eine Darstellung der verschiedenen Formen und Ziele des Emanzipationskampfes des „vierten Standes": des französischen, englischen und deutschen Frühsozialismus, des Marxismus, der Arbeiterbewegung und der freien Gewerkschaften. Durchlaufend wurde die Frage behandelt, welcher Stellenwert Religion und Kirche gegeben wird. Die beiden letzten Großabschnitte behandeln die Stellung der beiden Kirchen zur sozialen Frage. Kurze Angebote zur Würdigung der einzelnen Personen, Organisationen und Prozesse sind dazugegeben. Dieses Buch von 1962 hat acht Auflagen erlebt und ist so etwas wie ein Klassiker in der Bildungsarbeit gewesen.

Nach einer kurzen Zeit als Berufsschul- und Studentenpfarrer in Siegen war ich von 1962 bis 1968 Sozialpfarrer und Dozent an der Evangelischen Sozialakademie in Friedewald und hatte im Rahmen der Kirchlichen Industrie- und Sozialarbeit drei Aufgabenfelder: die Geschichte der nationalen und sozialen Frage, die Auseinandersetzung mit dem Marxismus und sozialethische Probleme der Gegenwart. Aus allen drei Gebieten existieren kleinere literarische Zeugnisse, die die Methode und die Inhalte dieser politischen und theologischen Bildungsarbeit widerspiegeln dürften. Die ideologische und realpolitische Entwicklung der Sowjetunion und ihrer Satelliten wurde genauso dargestellt wie der Konflikt zwischen Moskau und Peking wie der Entwurf und die Praxis des tschechoslowakischen Reformsozialismus (s. Lit. 1962-1972) Die realen Lebensverhältnisse im „Ostblock" und die möglichen politisch-ideologischen Entwicklungen standen immer zur Debatte. Reisen in die DDR, nach Polen und in die CSSR kamen der analytischen Arbeit zugute. In der sozialethischen Diskussion dominierten damals zwei Themen: Arbeit und Eigentum. Die Sozialkammer der EKD hatte die Denkschrift „Eigentumsbildung in sozialer Verantwortung" und die „Empfehlungen zur Eigentumspolitik" herausgebracht. In dem Sammelband „Christ und Eigentum" habe ich meine damaligen kritischen Anmerkungen zu den Themen Gewinnbeteiligung und Mitbestimmung niedergeschrieben. Sie waren stark bestimmt von der ordnungspolitischen Diskussion dieser Jahre. Im ganzen aber ist zu sagen, daß ich in den Friedewalder Jahren viel referiert habe, viel im Lande herumgereist bin, manche kontroverse Diskussion bestritten habe und viel als „linker Theologe" angegriffen worden bin. Für viele war es schon verdächtig, sich mit Marxismus zu beschäftigen. In die Nähe der Unzuverlässigkeit geriet man, wenn man sein Interesse an der Konzipierung und Realisierung eines „demokratischen Sozialismus" bekundete. Und etlichen Kirchenleuten war es ein Zeichen jugendlicher Radikalität, wenn man für die Erweiterung der Mitbestimmung der Arbeitnehmer eintrat.

Bis jetzt wird schon deutlich, daß ich mich öffentlich immer im Zusammenhang mit aktuellen Problemen und Kontroversen geäußert habe. Bevor ich das tat, habe ich mich immer in die Geschichte der anliegenden Probleme eingearbeitet. Das wurde sozusagen zur „zweiten Natur". Meine Beiträge waren entsprechend mehr Kampfschriften als gelehrte Abhandlungen. Von den täglichen Arbeitsaufgaben in einer Akademie her gab es gar nicht die Zeit, größere Werke abzufassen. Man las mehr als man selbst schrieb. Aber Dutzende von Manuskripten zeigen, wie intensiv wir damals versucht haben, als junge Männer der Kirche unsere Kirche für das demokratische Lager zu öffnen.

Die beiden Jahre 1968 und 1969 in Münster haben kaum Spuren hinterlassen. Es galt, eine Habilitation zu schreiben. Aber es reichte nur zu Vorarbeiten über das Thema „Kirche und Theologie im ersten Weltkrieg". Als Assistent habe ich viel Zeit damit verbringen müssen, mich mit der Theorie und Praxis der sogenannten „Studentenrevolte" auseinanderzusetzen. Nennenswerte schriftliche Spuren hat das nicht hinterlassen. Aber ein neuer Themenkomplex, der später dominant werden sollte, hat mich in Münster ergriffen: das Problem von Krieg und Frieden. Um ein großes Seminar sachgerecht vorbereiten zu können, vertiefte ich mich in die Geschichte des Problems. Mein besonderes Interesse richtete sich sehr schnell auf den ersten Weltkrieg, der für mich die Grundtatsache des 20. Jahrhunderts wurde. In den nächsten Jahren sind über ihn drei Bücher entstanden: „Protestantische Kriegstheologie im ersten Weltkrieg. Reinhold Seeberg als Theologe des deutschen Imperialismus" (1974), „Der deutsche Protestantismus im Epochenjahr 1917" (1974) und „Krieg und Gewissen. Otto Baumgarten als Politiker und Theologe im Ersten Weltkrieg" (1991). Ich blieb auch hier meinem Ansatz treu, mich nie in ein aktuelles Thema zu stürzen, ohne die wichtigsten historischen Linien zuvor mir zu vergegenwärtigen. Das ist zwar arbeitsaufwendig, aber um der Qualität der eigenen aktuellen Beiträge willen notwendig. Nichts regt mich inzwischen mehr auf als historische Unbildung in aktuellen Kontroversen.

Die Berliner Jahre als Leiter der Evangelischen Akademie knüpften in vielen Themen an die Friedewalder Zeit an: die Ost-West-Problematik und die ordnungspolitische Problematik eines „Dritten Weges". In der Zeitschrift der Akademie „Die Kommunität" finden sich einige Zeugnisse der Berliner Jahre 1970 bis 1972, die den Durchbruch der neuen Ostpolitik der sozialliberalen Koalition brachten. Daß ich zu ihr in voller Solidarität stand, versteht sich von selbst. Seit der Ostdenkschrift der EKD von 1965 war ich ihr eifriger Verbreiter und Verteidiger. Die Außen- und Friedenspolitik von Willy Brandt und ihre Durchsetzung gegen starke Widerstände in Kirche und Gesellschaft wurde für mich ein Lehrstück in praktischer Politik. Etliche kleinere Beiträge bezeugen, wie ein kritischer Realismus, gepaart mit machbaren Perspektiven, immer mehr mein politisches Engagement bestimmt. Das Büchlein „Abschied vom Unverbindlichen" (1976) zeigt die Richtung an. Hier habe ich die Leistungskraft des Politischen, aber auch seine Grenzen markiert. Je länger ich mich mit dem Darstellen und der Interpretation historischer Konstellationen und Fakten befaßt habe, umso skeptischer bin ich gegenüber utopischen Entwürfen und sozialethischen Radikalismen geworden. Historisch-kritisches Denken und theologische Anthropologie haben mich immer nüchterner gemacht im Blick auf das politisch Machbare. Leistbar ist eine Welt mit weniger Ungerechtigkeit und mit weniger Friedlosigkeit über eine Kette von politischen und moralischen Leistungen, aber keine Welt ohne Konflikte und Katastrophen. Dieses Denken im Komparativ führt keineswegs in Resignation, sondern entbindet Handlungsbereitschaft mit Zielen, die realisierbar sind. Das große Exerzierfeld für diese meine Position wurde dann ab 1972 in Bochum mein Engagement für eine Friedenspolitik, die das Ziel eines besseren Friedens mit der notwendigen Sicherheitspolitik verband. Im Rahmen der Mitarbeit im überparteilichen Arbeitskreis „Sicherung des Friedens" habe ich eine Fülle von Beiträgen über die anthropologischen, sozialethischen und praktisch-politischen Probleme eines Friedens in Freiheit geschrieben (s. Lit. 1981-1996). In dem Sammelband „Für eine menschlichere Gesellschaft" (1996) sind Reden und Vorträge abgedruckt, die mein öffentliches

Engagement in Grundfragen der politischen Ethik wiedergeben. Im Vorwort habe ich geschrieben: „Als Mann der Universität war mir der Transfer von Ergebnissen der Forschung und Lehre in eine größere interessierte Öffentlichkeit immer eine wichtige Aufgabe. Eine Abschottung der Universität gegenüber gesellschaftlichen und politischen Problemen war mir nie eine Möglichkeit. Der Hochschullehrer hat neben seiner fachwissenschaftlichen Aufgabe eine politische Mitverantwortung für die Entwicklung einer humanen Gesellschaft. Daß zwischen beiden Aufgaben Spannungen bestehen, versteht sich von selbst."

Neben dem zeitlich aufwendigen Einsatz in der Friedensfrage gingen die Arbeiten an den Fragen der sach- und humangerechten Gestaltung der Arbeitswelt weiter. Die Ergebnisse lassen sich ablesen in dem Sammelband „Zur Arbeit geboren? Beiträge zu einer christlichen Arbeitsethik" (1988). Hier geht es um konkrete Sozialethik als Handlungsorientierung in der Gestaltung von industriellen Techno- und Sozialstrukturen. Humanisierung der Technik und Demokratisierung der Betriebs- und Unternehmenskultur sind die zentralen Themen. Den Sitz im Leben haben diese Themen in teilnehmender Beobachtung und Mitverantwortung. Jahrelang haben wir mit unserem Lehrstuhl Betriebsbesuche gemacht und mit Betriebsräten und Managern Gespräche geführt. Ein dichtes Netz von Kontakten entstand. Was ich geschrieben habe, ist nicht einsam am Schreibtisch entstanden, sondern aus Begegnung und Dialog heraus. Schließlich wählten mich der Krupp-Vorstand und die IG-Metall zum elften Mann in zwei Aufsichtsräten von Krupp-Töchtern, die heute zu Thyssen-Krupp gehören. Hier lernte ich die Praxis und Problematik der Unternehmensmitbestimmung kennen, aber auch hautnah die ökonomisch-technischen Probleme von Großbetrieben der Stahlindustrie.

Etliche Aufsätze über Arbeit, Technik, Mitbestimmung und Wirtschaft wären nicht ohne diese Alltagserfahrungen möglich gewesen. Die von mir entwickelte und vertretene Sozialethik hat sich nicht in erster Linie am normativen Reißbrett irgendeiner Theorie entwickelt, sondern ist aus der empirisch-kritischen Konfrontation mit alltäglicher Wirklichkeit erwachsen. Von besonderer Wichtigkeit sind mir bis heute die regelmäßigen Gespräche mit den Betriebsräten. Von ihnen lerne ich in Sachen des alltäglichen Realismus des Lebens von Arbeitnehmern unter dem Druck von

Rationalisierung, Flexibilisierung und Mobilität. Und aus Gesprächen mit unseren Managern lerne ich, was Produktion und Preisgestaltung unter den Bedingungen der Globalisierung bedeuten. Eigentlich habe ich als Professor für Sozialethik nur fortgesetzt, was ich als Schüler und Student begonnen hatte: die lebendige, kontinuierliche Begegnung mit gesellschaftlicher Wirklichkeit als Voraussetzung ihrer zielgerichteten Veränderung auf mehr Humanität, Gerechtigkeit und Freiheit hin. Es versteht sich fast von selbst, daß ich im Blick auf die Positionsbestimmung von Kirche und theologischer Sozialethik im Geflecht von Geschichte die historischen Forschungen weitergetrieben habe. Eine Reihe von größeren und kleineren Studien entstanden über einzelne Personen und einzelne Sachkomplexe, so über den Saarländer Carl Ferdinand Stumm als christlicher Unternehmer, Sozialpolitiker und Antisozialist. An ihm wurden exemplifiziert die Möglichkeiten und die Grenzen eines christlichen Patriarchalismus in der Phase des Hochkapitalismus. Stumm korrespondierte Theodor Lohmann als protestantischer Sozialpolitiker im Staatsdienst. Über Grundprobleme historischen Verständnisses handeln folgende Beiträge: „Protestantismus, Technik und Fortschritt im 19. Jahrhundert", „Die Industrielle Revolution im Urteil des Protestantismus", „Theologisch-ethische Bewertungen der Stadt im Protestantismus des 19. Jahrhunderts", „Gewerkschaften im Urteil evangelischer Sozialpolitiker und Theologen." Diese vier Studien zum Protestantismus in sozialen Konflikten sind unter dem Titel „Zwischen Widerstand und Mitverantwortung" herausgekommen (1994). Sie alle sind im Zusammenhang mit gegenwärtigen Fragestellungen als historisch-kritische Vorstudien entstanden. Ich habe nie die Neigung gehabt, mir willkürlich irgendwelche interessanten Themen herauszugreifen und zu behandeln. Arbeit über historische Themen war immer verbunden und getrieben mit Arbeit an zeitgenössischen, aktuellen Problemen. Die Vergegenwärtigung von Vergangenheit stand im lebendigen Bezug zu existentiellen, sozialen und politischen Fragen unserer Gegenwart. Schreibtischgelehrter alten Stils bin ich nie gewesen, wenn man darunter einen Menschen versteht, der in Ruhe und Distanz zur eigenen Zeit forscht und schreibt. Biographie und Mentalität wollten, daß Geschichtsforschung und Geschichtsschreibung immer ein integraler Bestandteil meines politischen Engagements für eine humaneres und freiheitlicheres Gemeinwesen von heute und morgen gewesen ist. Das hatte natürlich zur Folge eine Konzentration nur auf wenige Problembereiche. Die aktuelle Sozialethik bestimmte weithin die Auswahl der historischen Themen und politische Entscheidungssituationen geboten historisch-kritische Reflexionen als Voraussetzung für eigene aktuelle Entscheidungen. Bei dieser Methode hat es sich im Laufe der Jahre ergeben, daß sich ein permanentes Wechselspiel zwischen Sozialethik und Geschichte, zwischen politischer Mitverantwortung und Geschichte herausgebildet hat.

Beispiele: lange Jahre haben viele von uns sich an einem Dialog zwischen Christentum und Marxismus beteiligt. Als besondere Herausforderung an den christlichen Glauben und an christliche Ethik haben wir die Marxsche Religionskritik verstanden. Um die relevanten Texte für diesen Dialog parat zu haben, haben ein Mitarbeiter (Klaus Peters) und ich zwei Bände „Karl Marx über Religion und Emanzipation" herausgegeben (1975). Es folgte ein Dokumentenband über „Kirche, soziale Frage und Sozialismus" (1977). Später folgten in einem großen Sammelband „Frieden mit der Sowjetunion – eine unerledigte Aufgabe" (1989) zwei Beiträge mit den Titeln: „Das Verhältnis des Protestantismus zum Sozialismus von 1848 bis zur Revolution 1918/19" und „Protestantische Positionen im Kampf gegen den Bolschewismus am Vorabend des Dritten Reiches". Oder: im Zusammenhang der ordnungspolitischen Diskussion über die soziale Marktwirtschaft in der Denkschrift der EKD „Gemeinwohl und Eigennutz" haben Traugott Jähnichen und ich einen kommentierten Quellenband über „Die protestantischen Wurzeln der Sozialen Marktwirtschaft" (1994) zusammengestellt, der themenrelevante Texte aus der Vergangenheit evangelischer Wirtschaftsethik in Erinnerung rief. Zeitgenossen neigen dazu, geschichtsvergessen zu sein, da dies ihre Gegenwartsbesessenheit stören könnte. Oder: als 1979 an den Kriegsausbruch 1939 erinnert wurde, habe ich mit einem Team von Studenten ein Studienbuch über „Kirche im Krieg. Der deutsche Protestantismus am Beginn des Zweiten Weltkriegs" herausgebracht, um Quellen und Wertungsangebote in die Diskussion zu bringen. Auch hier sollte ein kleiner Beitrag geleistet werden, um dem öffentlichen Reden der Quellenunkundigen wenigstens etwas Widerstand zu leisten. Oder aus letzter Zeit: Traugott Jähnichen, Norbert Friedrich und ich haben zum Jubiläum des Grundgesetzes 1999 einen historisch orientierten Aufsatzband, der im Rahmen unseres sozialethischen Kolloquiums entstanden ist, herausgegeben. Wir fragen nach dem Verfassungsverständnis des neuzeitlichen Protestantismus, nach seiner Rolle auf dem Weg zu unserem Grundgesetz. Ich selbst habe dort über „Barmen V – ein Meilenstein auf dem Weg zur neuen Ethik des Politischen" und über die „Freiburger Denkschriften" geschrieben.

Die letzten Beispiele sollen zeigen, daß mein Interesse an der Geschichte nicht musealen Charakter hat, sondern im Dienst eines verantwortlichen öffentlichen Redens unserer Kirche und eines sach- und menschengerechten Engagements von Christen in weltlicher Verantwortung steht. Ohne ein historisch-kritisches Bewußtsein werden die heutigen kirchenleitenden Organe zu hektischen, modischen Zeitgeist zelebrierenden Verlautbarungsagenturen. Ihr durchschnittlicher Mangel an historischen Kenntnissen, die über Meinungen hinausgehen, könnte schnell nachgewiesen werden. Hin und wieder zwingt man sich, Rechenschaft über das eigene Geschichtsverständnis zu geben. In dem Beitrag „Verhängnis – Versagen – Irrtum – Schuld. Anmerkungen zum Umgang mit kirchlicher Zeitgeschichte" habe ich mein ambivalentes Verständnis von Mensch und Geschichte, von Kirche und Zeitgeschichte thematisiert (1991). Und in dem Sammelband „Sozialethische Kristallisationen" habe ich anhand einer Troeltsch-Interpretation meine sozialethische Position in der Gemengelage von Geschichte aufleuchten lassen (1997).

Das bisher letzte größere Werk hat eine lange Vorlaufszeit gehabt. Es ist entstanden im Zusammenhang der großen Debatten innerhalb des Protestantismus über das Verhältnis des Christentums zum Judentum. Hier interessierte mich besonders das Problem des neuzeitlichen Antisemitismus. Nach mehreren größeren Vorlesungen über die Geschichte des Antisemitismus bis zum Holocoust und über den Holocoust selbst bin ich der Frage nachgegangen, wie sich die Kirche zu ihren konvertierten Juden, den sogenannten Judenchristen, in der Situation staatlich legitimierter Verfolgung verhalten hat. In zwei umfangreichen Bänden habe ich die Geschichte des Judenchristen Hans Ehrenberg nachgezeichnet, ergänzt durch einen Quellenband (1997 und 1999). Die lange Arbeit an dieser Biographie im Kontext deutscher National- und Kirchengeschichte hat mir gezeigt, wie hilfreich zum Verstehen einer Epoche das Genus der Biographie ist. In ihr lassen sich die verschiedenen Dimensionen und Methoden der Geschichtsschreibung (Ideengeschichte, Sozialgeschichte, Kultur- und Mentalitätsgeschichte, Religions- und Kirchengeschichte) zu einer ganzheitlichen Sicht menschlicher Einzelschicksale im Kontext von Strukturen und Institutionen verschränken.

Die Beobachtung, daß es zu wenige zugängliche Schlüsseltexte zur Geschichte des Antisemitismus gibt, hat mich dazu angespornt, eine kommentierte Textsammlung herauszubringen. Es erstaunt immer wieder, auch in kirchlichen Verlautbarungen, wie wenig exakt und differenziert die Urteile über den politischen Antisemitismus sind. Moralische Verdammungen allein sind noch keine Auseinandersetzung mit komplexeren Geschichtszusammenhängen.

Ein letztes Feld meines historisch-politischen Engagements sei noch angesprochen. Der deutsche Widerstand in seiner ganzen Breite ist für mich seit der ersten literarischen Begegnung als Student mit Carl Goerdeler durch das Buch von Gerhard Ritter und durch die Arbeiten von Eberhard Bethge über Dietrich Bonhoeffer für mein Verstehen des Politischen von größter Bedeutung gewesen. In der letzten Zeit gilt mein Interesse besonders den Frauen und Männern des Kreisauer Kreises. Ich frage nach der Bedeutsamkeit von Religion und Glaube bei ihrer Entscheidung zum politisch-moralischen Widerstand gegen die Weltanschauungsdiktatur. Mich interessieren die inneren Entwicklungen dieser Protestanten, Katholiken und Sozialisten. Über Helmuth James von Moltke möchte ich eine größere Biographie schreiben. Die Vorarbeiten laufen. Mit Moltke könnte ich zeigen, was ökumenisch verstandenes Christentum und von protestantischen Impulsen lebende politische Existenz sein können. Die eigenen Intentionen, Christsein in politischer Mitverantwortung zu bewähren, haben im Leben und Denken dieses jungen Deutschen und Christen ein historisches Vorbild gefunden. Es wird Zeit, daß evangelische Männer und Frauen mit ähnlichem Schicksal in das kollektive Geschichtsbewußtsein unserer Kirche eingehen.

Ohne die eigene Bedeutung als Sozialethiker und Zeithistoriker zu überschätzen, wird man sagen dürfen, daß diese Korrelation von Geschichte und Ethik ein geistiges Fundament ist, in eigener Verantwortung und Entscheidung christliche Existenz zu wagen. Verlieren Kirche und ihre Christen den bewußten Bezug zu ihrer Herkunft und Geschichte, so wird alles nur kirchlicher Freizeitbetrieb. Geschichtsbewußtsein und ethisches Problembewußtsein zu haben, bleiben die Voraussetzung für eigene und gemeinsame Zukunft.

Quellennachweise

Evangelische wirtschaftsethische Ansätze im Kontext der sozialen Frage des 19. und 20. Jahrhunderts. In: Handbuch der Wirtschaftsethik. Bd. 1. Gütersloh 1999, S. 712-737

Adolf von Harnack als Sozialpolitiker: (Abschiedsvorlesung 1996 an der Ruhr-Universität Bochum). In: Ev.-Theol. Fakultät der RUB (Hrsg.): Was ist Christentum? Versuche einer kritischen Annäherung, Waltrop 1997, S. 201-232

Das Lutherjahr 1917. Gastvorlesung 1997 an der Martin-Luther-Universität Halle/S. und 1999 an der Humboldt-Universität Berlin, (unveröffentlichtes Manuskript)

Konfessionelles Bewußtsein im werdenden Ruhrgebiet. Vortrag im Rahmen der Historama Essen 2000 (unveröffentlichtes Manuskript)

Die Anfänge der Kirchlichen Industrie-und Sozialarbeit in Westfalen. Vortrag zum Jubiläum des Sozialamtes Villigst 1999 (Konferenzbericht)

Der deutsch-russische Nichtangriffspakt vom 23. August 1939 und der Überfall Deutschlands auf Polen am 1. September 1939. Vortrag in Minsk/Weißrußland 1999 (unveröffentlichtes Manuskript)

Vorbereitung und Beginn des Krieges gegen die Sowjetunion am 22. Juni 1941. Vortrag in Minsk/Weißrußland 2001 (unveröffentlichtes Manuskript)

Christen im Widerstand: die Freiburger Denkschriften. Vortrag an der Evangelischen Akademie Arnoldsheim. In: Günter Brakelmann, Norbert Friedrich, Traugott Jähnichen (Hrsg.): Auf dem Weg zum Grundgesetz, Münster 1999, S. 171-182

Helmuth James von Moltke (1907-1945): Protestant und ökumenischer Christ. In: Karl Joseph Hummel/Christoph Strohm (Hrsg.) Zeugen einer besseren Welt, Christliche Märtyrer des 20. Jahrhunderts. Leipzig 2000, S. 297-319

Geschichte und Tradition: Wehrmacht und Bundeswehr. Vortrag vor der Ev. Militärseelsorge in der Sozialakademie Friedewald 1998 (unveröffentlichtes Manuskript)

Macht und Moral. Vortrag vor der Historischen Kommission der SPD Westliches Westfalen 1999 (Konferenzbericht)

Ökonomie und Humanität. Kurzvortrag bei der Verleihung des Max-Weber-Preises 1999 in Köln (Konferenzbericht)

Demokratie in der Wirtschaft? Vortrag vor der Hans-Böckler Gesellschaft. In: Die Aufgabe: ein soziales Europa. Vortrag auf der Synode der EKD in Friedrichshafen 1995 (Konferenzbericht)

Über den Segen einer komparativen Ethik. In: Karl Wilhelm Dahm (Hrsg.): Sozialethische Kristallisationen, Münster 1997

„Ich habe Ethik immer für eine Produktivkraft gehalten". Interview aus der „Zeitschrift für Evangelische Ethik". 44. Jg., Heft 3, Juli bis September 2000, S.
214-226

Biographie und Wissenschaft. Beitrag für eine Veröffentlichung der Rheinischen
Kirche 2001

Jürgen Ebach
Theologische Reden, mit denen man keinen Staat machen kann
SWI Verlag Bochum 1989
178 Seiten, ISBN 3-925895-18-3, DM 23,80

Jürgen Ebach
Biblische Erinnerungen
Theologische Reden zur Zeit
SWI Verlag Bochum 1993
228 Seiten, ISBN 3-925895-41-8, DM 26,80

Jürgen Ebach
Weil das, was ist, nicht alles ist
Theologische Reden 3
SWI Verlag Bochum 1995
219 Seiten, ISBN 3-925895-53-1, DM 29,80

Jürgen Ebach
... und behutsam mitgehen mit deinem Gott
Theologische Reden 4
GEP Buch, Frankfurt am Main 1998
309 Seiten, ISBN 3-932194-15-2, DM 34,00

Günter Brakelmann
Für eine menschlichere Gesellschaft
Reden und Gegenreden
SWI Verlag Bochum 1996
283 Seiten, ISBN 3-925895-55-8, DM 39,80

Martin Huhn, Franz Segbers, Walter Sohn (Hrsg.)
Gerechtigkeit ist unteilbar
KDA-Arbeitshilfe zum Wirtschafts- und Sozialwort der Kirche.
„Für eine Zukunft in Gerechtigkeit"
SWI Verlag Bochum 1997/98 (2. erw. Auflage 1998)
175/195 Seiten, ISBN 3-925895-60-X, DM 25,00

Frank von Auer, Franz Segbers (Hrsg.)
Gerechtigkeitsfähiges Deutschland
Kirchen und Gewerkschaften gemeinsam für eine Zukunft
in Gerechtigkeit und Solidarität
SWI Verlag Bochum 1998
176 Seiten, ISBN 3-925895-62-0, DM 10,00

Dieter Beese
Polizeiarbeit heute
Berufsethische Notizen
SWI Verlag Bochum 1997
160 Seiten, ISBN 3925895-59-0, DM 19,80

Martin Büscher (Hrsg.)
Markt als Schicksal?
Zur Kritik und Überwindung neoliberaler Wirtschafts- und
Gesellschaftspolitik
SWI Verlag Bochum 1998
240 Seiten, ISBN 3-925895-61-2, DM 38,50 DM

Lutz Finkeldey (Hrsg)
Tausch statt Kaufrausch
SWI Verlag Bochum 1999
281 Seiten, ISBN 3-925895-64-7, DM 38,50 DM

Klaus Heienbrok, Harry W. Jablonowski (Hrsg.)
Blick zurück nach vorn!
Standpunkte, Analysen, Konzepte zur Zukunftsgestaltung
des Ruhrgebiets
SWI Verlag Bochum 2000
139 Seiten, ISBN 3-925895-66-3, DM 25,00

Elisabeth Conradi, Sabine Plonz (Hrsg.)
Tätiges Leben
Pluralität und Arbeit im politischen Denken Hannah Arendts
SWI Verlag Bochum 2000
185 Seiten, ISBN 3-925895-69-8, DM 27,80

SWI VERLAG

Zu beziehen über den Buchhandel

www.ingramcontent.com/pod-product-compliance
Lightning Source LLC
Chambersburg PA
CBHW030637270326
41929CB00007B/114